LEBEN UND GESTALT

LEBEN UND GESTALT

RICHARD NEUTRA

Atara Press

Titel der amerikanischen Ausgabe:
Life and Shape: An Autobiography

Aus dem Englischem übersetzt von:
Werner von Grünau

Bibliografische Information der Deutschen Nationalbibliothek:
Die Deutsche Nationalbibliothek verzeichnet diese Publikation in der Deutschen Nationalbibliografie; detaillierte bibliografische Daten sind im Internet über http://dnb.dnb.de abrufbar.

Alle Rechte vorbehalten. Kein Bestandteil dieses Werks, der länger als 500 Wörter ist, darf ohne die ausdrückliche Erlaubnis des Herausgebers abgedruckt oder in anderen Medien wiedergegeben werden.

Copyright © Richard Neutra 1962
Copyright © Atara Press, Los Angeles 2014
Erste deutschsprachige Fassung erschienen 1962 als
Auftrag für morgen im Claassen Verlag, Hamburg
Skizzen: Richard and Dion Neutra Papers, Department of Special Collections, Charles E. Young Research Library, University of California in Los Angeles
Übersetzung des Vorworts von Dion Neutra sowie der Texte auf der Buchrückseite: Jakob Schoof
Korrektorat und Überarbeitung sämtlicher Texte:
Judith Grützbauch

Gedruckt auf Papier aus nachhaltiger Forstwirtschaft
ISBN 978-0-9905804-0-9
www.atarapress.com
EDITIONS PRINTED IN GERMANY, UNITED STATES, AND UNITED KINGDOM

Für DIONE NEUTRA

Richard Neutra hat das Manuskript des vorliegenden Buches zunächst auf Englisch geschrieben. Nach Übertragung von Werner von Grünau hat Neutra die ihm vorliegende deutsche Fassung noch bearbeitet und an vielen Stellen verändert bzw. erweitert. Die englische und die deutsche Ausgabe wurden 1962 zur gleichen Zeit veröffentlicht.

Der Herausgeber dieser Ausgabe möchte den folgenden Personen für ihre unschätzbare Unterstützung danken: Dion Neutra, Hilmer Goedeking, Jakob Schoof und Judith Grützbauch.

Inhalt

Vorwort von Hilmer Goedeking	ix
Vorwort von Dion Neutra	xi
VERWUNDERUNG EIN LEBEN LANG	1
HANDSKIZZEN	14
Viele rasche Blicke in die Mannigfaltigkeit der Welt	14
FRÜHE EINFLÜSSE	31
Vom Fußboden zu den Wolken	31
Eltern und Geschwister	40
Die Kunst des Arztes und des Architekten	61
Anerkannter Kliniker	63
Reformer und Stadtverwaltung	69
Ungleiche Augen	84
Lehrer und Lehrling	92
EXOTISCHE SCHULUNG	105
Ankunft in ferner Festung	105
Seemacht en Silhouette	117
Unerforschtes Europa	127
Tropische Malaria	140
DIE GEFÄHRTIN	143
Von Albanien und der Slowakei in die Schweiz	143
Wiederbegegnung in Wien	157
Brandenburg, Trauung in Westfalen, ein Haushalt	162
Berliner Tageblatt	170

WARUM DIE VEREINIGTEN STAATEN?   177
Loos, Wright, Sullivan   177
Amerika mit eigenen Augen sehen   195
Wie baut Amerika?   215
California calls you   232
Gesundheitshaus. Gute Lese 1927   244
Durch Asien, Afrika nach Europa
und wieder in die USA   251
Van der Leeuw   293

AUFTRAGGEBER UND IHRE NÖTE   311
Ein Haus, gebaut auf schwankendem Budget   311
Erfüllte Wünsche – unerfüllter Traum   321
Ein Monument soll in die Zukunft weisen   333

ZUSAMMENFASSUNG   346
Menschliche Städte   346
Epilog zu einem Vorspiel   380

BIBLIOGRAFIE   393

Richard Josef Neutra
Auftrag für morgen

Früh hatte Richard Neutra die Bedeutung des Schreibens für die Architekturvermittlung wie auch für die Beförderung eigener beruflicher Ziele erkannt. Als gut ausgebildeter Architekt siedelte er 1923 mit klaren Vorstellungen in die USA über und veröffentlichte drei Jahre später zunächst sein erstes Buch – in Deutschland. Darin stellte er dem europäischen Fachpublikum die Bautechniken vor, die zu dieser Zeit das Bauen in den USA revolutionierten. Beispielhafte Bauten der federführenden Büros jener Zeit stellte er unerschrocken und selbstbewusst neben eigene – nicht realisierte – Entwürfe und legte so en passant den Grundstein für eine Bekanntheit im deutschsprachigen Raum, die ihm in späteren Jahren zugutekommen sollte.

Nach Erfahrungen in verschiedenen Büros startete Richard Neutra gut vorbereitet in die eigene Berufspraxis. Zwei Jahre nach Gründung seines Büros stellte er – inzwischen siebenunddreißig Jahre alt – das Lovell Health House fertig (1929); in den ersten Wochen besichtigten Tausende von Neugierigen den außergewöhnlichen Bau, über den die lokalen, nationalen und auch die internationalen Magazine ausführlich berichteten. Die Aufnahme dieses radikal anderen Hauses in die New Yorker MoMA-Ausstellung »International Style« von 1932 katapultierte Neutra in den Olymp der Zunft.

Richard Neutra hat mit großer Energie und großem Erfolg Beides getan: geschrieben und gebaut. Immer aber erscheint sein Bauen wie der Nachweis des zuvor Geschriebenen – und vielleicht steckt genau in dieser Wirkung ein Teil seines Geheimnisses.

Die architekturtheoretischen Grundsätze, die er seit den zwanziger Jahren systematisch und wissenschaftsaffin entwickelte, fasste er später als »Biorealismus« in eine eingängige und bis heute viel zitierte Formel. Mit der Herausgabe des architekturtheoretischen Traktats *Wenn wir weiterleben wollen** im Jahre 1954 dokumentierte Neutra schließlich seinen Anspruch, dass dem Wohnen eine elementare Bedeutung für ein gutes menschliches Zusammenleben zukomme.

Zu Aspekten rund um das Thema Wohnen publizierte er umfänglich; stets ergänzte und kommentierte er seine Texte mit opulenten Fotografien eigener Bauten.

Und dann: eine Autobiografie. Eine Autobiografie zu verfassen ist für Architekten noch heute selten und war zu seiner Zeit – in Europa zumal – noch nahezu unbekannt. Am ehesten kann man an Louis Sullivans *The Autobiography of an Idea* von 1926 oder Frank Llloyd Wrights *An Autobiography* von 1943 denken; beide Architekten waren in unterschiedlicher Weise prägende Persönlichkeiten für Neutras Werden.

In deren Tradition stellt sich Neutra mit der Veröffentlichung seiner eigenen Lebenserinnerungen und dokumentiert nicht zuletzt im Titel der deutschen Erstausgabe *Auftrag für morgen* seine ernste und tiefempfundene Leidenschaft, Bleibendes zu schaffen.

Seine Autobiografie liest sich auch mehr als fünfzig Jahre nach ihrem Ersterscheinen spannend, voller Begegnungen, zeitgeschichtlicher Bezüge und Bedingtheiten, und gleichzeitig wie ein Lehrbuch über die Bedeutung lebenslanger Neugier. Zeitlos und nachhaltig wie seine Architektur ist auch dieses Buch noch immer ein Dokument für unsere Zeit.

Hilmer Goedeking
Vorsitzender der Richard J. Neutra-Gesellschaft e.V.
Walldorf im April 2014

---

*Titel der englischsprachigen Originalausgabe: *Survival through Design*, Oxford University Press, New York 1954

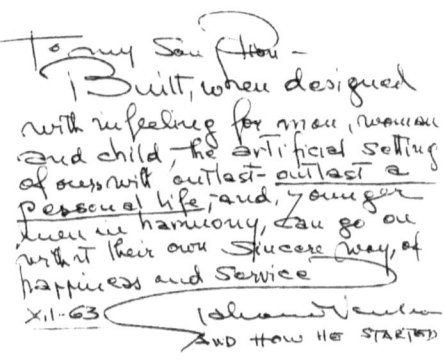

Vorwort
zur Neuauflage 2014

Dreißig Jahre ist es her, da ich 1984 zuletzt ein Vorwort für die Neuauflage von *Survival Through Design* verfasst habe. Nun bietet sich mir die Gelegenheit, einen neuen Blick auf ein anderes wichtiges Buch meines Vaters zu werfen – seine Autobiografie und dieses Mal fuer ein deutsches Publikum. Bei seiner Erstveröffentlichung 1962, etwa acht Jahre vor Neutras Tod, erschien *Life and Shape** zunächst auf Englisch und als *Auftrag für morgen*** in deutscher Fassung. Später würde es in weitere Sprachen übersetzt. 2009 waren die letzten gedruckten Exemplare der Erstauflage vergriffen und es kam der Vorschlag auf, das Buch in einem erschwinglichen Format neu aufzulegen. Bei dieser Gelegenheit haben wir die Bibliografie um einige der vielen neuen Bücher von und über Richard Neutra sowie um Anmerkungen seines wichtigsten Biografen Tom Hines ergänzt. Mein persönliches Exemplar des Buchs enthält die folgende Widmung vom 1. Oktober 1963 (vielleicht ein Geburtstagsgeschenk?):

Life and Shape: An Autobiography. Appleton-Century-Crofts, New York 1962
**Auftrag für morgen*. Claassen Verlag, Hamburg 1962

Für meinen Sohn Dion –

Unsere künstliche Umwelt wird überdauern, wenn sie mit Einfühlsamkeit für Männer, Frauen und Kinder gestaltet ist – sie wird ein einzelnes Leben überdauern, und junge Männer können in ihr auf ihre eigene, aufrichtige Art glücklich werden und der Menschheit dienen.

Gezeichnet Richard Neutra,
'und wie er damit begonnen hat'.

Ich glaube, er wollte mir damit auf seine eigene Weise seine Hoffnung mitteilen, dass ich genau dies tun würde: weitermachen, wo er aufgehört hat.

Wir haben uns entschieden, für die Neuauflage das ursprüngliche Titelbild von *Life and Shape* wiederzuverwenden. Mir gefällt diese Überlagerung eines Objekts von Menschenhand mit der Skizze einer Kiefer als Sinnbild von »Leben und Gestalt«. Und es freute mich zu hören, dass die Treppe, die wir 1955 für das Amerikanische Gemmologische Institut in Los Angeles entworfen hatten, noch existiert. Ich hatte 1968 einige Anbauten für das Gebäude entworfen und war betrübt zu sehen, wie das Institut in den 80er-Jahren nach Santa Monica umzog und für ihren Neubau dort jüngere Architekten beauftragte. Das alte Hauptquartier wurde Jahre später so grundlegend umgebaut, dass mich Zweifel beschlichen, ob die Treppe wohl noch vorhanden sei. Zu meinem Erstaunen erfuhr ich erst vor Kurzem, dass sie in einem schwer zugänglichen Innenhof bis heute überdauert hat.

Vielleicht kann diese Anekdote meiner Hoffnung Ausdruck verleihen, dass noch mehr unserer Bauten der unvermeidlichen Entropie widerstehen können, die sonst der Regelfall im Bauen zu sein scheint.

Wenn ich nach vielen Jahren aufs Neue in diesem Buch blättere, beeindrucken mich der breite Intellekt und der Kunstsinn meines Vaters aufs Neue, der sich in seinem Œuvre auf so vielfältige Weise mitteilt. Seine Ausdrucksweise ist nicht immer leicht verständlich, doch sein Wunsch, den Bauherren zu dienen und dem Individuum bei jedem Auftrag aufs Neue gerecht zu werden, sind unverkennbar – ganz egal, ob es sich um das einfachste Einfamilienhaus handelte oder um Gebäude mit Hunderten unbekannter Nutzer. In vielerlei Hinsicht verkörperte mein Vater schon frühzeitig den heutigen Typus des ›nachhaltigen Architekten‹. Und noch heute, da unser Werk immer stärkeres Ansehen genießt, spüre ich, dass die Beiträge Richard Neutras wohl erst in Zukunft vollständig verstanden und gewürdigt werden können.

Ich wünsche allen Lesern viel Vergnügen bei dieser Gelegenheit, Zwiesprache zu halten mit einem der außergewöhnlichen Talente in der Architektur des 20. Jahrhunderts.

Dion Neutra AIA, FISD, Sohn und Büropartner
Los Angeles, Juli 2009, überarbeitet 2014

LEBEN UND GESTALT

Verwunderung ein Leben lang

Ihr ganzes leben lang sind Menschen Plänemacher. Ich bin einer von Beruf. Oder ist das alles eine Illusion?

Auf die Dauer haben die Dinge eine vielfache Art, sich zum Unerwarteten zu wenden, und sie fahren fort, sich zu wenden, während das Leben weitergeht. –

Kürzlich, auf einer beruflichen Reise in Griechenland, zeigten mir die Leute, in deren Wagen ich fuhr, tief unten in einem lieblichen Tal eine uralte Wegkreuzung. Einmal war da ein Mann nach der Orakelstadt Delphi gewandert, um sich Rat zu holen, wie man dem Schicksal planmäßig ausweicht. Aber er geriet in Schwierigkeiten mit einem Fahrer, der aus der anderen Richtung kam und schon alles erfragt und missverstanden hatte; die Dinge gingen schief, wie es Orakelsuchern meist zu gehen scheint.

Kann man sein Leben wirklich arrangieren?

Für die, die daran glauben, gibt es die alte Schauergeschichte vom klugen König Ödipus. Er hatte den höchsten Intelligenzquotienten in der Stadt. Man bewunderte, wie er mit der Sphinx fertig wurde und ihre Rätsel in Rekordzeit löste. Er machte eine glänzende Karriere und schließlich riss er sich in Verzweiflung die Augen aus.

2

Wo hatte das Unglück seinen Anfang? In Ignoranz, die unsere Bestimmung ist und sich durch kein Orakel beheben lässt. So hatte er ahnungslos seinen eigenen Vater erschlagen, und doch war er gerade davor gewarnt worden und hatte diese ganze Reise unternommen, um es zu vermeiden. Solange man der Nase nach reist, geht es noch, aber wenn man an eine Verkehrskreuzung kommt, beginnt das Dilemma. An solchen Stellen gibt es viel Aufregung, wissen nicht, wer wer ist, wer Vortritt hat und wie man sich benehmen soll.

Aber eins wenigstens schien allen klar zu sein. Die Königin-Witwe musste geheiratet werden, wenn man König werden wollte. Man weiß, jede Heirat ist dem Ausgang nach riskant. Aber diese stellte sich alsbald als verflucht heraus, machte den neu erkorenen König wahnsinnig und alle Untertanen verstört, des Schrecklichsten gewärtig. Der große glorreiche Rätsellöser hatte mit seiner eigenen Mutter Hochzeit gemacht.

Das Ganze war nicht einmal Zufall. Die Götter hatten es ausgekocht und *ihr* Schöpfungsplan war deutlich: uns als Wesen zu schaffen, die auf und ab zickzacken, fluktuieren, schwanken zwischen Plänen auf kurze und lange Sicht und mit allem schließlich nicht recht durchkommen. Auf der anderen Seite sind die oberen Mächte die Einzigen, die ganz sicher sind im Planen, auf ihre eigene unfassbare Art.

Sie geben jedem von uns Milliarden von schnell und geheimnisvoll funktionierenden Gehirnzellen, das, was man Verstand und Wille nennt. Dann mischen sie einen Schuss Blindheit in die Einsicht und das Ganze wird ein schwindelerregender Cocktail. Wir verlieren oft unsere Balance. An irgendeinem Punkt mögen sie, die uns den Lebenstrunk eingossen, wie in Ironie, ihn jämmerlich verschütten. Oder sie ziehen uns vor unserer Nase das vermeintlich selbst geschmiedete Glück plötzlich fort und geben uns noch das Gefühl, als wäre auch das unser Fehler. Sie demütigen den jungen Mann, der zum König geboren und begabt war, um alle zu demütigen, die an die Möglichkeit glaubten, einen Lebensweg vorausschauend zu planen.

Es handelt sich hier nicht um Strafe für irgendeine Untat, es wäre denn Strafe für die »Sünde des Selbstvertrauens«, dass Leben, unser Leben, in unserer Gewalt sei.

Solches Beschneiden unseres Stolzes zur natürlichen, bescheidenen Menschengröße ist vielen begegnet. Unsere Wissenschaftler heute würden sagen, es gibt dafür eine große »Kontrollgruppe«. Zufall erscheint uns fast als Regel ohne Ausnahme. Eine Menge von Geschichten werden erzählt über erstaunliche Schicksalswendungen, Fehlschläge und über nachträgliches Besserwissen.

Die Ödipusgeschichte ist eine Sage; sie »besagt« eine Erfahrung, die sich immer wiederholt, die Erfahrung vom Feingesponnenen und doch Zerronnenen.

Dafür ist die Weltgeschichte selbst die »Kontrollgruppe«, die größte von allen. Sie erweist, dass das Leben nicht rational verläuft und dass eine gradlinige Ursachenkette ein naiver Glaube ist, wo doch so unendlich vieles, so Unberechenbares von allen Seiten jeden Augenblick zusammenwirkt.

Das Schicksal von menschlichen Gemeinschaften, Städten, Zivilisationen lässt sich nicht so vorausplanen, dass man an harten Nackenschlägen vorbeikommt. Und dennoch müssen wir dieses so oft geprobte und verpfuschte Stück immer neu spielen, müssen den verzweifelt-amüsanten Vielakter »Unser Plan« wieder auf die Bretter bringen.

Es ist, ganz allgemein für die Menschheit, die teuflisch zweifelhafte Geschichte vom Halberfolg, von einer schier endlosen Reihe scheinbar vernünftiger »Fortschritte« und Erfindungen, auf die wir oft so stolz sind.

Aber führen sie tatsächlich aufwärts, zu einem glücklicheren Leben? Oder ruinieren wir den elterlichen Mutterboden unter uns, ohne organische Sicherheit und etwas Muße übrig zu lassen, die unsere Spezies ihrem spezifisch hektischen Druck entheben könnte? Ist unser Hirn selber die gelungene Krone der Schöpfung oder ein Beweis für die Berechtigung von Luzifers sarkastischem Kopfschütteln am letzten Schöpfungstag?

Mir fiel erst spät im Leben auf, dass solche Zweifel in allen Bekenntnissen der Welt wispern oder laut werden. Ich habe gerade dann daran zu denken begonnen, als es so aussah, als hätte mein Beruf, meine praktische »Planschmiede«, denen, die ihr vertrauten, einiges Glück gebracht. Ich selber sollte doch in meinem Bemühen, dem Leben anderer ein Haus zu bauen, eben für eine Menge an Mühe ein gewisses Maß an Selbstvertrauen eingetauscht haben. Aber während mein eigener Lebenslauf durch Voraussicht und Planen seinen Sinn zu erhalten schien, wurde auch meine Erkenntnis zu demütigem Zweifel geschärft: So viele Unsicherheitsfaktoren mag man übersehen; »indeterminacy« im Atomkern – Unbestimmbarkeit. Gehört nicht Unvorhersehbares zur Substanz des Individualfalls?

Trotz aller ausgeklügelten Vorsichtsmaßnahmen steht Ungeahntes, Ungeladenes stets vor der Tür. Sicher ist, dass der Mensch als Konsument kein treuer Liebhaber ist. In seiner Kompliziertheit schweift er hin und her, mehr als eine Kuh oder ein Kormoran oder irgendetwas in der organischen Welt vor ihm.

Die frommen Seelen vergangener Zeiten und auf allen Längen- und Breitengraden der Geschichte empfanden das auf ihre Art ganz zu Recht und wussten, Segen tat not. Nur durch »Gnade« konnte ein Mensch an allen Fallgruben vorbeikommen; oder wie die Hellenen es sahen: ein Liebling der Götter zu sein, das war alles. Und innerhalb unserer eigenen Haut stecken für uns die ersten und meisten Rätsel. Wir können nicht einmal unsere inneren physiologischen Konstellationen voraussehen, geschweige alle äußeren.

Unser ganzes Leben hindurch stehen wir in der Tat ständig an quälenden Kreuzwegen, oft in Disputen mit uns selbst verwickelt; aber Weiterlenken muss sein. Sollen und können wir uns als Architekten dieses Lebens aufspielen, oder sind wir Spielball? (Schließlich kann ja auch ein Architekt oft genug Spielball sein!) Dilemma ist endlos, und die Ratschläge auch.

Zwei Sorten gibt es davon, je nach der Phase, in der sich unsere weisen Ratgeber gerade selbst befinden. »Mach dir doch keine Skrupel!« oder: »Immer vorsichtig und aufgepasst! (Dein Morgen und dein Sparkonto stehen auf dem Spiel!)« »Lieber sich entspannen!« oder: »Den Stier bei den Hörnern packen!«

»Sei ein Mann und brauche deinen Grips« oder: »Wozu all die Unkerei, zerbrich dir nicht den Kopf über ungelegte Eier!«

»Sei kein Denk-Faultier, gib dir Mühe, überlege im Voraus wie ein vernünftiger Mensch!« oder: »Sei ein wenig menschlicher, genieße das Leben, hör auf mit dieser ewigen Plänemacherei und Gschaftlhuberei, während deine Seele verkümmert!«

Im Wesentlichen läuft alles wieder auf die ewige Frage hinaus: Sich treiben lassen oder selbst treiben und betreiben.

Von einer Frage der Moral kann doch wohl keine Rede sein, wenn ein Vogel fliegt, dem Flügel angeboren sind. Und wir müssen einfach das Gehirn exerzieren, mit dem wir zur Welt kommen. Es nimmt vorweg; falsch oder richtig, es antizipiert. Und so können wir einfach nicht für den Augenblick leben, auch wenn es Horaz schon empfiehlt oder Omar Khajam. Es wäre denn, dass wir noch ein weiteres Glas leerten, was die zwei Gewährsmänner denn auch anraten. Da werden dann unsere angeborenen Flügel schwerer und unsere hektische Tätigkeit stiller. Das hat alles mit unserer inneren Biochemie zu tun.

Zwischen allen guten Ratschlägen, die im Verlauf der Jahrtausende freigebig geliefert worden sind, klafft immer dieser alte Widerspruch zwischen scharf Voraussehen und gemächlich Vergessen.

Man könnte auch noch Revue passieren lassen jene nachträglichen Vorwürfe, die einem zum Hals heraushängen. »*Warum* hast du nicht schon früher daran gedacht? *Warum* hast du das nicht gleich kapiert? *Warum* hast du mir das nicht ganz klar gesagt? *Warum* hast du selber nicht etwas getan, als noch Zeit dafür war?«

Wer ist wirklich geschaffen, alles Nötige vorauszusehen? Oder wo ist die Grenze, über die es nicht hinausgeht?

Unser biologisches Sein bietet seltsamerweise Raum genug für einander scheinbar widersprechende Verhaltensweisen. Es pendelt zwischen Polen, schwingt auf und ab. Das ist ganz »pragmatisch«, den Fakten entsprechend gesehen, etwa wie es die realistische amerikanische Philosophie verlangt. Weder guter Rat noch Tadel werden das ändern. Aber Schwankungen der Vitalität werden das nur allzu oft *sehr* spürbar und höchst wirklich tun.

Ein Rat, der muskelstark auf die Szene springt, stolpert ein paar Stunden später über seine eigenen Beine hinter die dunklen Kulissen. Und die jedes Mal vorausgenommene Planungsperiode steht in Proportion zur momentanen Vitalität, oder dazu, wie sich einer gerade fühlt. Wenn er obenauf ist, plant er fürs tausendjährige Reich. Wenn unten durch, plant er, sich vor Morgengrauen im Bunker eine Kugel durch den Kopf zu schießen.

Vom Pathologischen ganz abgesehen, auch das »Normale« ist keineswegs monoton statisch, und *gerade darin liegen alle Entwicklungsmöglichkeiten.*

Hier ist Hilfe möglich inmitten der steten Brise des Lebens. Das vorbestimmte Fatum ist nur ein deprimierender alter Mythos. Ein Architekt, wenn er sich nicht gerade auf Friedhofsanlagen spezialisiert, hat Klienten, die nicht »starr«, sondern »im Werden« sind. Und solchen kann geholfen werden. Rat kann nicht mit Worten oder orakelnden Phrasen gegeben werden, sondern nur durch die Formung einer immer aufs Neue belebenden Umwelt. Und das so Entstandene und »Geratene« muss elastisch sein, auf lange Sicht sich anpassen. Der Beratene selbst wird sich ändern – oft sogar in vorauszusehender Weise. Er ist kaum je bloß identisch mit sich selbst. Gerade darin liegen alle seine Chancen.

Jeder von uns ist nur scheinbar eine Person, doch über die Zeit hinweg gleichsam eine vielköpfige Mannschaft, vielleicht ein »Team«, das harmonisch zusammenarbeitet, oder eines, in dem jeder auf andere Kommandorufe von außen oder von innen hört, so dass das Schiff einen wilden Zickzackkurs fährt. Man muss auf die Dauer mit sich selber kollaborieren können, über viele Phasen und Wetterwechsel hinweg.

Sich selbst treu sein, lehrt vielleicht auch, anderen treu bleiben.

Im Wesentlichen ist es stets die gleiche schwere Sache: verschiedene *Phasen* biologisch beweglicher Individualität in Einklang zu bringen; unsere eigenen unter sich oder unsere mit denen anderer.

Autobiographisches sollte gegen nachträgliches scheinheiliges Verfälschen des zurückgelegten Lebensweges geschützt werden. War denn *wirklich* alles so sicher geplant gewesen oder zweckbewusst abgesteckt? Abgesehen von einer allgemeinen Richtung gibt es viel Wirrnis des Augenblicks, während wir uns selber mitzunehmen suchen auf unserem Weg bis zum Ende.

Ein wenig von all dem aufzuzeichnen, insbesondere Fehlschläge im Zusammenarbeiten mit sich selbst, mag uns und anderen helfen. Auf jeden Fall will es versucht sein.

»Schwankend anstatt beständig«, das hat einen etwas fatalen Klang. Aber Worte können irreführen. In Wahrheit ist das Leben ein Auf und Ab und nicht eine gerade Linie zwischen zwei Punkten. Und ein menschliches Gehirn erscheint, gerade weil es nicht starr ist, als das größte Wunder des Lebens, wenn es sich auch erst im jüngsten Stadium der Naturgeschichte entwickelt hat. Die heutige Wissenschaft erkennt, dass das menschliche Gehirn noch längst nicht alle seine organischen Möglichkeiten aktiviert hat. Gerade das aber erweckt noch viele Hoffnungen auf eine glücklichere Harmonisierung, sofern wir Menschen nur weitermachen können und nicht selbst das Ende aller Entwicklung inszenieren.

Während die Erdkugel durch die Stunden des Tages rollt, sich durch die Jahreszeiten dreht, und während die Zeiger mechanisch tickender Uhren unaufhaltsam vorwärts rücken, durchläuft ein Leben verschiedene Phasen. Das organische Wachstum und unser Ausreifen verteilt sich durchaus nicht gleichmäßig über die Zeit: Es gibt schöpferische Augenblicke, da wir uns der weiten Welt und ihrer Szene vor unseren Augen ganz nahe fühlen. Es gibt oft unauffällige, aber Leben gebärende Sekunden – vielleicht Bruchteile von Sekunden –, die entscheidend sind.

Es gibt Zeiten der Entfaltung und des Welkens in überraschend schneller Folge. Und zuweilen kommt es zu einem jähen Ausbruch von Kräften, die sich, Gott weiß wie langsam, angesammelt haben.

Notiert man versuchsweise etwas aus der Geschichte des eigenen Lebens, dann wäre es unvollständig, vergäße man das Aufwallen von Gefühlsregungen, Stromschnellen und Fälle, die hin und wieder in kurzen Augenblicken passiert werden und deren Getöse noch für Jahrzehnte in uns nachhallt. Unsere organischen Reaktionen selbst haben auf ihre intime ursprüngliche Art den Weg durch eine lange menschliche Vergangenheit »gemessen«. Lange bevor Mathematik und Armbanduhren erfunden wurden, haben wir so *Zeit* ganz direkt erlebt, in uns selber und am eigenen Leibe.

Es wird erzählt, dass George Bernard Shaw bei einer Gesellschaft von der Dame des Hauses gefragt wurde: »Well, G.B.S., how do you enjoy yourself?«

»That's the only thing I enjoy«, sagte er. Die halb melancholische Bemerkung mit einem Augenzwinkern unter den buschigen Brauen lässt sich schwer ins Deutsche übertragen.

Aber Shaw war offenbar fähig, die Banalität des Salongeschwätzes und alles um sich herum, durch seinen eigenen Esprit gefiltert, zu genießen. Und solches Genießen aus der eigenen Persönlichkeit beschränkt sich nicht nur auf diese Abendgesellschaft.

»We enjoy *ourselves*«, so heißt es im Englischen. »Wir freuen *uns*, und *durch* uns, als ständige Mittler, erfreuen wir uns *auch an allem anderen*.«

Oder wir kommen dazu einfach nicht, wenn es uns in dem besonderen Moment unserer »Lebenszeit« auch nur ein klein wenig an Vitalität dazu fehlt. Dann wird in uns selbst »eine Stunde« lang und länger und bleibt unerfüllt.

Ein Architekt ist stets nicht nur mit Raum befasst, sondern auch mit dieser physiologischen Zeit, der Zeit des vielfach Angeregtseins und des innerlich Müdewerdens. Eine lediglich mechanische oder nur von der Vernunft begreifbare Ordnung von Ereignissen, »eins nach dem anderen«, bietet wenig Hilfe und kaum echte Anleitung, ein Lebensmilieu oder eine Lebensgeschichte nacherleben zu können. Widerhalle überlappen und verdichten sich darin. Manchmal klingen sie ab zu trauriger Stille. Das Leben erscheint zuweilen resonanzlos, seltsam leer, zu anderen Zeiten hochträchtig, voll neuer, an die Oberfläche drängender Gesichte und erregender treibender Kräfte. Oft erbebt es von Geschehnissen, die zwar vergangen, aber niemals *unter*gegangen sind, obgleich sie skizzenhaft blieben. Vielleicht sind Skizzen das sicherste »*Flotsam*«, leichtes, winziges Getreibsel, das oben schwimmen bleibt, nicht schwer genug zu sinken.

Die Neigungen und Verhaltensweisen eines Menschen, die besondere Art, seine feinsten Sinne und die kleinsten Muskeln seiner Anatomie und Physiognomie zu nützen, machen mehr als seine abstrakten Vorstellungen oder »Pläne« sein eigentliches Wesen aus.

Wie sie nach außen sichtbar werden, Form annehmen oder aus biologischer Individualität heraus bleibende Erscheinung werden kann, wird im Ganzen noch lange ein Rätsel bleiben.

Und doch verstehen wir so manches davon blitzschnell zu deuten, dank einer wunderbaren Begabung: Empathie – *Einfühlungsvermögen*. Irgendwie gewinnen wir zumindest die Illusion, dass wir uns in die Haut eines anderen Menschen versetzen können. Künstler kommen uns gerade auf diese Art nahe.

Auf jeden Fall würde ein Architekt, der ja auch ein Künstler sein muss, ohne die Fähigkeit, sich in die Szenerie und die Menschen einzufühlen, nur eine tote Umwelt schaffen, ein ertötendes Haus bauen können, mag der Entwurf noch so »logisch«, die Ausführung noch so »rationell« sein.

Ohne dieses Einfühlungsvermögen kann auch niemand an den Erinnerungen eines anderen Menschen teilhaben, der sie in fast so ungeordneter Weise erzählt, wie das Leben wirklich gelebt wird.

Jedes Leben hat seine ihm eigene Verkettung in der Zeit und über alle Räume und Orte auf der Erde hinweg, wo es nach und nach sich abspielt oder verankert. Alle diese verschiedenen Konstellationen bestimmen dieses eine Leben, und so ist es auch von ihnen untrennbar. Und doch gibt es innere Konstanz. Das »Individuum« selber ist in Wahrheit nicht teilbar. Aus dieser Erkenntnis stammt ja auch das Wort selbst. Aber weder hat es scharfe Begrenzungen noch hat es genaue Schranken um sich her, sondern besitzt ziemlich durchlässige Membranen und eine Menge Öffnungen; durch sie schluckt es, nimmt es Eindrücke auf, um wirksam zu werden. In einem Vakuum oder von der Außenwelt geschieden könnte es nicht bestehen.

Man sollte nicht davon sprechen, es sei jemand »frei wie ein Vogel«, denn ein Vogel ist nicht frei. Selbst ein Zugvogel, unterwegs von der Osterinsel oder Chile nach Alaska, darf nicht vom Kurs abweichen. Es ist gefährlich, allein und ohne Bindungen zu sein. Eine Meile aus seinem Kurs, und der Vogel stirbt.

Ein Individuum wird gerade dadurch stark, dass es sich höchst lebendig einfügt und in vielerlei Hinsicht mit anderen verbunden ist. Seine Lebenskraft gewinnt es durch seine vitale Bereitschaft zur Gegenseitigkeit. Es ist mit anderen durch die Reize, die Stimuli des Gebens und Nehmens verbunden. Wenn wir krank und geschwächt sind, welkt diese natürliche Veranlagung für gegenseitige Beziehungen dahin. Und wenn wir tot sind, gibt es sie nicht mehr. Das lebhafte Beeinflussen anderer und der Zukunft durch Plan, und die Fähigkeit, sich beeinflussen zu lassen, haben ihr Ende gefunden und sind still.

Ein ausgewachsener Selbstbericht wäre die Geschichte eines *Individuums*, wie alle Lebensgeschichten es sind. Aber eine solche Geschichte handelt nicht von dem Individuum als einem *unabhängigen* Wesen inmitten von Leere. Sie zeigt uns im Gegenteil das Individuum in seiner Verflechtung, Verwebung – das Individuum, wie es in seine Umgebung hineingeboren und von ihr fortwährend umgeschaffen wird.

Viele andere Menschen – einige tot, einige noch am Leben, manche älter, manche jünger – sollten ganz zu Recht als bedeutsame Mitarbeiter anerkannt sein. Sie haben von Anfang bis Ende als wunderbare Katalysatoren und Anreger geholfen: Es wäre hier mit Namen wenig getan. Es sind ja nicht nur große Namen: Oft hat auch ein Namenloser Unsagbares beigetragen; nicht nur der Weise, der anerkannte Arbeitsgenosse oder der technische Sachverständige spielten für uns ihre Rolle. Auch ein kleines Kind vermag die Atmosphäre, in der man atmet, zu erheitern, es kann geradezu schöpferisch mitwirken oder auch das Schöpferische stören.

Wenn ich die Bruchstücke, aus denen sich dieser Bericht zusammenzusetzen scheint, betrachte, sehe ich, dass ein paar hervorragende Männer von Weltruf mit Dank bedacht wurden. Viele andere, weniger berühmte oder völlig unbekannte Menschen werden nicht erwähnt, denen ich in irgendeiner Weise vielleicht ebenso oder sogar noch stärker verpflichtet bin. Aber ich bin gewiss kein undankbarer Schuldner.

Möglicherweise schulde ich meinen größten Dank den jüngeren Menschen, die später zu mir kamen und mich immer wieder zum Nachdenken brachten, so dass ich lehren konnte und dabei fortwährend selber lernte. Vielleicht sollten sie sogar noch über meinen eigenen Lehrern, meinen anregenden Studienkameraden und den erfahrenen Kollegen in meinem Beruf, die ich schätze, stehen. Aber allen sei Dank.

Ich habe sehr verschiedenartige Menschen wahrhaft liebgewonnen, besonders die, die mir ihre Zukunft anvertrauten; ich liebe sie noch immer, habe mich in sie hineingefühlt und neige dazu, meinen Sympathien unbeschwert freien Lauf zu lassen. Ich glaube, ein grollender Rebell gegen die Gruppe oder die Welt bin ich niemals gewesen, sondern habe meine Lust an ihr gehabt und war dankbar für alles, was sie mir gab.

Was ist in einem Leben richtunggebend und folgenschwer? Was zeichnet einen besonderen Weg vor?

Natürlich bewirken jene ersten neun Monate im Mutterleib bereits ein gut Teil verborgener »Spezifizierung«. Dann, nach dem Schock, nicht in ein wunderbares Nest, sondern in eine von Menschenhand gebaute Wiege geboren zu werden, in eine Wohnung, in eine Stadt, die alle künstlich geschaffen sind, entwickelt sich die phantastische Aufnahmebereitschaft des allen Eindrücken offenen Kindes weiter.

Die normalen alltäglichen, später auch die ausgefalleneren Erfahrungen, und noch später die charakteristischen Anfänge einer Betätigung innerhalb der uns eigenen Sendung – sie alle erweisen sich nacheinander als »formend«. Schließlich ist es von entscheidender Bedeutung, wie eine solche Sendung, mag sie klein oder groß sein, von allen anderen, die mit ihr in Berührung kommen, aufgenommen wird. Sie mögen ihr, selbst beglückt, zu einer starken und weitreichenden Geltung verhelfen oder auch nicht. Sie mögen Beifall spenden, teilnehmen oder alle Kraft durch dauernde Gleichgültigkeit lähmen.

Biographisches ist, genau betrachtet, wie eine gut gestaltete Wohnung auch, die lebendige Bestätigung einer biologischen Individualität. Es kann und muss ein Individuum darstellen, aber niemals dieses Individuum in einem unbewohnten Raum.

Der »Einzelne mit seiner Eigentümlichkeit« sollte sich gewiss nicht im Gedränge unorganischer Massentransaktionen verlieren. Vor allem in unserer Zeit ist darauf zu achten.

Das begrenzte, kurzlebige Individuum hat, wie unsere Wissenschaft feststellt, seinen potentiellen Einfluss auf die langlebige Spezies in ihrer Gesamtheit.

Und das Leben, im Einzelnen und in der Gesamtheit, Leben als ein Totalphänomen, muss Vorrang haben vor allem, wenn es überhaupt der Mühe wert sein soll, über unsere kurzlebigen »Pläne« nachzudenken und sich zu mühen, dass sie Wirklichkeit werden.

Was hier an Worten folgen mag, ist alles andere als eine im Voraus geplante Komposition. Aneinandergefügte Fragmente schildern ein recht bewegtes Leben. Logik, Konsistenz im *Begrifflichen* ist gar nicht so leicht im Ablauf eines solchen Lebens zu erweisen. Das Notierte ist eine Nachschrift, die sich manchmal gern ein wenig als Vorschrift gebärdet.

Die besondere Art aber, wie sich einer mit dem *Sinnlichen* auseinandersetzt, kann, im Gegensatz dazu, über lange Zeiträume hinweg, erstaunlich viel Beständigkeit zeigen.

Das auch nur skizzenhaft in kurzen Minuten Festgehaltene eröffnet, ohne viele Worte, Einblick in ein Menschenwesen.

Hinweis der Redaktion: Die folgende Skizzenreihe Neutras – eine kleine Probe aus einer großen Zahl – erstreckt sich über ein halbes Jahrhundert. Sie illustriert manches, woran er später rührt in dem Essay über seine ungleichen Augen, die in seinem Leben ungewöhnlich viel bedeutet haben.

Handskizzen

Viele rasche Blicke in die Mannigfaltigkeit der Welt

Auch wenn das Sehen das Leben bestimmt, bedeutet dies nicht, dass man ganz »zum Auge wird«. Die gesamte Seele ist an der Wahrnehmung beteiligt. Bäume – Gebäude – Menschen – Tiere – die Landschaften der Welt – gezeichnet im Laufe eines halben Jahrhunderts.

Selbstporträt, 1917

Das klingenschmiedende Toledo, hoch über dem friedlichen Tajo.

Die Lagunenstadt. Menschenwerk, unbeweglich und dauerhaft, zwischen Wasser und Wolken. *Venedig*

Ewige Akropolis über dem Friedhof der Sterblichen. *Athen*

Spanische Stierkampfplaza unter der Kirche – voller Lärm, dann wieder still und verlassen. *Chinchón*

Weihnachtsschnee vor vielen Jahren – längst geschmolzen und doch nicht vergessen.
Österreich

Stadttor in der Wüste im Norden Nigerias: Eintritt aus einer äußeren in eine innere Welt.

Aus einer Wassergrube Lehm für eine Stadt. *Süd-Sahara*

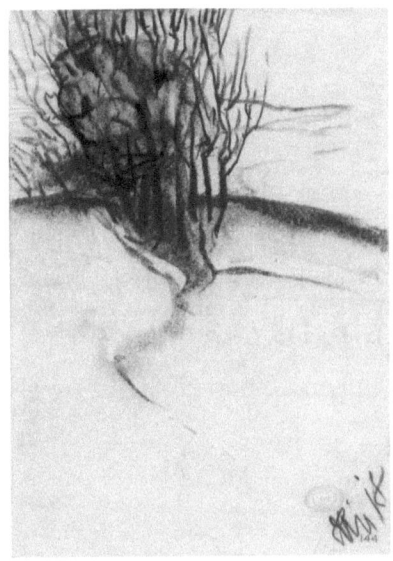

Wintertrockenes Buschwerk im tiefen Schnee.

Raum und Zeit, im Tanze erlebt. *Valencia*

Zwei Stile – charakteristische Verschmeltzung verschiedener Traditionen. *Gent*

Mexikanischer Wanderer,
erfürchtig staunend vor einem
modernen Fresko.

Kirchtürme, Glocken –
Erinnerung an Tournay.

Ein Weltreich, dem Himmel gewidmet, war in Wien und Flandern zu Hause und reichte von Madrid bis Manila. *Mechelen*

Menschenkörper 1916,
damals jung. *Wien*

Bourgeois Häuser im schwarzen Haiti, ein wenig vom fernen Frankreich beeinflüsst. *Tout comme chez nous*

Tilly, Neutras Kriegsross, seit 1914 gesattelt. *Albanien*

Dione Neutra, 1923, Cello spielend.

Kanadische Skiläufer. Rast nach körperlicher Anspannung.

Buddhismus – ein universaler Glaube prägt in vielfältigen Formen Menschen und Bauten. *Rangun und Bangkok*

Grenzzeremonien – hier wie überall auf unserer Welt. *Jaipur*

Anatolien, lange schlaftrunken wird wieder erwachen.

Mutter und Kind vor dem Ahnenschrein. *Ise*

Schwarze Segel vor Schanghai.

Verfall und Wachstum – *überall*.

Kampf wird zum Spiel. *Oaxaca*

Heiße Felswüste mitten in Kleinasien, einst Kulturzentrum, nun Einöde.

Zentralamerikaner. Rast in geschäftigem Markttreiben.

Natur – uraltes Wachstum – ewig dynamisch. *Mount Palomar*

Frühe Einflüsse

Vom Fußboden zu den Wolken

Wie ereignet sich denn alles in uns? Wie kommt es zustande? Wie konnte ein Kind vor siebzig Jahren eine Welt ganz neuer Art lieben lernen, eine Welt mit warmem, fugenlosem Fußboden, auf dem sogar ein nur leicht gekleidetes Baby sitzen konnte, ohne sich einen Splitter einzuziehen, eine Welt, auf die man durch weite Öffnungen hinausblickte – mit allen jenen Dingen, die mir später so nahegingen und die einem heute so »zeitgemäß« erscheinen? In einem gewissen Sinn hat es das alles schon immer irgendwo gegeben für Menschen. In Fragmenten hat so manches davon existiert, z. B. auf dem sauber gestampften Lehm-Dungboden eines Rundhauses in Nigeria oder bei den Zulus oder in einer am Fluss gelegenen Hütte in Malaysia oder Thailand, mit weit offener Front.

Aber wie konnte mir in einer großen Stadt von Mietshäusern die Ahnung von naturnahen Heimen aufgehen, die gegen lauten, schmutzigen, gefährlichen Verkehr abgeschirmt sind, von Häusern, in denen ein noch so kleiner Lebensraum doch noch irgendwie an der Mutterlandschaft draußen hängt und den Menschen mehr freien Raum bietet, nicht länger von ihren eigenen schweren Möbeln und monumentalen »guten Stücken« bedrängt? Wie konnte ein in der wilhelminischen Zeit aufwachsender Junge darauf kommen, sich ein gutbürgerliches Zuhause auszudenken, das in harmonischer Weise so auf das Wesentliche vereinfacht war, dass eine Familie es gut selbst bedienen könnte, ohne Hilfe von Hausmädchen, die schon damals unter Unruhe und Ärger häufig wechselten? Mit jedem neuen Dienstmädchen, das zu uns kam, fing für mich eine neue, etwas ängstlich erwartete Ära an. Seit jener frühen Zeit habe ich mich stetig an menschliche Wesen in meiner Nähe verankern wollen, sehnte mich nach Dauer durch Anpassung an sie.

Damals gab es noch keine »Zeitschriften für Wohnkultur« und in den Zeitungen kaum Sonntagsbeilagen über das Heim von Morgen, die die Großen beim Frühstück auf den Boden fallen lassen und die ein Knirps da angucken kann. In meinem Kreis gab es kein Verlangen nach einem »frischen Wind«. Auf die Frage, was mich eigentlich auf eine neue Bahn gelenkt hat, ließe sich sagen: es muss genau das gewesen sein, das trübe Verkümmerte und Verkümmernde um mich herum. Enge, Freudlosigkeit und tägliche Schalheit waren früheste und beste Führer in eine neue Umgebung, nach der man sich sehnen konnte.

Bei vielen beginnt es früh, die menschliche Zuneigung zu anderen, die Erinnerung an das Heim, in dem sie aufwuchsen, zu verschönen. Es schwebt ihnen dann ein ganzes Leben hindurch als nachahmenswert vor, ein Vorbild, dem sie folgen müssen und nie ganz entkommen. Ich hatte vielleicht das Glück, diese beiden doch voneinander getrennten Dinge auch getrennt zu halten. Meine Eltern, meine Schwester und meine älteren Brüder waren gut zu mir und für mich in vielem anregend. Ich liebte sie, aber irgendwie hat mich das alles nicht geblendet und nicht verhindert, dass in mir gegen das Gebäude, in dem wir wohnten, und die Straße, in der unser Haus stand, Gefühle aufkamen. Ich bin dankbar, dass dies alles meine kritischen Fähigkeiten geweckt hat und den Drang, diese Art Umgebung zu überwinden, für mich und für andere.

Ich erinnere mich an den Raum, in dem ich lebte, als ich klein war. Meine Mutter hat mich mit der alltäglichen Arbeit, morgens ein Zimmer aufzuräumen, nicht besonders bekanntgemacht, aber es interessierte mich; auf jeden Fall war Zusehen gut gegen Langeweile für ein Kind ohne Tür zum Garten. So manchen Tag beobachtete ich die Prozedur, wie ein schlecht gefugter Parkettboden um mich herum mit einem Pferdehaarbesen gefegt wurde. Einige Teppiche und ein »echter Perser« wurden aufgehoben. An den Tagen des großen Reinemachens hörte ich, wie diese Teppiche unten im Innenhof laut geklopft wurden. Es war ein dreistöckiges Gebäude, wo wir lebten, und unsere Wohnung lag eine weit geschwungene Treppe hinauf über dem Erdgeschoss. Die Windungen und der kühle Zug sind mir noch im Traum manchmal gegenwärtig.

Was passiert in einem und um einen herum, während man eine Treppe hinauf steigt, und was bleibt an uns hängen als dauernde Erinnerung? Es ist ein gutes Beispiel für das Erleben von Architektur.

Als ich vier Jahre alt war, schienen mir die Farben des persischen Teppichs frischer zu sein, wenn er vom Klopfen im Hof heraufkam. Noch früher muss es gewesen sein, dass ich – als ich einen großen Teil meines Lebens nach Art kleiner Kinder unmittelbar am Boden zubrachte und schon lange, bevor ich mit Worten Erklärungen dazu abgeben konnte oder einen der vielen Fußbodenhändler kennengelernt hatte, die mich in meinem späteren Leben einiges lehrten – ein Kenner von Fußböden wurde. Damals bemerkte ich nur, dass unser Parkett in einem wiederholten Muster kantiger Rosettensterne (aus gelblicher Eiche und purpur-bräunlicher Buche) bestand. Wie ich versuchsweise feststellte, drangen meine schwachen Daumennägel nicht in das Hartholz ein, aber dafür konnten sie die dünne, getrocknete Wachsschicht, die man vor Monaten durch grobes Bohnern aufgetragen hatte, leicht abschaben.

Und dann gab es natürlich die interessanten *Fugen* im Fußboden, insbesondere jene, die gerade und diagonal hindurchführten, ein ganzes Netzwerk davon. Sie waren weit offen, oder richtiger, sie waren mit einer trocken-plastischen Masse von dunkler, aber unbestimmter Farbe ausgefüllt. Dieses Material probierte ich aus, indem ich es herauskratzte, und ein wenig später steckte ich aus Papier ausgeschnittene Figuren und Boote in diese Fugen und verankerte in ihnen winzige architektonische Kompositionen und Häuser, ganze Dörfer davon. Die Fugen waren *starr wie geometrische Straßenfluchten.*

Trotz seiner viel größeren Festigkeit und Dichtigkeit schien mir dieses in den Fugen des Bodens zusammengescharrte Material doch irgendwie das Nichtstarre in der Welt zu sein, den Würstchen und Kügelchen aus bräunlichen, grauen, faserigen Staubgebilden verwandt, die sich während des Fegens einstellten. Die waren aber oft direkt luftig, unwirklich wie die Pusteblumen des Löwenzahns, und doch wieder mehr oder weniger an den dem Boden zugewandten Enden der Besenhaare haftend. Genau angucken war an sich eine Freude, und Bodenfläche war mein Lebensraum. Die Großen trampelten herum, aber ich sah nur polierte und manchmal staubige Schuhe und gelegentlich sogar lächerlich überdimensionierte bloße Füße. Sie lebten auf einem anderen Niveau, hoch über Liliput.

Obwohl ich ja schon ein wenig gehen konnte, rutschte ich, während die Frauen fegten, am Boden herum. Ein- oder zweimal habe ich auch die Zungenprobe des Säuglings an diesem Zeug aus den Bodenfugen angewandt. Es schmeckte nach nichts. Die Erwachsenen hatten dafür ein kurzes Wort und verzogen das Gesicht.

Bakteriologen haben sich Baby-Neugier bewahrt und führen sogar noch seltsamere Untersuchungen durch als kleine Kinder. Ich war froh, dass das Dienstmädchen die eine Hälfte des Doppelfensters geöffnet hatte, denn ich mochte den faden Geruch nicht, der sich verbreitete, während sie schwitzend fegte und sich über den Teppich beugte, um ihn hier zur Kommode und dort unter den Lehnstuhl zu ziehen. Nach ihrem Gesicht zu schließen, schien ihr selber das ganze Unternehmen nicht den geringsten Spaß zu machen. Ich weiß nicht, wie oft es solche Szenen gegeben hat, wie oft ich sie beobachtet habe, aber ich erinnere mich ihrer.

Während sie sich, auf den Besenstiel gestützt, ausruhte, setzte ich mich auf das längliche Kissen, das vom Fensterbrett gefallen war. Es war schlangenähnlich, lang und schmal und passte zwischen den äußeren und den inneren Fensterflügel. Die Fenster waren von der seitlich gehängten, nach innen schwingenden Art und interessierten mich sehr. Fensterstock und Fensterbrett waren, wie ich mich entsinne, voller Riefelungen und Rinnen, um Zug und Regenwasser abzuhalten, aber darüber, über diese Zimmermannsgeschicklichkeit gegen die Kälte hinaus, gehörte es zu einem örtlichen Ritual, die bereits erwähnten, mit weißem Leinen bezogenen »Fensterpolster« zwischen die Flügel zu legen. Zusammen mit leichten Vorhängen, vor den Glasscheiben Stores aus schwererem Stoff und »Lambrequins«, wie meine Mutter sie nannte, und dergleichen mehr, bildeten sie ein »Ensemble« und eine hausfrauliche Verteidigung gegen die Schrecken des Winters. Aber das Ganze war auch schön, sagte meine Mutter. Zum ersten Mal war ich ins Ästhetische eingeführt.

Wenn beide Fensterflügel geöffnet wurden, konnte man das Kissen auf die geriefelte Fenstersohle legen, den Kopf auf die Hände stützen und schräg hinunter zur Ecke der Hauptstraße unseres Viertels blicken, von wo die mannigfaltigen Geräusche des dichten Verkehrs unaufhörlich heraufdrangen.

Unsere weiße Terrierhündin leistete mir an diesem Fensterbrett oft Gesellschaft und ich neckte sie, während sie versuchte, andere Hunde unten am Laternenpfahl an der Straßenecke zu entdecken. Aber meine noch sehr kleinen Gedanken kehrten stets zu den verwirrenden Einzelheiten dieser komplizierten, die Bequemlichkeit störenden und nach innen schwingenden »französischen Fensterflügel« zurück. Ihre gewellten Glasscheiben verzerrten, was man durch sie sah oder was sich in ihnen spiegelte, und die Messingknäufe waren zwar schön blank, aber so schwer zu bewegen, dass ich sie mit meinen schwachen, doch immerhin nur drei oder vier Jahre alten Muskeln nicht drehen konnte. An den scharfen Fensterecken hatte ich mir schon oft die Stirn gestoßen. Das war immer sehr schmerzhaft und meine Großmutter – ich weiß nur, dass sie Regine Glaser hieß und damals siebzig war – nahm dann immer ein Messer und presste die kühle Klinge auf die Schwellung, sogar wenn die Haut ein wenig geplatzt war und etwas Blut hervorsickerte. Ich begann Dinge zu hassen, die schwer zu handhaben waren. Ich ereiferte mich innerlich über sie.

Danach, wenn die verletzte Stelle rötlichblau schimmerte, betrachtete ich mich im Spiegel. Spiegel mochte ich überhaupt sehr gern, fast ebenso gern wie Ludwig XIV., der, wie ich später erfuhr, eine Spiegelgalerie gebaut hatte.

Ich saß am Fenster, beobachtete und lauschte. Ich hörte die Hufe der schweren Pinzgauerpferde, die auf dem abgeschliffenen, polierten Pflaster ausrutschten und klapperten, während ein leichtes Gewölk von Granitstaub und gepulvertem Pferdedung aufstieg. Sie zogen riesige, trogähnliche Kohlenwagen aus Holz vom Nordwestbahnhof in die Stadt.

Auch das Doppelgleis einer Straßenbahn war da, und immer wieder erschien die Straßenbahn von der einen oder anderen Seite, und weithin war die Glocke des trabenden Pferdes zu hören. Das machte Spaß; ebenso wie die weniger regelmäßig vorbeiziehenden Wolken zu beobachten oder den wirren Wirbel der Schneeflocken, die sich dunkel gegen den Himmel abzeichneten und plötzlich so weiß, wie Weiß nur sein kann, vor dem Haus auf der anderen Seite der Straße herunterschwebten, um unten eine dicke Decke zu bilden.

Im Übrigen jedoch war es keine Wohngegend, in der das Leben viel Abwechslung bot, selbst wenn ich mich, so weit ich es nur wagte, hinauslehnte. Ein paar ältere Jungen waren da unten, die in den Pfützen der ungepflasterten Nebenstraße spielten; »liberale« Stadtväter, die nach der Februarrevolution von 1848 ans Ruder kamen, hatten der vernachlässigten Gasse den großen Namen »Lessing« gegeben. Dieser mir so früh vertraute Straßenname klingt mir noch heute heimatlich, von einer Zeit her, wo ich von »Aufklärung« und »Dramaturgie« keinen Schimmer hatte und nicht wusste, dass es einen Platz mit Namen Hamburg gibt, wo jetzt dies Buch verlegt wird.*

Gerade uns gegenüber hatte die Konsumgenossenschaft der Eisenbahner ein dreistöckiges Gebäude, nicht gerade alt, aber auch nicht wirklich neu. Es war gelblich und ganz be-

---

* Erste Ausgabe, erschienen 1962 im Claassen Verlag, Hamburg.

wusst hatte man die zierlichen Ornamente um die Fenster herum im zweiten Stock reicher ausgeführt als im ersten und im dritten wiederum reicher als im zweiten. Oft saß ich da und verfolgte neugierig diese feinen Unterschiede und die Steigerung der Ornamente nach oben hinauf. Schwer zu beschreibende, pedantisch genau ausgearbeitete Akanthus-Konsolen stützten ein ganz aus Stuck gebautes, gezahntes Sims am obersten Rand. Heute weiß ich, dass es, betrachtet man es von der Renaissance oder von jedem anderen Gesichtspunkt aus, ganz scheußlich war.

Die junge Frauensperson vom Lande, die erst seit kurzem als Mädchen bei uns war, langweilte sich so sehr beim Saubermachen des Zimmers, dass sie eines Tages, nachdem sie einen Blick in einen kleinen runden Taschenspiegel geworfen und ihre Nase oder ihr Zahnfleisch betrachtet hatte, aus irgendeinem Grund den Spiegel mit seiner rosigen Rückseite aus Zelluloid nicht wieder in ihre Schürzentasche steckte, sondern für mich Knirps eine sehr amüsante Extravorstellung gab. Sie fing einen Sonnenstrahl mit der schimmernden Fläche auf und warf ihn in das sonst düstere Bürofenster des »Konsums« im Haus gegenüber. Wie durch Zauberei drang er in die Dunkelheit hinter der fernen Glasscheibe und ließ einige Papiere und ein Tintenfass auf dem Schreibtisch aufleuchten. Der »Beamte«, so wurde er immer bezeichnet, blickte durch seine Brille zu uns empor, hob seinen kahlen Kopf und öffnete das Fenster. Inzwischen aber hatte das Mädchen unseres geschlossen und die geballte Faust drüben beachteten wir einfach nicht. Das fand ich riesig spaßig. Im Übrigen jedoch war für einen kleinen Jungen dieses Leben doch recht langweilig: kein Spielplatz, keine Spielgefährten, keine gemeinsamen Abenteuer, nichts als Einsamkeit. Durch diese Umstände wurde man zu einem philosophischen Betrachter von so gut wie nichts. Und so bin ich schließlich ein vorsorglicher Stadtplaner geworden, der Spielplätze für kleine Jungen liebt, weil er selbst keine hatte.

Unser Mädchen hatte jedoch das Fenster nicht völlig geschlossen. Sie ließ es leicht angelehnt und öffnete es von Zeit zu Zeit wieder, um den Lumpen oder das Staubtuch über dem Bürgersteig unten auszuschütteln. Ich erinnere mich, dass ich das nicht gern sah. Dann begann sie die polierten Möbel abzuwischen, die glatten Flächen der Kommode und des Tisches, die geschweiften und geschnitzten Stuhlbeine, die geflochtenen Rohrsitze und Rücken der Stühle, den konischen Glasschirm der Petroleumlampe aus Gussbronze in der Mitte der Decke, die sich mit Hilfe einer mit Blei gefüllten Kugel als Gegengewicht herabziehen und wieder hinaufschieben ließ. Sie blieb stehen, wo immer man wollte, es war wunderbar.

Ich beobachtete meine große Freundin, bis sie alle interessanten Aufgaben hinter sich gebracht hatte. Hier wischte sie den klaren Glaszylinder der Lampe ab, bemerkte dort ein übersehenes Spinnennetz in einer Ecke der Decke, erfasste es mit ihrem Besen und richtete schließlich das feuchte Dampfgebläse ihrer Lungen auf die Türklinke und das Schlossblech aus Messing. Die schimmernden Messingknäufe der unteren Türen der Kommode liebte ich; immer wieder schmeckte ich sie ab und fuhr mit der Zunge über sie hin, denn sie waren in ihrer vollkommenen, glatten Rundung so appetitlich.

Alle Tage wurde der Wand Aufmerksamkeit geschenkt, die, als ich sechs Jahre alt war, ein Mann, der mit Töpfen und Rollen ankam, mit einer neuen Tapete beklebt hatte. Sie hatte eine ganz neue Farbe, blau-grün, und einen ganz neuen Stil in mein Leben gebracht. Die Tapete zeigte ein in seinen Umrissen gezeichnetes Kastanienblatt von natürlicher Größe. Aber auch die alte Tapete aus einer früheren Epoche meines Lebens steht deutlich vor meinem inneren Auge, doch könnte ich das rhombische, sich wiederholende Muster weißer Kleckse auf stahlblauem Hintergrund nicht mit Worten beschreiben. Noch immer sehe ich den dunklen Kopf meiner Großmutter mit ihrer Brille davor.

Die Möbel des Zimmers bestanden aus einem Sofa, dessen schwarzer Stoffbezug mit blinkenden Nägeln befestigt war. Es hatte einen steifen, dreimal gewölbten Rücken mit Polsterrollen an den Enden und einer ausziehbaren Lade, in der ich nachts schlief. Meine ältere Schwester benutzte das obere

»Stockwerk«. Außerdem gab es einen ovalen Walnusstisch mit geschnitzten Beinen, die dicht vor meinen Augen in Füßen, wie sie der Tiger in einem meiner Bilderbücher hatte, endeten, ferner ein Büfett oder eine »Kredenz«, wie wir es nannten, mit zwei mit rundem Paneel eingelegten Walnustüren und Schubladen im unteren Teil, in denen ich meine Spielsachen hielt, und hoch darüber zwei offene Regale mit einer pyramidenförmig nach oben sich aufbauenden Rückseite. Die prächtigen Erzeugnisse der Industrie, die Stühle mit geflochtenem Sitz und Rücken, wurden später, als ich sie glücklich durchgeknickt hatte, durch völlig wertlose Sessel im Geschmack des damaligen Kunstgewerbes ersetzt.

Der Zimmerofen aus weißen, glasierten schwedischen Kacheln stand, schlank und hoch wie die Tür, schräg in einer Ecke. Lange Zeit thronte auf ihm eine lebensgroße, ebenfalls schneeweiße Büste Ludwig van Beethovens. Beethoven reichte fast bis zur Decke, obwohl die nach meiner Schätzung über drei Meter hoch gewesen sein musste. Ich wurde nicht müde, sein breites, mürrisches Gesicht zu betrachten, und liebte es.

Schließlich gab es noch einen ziemlich dunklen, großen Flügel, unter dem ich gern in Geborgenheit auf dem Bauch lag, wobei ich mit meinem Speichel ein paar alte, verrunzelte Wildlederhandschuhe anfeuchtete, sie streckte und glättete, bis sie ihre alte Form wieder annahmen. Dort muss ich meine Neigung zur Vollkommenheit und zur Vervollkommnung irgendeines Vorgangs, die mir immer treu geblieben ist, entwickelt haben.

Was für ein Zimmer war es denn nun alles in allem? Drei Türen, zwei Fenster mit einem nutzlosen, ein Meter breiten gemauerten Pfeiler zwischen ihnen, unbrauchbar zum Bilderaufhängen oder zum Stellen von Möbeln, der Ofen in seinem Winkel mit dem großen Komponisten, eine dunkle, unheimliche, unzugängliche und fürs Auge unkontrollierbare Dreiecknische im tiefen Schatten hinter ihm, von der ich noch zuweilen ängstlich träume, ein Büfett, ein Tisch in der Mitte mit Stühlen und vielen, vielen Stuhlbeinen, die alle darauf warteten, dass weibliche Röcke und männliche Hosenbeine ihnen Gesellschaft leisteten, wenn Tanten und Onkel am Abend die Großmutter besuchen kämen. Die einzigen Stücke, die sich möglicherweise benutzen ließen, waren das Sofa, an dessen einem Ende man knien konnte, die Ellbogen auf dem Fensterkissen aufgestützt, und der Flügel, unter dessen Bauch sich eine heimelige »Höhle« befand, ein »Klub«, der schönste Ort von allen.

Im Übrigen aber umgaben mich die hohen Wände und die mich weit überragenden Möbel, die mich da so riesig, unbeweglich und bedrückend umstanden, wie ein drohendes Schicksal. Sie waren wie vorgeschichtliche Fossilien, die die Wiege des Menschengeschlechts umragen.

Es war schon gut, die junge Hündin Hexel als Gefährtin in den unteren Schichten dieses Raums bei sich zu haben. Die Erwachsenen hatten ja den großen Vorteil, über der Höhe von Tisch und Flügel leben zu können. Mit ausgestreckten Armen konnten sie, so dachte ich, Beethoven unterm Kinn kitzeln. Auf jeden Fall konnten sie die hoch oben hängende Petroleumlampe mit einem Streichholz erreichen.

Unter dem Flügel jedoch blieb es schön halbdunkel und gemütlich. Diesen Platz liebte ich.

Manche Laufbahn mag durch eine frühe Liebe zu dem einen Ding und Abscheu vor einem anderen bestimmt werden. Die Dinge, an die ich hier denke, waren Teil einer mächtigen Konstellation, die durch tausend kleine Hebel und Fernsteuerungen das Leben des Mannes gelenkt haben, der ich werden sollte.

Eltern und Geschwister

Für uns, als ein Neugeborenes, sind Mutter und alle Menschenwesen erst nur Teil der physischen Szene. Aber bald werden sie *besonders;* verschieden von der Tapete im Hintergrund, von der sie sich abheben. Sie lächeln, und *lächeln* zurück; und wir lächeln wieder zurück. Einfühlung wird Erfolg. Wir sind nicht mehr *allein*.

Es war mir vergönnt, das jüngste Kind in einer glücklichen Ehe zu sein. Mein Vater und meine Mutter liebten mich, jedoch nicht mit jener gewissen Besitzgier mancher Eltern, die in ihrer Ausschließlichkeit gefährlich wird. Viel später habe ich plötzlich erkannt, dass meine Mutter auf diese Weise an meinem ältesten Bruder hing und auch an ihm gelitten hat. Aber glücklicherweise war ich ja für sie nicht die erste oder einzige Erfahrung, obgleich ein wenig der »Joseph« wie aus der Bibel (und dies wurde tatsächlich auch mein zweiter Vorname). Mir kamen jedoch keine Träume von Sonne, Mond und Sternen, die sich vor mir verneigten, und ich reizte meine Brüder nicht dadurch, dass ich ihnen von solchen Träumen erzählte. So wurde ich auch nicht in die Sklaverei verkauft.

Vor nunmehr siebzig Jahren, 1892, umstanden gute Feen meine Wiege. Erst jetzt, also ziemlich spät in diesem Spiel, ist es mir so recht zum Bewusstsein gekommen: Zum größten Glück für mich gehörten diese älteren Brüder und Schwestern und die nicht-neurotische, stetige Ruhe meiner bereits gereiften, gutaussehenden und (soweit ich das beobachten konnte) überall gern gesehenen, geachteten Eltern. Noch Kindeskinder profitieren vom frühen Familienfrieden.

Mein Vater war der Sohn eines Arztes, Wilhelm Neutra, der schon früh, etwa zur Zeit des Krim-Krieges, während einer Typhusepidemie in der Ausübung seiner Pflicht starb. So musste sein Sohn als Lehrling bei einem einfachen Handwerker, der Kuhglocken für sehr wählerische Hirten anfertigte, beginnen. Später, wenn ich als kleiner Junge auf seinem Schoß saß, erzählte er mir, wie schwierig diese Hirten waren, die als Kunden zu seinem Meister kamen und einen schönen, harmonischen Zusammenklang der Glocken verlangten für die verschiedenen Leittiere der Herde. Die Klarheit und die Höhe des Tons jeder Glocke waren nicht nur von ihrer Form und Größe abhängig, sondern auch von ein wenig Hexerei bei Herstellung der Legierung, bevor die Glockenspeise gegossen wurde. Ich dachte darüber nach, wie der Klang mit der Form, Farbe und Schwere zusammenhing. Die schöne Welt gibt so viele Rätsel auf, und ich denke noch immer nach.

Später ging mein Vater über die Laufplanke eines Donaudampfers und legte im Büro der Wiener Innung sein Gesellenbuch vor, wo er den üblichen »Zehrpfennig« erhielt. Bald fand er in der großen Lokomotivfabrik von Wiener Neustadt eine Stellung und nahm an der frühen Arbeiterbewegung teil. In Abendkursen für Werkleute studierte er nach des Tages Arbeit, und außerdem wurde er sogar ein Kurator dieser Art Volkshochschule.

Später besaß er, zusammen mit einem früheren Arbeitsgenossen, Joseph Krön, seine eigene Metallgießerei und -dreherei, in der er für Gas- und Wasserzähler der Stadt Teile aus Messing und Bronze herstellte. Als Kind fühlte ich mich »in der Werkstatt« und unter seinen rund zwanzig Arbeitern, die er wie Kollegen behandelte und die ihn vergötterten, sehr wohl.

In der Zeit, in der ich ihn am besten kannte – es war im letzten Drittel seines Lebens –, sah er wie ein Apostel aus. Die Form von Kopf und Nase, der Stirn, der Hände und Füße, der Finger und Zehen, mit schön gebildeten Nägeln, war mir sehr vertraut und viel edler, als ich sie etwa vorzuweisen habe. In gewisser Weise war er ebenso gut aussehend wie meine rotwangige, braun-äugige, schwarzhaarige Mutter Elisabeth Glaser, alle nannten sie Betty, die nach meiner späten Geburt plötzlich viel jünger und gesünder aussah als fünfzehn Jahre früher, als sie ihren ersten Sohn gebar und mein Vater von ihren weisen Brüdern noch in Erziehungssachen immer gegängelt wurde. Als ich drei Jahre alt war, ereignete sich ein heilsamer Familienstreit, der unser Heim von den meisten Onkeln und Tanten befreite. Meine Eltern lebten auf.

Ich denke immer daran, wie ein Verkäufer in einem Laden, damals war ich vier Jahre alt, zu meiner Mutter sagte, während er mir den zu jener Zeit noch blonden Kopf streichelte, wie überrascht er sei, dass sie, so jung wie sie aussähe, schon einen so großen Jungen hätte. Sie lachte ihn aus und gestand ihm, sie hätte bereits drei andere, fast erwachsene Kinder, von sechs bis zu fünfzehn Jahren älter als ich. Aber der Verkäufer hatte nicht übertrieben: Sie sah wirklich jung genug aus, um eine solche Schmeichelei zu rechtfertigen.

Meine Eltern erzählten mir Geschichten, jeder auf seine Art, und meine Mutter las mir vor; ein wenig von Onkel Toms Hütte. Ich ließ mir nicht träumen, dass ich einmal später dem alten Sklavenhandel von einer Senegal-Insel übers Meer nach Charleston auf seinem historischen Weg folgen und auf einem berühmten Schlachtfeld des amerikanischen Bürgerkrieges, in Gettysburg, ein Abraham Lincoln-Museum, ja ein Heiligtum der wieder vereinten Nation bauen sollte. Sehr viel Jules Verne las sie mir vor, über Reisen im Innern der Erde und tief unter dem Meeresspiegel, fünf Wochen in einem Ballon hoch über dem schwarzen, noch unerforschten Afrika. Nun habe ich den Kilimandscharo selbst aus den Lüften gesehen und die Bugwellen unseres Bootes im Wasser des Kongo. Und dann war da der Kampf um die Entdeckung des Nordpols. Neulich fühlte ich mich in Grönland, zwischen zwei Flügen durch die eisige Polarnacht, krank, und ich musste einen Arzt rufen lassen. Das hätte der Kapitän Hatteras oder Fritjof Nansen nicht können, von denen mir meine Mutter vorlas. Ich hörte mit großen Augen zu. Was mir am besten gefiel, war die zum Nachdenken anregende Geschichte von den zwei Amerikanern und dem fröhlichen Franzosen, die sich auf den Mond schießen ließen, ohne zu wissen, ob man sie jemals wiedersehen oder von ihnen hören würde. Es hatte ein trauriges Ende. Ich weinte nicht, aber ich war tief beeindruckt von der Größe des menschlichen Geistes, der den Menschen von der Erde in den grenzenlosen Raum hinaustrug. Stets habe ich die Fortsetzung der Geschichte, in der man den Männern um den Mond herum und zurück zur Erde folgte, als enttäuschend empfunden.

Aber von den frühesten Erinnerungen an, zur Hälfte unterbewusst und zur Hälfte mir lebendig und ganz seltsam bewusst, war doch der stärkste Einfluss der meiner älteren Brüder. Sie bewegten sich in Gefilden, die von meinen nicht belesenen oder etwa hochgeschulten Eltern voller Ehrfurcht betrachtet wurden. Im Schlafzimmer der Brüder, das gleichzeitig auch ihr Arbeitszimmer war, stand der Bücherschrank, darauf ein Globus und noch mehr Bücher auf einem Tisch und an der gegenüberliegenden Wand *ihre* weißen Gipsbüsten Mozarts und Beethovens und kleine bronzierte Büsten Goethes und Schillers. Ich durfte dieses Zimmer der Wissenschaft, Literatur und Musik nicht betreten, aber ich lugte gern hinein, sobald die helle Doppeltür mit ihren Beschlägen und ihrer Klinke aus Messing auch nur einen Spalt weit offenstand. Ohne marmorne Pracht oder geschweifte Treppen flößte mir dieses »Zimmer der großen Buben« eine solche Ehrfurcht ein, wie niemand jemals zuvor von der *Bibliotheca Laurentiana* mit ihrem Prachtvestibül als einem Ort des Studiums und einer Heimstatt der Gelehrsamkeit aller Zeiten beeindruckt wurde. Sogar ein Lexikon oder eine Weltenzyklopädie in vielen Bänden war in diesem mit Glastüren versehenen Bücherregal zu finden. Es enthielt alles, was es an Wissenswertem auf der Welt gab. Das hatte mir meine Mutter gesagt.

Einer meiner Brüder studierte Maschinenbau und sang zuweilen das Bergmannslied, von den Männern, die in die Tiefe des Schachts steigen, um ihrer schweren Arbeit nachzugehen, bereit, unter Tage zu sterben, wohin der grenzenlose technische Drang des Menschen sie geführt hatte. Stets kamen mir die Tränen, wenn mein Bruder Siegfried dieses Lied sang oder es auch nur pfiff – und er war wirklich ein bewundernswerter Held im Pfeifen. Ich begeisterte mich für diese Bergleute, und andererseits taten sie mir ja auch ungemein leid: Ich identifizierte sie kurzerhand mit allen hartschaffenden Ingenieuren und kühnen Männern der Technik. Sie repräsentierten für mich den Menschen mit seinem rastlosen Geist, eine Naturkraft, die uneigennützig wirkte – so selbstlos wie jene Amerikaner und der eine Franzose, die sich auf den Mond schießen ließen.

Mein Bruder Siegfried war mein Idol, und fühlte ich mich unbeobachtet, lauschte ich jedem Wort, das er seinen Studiengenossen gegenüber äußerte. Seine liebsten Gefährten in der Technischen Hochschule in Wien waren, bewunderungswürdig vernünftig und ruhig, Oscar Taussig und ein etwas Älterer (mir schienen sie alle reife Männer), Capek, ein Tscheche, der im Sprechen einen reizenden, singenden Tonfall hatte.

Von ihm hörte ich früh zum ersten Mal und mit Begeisterung den Namen Friedrich Nietzsches und Zarathustras erwähnt. Taussig – stets nannten sie einander beim Familiennamen – war ein sehr ausgeglichener Mensch, Ingenieur, und wurde später technischer Berater großer Konzerne.

Mein Bruder führte mich seinen Freunden vor, weil ich fähig war, den Längsschnitt einer Lokomotive ganz richtig aufzuzeichnen und meine Erklärung von der Kolbenbewegung in einem Dampfzylinder graphisch wiederzugeben vermochte – ein schwieriger Mechanismus; auch konnte ich alle Einzelheiten einer Dampfpfeife oder der Kraftübertragung beim Fahrrad in einer Zeichnung darstellen. Damals war ich ein technisch wohlunterrichteter Vierjähriger.

Während ich zahllose Fahrräder und Lokomotiven auf die Tafel zeichnete, stieg jäh der Gedanke an ein Perpetuum mobile in mir auf. Ich wurde sehr nachdenklich und die Folgen, die meine Erfindung für die Menschheit haben könnte, erfüllten mich mit ehrfürchtiger Verwunderung. Es war kein lauter Jubel in mir, sondern ich war mir demütig dessen bewusst, eine Sendung zu haben. Ich erfand auch Schienenkreuzungen und Weichen, bis mein Bruder mir erklärte, da hätte ich etwas erfunden, was schon lange bekannt und in Gebrauch sei. Trotzdem erfand ich weiter, auch wenn ich damit nicht so früh dran war wie Leonardo.

Für mich und die anderen stand fest, dass ich Ingenieur würde. Mit einem leichten Zittern meines kleinen Herzens betrachtete ich das alte Gebäude neben der Karlskirche. War ich erst erwachsen, würde ich dort studieren. Im Park vor dem Eingang stand ein Denkmal. Wie ich erfuhr, war es Ressel, der große Österreicher, der die Schiffsschraube erfunden hatte. Viel später, als ich tatsächlich in diesem säuerlich riechenden alten Gebäude studierte, das so alt war wie die *École Polytechnique* Napoleons I. in Paris, wurde ein noch viel heller schimmernder Held aus Stein auf einen Denkmalssockel gestellt: Johannes Brahms, eine Skulptur von Helmer. Brahms blickte gedankenverloren über den Park hinweg auf das K. u. K. Musikkonservatorium und den Musikvereinssaal, wo seine

Symphonien ihre Uraufführungen erlebt und einige Kritiker sie freundlich beurteilt hatten, und das besonders deshalb, um Richard Wagner zu ärgern.

Mein Bruder Siegfried spielte ebenso wie mein Bruder Wilhelm gern Geige. Regelmäßig nahmen sie an einem Quartett von Freunden teil und verkehrten mit Arnold Schönberg und dessen Kollegen. Wie in so vielen Wiener Familien gehörte die Musik auch in unser Haus. Es wurde mir zur zweiten Natur, Haydn, Mozart, Beethoven und Schubert zu lauschen und ich wusste, wo in der Stadt ihre Denkmale standen. Als kleiner Bub wurde ich ohne Billett in die Loge meiner Eltern hineingeschmuggelt, wenn das Orchester der Musikfreunde im würdigsten Musiksaal der Stadt ein Konzert gab, mit meinem großen Bruder als Primgeiger. Ich fürchtete mich, entdeckt zu werden, war aber doch glücklich. Mein Bruder hatte mir angekündigt: »Heute Abend haben wir Backhendel.«

Wilhelms Einfluss auf mich war ein ganz anderer als der Siegfrieds. Anfangs übersah er mich kleinen Kerl. Er war Medizinstudent, arbeitete mit einem entsetzlich wertvollen Mikroskop und besaß ein großes, flaches schwarzes Etui, in das er unzählige histologische und pathologische Präparate zwischen Glasplättchen einordnete, manche blutig, manche bleich und manche gefärbt, damit sie in der Vergrößerung unter dem Objektiv besser zu erkennen wären. Auch hatte er Rückenwirbel und andere menschliche Knochen umherliegen. Ich fragte mich, wo der Rest dieser Menschen sein könnte, deren vagabundierende Knochen er an einer Vereinigung mit ihnen hinderte.

Oft roch er nach Karbolsäure und schenkte mir dann nicht die geringste Beachtung. Wilhelm wurde auch ein begeisterter Radler und Mitglied eines Fahrradklubs (des Wiener Wald-Klubs), trug stolz seine Radlerkluft, die er ganz englisch »die Dress« nannte, in Pfeffer- und Salz-Farbe, und beeindruckte mich, von seinem jüngeren Bruder – beide waren für mich »groß« – stets gefolgt, sehr bei Radleraufzügen im Prater. Dort stolzierte der »Wiener Wald« in seinen grauen weiten Kniehosen als nächster hinter dem größeren »Touring Club«

in seiner dunkelblauen Tracht einher. Wilhelm machte, wie ich bemerkte, auch auf Mädchen einen großen Eindruck, ob sie nun radelten oder tanzten oder ihn nur ansahen. Er sah mit seinem kleinen blonden Schnurrbart so gut und forsch aus, dass Siegfried, der ihn bewunderte und nachahmte, einen ganz kräftigen kleinen Minderwertigkeitskomplex entwickelte.

Wenn ihre Studienkollegen sie besuchten und heftige Diskussionen durch die geschlossene Tür des Bubenzimmers bis auf den Gang hinaus dröhnten, horchte ich, schnappte hier und da ein paar Sätze oder Fetzen auf und missverstand vieles.

Seit dieser Zeit war es mir zu einer lieben Gewohnheit geworden, den Gesprächen gebildeter, kluger und älterer Menschen zu lauschen, die von ihren Dingen offensichtlich etwas verstanden. Ich habe so mehr durchs Ohr erfahren als durchs Lesen, glaube ich. Seit dieser Zeit liebe ich es auch, Trios und Quartetten zuzuhören und die blitzschnellen verständnisinnigen Blicke, welche die Spieler untereinander austauschen, zu beobachten. Seit dieser Zeit habe ich jede Art sachverständigen Könnens, ob es sich um Zusammenarbeit in der Musik oder um dialektische, konstruktive Gespräche handelte, zu bewundern nicht auf gehört.

Meine zwei Brüder, die Maschinenbau und Medizin studierten und während ihrer Mußestunden die Violine in Orchestern oder bei Kammermusik spielten, haben in meinem Bewusstsein berufliche und musikalische Beschäftigung so miteinander verschmolzen, als gäbe es für beide einen gemeinsamen künstlerischen Nenner. Wilhelms *Ars Medica* zum Beispiel und die Musik als eine klassische Kunst wurden beide zu Tätigkeiten, denen er sich mit Freude hingab, ich selber jedoch lauschte lieber den Klavierstunden meiner Schwester, als selber welche zu nehmen. In einer sehr verschrobenen, verdrehten Stellung saß ich dann in einem Sessel, die Beine über die Lehne gelegt, wenn Madame Leopold oder Fräulein Hönig, die ersten in einer skurrilen Aufeinanderfolge von Klavierlehrerinnen, mit meiner Schwester Josephine spielten, und sank schließlich in einen süßen Schlaf. Damals mag ich auch etwa vier Jahre alt gewesen sein.

In der folgenden Zeit hatte ich selber fünf Jahre lang bei ziemlich wohlmeinenden, aber beschränkten Lehrerinnen Klavierunterricht. Mein Vater konnte kein Instrument spielen und sein Geschmack war nicht ausgebildet, aber klassische Musik schätzte er. Mein Vater und meine Mutter schienen beide Musikunterricht als eine selbstverständliche Notwendigkeit zu betrachten, während sie für Malerei und Literatur kaum entsprechendes Verständnis aufbrachten. Nachdem sich mein Vater einmal durch den *Grafen von Monte Christo* durchgearbeitet hatte, las er niemals mehr irgendetwas außer der Tageszeitung.

Von Architektur verstand in der Familie niemand auch nur das Geringste. Meine älteren Brüder kannten wenigstens noch die Bezeichnungen und Stilarten und einmal griffen sie während einer Debatte darüber, ob unser Rathaus romanisch oder gotisch sei, zu dem großen *Meyer-Lexikon*, das ich mit seinen zahllosen Bänden bereits als den großen Schatz im »Bücherkasten der Buben« erwähnt habe.

»Siehst du, ich habe es dir doch gesagt, das Gebäude ist gotisch. Es hat Spitzbögen«, erklärte Wilhelm oder Siegfried – ich weiß nicht mehr, wer von den beiden in diesem Wettstreit gewann.

Aber es war das allererste Mal, dass mir Architektur und eine Stilart bewusst wurden, zumindest als Gesprächsthema. Die ersten Erfahrungen damit hatte ich unbewusst gewonnen, als ich mit drei Jahren (und einem nackten Popo) auf einem rissigen Parkettfußboden saß, aus jenen offenen Fugen etwas hervorpulte und die Messingknäufe meiner Spielsachenkommode ableckte. Diese Erfahrungen waren weit mächtiger als eine Theorie. Sie lagen lange vor dem gesprochenen Wort. Aber diese erste Erfahrung, ebenso wie die meines Spiels unter dem Flügel, bedarf einer äußerst gründlichen Analyse. Kann man denn mit Worten überhaupt jemals eine architektonische Erfahrung klar wiedergeben, die »stereognostisch« und gleicherweise auf unserem untersten Assoziationsfeld wie auf den höheren wirksam ist? Das geht so unser ganzes Leben hindurch, vom Uterus und der Geburt an bis zu dem

Augenblick, in dem wir ein letztes Mal in unsere Kissen zurücksinken. Vielleicht ist es ähnlich wie mit der Liebe, so oft diskutiert und doch nichts, worüber sich wirklich reden ließe, nichts in den gewohnten Gefilden des Wortes Greifbares.

Fassen wir Dinge in Worte, so bedeutet das oft kaum anderes, als dass wir sie irgendwo in engen, unnatürlichen Fächern ablegen und damit von allen organischen Beziehungen abschneiden. Die Vorstellungen architektonischer Stilarten, das Zerlegen künstlerischer Entwicklung in »Jahrhunderte«, in »dunkles« Mittelalter und »goldene« Zeitalter ist ein unfruchtbares Einordnen in solche Fächer, wie es sich schlimmer kaum denken lässt.

Die von Menschen für sich selbst gebaute Welt ist im Grund ein unheimlich kontinuierliches Problem, das bedeutet, dass wir uns stets mit unserem eigenen organischen Habitus auseinandersetzen müssen, seit wir von den Dschungelbäumen heruntergeklettert kamen. Meine Vorfahren waren also von ihren Bäumen herunter, aber ich war ein Stockwerk-Kind, oben eingesperrt. Tatsächlich hatte ich keinen Spielplatz.

Meine Großmutter ging wohl oft mit mir gegen zehn Uhr vormittags ein wenig in den Augarten, der drei oder vier Blocks entfernt lag. Ich konnte, wenn ich mich viel weiter aus dem Fenster beugte, als gut war oder mir erlaubt, die hohen Kastanienbäume in der Ferne hinter einer scheußlichen Mauer sehen. Der Augarten hatte Mauern und Tore, denn bis vor etwa hundert Jahren war er, ebenso wie der Wiener Prater, einer der kaiserlichen Gärten gewesen, für alle verbotenes Gelände außer der Familie Habsburg und ihren Gästen, die in vergoldeten Kutschen eintrafen.

Aber Joseph II., Held des kleinen Mannes, hatte vor hundert Jahren durch seine rebellisch anstößige Handlungsweise, diese Gärten dem Volk zu öffnen, den Adel in Erregung versetzt. Danach waren hundert Jahre lang billige Kitschromane über den volkstümlichen Kaiser Joseph ein gutes Geschäft. Unser Dienstmädchen las mir, wenn ich mich recht erinnere, eine Geschichte mit dem Titel »Kaiser Joseph und die Tochter des Chauffeurs« vor; nein, das muss nun doch ein wenig später gewesen sein, denn gerade zu jener Zeit war Henry Ford ja erst emsig damit beschäftigt, in der Nähe einer kleinen Stadt mit Namen Detroit das Automobil erfinden zu helfen und selbstverständlich, um nun auf dem Boden der Wirklichkeit zu bleiben, hätte Kaiser Joseph sich niemals vulgär benommen, wie unaristokratisch er sich auch sonst gab.

Die tiefen Wahrheiten des Lebens gehen aber über alle Wirklichkeit hinaus und die Tore des Augartens, durch die mich meine Großmutter fast jeden Morgen mit Ausnahme des Sonntags führte, wurden gegen unwirkliche Gefahren von ebenfalls unwirklich erscheinenden Wächtern, die lahm oder blind waren, geschützt. Sie wurden »Invaliden« genannt und waren Veteranen des österreichisch-preußischen Krieges.

Da diese hinkenden Greise uns Jungen nicht fangen konnten, wenn wir unsere Reifen auf die Rasenflächen rollen ließen, pfiffen sie auf einer schrillen Trillerpfeife, bis ein Polizist in einfacher schwarzer Uniform erschien, der unsere erwachsenen Begleiter, wie zum Beispiel meine Großmutter, streng auf die Vorschriften hinwies, die zwischen den hohen, geometrisch gestutzten Hecken eines Parks aus dem achtzehnten Jahrhundert galten.

Kaiser Joseph II. selber wollte, trotz seiner Vorliebe für die Töchter von Kutschern und seiner liberalen, aufgeklärten Haltung gegenüber dem Klerus und den Höflingen, dass das gemeine Volk wüsste, wo sein Platz sei, und legte Wert darauf, ihm gegenüber eine gewisse gesunde Disziplin walten zu lassen. Ich lernte also, grünen Rasen zu achten.

Das waren die ersten Eindrücke, die ich von einem Spielplatz im Stadtbild gewann, und wenn ich heute einen entwerfe – zur Zeit arbeite ich an zwei Projekten dieser Art –, erwacht in mir eine Reaktion gegen diese Erfahrung aus der Kindheit, die mich dieses Problem erst hat sehen lassen: Die Länge des Weges von unserem Haus aus, auf dem man zu den hohen Bäumen hinter der Mauer gelangte; die mit Kies bedeckten Wege und die Grasflächen, über die man beim Spielen lief oder auf denen man niederkniete, wenn man die Schnürsenkel knüpfen wollte, werden noch immer mit dem verglichen, was ich nun aus dem Gedächtnis entwerfe – niemals zu alt für so winzige Einzelheiten.

Der gesamte Stadtplan Wiens, die alte mittelalterliche Innenstadt um den Stephansdom herum, Maria am Gestade, die Michaeler Kirche und die Minoriten-Kirche sind noch immer in meinem Blut, wenn ich von Stadtplanungen und Stadtliebe spreche.

Die Barockpaläste und Gebäude wie die Karlskirche und die Peterskirche und alle jene anderen Zeugen europäischer Größe, die, glaube ich, den ersten Zaren aller Russen so sehr anreizten, dass er Wien besuchte, sind ebenfalls in meinem Blut, wenn ich mich mit der Architektur und den Planungen der Vergangenheit befasse. Ich liebe das alles, es macht mir Spaß, es mit einem Bleistift nachzuzeichnen, aber stets bin ich davor zurückgescheut, wenn ich es in Imitationen nachgeahmt sehe, für die wir ganz einfach zu spät geboren sind.

Als ich älter wurde, begann meine Schwester mich zu beeinflussen. Sie malte, also malte ich auch, obwohl ich sechs Jahre jünger war als sie. Als sie und ihre Freundinnen zu kichern und Jungen, die wie griechische Götterjünglinge aussahen, träumerisch nachzublicken begannen, wurde ich aufmerksam und beobachtete. Mit zwölf Jahren war ich schon so etwas wie ein heiter-gelassener Berater in Liebesangelegenheiten.

Auf jeden Fall übte ich einen ausgleichenden Einfluss auf meine Schwester aus und spielte für sie, die hitzig und zuweilen recht stürmisch war, den Chaperon.

Meine Schwester verliebte sich damals in einen Geographen, Physiker und Polarforscher, zwanzig Jahre älter als sie, die neunzehn war. Dr. K. war ein gutaussehender Mann, gewandt, scharfsinnig im Gespräch und voller Erfahrungen, die er auf Reisen um die ganze Welt gesammelt hatte. Neben ihm wirkten meine Brüder noch wie Kinder.

Aber vor und nach ihm hatte meine Schwester eine lange Folge von Verehrern, Studenten der Medizin, angehende Ingenieure, methodische Soziologen und erregbare Revolutionäre, gewissermaßen die »Beatniks« jener Zeit. So geriet ich, der kleine Gefährte meiner Schwester, in eine überraschende und vielfältige Gesellschaft.

Einmal kam ein russischer Nihilist in schwarzem Hemd, Birinsky lautete sein Name. Er hatte, die Partitur in Händen, Tristan und Isolde vierundsiebzigmal in der Hof-Oper in Wien oben im vierten Rang, im Olymp, mitangehört. Mir war dabei nur unklar, warum er noch immer die Partitur brauchte.

Nach dem Tristan, das war um halb eins morgens, ging er mit Josephine, meiner Schwester, im Prater spazieren. Ich wunderte mich, meine Eltern wunderten sich und auch meine Brüder. Aber meine Familie sagte kein Wort. Tatsächlich geschah auch nichts anderes, als dass der Mann, der ja ein Nihilist war, über Gott und die Welt redete, tadelnd und spöttisch, und nur der Tristan blieb von seiner Kritik verschont. Er blickte mit freundlicher Herablassung auf mich nieder und schrieb revolutionäre Schauspiele, die er den großen Tragöden Joseph Kainz lesen ließ. Ich sah, wie er in Kainz' Haus protegiert wurde und bei dessen Bestattung seiner Witwe am Grabe den Arm reichte.

Dreißig Jahre später sah ich ihn wieder, diesmal in Hollywood. Er war dick geworden und trug nun keineswegs mehr ein schwarzes Hemd.

»Wie geht es Ihrer Schwester?« fragte er.

»Gut«, antwortete ich.

Der nächste Liebhaber von Bedeutung war ein junger Rechtsanwalt und Wirtschaftswissenschaftler, Direktor der Schule der Arbeiterbewegung und einer ihrer Führer in Wien. Diese Arbeiterbewegung unterschied sich sehr stark von dem, was sie heute ist. Gut sah er nicht aus, war aber sehr intelligent. Sein soziales Denken griff auch auf meine Schwester über, die nun Ferdinand Lassalle zu lesen begann und zu Vorträgen ging. Ich erinnere mich einer Parteifeier zu Lassalles hundertstem Geburtstag, zu der ich mitgenommen wurde. Der sozialistische Abgeordnete Dr. Friedrich Ellbogen hielt unter einer roten Fahne die Lobrede auf den Mann, um den Friedrich Spielhagen seinen wilhelminischen Roman »Hammer und Amboss« geschrieben hatte.

Siegfried, mein zweitältester Bruder, der ebenfalls ein Wagneranhänger und Opernbesucher war, blieb zunächst zu Hause und nahm dann eine Stelle mit seinem Freund Taussig in Prag im großen Truston-Konzern an. Kurz bevor ich ins schulpflichtige Alter kam, besuchte ich ihn mit meinen Eltern und meiner Schwester. Die Eisenbahnfahrt nach Prag, die seltsame alte Stadt, die fremde Sprache und die Menschen – alles war unvergesslich. Klein wie ich war, versuchte ich im Zug eine Art Tagebuch zusammenzukritzeln. Ich hatte schon etwas Schreiben gelernt.

Ein halbes Jahr später kehrte Siegfried zurück, seine Gesundheit anscheinend völlig untergraben. In derselben Nacht hatte er einen Blutsturz. Dieses Ereignis machte auf mich einen tiefen Eindruck, und ich will darauf in einem größeren Zusammenhang später noch zurückkommen. Ich sah, wie er sich erholte und, ein wenig einsam, seinem Weg nachging. Niemals »homme à femmes« war er doch bei allen beliebt und im Gespräch mit gebildeten Leuten ein sehr scharfer Geist. Viele Jahre später, als ich fünfzehn war, kaufte er mir zwei Bücher des Astrophysikers Svante Arrhenius, des schwedischen Nobelpreisträgers, und voller Begeisterung stand ich morgens sehr früh auf, um zu lesen, was ich nur mit größter Anstrengung oder aber auch gar nicht zu begreifen fähig war.

Inzwischen hatte mein ältester Bruder Wilhelm, den ich bewunderte, weil er so gut aussah, einer Malerin den Hof gemacht – oder sie ihm (sie malte mit viel Aufwand ein Porträt von mir, bis mein Vater, zu ihrem Entsetzen, mir durch einen mit einer Pferdeschere bewaffneten Barbier plötzlich mein Haar so gut wie ratzekahl abschneiden ließ). Wilhelm wurde auch von anderen Mädchen und sogar von einer geschiedenen Frau in roter Bluse umworben. Schließlich, ich war damals elf Jahre alt, verliebte er sich ernsthaft in Louise Schmidl und sie sich in ihn. Das war einer jener Glücksfälle, einer, der durch mein ganzes Leben nachwirkt.

Louise war siebzehn Jahre alt, die älteste von drei Mädchen aus einer, wie mir schien, völlig bürgerlichen und ziemlich reichen Familie. Ich freute mich, sie mit Wilhelm zusammenzusehen, denn sie waren ein gutaussehendes Paar. Zuweilen durfte ich sie begleiten, wenn mein recht gebieterischer Bruder mit seinem Fotoapparat Ausflüge unternahm und dabei in den Wäldern der Donauniederung oder auf den von Kiefern bewachsenen Höhen und Felsen von Gainfern-Vöslau, wo wir regelmäßig zweieinhalb warme Sommermonate verbrachten, nach »Naturmotiven« suchte. Bestimmt habe ich damals dadurch, dass ich die Landschaft durch eine Fotolinse betrachtete, einiges gelernt.

Louise erwies sich als etwas ganz anderes als nur ein Mädchen aus dem Mittelstand; ein Mensch, wie man ihn selten findet. Über ihre Jahre hinaus fraulich und mütterlich, besaß sie eine Intelligenz, mit der sie höhere Mathematik und schwierige philosophische und naturwissenschaftliche Texte in der Originalsprache bewältigte, ohne jemals wie ein Blaustrumpf zu wirken. Während ihre jüngste Schwester Mimi, ein Jahr älter als ich, meine Spielgefährtin und Zuhörerin wurde und ich die mittlere Schwester Madeleine, ein Jahr jünger als Louise, als die ungewöhnliche Schönheit erkannte, die sie war, sah ich doch in Louise ganz unzweifelhaft das weibliche Idol. Auch mein Bruder Siegfried, immer wieder krank, liebte sie und das Gleiche galt für meine Eltern. Sie gehörte ganz einfach zu uns, obwohl selbstverständlich ganz besonders zu Willy, unter dessen geistiger Führung sie sich entfaltete. Ich beobachtete sie beide und empfand mit ihnen.

Als ich fünfzehn war, begann Louise, ebenso wie Siegfried, mir schwierige Bücher zum Lesen zu geben: Ernst Haeckels *Welträtsel*, Schopenhauer, Büchners *Kraft und Stoff*, Langes *Geschichte des Materialismus* und Wilhelm Ostwald, den deutschen Chemiker, der etwas über die Welt als eine Erscheinung der »Energetik« geschrieben hatte.

Einmal hörte ich Ostwald, einen weißhaarigen Ehrengast aus Deutschland – aus Leipzig, wie ich glaube –, im Institut für Anatomie einen Vortrag halten und begann danach, die Universitätsbibliothek zu besuchen. Ich beschloss Chemie zu studieren und Siegfried schenkte mir ein Buch von Sir William Ramsey, dessen Schriften mich zu denen von Sir Ernest Rutherford führten, ebenfalls Geschenke meines Bruders.

Schließlich kaufte Siegfried mir Nietzsche – Nietzsches sämtliche Werke! Mein Lesen begann ich, glaube ich, mit der *Geburt der Tragödie* und ich las dann alles, auch alles mögliche andere nebenbei. Ich fing ebenfalls an, regelmäßig das Burgtheater zu besuchen, um Kainz und die alte Garde klassischer Schauspieler zu bewundern. Shakespeare wurde etwa zweimal in der Woche gespielt.

Ein Jahr nach der Hochzeit bekamen Louise und Willy ein Töchterchen. Ich schob den Kinderwagen auf Feldwegen, während ich von einer Frau lernte, was Denken war. Ich verstand, dass Louises Geist, zwar fraulich und sanft, auch bedeutend war. »Lange Haare, kurzer Verstand« war mir schon ein ganz lachhaftes Sprichwort geworden. So begann ich, das Frauliche zu verehren und ein wenig ritterlich zu werden.

Ich besaß sehr wenig Selbstbewusstsein. Während mein Haar ebenso lang war wie meine schwarze, seidene Krawattenschleife, die, soweit ich mich erinnere, meine Schwester als neueste Mode bei mir eingeführt hatte, war ich mir keineswegs dessen bewusst, etwa ein gutaussehender, intelligenter Junge zu sein. Was meine erotische Zukunft anlangte, so war ich eher besorgt als irgendwie verlockt oder neugierig, wenn ich abends auf meinem Weg nach Hause an herausfordernden Prostituierten vorbeigehen musste. Für gewöhnlich kam ich aus der Oper oder von einem Zusammensein mit meinen guten Freunden, mit denen ich mich am Praterstern zu einem Spaziergang im Park getroffen hatte. Ich betrachtete diese Mädchen etwas ängstlich verwundert, fast mitleidig. Zu meinen Kameraden sagte ich nie ein Wort darüber.

Meine Freunde waren damals Ludwig Neumann und Edmund Kalischer, der Dickens und Felix Dahn las und das literarische Wunderkind Robert Beer, dessen Interesse von Strindberg, Rimbaud, Dostojewskij, Hofmannsthal und der Lyrik Anakreons und Sapphos bis zu der Stefan Georges und Rainer Maria Rilkes reichte. Das waren wunderbare Freunde.

Nach den ersten zwei oder drei beschwerlichen Jahren im humanistischen Gymnasium entwickelte ich mich zu einem Schüler, der in den Augen seiner Lehrer einigermaßen Gnade fand. Plötzlich, im fünften Jahr des Gymnasiums, wurde ich »Primus« in Mathematik wie in Geschichte und brachte auch in Latein, Griechisch und Physik recht gute Ergebnisse nach Hause. Diese Zusammenstellung war seltsam. Meinem Bruder fiel die mühselige Aufgabe zu, mir bei literarischen Aufsätzen zu helfen. Darin war ich etwas schüchtern, ebenso wie ich mich davor scheute, vor einem größeren Kreis zu reden. Ich fand zum Beispiel auch die Schilderungen meines Bruders von einem Spaziergang im herbstlichen Wald großartig. Tatsächlich durchwanderte er oft die Umgebung Wiens, einsam und ohne ein Mädchen, wobei er den Spuren Beethovens folgte. Er konnte einem die Mietwohnungen in Heiligenstadt und Pötzleinsdorf zeigen, wo der Mann vom Rhein seine Sommermonate zwischen den Weinbergen verbracht hatte. Siegfried zu begleiten war ein besonderes Erlebnis, das einem jedoch nicht immer zuteil wurde. Durch ihn begann ich Wien zu lieben.

Zu dieser Zeit trat der letzte Freier meiner Schwester in meine Welt. Er war ein wunderbarer Mann und hat mir von meinem sechzehnten Lebensjahr an unendlich viel bedeutet. Arpad Weixlgärtner war ein hoher Hofbeamter, schon damals ein Kunsthistoriker von Ruf, Direktor der Sammlung der Waffen und Rüstungen des Kaiserlichen Museums, die nur der des Prados nachsteht. Nachdem er die graphische Sammlung Albertina geleitet hatte, wechselte er dann in die berühmte Abteilung für kleine Bronzen über, mit Benvenuto Cellinis Salzfässchen und anderen Schätzen, die ich so nahe kennenlernte. Er wurde auch Kustos des Kronschatzes des Römischen Reiches Deutscher Nation, der zwei Abteilungen umfasst, die weltliche und die geistliche. Ich bekam einmal Gelegenheit, die Krone Karls des Großen in meinen Händen zu halten und den Speer zu berühren, von dem die Menschen des Mittelalters glaubten, er hätte Christus auf Golgatha die böse Wunde gestochen. Ich entsinne mich noch des Gewichts dieser Gegenstände. Schließlich wurde Arpad Direktor der Galerie und des gesamten Nationalmuseums.

Während ich dies überlese, ist der mir so liebe Mann neunzig Jahre alt in Göteborg gestorben, eine anerkannte Autorität in Schweden, vom König und von allen Sachverständigen der Kunstgeschichte, die etwas von Dürer oder Grünewald verstehen, geehrt.

Arpad Weixlgärtner hat ein paar wunderbare Bücher geschrieben, darunter auch seine eigene seltsame Familiengeschichte. Er war der natürliche Sohn eines ungarischen Grafen, der, mit einer kranken Frau verheiratet, niemals das Mädchen aus niederem Stand ehelichen konnte, mit dem er zwei Kinder hatte. Einige Zeit nach ihrer Geburt wurde er Bürgermeister von Budapest.

Ich war von Arpads Mutter sehr beeindruckt. Als ich sie kennenlernte, war sie eine sehr würdige Matrone, zittrig als Folge eines Schlaganfalls, aber sie konnte im reizendsten Wienerisch von ihrer weit zurückliegenden Theaterlaufbahn erzählen. Dass sie noch früher ein erstes Kind von einem anderen Mann hatte, einem flatterhaften Schauspieler, erfuhren wir erst aus einem Bündel alter Briefe, die Arpad nach ihrem Tod las.

Meine eigene geliebte Mutter starb etwa zu der gleichen Zeit, nachdem sie einige Jahre an einer unheilvollen Metastase gelitten hatte. Sie war so ganz anders als Arpads Mutter und ganz und gar nicht matronenhaft.

Das letzte Mal sah ich meine Mutter nach einer von Schmerzen erfüllten Nacht unter Morphium; sie schien zu schlummern, ihr Gesicht ins Kissen gedrückt, ihr noch immer schwarzes Haar über die Polster ausgebreitet. Als ich an jenem Tag aus der Schule nach Hause kam, traf ich meinen Vater als einen gebrochenen Mann an. Sie hatte nicht geschlummert, sie war schon seit vielen Stunden tot. Ich glaubte, das Leben könnte mir nichts Furchtbares mehr bringen; kein schlimmerer Verlust war vorstellbar, alles war nun traurig und düster.

Aber durch Arpad, der zwanzig Jahre älter war als ich, begann für mich ein neues Leben. Ein kunstliebender Historiker, der mit einem Zwinkern über die Naturwissenschaften und ihr Monopol auf unser Zeitalter sprechen konnte, lebte er mit ursprünglicher Vitalität und Großzügigkeit. Er erweiterte meinen Horizont, indem er mich die österreichische Kultur in historischer Perspektive sehen ließ. Er kannte alle Kirchen und Klöster und war sogar häufig und vertraulich mit Franz Ferdinand, dem Thronfolger der Habsburger, zusammen, dessen Charakter er mir schilderte. Nur wenige Jahre später sollte Franz Ferdinand in den Hinterhalt von Sarajevo geraten, womit auch das viktorianische Zeitalter sein Ende fand. Arpad verstand die österreichischen und ungarischen Bauern ebenso gut wie die blaublütigen Aristokraten der verschiedenen Nationen, die das oft verwandelte Reich bildeten; er kannte alle Grafen und Adligen, Nachkommen jener, die Beethoven in jovialer Ehrerbietung gefördert hatten und in ihren Palästen in Wien einzigartige private Kunstsammlungen besaßen. Er kannte das liberale Bürgertum der Stadt, das mit dem Kulturleben und den echten Bestrebungen einer alten Aristokratie wetteiferte. Er kannte die großen Männer unserer Universität, der Kaiserlichen Oper, das berühmte Burgtheater, das hundert Jahre hindurch die besten europäischen Bühnen überschattet hatte. Zu jener Zeit beherrschte Wien das ganze Gebiet des Theaters und der musikalischen Kultur und Berlin und Moskau schienen noch immer nur interessante Emporkömmlinge. Arpad hatte den Komponisten Hugo Wolf gekannt, bevor sich dieses Genie in ein Irrenhaus hatte verlieren müssen, und einmal nahm er mich auch in Gustav Klimts Atelier mit, wo er und dieser mächtige Kahlkopf, dieser Künstler-Held, unermüdlich miteinander redeten. Weder die zwei noch ich, ihr schüchterner Zuhörer, konnte ahnen, dass ihm, ein halbes Jahrhundert später, in Wien auf die Ferne hin der Gustav Klimt-Preis zugesprochen wurde.

Der fremdartige ungarische Name »Arpad« passte gar nicht recht zu diesem Erzwiener, der einer Familie von Theaterliebhabern und Künstlern angehörte. Ich zog es vor, ihn Agathon zu nennen, wie auch seine Freunde es taten. Diese Männer bildeten einen »Sokratischen Kreis« – »um des Spieles willen« *Paidias Charin*, wie Sokrates zu sagen pflegte – und grüßten einander und unterschrieben auch ihre Briefe mit diesen magischen Worten. Das war für jemand wie mich, der in einer Familie außerhalb humanistischer Tradition aufgewachsen war, alles sehr seltsam.

Nicht im Geringsten von geistiger Überheblichkeit ließ Arpad wie ein zu groß gewordener Junge Drachen steigen, schoss mit einem Flaubert-Gewehr, warf einen Bumerang und erzählte von dem Leben auf den Bauernhöfen in der Umgebung von Stössing, einem Alpendorf, das er besonders liebte und wie seine Westentasche kannte. Bei seiner unverhohlenen Liebe zu meiner Schwester hatte er nicht die geringsten Hemmungen, sie zum Beispiel eine Minute lang zärtlich zu küssen, während unser Hausmeister, mit dem schönen Namen Heiland, eine Kerze in der Hand, die Tür öffnete und geduldig wartete, bis alles vorbei war, um uns auf die Treppe zu unserer Wohnung zu lassen. Es war sozusagen ein vollkommener, ein äußerst natürlicher Gutenachtkuss. Meine eigene Familie war verschämter, aber ich lernte, nicht zu erröten, wenn die gute Natur ihren Segen dazu gab.

Mir eröffnete sich eine ganz neue Welt durch das Zusammensein mit einem viel älteren Freund, der das Italien des Altertums, des Mittelalters und der Renaissance wirklich kannte, Genua, Alessio, Jacob Burckhardt, Theodor Mommsen, Ranke, die Geschichte der Päpste und so viele, viele andere faszinierende Menschen und Dinge.

Agathon wurde, nachdem ich siebzehn war, zum großen Ereignis in meinem Leben. Meine geliebte Louise war unter großen Schmerzen erblindet und starb mit sechsundzwanzig Jahren an einem Gehirntumor. Es war ein langer, schwerer Kampf und mein Bruder, der Arzt, hatte schon seit langem den Ausgang gekannt. Nie vergesse ich sein Gesicht an ihrem Grabe.

Wilhelm wurde ein führender Neurologe und Psychiater. Siegfried war Patentanwalt geworden und hatte mit begabten Erfindern zu tun. Er hätte ein Buch darüber schreiben sollen.

Meine Brüder waren sehr verschieden, aber jeder durch Charakter, Berufung und Beruf für mich ein nachahmenswertes Vorbild. Sie sind nun tot, aber ich gedenke ihrer in herzlicher Zuneigung.

Ich musste mich oft zwischen Mitteilsamkeit und banger Einsamkeit bewegen.

Als bauender Architekt bin ich meinen Patienten kaum je ein Rätsel gewesen, das weiß ich.

Oft leitet das gesprochene Wort ein dauerhaftes Vertrauensverhältnis ein. Dieses führt dann wiederum dazu, dass eines Tages ein Gebäude entsteht. Es scheint auch eine größere Zuhörerschaft anzusprechen. Ob Menschen nun ein Gedanke *gefällt* oder sie ihn teilen, sie reagieren doch sehr viel auf die allgemeine Einstellung, die ihm zugrunde liegt, auch auf den Klang der Stimme, die den Gedanken ausspricht, auf das Lächeln und die Aufrichtigkeit des Auges. Vor hochgezogenen Augenbrauen schrecken sie zurück. Kein Tonband kann eine persönliche Gegenwart ganz ersetzen. Vieles in der einzigartig menschlichen, schöpferischen Beziehung zwischen dem berufsmäßigen Berater und dem Beratenen liegt jenseits aller Worte und beide Teile wirken gleichsam als gegenseitige Berater aufeinander ein, obwohl doch die bessere Ausbildung und die größere Erfahrung den einen befähigt, das, was er lernt oder gelernt hat, für den anderen zu einem glücklichen Ganzen zusammenzubauen.

Die Menschen, die mich in meiner Jugend umgaben, haben mich weder verletzt noch unterdrückt; ich bin im Gegenteil in beglückender Weise darauf hin geformt worden, die Gefühle anderer ohne Ressentiment zu verstehen. Genau das ist es, diese Fähigkeit, die ein Architekt braucht, ein Mensch, der das gute Leben planend erarbeitet. Er nützt sie, wenn er nicht nur ein Techniker ist, sondern durch Notwendigkeit und Leidenschaft für diesen Beruf ein Mensch, der eine Unzahl von Menschen eingeborener Verhaltensweisen und Handlungen durch eine aufgebaute Umgebung aufeinander abstimmt. Aus innerem Antrieb heraus ist er ein Künstler auf dem Gebiet der gegenseitigen Beeinflussung der Menschen.

Die Kunst des Arztes und des Architekten

Das Entwerfen unserer Umwelt, das ja die Aufgabe des Architekten ist, erfordert mehr als ein Rezept, materielle Dinge aneinanderzufügen. Der Architekt muss mit Einfühlungsvermögen Einzelne und ihre soziale Gruppe abschätzen, die möglichen Einwirkungen der gegenwärtigen Umwelt auf sie und jedes Individuum in ihr ebenso zu begreifen suchen wie die Möglichkeiten der Beeinflussung durch eine in der Phantasie erschaute und schöpferisch erfasste künftige Umwelt.

Mein Großvater war Arzt und lange tot, bevor ich zur Welt kam. Er sah aus einem Bilderrahmen auf mich herab von der Wand über den Betten meiner Eltern. Wilhelm Neutra, der Ältere, hatte in Pest und Wien studiert. Unsere Universität hatte eine hervorragende medizinische Fakultät. Vielleicht haben der Beruf meines Großvaters und die Studien meines Bruders, Dr. Wilhelm Neutra des Jüngeren, bei mir eine besondere Bereitschaft für medizinisches Denken entwickelt. Für mich liegt jedenfalls eine starke Anziehungskraft in einer Kunst, die mit Naturwissenschaft verwoben ist. Tatsächlich ist ja die Naturwissenschaft nur teilweise in der Medizin vertreten; sie steht keineswegs für das Ganze.

Dieses Thema der Beziehung zwischen Heilkunst und Baukunst ist mir immer sehr ans Herz gewachsen.

So wie die Medizin jetzt praktiziert wird, ist sie das Gebiet von Spezialisten. Da gibt es jene, die in den Laboratorien arbeiten, während viele andere eine überwältigende klinische statistische Arbeit leisten müssen. Für *manche* Griechen und Araber war die Medizin eine Kunst und eine Wissenschaft, die sich aus einer Sammlung scharfsinniger Beobachtungen und etwas Eingebung zu einem Ganzen zusammensetzte. Aber in den Tempeln des Asklepios gab es noch eine andere therapeutische Richtung, die sich mit die Seele erforschendem, diagnostischem Tempelschlaf und einer Gruppenbehandlung befasste; sie ging der großen Macht der Selbstdiagnose voran und bereitete ihr den Weg. Am nächsten Morgen folgte die Deutung der angeregten tiefen Selbstschau durch den Priester. Diese Tempel und andere Arten von Sanatorien, Forschungszentren der Alten Welt, die ich mehr als ein halbes Jahrhundert später von Erzerum im östlichen Anatolien aus besuchte, bis zu denen von Kallinos im hellenistischen Pergamon und das Gesundheitszentrum auf der Tiberinsel, waren eindrucksvolle Institutionen, in die viele Bemühungen und viel Geld hineingesteckt wurden.

Andererseits legte Hippokrates einen Eid ab, gut zu sein und Gutes zu tun, und dies dank einer einfachen verblüffenden Kunst, die nicht im Geringsten auf einem physiognomischen, diagnostischen Einfühlungsvermögen beruhte, ohne die damals noch unbekannten Laboratorien, ohne die oft auf protzigen Geschmack eingestellten Ferienhotels, ihre Küche oder ihre Tanzbars, die in den luxuriöseren, einträglichen Erholungsorten ein wenig an die Sanatorien der Antike erinnern.

Der auf sich allein gestellte Arzt ist Wissenschaftler und Künstler zugleich. Er muss ein Künstler von seelischer Anziehungskraft sein, so dass die Menschen in einem Aufwallen von Hoffnung den Weg zu ihm finden, um ihm ihr Leben und ihre Zukunft anzuvertrauen.

Genau das – dieses Verhältnis tiefen, begründeten Vertrauens – hat mich sehr verlockt und mich in meiner Haltung beeinflusst, als ich vor der Entscheidung stand, mir einen Beruf fürs Leben auszuwählen. Damals schien mir, dass ein Leben in einem wissenschaftlichen Laboratorium vielleicht doch nicht ganz das sei, wofür ich geboren war. Und dennoch war für mich die Kunst niemals ganz von der Wissbegier des Forschers geschieden. Eine solche Scheidung ist ja eigentlich für unser »Zeitalter der Naturwissenschaften« ein Jammer, während sie in der Renaissance Albrecht Dürers, Leonardos oder Leone Batista Albertis überhaupt unbekannt war.

Ein Ereignis in meiner Jugend, das mich ungemein beeindruckte, sei hier als Beispiel dafür wiedergegeben, wie die angewandte Wissenschaft mir vor Augen geführt wurde und wie sich die ans Wunderbare grenzende Kunst klinischer Intuition vor mir offenbarte. Seltsam ist, dass dies im Verlauf der Zeit keinen Arzt, sondern einen Architekten aus mir machte.

Es war eins der charakteristischen Erlebnisse, die mich schon früh in diese Richtung lenkten, ohne sich doch genau in den äußeren zeitlichen Ablauf einer Lebensgeschichte einzufügen.

Anerkannter Kliniker

Mein Bruder Siegfried war neunzehn Jahre alt, als er, wie ich schon erwähnte, seine erste Stellung als Ingenieur im fernen Prag, in einer der führenden europäischen Maschinenfabriken antrat. Kurz vor Weihnachten kehrte er, nach einem Aufenthalt von neun Monaten in der Fabrik, nach Hause zurück. Wir waren von seinem Anblick entsetzt. Er war bleich wie ein Leichnam. In der gleichen Nacht hatte er einen Blutsturz. Es war eine ungemein heftige Lungenblutung. Ich sehe in meiner Erinnerung alles noch deutlich vor mir – sechs Jahre war ich wohl damals alt –, und die Erinnerung an die Waschschüssel voll schäumenden Blutes hat mich niemals verlassen. Es war so viel Blut, dass es kaum zu verstehen ist, wie der junge Mensch es ohne eine Bluttransfusion hat durchstehen können. Aber damals war ein solches Verfahren ja noch nicht bekannt. Es war die Zeit, in der mein ältester Bruder, der nach seinem Großvater, dem Arzt, benannte Wilhelm, noch Medizin studierte. Durch seine Verbindungen als Medizinstudent gelang es ihm, an die Koryphäe in der medizinischen Welt Wiens heranzutreten: an den Internisten Schrötter von Cristelli. Es ist zweifelhaft, ob der große Mann sonst jemals zu uns gekommen wäre, jedenfalls kam er und hat sich seinen Besuch nicht einmal honorieren lassen. Diese Großzügigkeit in der Ausübung eines Berufes, über die vor mir gesprochen wurde, beeindruckte mich tief und machte mich für immer gegen jede kommerzielle Auffassung eines Berufes immun.

Den ganzen Sonntagvormittag mussten wir auf seinen Besuch warten, wobei wir jeden Augenblick mit dem Tod meines Bruders rechneten. Endlich schlug die Stunde der Verabredung und meine Eltern standen, beide halb in Tränen und sehr erregt, am Fenster und blickten auf die sonntäglich leere Straße und das Pflaster hinab, das jeden Augenblick unter den Hufen der Pferde vor der Kutsche des großen Arztes erdröhnen sollte. Plötzlich brach das Getrappel die sonntägliche Stille. Mein ältester Bruder sagte: »Das ist der Wagen.« Einige Minuten später trat der große Mann ein. Er sah meine Mutter in einer Art sachlicher Freundlichkeit an, nickte meinem Vater kurz zu und redete meinen Bruder als »Herr Kollege« an, womit er den Studenten als seinesgleichen behandelte. Man führte ihn in das Zimmer, in dem mein Bruder Siegfried halb bewusstlos lag, wie es schien bereits im Todeskampf. Irgendwelche Höflichkeitsformeln am Krankenbett schienen hier nicht mehr nötig.

Von Cristelli ging mit bloßen Händen in das Zimmer. Es gab keine diagnostischen Apparate, die ihm technische Assistenten nachtrugen. Er war völlig allein, in gestreiften Hosen und einem makellosen schwarzen »Prinz Albert« Gehrock. Mit seinem kurzen, borstigen weißen Haar sah er sehr sachlich aus und erweckte den Eindruck eines lang Erfahrenen, der wusste, womit er es zu tun hatte und wovon er redete. Er ging hinein und wir blieben draußen.

Wir müssen etwa dreißig bis vierzig Minuten gewartet haben. Mein Bruder Wilhelm blieb bei ihm, aber ich habe niemals genau erfahren, was eigentlich geschah. Der große Arzt muss Siegfried untersucht haben, wobei er sein Ohr an Brust und Rücken legte, und eins war ja nur allzu klar, dass es sich um eine schreckliche Lungenblutung handelte. Aber es gehörte schon ein erstaunliches Geschick dazu, Umfang und Lage der krankhaften Veränderung da tief drinnen festzustellen und abzuschätzen. Er untersuchte den Patienten auditiv und dann visuell, indem er eine Diagnose der äußeren Merkmale vornahm, die Haut, den matten Augenaufschlag, die Atembewegung betrachtete. Alle die Dinge, die das Auge erfassen konnte, unterstützte er wieder durch Horchen und Abtasten, wie auch ein echter Mediziner ältesten Schlags aus primitiver Zeit, dem keine nennenswerten Hilfsmittel zur Verfügung standen. Schließlich kam er aus dem Zimmer, verlangte ein Wasserbecken, das ihm gebracht wurde, und wusch sich die Hände. Dabei warf er einen kurzen Blick auf meine

Mutter, die ihre Augen nicht von dem anderen entsetzlichen Becken mit dem Blut abwenden konnte, und sagte: »Sie brauchen sich keine Sorgen zu machen. Sieht schlimmer aus, als es ist. Ihr Sohn neigt zu Blutungen. Er wird schon davonkommen.« Irgendwie hatte dieser bedeutende Doktor das Missverhältnis ermessen zwischen der beschränkten Läsion und dem Riesenblutverlust. »Mit den Lungen, die er hat, kann er siebzig werden.«

Hier sollte ich einen Sprung in die Zukunft machen und erwähnen, dass mein Bruder 6 Monate vor Vollendung seines 70. Lebensjahres in einem Tuberkulose-Sanatorium starb – also rund fünfzig Jahre später –, als Prognose eine unheimliche Leistung. Worauf sie beruhte, ahne ich nicht. Aber das ganze Ereignis hatte mich sehr beeindruckt; gewiss auch weil ich so jung war. Bis heute spüre ich den Widerhall des Außergewöhnlichen in mir.

Ich berichte diese Episode, um zu erklären, wie sehr ich zu einem so frühen Zeitpunkt in meinem Leben von klinischer Prophezeiung beeindruckt wurde. Ich war hier sozusagen Hippokrates persönlich begegnet, dem Arzt, der sich tief verpflichtet hatte, Beobachtung und Einfühlsamkeit zum Wohl der Menschheit miteinander zu vereinen. Dr. von Cristelli, der so ganz allein unserer labor-gestützten »Diagnose« eines Krankheitsbildes voraus war, blieb für mich ein Trost, da ich als Architekt nur wenig außer gerade jener einfühlsamen Beobachtungsgabe besaß, worauf ich mich hätte verlassen können. Keine weiteren Hilfsmittel; keine Instrumente; keine Techniker oder Laboratorien. Die Unmenge ausgehusteten Blutes hätte viele Menschen irreführen können, aber nicht diesen Mann. Er blieb ruhig, erfasste alles und gab sein Urteil ab.

Diese Geschichte lässt den Schluss zu, es sei durchaus möglich, dass auch ein Architekt ein Helfer von Bedeutung werden könnte. Von Andeutungen und schwachen Spuren könnte er für sich selber zu überzeugenden Ergebnissen gelangen und tatsächlich einiges leisten, ohne dass eine Rockefeller-Stiftung hinter ihm steht. Seine Kenntnis des Menschen und der sich in ihm vollziehenden physiologischen Vorgänge, ein verständnisvolles Verhältnis zu seinen Auftraggebern und Einblick in ihre verborgenen Tiefen werden ihn befähigen, eine genauere, auf die Architektur bezogene Prognose für ein Leben abzugeben, das so hoffnungsvoll und rührend seinen Händen anvertraut wird. So kann er vielleicht praktisch verwertbare Voraussagen machen und Vorbereitungen für eine lange, glücklichere Zukunft treffen. Das ist mehr als jedes Wissen von Bauholz, Beton oder Ziegel.

Natürlich liegt es mir fern, hiermit etwa sagen zu wollen, man sollte die Methoden systematischer Forschung aufgeben. Im Gegenteil, ich bin von der Notwendigkeit einer sorgfältigen, methodischen Forschungsarbeit überzeugt. Aber ich bin ebenso davon überzeugt, dass der mit Intuition begabte ärztliche Helfer, der »Künstler« in der ärztlichen Kunst ebenso wie jener, der sich mit biologischen Individualitäten, wie es die Klienten des »Häuserbauers« sind, befasst, oft der geeignetste Mensch ist, um dem Forscher Gedanken einzugeben und die Richtung anzuweisen, in der die Experimente verlaufen sollen. Der Forscher im Laboratorium braucht eine gute Anleitung; er muss wissen, was er eigentlich durch seine Forschung klären soll.

Zu der Zeit, als dieses Ereignis klinischer Kunst, von dem ich berichtete, sich vor meinen Augen abspielte und sich meinem Geist einprägte, war es durchaus üblich, dass amerikanische Ärzte nach Wien kamen, um dort nach dem Examen ihre Studien fortzusetzen. Das taten sie, um zu Hause Geltung zu erlangen. Wien war als Akropolis oder Hauptstadt der medizinischen Lehre und Praxis anerkannt. Diese amerikanischen Studenten standen nicht im Ruf besonderer Begabung oder gründlicher Ausbildung. Mein Bruder und seine Kollegen hatten eine Art, recht herablassend über sie zu reden. Bis zum Jahr 1900 genoss der gesamte ärztliche Berufsstand in Amerika ein sehr geringes Ansehen; die meisten europäischen Nationen schienen den Amerikanern darin überlegen zu sein.

In eineinhalb oder zwei Generationen hat jedoch ein wahrhaft überraschender Wandel stattgefunden. Zurzeit sind die

American Medical Association ebenso wie das *College of Surgeons* fast auf der ganzen Erde eine recht anerkannte, entscheidende Instanz in medizinischen Fragen. Eine Regierung, die heute in Lima oder Manila ein Krankenhaus errichtet, wird dabei genau alle Vorschriften dieser Organisationen in Nordamerika befolgen. Das zahlenmäßige Verhältnis von Schwestern zu Anlernschwestern, zu Assistenten und zu Krankenbetten, oder was es sonst noch gibt, wird genau den Vorschriften entsprechen, die aus den Vereinigten Staaten kommen. Und niemand würde sich so in manchem Land dem widersetzen, niemand würde es wagen, ein Krankenhaus zu bauen und dabei zu riskieren, dass ein Austausch von Personal unmöglich wäre und dass ein solches Krankenhaus, als den Vorschriften nicht entsprechend nur von provinziellen Talenten besetzt werden würde. Man hat einige Versuche unternommen, dieses starre System zu durchbrechen, zum Beispiel in Buenos Aires haben sich die neuen Krankenhäuser von der Bindung an die amerikanische medizinische Lieferindustrie losgemacht und das Gleiche gilt für die kantonalen Krankenhäuser in Zürich oder Basel, die Krankenhäuser in Skandinavien und in einigen Fällen in Mexico City. Aber im Allgemeinen hat der amerikanische medizinische Berufsstand eine ganze Menge erreicht, er steht auf der Höhe seiner Geltung, hat Rang und kann den Ruf großer Zuverlässigkeit für sich in Anspruch nehmen. Jahrzehnte hindurch hat er den gegenwärtigen Stand der ärztlichen Kunst repräsentiert. Dies beweist, dass es für eine Gruppe oder Organisation eines Berufsstandes durchaus möglich ist, innerhalb eines halben Jahrhunderts eine ganz andere Stellung in der Gesellschaft und in den Augen der Welt zu gewinnen und dies durch eine Ausbildung, die in lebendiger Verbindung mit der Forschung verwandter Wissenschaften steht und sich auch sozialer Psychologie bewusst ist. Es ist nicht einzusehen, warum der Beruf des Architekten nicht auch an Ansehen gewinnen könnte, wenn das Bewusstsein der Sendung stärker ausgeprägt wäre, auf einer objektiven Grundlage aufgebaut, auf der es sich verwirklichen ließe, vor den freundlichen Augen einer Gesellschaft, die von uns mehr erwartet als technischen Zauber und sensationelle Modenschau.

Auch ein Architekt kann ein aus der Intuition schaffender Künstler sein, aber er kann seine Intuition stärken und sie unterstützen, indem er gewisse Dinge lernt, die in anderen Berufen schon besser bekannt sind und von Männern manch anderer Praxis besser angewendet werden. So wie es heute ist, erwartet man von einem Architekten für gewöhnlich, dass er neben dem förmlich Auffälligen die konstruktiven Fragen meistert, betrachtet ihn aber dabei lediglich als eine zweitrangige Ausgabe des Ingenieurs. Es gibt Leute, die meinen, er täte nichts weiter, als nur lichtgepauste »Pläne verkaufen«. Aber auch innerhalb dieses Berufszweiges selbst gibt es wenige Menschen, die eine klare, allgemein anerkannte oder kritische Erläuterung liefern würden, worin denn nun eigentlich ihre Besonderheit besteht, die diesem, unserem Beruf Bedeutung verleihen kann, inmitten der gigantischen, mechanisch dahinklappernden Baumühle der modernen Menschheit. Vielleicht jedoch ist Besonderheit weniger erforderlich als Universalität.

Und was ließe sich denn nun zu objektiven Beweisen für jede gültige Entscheidung in der Architektur entwickeln? Verschwommenheit und Unsicherheit in diesem Punkt haben einen Berufsstand schwer geschädigt und demoralisiert, der doch nicht nur die Verantwortung für das Glück einzelner Auftraggeber tragen sollte, nicht nur für die Zufriedenheit von Leuten, die »über die Amortisierungszeit hinausgelangen« wollen, sondern für das vitale Überleben des Menschengeschlechts, das nun weitgehend und in immer steigendem Umfang in einer komplizierten, künstlichen Umwelt eingesperrt ist.

Wenn mich in späteren Jahren ein einsamer, großer Architekt durch seine handgreiflichen Werke beeindrucken sollte, so war ich doch zuallererst Zeuge der Leistung eines berühmten Arztes geworden. In meinem kindlichen Bewusstsein sollten diese beiden Bilder sich bald miteinander verschmelzen und mir ist diese Verschmelzung noch immer teuer.

Reformer und Stadtverwaltung

Ich kehre noch einmal zum Ausgangspunkt zurück und vermag vielleicht jene Tage wiederzufinden, in denen die Entscheidung für einen Beruf heranreifte. In so manchem Leben scheinen sie erst sehr viel später, als sich dieser Vorgang abspielt, ins Bewusstsein zu dringen.

Als ich jedoch acht Jahre alt war, musste ich mich bereits entschieden haben Architekt zu werden, ohne es in meinen Gedanken ganz klar erfassen zu können. Meine unausgesprochene Entscheidung war das Ergebnis einer Fahrt in unserer neuen, viel diskutierten Stadtbahn, deren Bahnhöfe von Otto Wagner entworfen waren. Nach sehr kurzer Zeit war ich von ihm, seinen Bauten und seinen Kämpfen gegen die starke Opposition und den Spott der Öffentlichkeit begeistert. Für mich war er Herkules, Achilles und Buffalo Bill, für mich verkörperte er alle Helden und Sucher, alle bestraften prometheischen Opfer, die an den Kaukasus, den Atlas oder sonstige Marterpfähle im Dschungel der Rückständigkeit gekettet lagen – sie alle in diesem einen Menschen vereint. Da war ein Missionar und ein Mann, der mit der abgenutzten Vergangenheit brach.

Auf einer farbigen Reproduktion eines Ölgemäldes, die mir Otto Wagners Tochter kürzlich schickte, habe ich gesehen, wieviel majestätischer er wirkte als Prinz Albert, dessen konventionellen Gehrock er noch immer trug, als er diese unter- und oberirdischen Bahnhöfe für die Stadtbahn entwarf und als eben ernannter Professor der Kaiserlichen Akademie der Künste seine Vorlesungen mit einem Manifest über die moderne, zeitgenössische Architektur eröffnete.

Wagner war in der zweiten Hälfte des neunzehnten Jahrhunderts ein berühmter Name, wenn auch nicht Otto, so doch Richard. Richard war in Wien, dem großartigsten Musik-Basar der Welt, nur Ironie und Spott begegnet. Er hatte unter der vernichtenden Kritik Hanslicks und der Konkurrenz mit dem stillen Brahms, der mit dem berühmten Chirurgen Billroth gemütlich sein Bier trank und kein auffälliges Samtbarett trug, sehr gelitten.

Otto war ein Zeitgenosse dieses augenfällig musikalischen Wiens. Er wenigstens hatte keine Konkurrenten von Bedeutung, jedoch sollte er sehr bald das Gelächter und Geschmunzel der Wiener kennenlernen und es fand sich kaum einer, der da abseits stand.

Als ich also acht Jahre alt war und bereit, ein Architekt zu werden, standen Wagner und Sullivan, das ältere und das jüngere Genie, durch Tausende von Kilometern getrennt, bereits einer belustigten und erbitterten Opposition gegenüber. Aber ihre Energie war noch nicht verbraucht und sie kämpften weiter.

Wagner insbesondere ist ein Musterbeispiel dafür, dass die besten Verbindungen, aller weltliche Überfluss einem Menschen nicht über den in der Gesellschaft ihn lähmenden Umstand hinweghelfen, dass er ein Genie ist.

Wien war unter die Herrschaft von Demagogen geraten, die die Gemüter des Pöbels erhitzten und Straßendemonstrationen anführten – Vorläufer der Hitler und Mussolini. Und wir wollen dabei nicht vergessen, dass gerade damals der junge Hitler nach Wien gekommen war und mit großen Augen, wenn auch noch ohne Schnurrbart, diese anti-parlamentarischen, anti-liberalen und hasserfüllten Demonstrationen und das Einschlagen von Fensterscheiben beobachtete. Es war das Ende der liberalen, »demokratisch-konstitutionellen« Ära, die wie im übrigen Europa mit der zweiten großen Revolution auf dem europäischen Kontinent im Jahre 1848 begonnen hatte und schließlich in Selbstgefälligkeit und bequemer Erschlaffung versandet war. Der große Demagoge selber war ein liberaler Abgeordneter im Reichsrat und im Stadtrat gewesen. Er war ein erfolgreicher Anwalt und hieß Karl Lueger. Karl wurde ein Name, der Millionen Herzen teuer war, insbesondere weiblichen Herzen, denn Karl blieb, ebenso wie der Österreicher Adolf, der später in München und Berlin seine Laufbahn nachahmte, sein ganzes Leben hindurch offiziell Junggeselle, eine offenbar Erfolg versprechende Formel für einen starken Mann. Karl war ein feuriger Redner, ein witziger Kopf, Erfinder eines völkischen Sündenbocks, ein

Verhöhner des Marxismus, von dem er jedoch klugerweise das Wort »Sozialist« für seinen Parteinamen lieh.

Lueger, der ohne kunstbeflissen zu sein mit Wagner eng befreundet war, hatte diesem geholfen, das größte Lehramt und bedeutende Aufträge zu erhalten, zum Beispiel die zwei Dutzend Eisenbahnstationen des städtischen Verkehrsnetzes, die ihm zugefallen waren. Der Kardinal und Erzbischof von Wien hatte seltsamerweise seine außergewöhnliche moderne Kirche gebilligt, die ich voller Freude am Fuß des Wiener Waldes entstehen sah, weithin von der ganzen Stadt aus sichtbar, an jenen ehrwürdigen, grünen Hängen gelegen, an denen Beethoven Einfälle für die Pastorale niedergeschrieben hatte. (Schubert mag spät im September 1820 bei einem Wochenendausflug mit seinen fröhlichen Freunden zum Heurigen in einem offenen Wagen an dieser für den Kirchenbau vorgesehenen Stelle vorbeigefahren sein.) Ja, eine ganze Stadt zog sich an diesen sanften Hügeln hin, ganz offensichtlich von Otto Wagner erbaut, als Architekt mein Abgott, und die Kuppel der neuen Kirche hob sich schimmernd über die flachen Dächer, welche mich an die wunderbaren Terrassen erinnerten, die ich in meiner Phantasie auf den Liparischen Inseln oder in Nordafrika erblickte, oder wo sonst noch der ordnende Geist lateinischen Altertums Gemeinwesen an Berghängen hatte entstehen lassen.

Stahl, Glas, moderne Architektur und dennoch eine Erneuerung der wesentlichen menschlichen Lauterkeit in den Linien. Aber diese ganze Stadt war nichts anderes als eine öffentliche Irrenanstalt; sie war für die Geisteskranken erbaut! Immerhin – sie war errichtet und da stand sie nun. Auch in der Innenstadt gab es einige Aufträge für Wagner, aber die »geistig gesunden« Menschen lehnten ihn scharf ab. Und das mehr und mehr. Als ich 15 Jahre alt war, verfolgte ich gespannt den wütenden Streit um die Pläne für das Stadtmuseum.

Die historische Sammlung der Stadt Wien befand sich vorläufig in Räumen des neugotischen Rathauses und in vielen Kisten im Keller verstaut: eine Unmenge von Dingen, die nicht ausgestellt werden konnten. Wie ich mich entsinne, war in einem Glaskasten auch der Schädel des Großwesirs und Generals der Janitscharen ausgestellt, ihrer ottomanischen Exzellenz Kara Mustapha, dem es nicht gelang, die Belagerung Wiens zum Erfolg zu führen. Während die deutsche Söldner-Artillerie der Venezianer das türkische Pulvermagazin, das einst Parthenon hieß, in Athen bombardierte und William Penn auf der anderen Seite des Atlantiks Philadelphia plante, erbeuteten die Wiener auch noch einen Vorrat an Kaffeebohnen im eroberten türkischen Lager (auch von diesen waren einige im Museum ausgestellt) und leiteten damit die bedeutungsvolle Sitte des im Kaffeehaus-Sitzens ein, von der, als ich erwachsen wurde, das kulturelle Leben Wiens wohl sehr abhing. Kulturen steigen auf während andere sinken und Ruinen werden noch weiter in die Luft geblasen. Schließlich kommt alles ins Museum. Endlich auch das Kaffeehaus.

Es wurden für den Museumsbau zur Unterbringung dieser Sammlung nicht nur ein Wettbewerb, sondern eine ganze Reihe ausgeschrieben.

Otto Wagner gewann mit seinen mit einem harten scharfen Bleistift ausgeführten Entwürfen, die genau durchdacht und von der Funktion her völlig vernünftig waren, vor jeder internationalen Jury, der er sich stellen musste, stets den ersten Preis. Der Magistrat schien es ernst damit zu nehmen, das beste Urteil von Außenstehenden zu erhalten. Seinen ironischen, zähneknirschenden Gegnern war dies alles ein Dorn im Auge und es gab eine Kette von Enttäuschungen auf allen Seiten. Jeder seiner Entwürfe und aller Widerstand und alle Ausflüchte des Kuratoriums, des Stadtrats und anderer Behörden, die eingeschaltet waren, schienen nur diese verfluchte Bewegung in der Architektur, die Otto Wagner begründet hatte, zu befruchten und zu stärken. Sie begann sich über die Provinzen auszubreiten, insbesondere ins mittelalterliche Prag, das später zu einem Treibhaus eines üppig ins Kraut schießenden Modernismus wurde. Damals war dieser noch eine Mission und keine Mode. Schließlich waren jedoch keine weiteren Entschuldigungen und Ausflüchte möglich und

Wagner schien als Sieger aus diesem langen Kampf hervorzugehen. Diktator Lueger wollte seinem Freund bereits gratulieren, weil er jenen Museumsauftrag schon so gut wie in der Tasche hatte. Im allerletzten Augenblick jedoch, bevor noch die Verträge unterzeichnet waren, bevor die Erde für das große Werk ausgehoben wurde, die bedeutendste Aufgabe im Leben eines endlich Siegreichen, gerade in diesem Augenblick also wurde im Stadtrat ein äußerst geschickter und listiger Schachzug ausgeheckt, unmittelbar unter den Augen des mächtigsten Bürgermeisters, den zu meinen Lebzeiten jemals eine Stadt besaß. Er hatte vielleicht einen schwachen Punkt, eine Achillesferse. Lueger herrschte dank der Zustimmung der Massen; seine Doktrinen waren auf das Volksgemüt wie gemünzt und wurden von einer jubelnden Menge begrüßt, die zu jeder Gelegenheit auf die Straße gerufen wurde.

Ein Angehöriger der Opposition stellte einen Antrag, es sollte ein reichlich bemessener Betrag für die Errichtung eines Modells von Wagners preisgekröntem Entwurf am Platz des künftigen Gebäudes, gleich neben der alten Karlskirche, dem Stolz Wiens, zur Verfügung gestellt werden. Dann könnten die Massen – Männer, Frauen und Kinder – zur Besichtigung dieses überraschend großen Schauspiels und zu öffentlicher Würdigung aufgefordert werden. Das Geld wurde in einer raschen

Abstimmung bewilligt und sogar der große Demagoge konnte es nicht verhindern, dass das Volk und sein Urteil angerufen und die Massen auf die Straße geholt wurden. Aber noch wahrscheinlicher ist, dass er selber vielleicht nicht erfasst hatte, es handele sich dabei um eine Falle. Er sah nicht, womit er es zu tun hatte. Da waren tatsächlich die Grenzen seiner Macht und er irrte in der Annahme, seine populären Aufrufe würden wie üblich alle mit sich reißen. Dieses Mal war der Fuchs gefangen. Da half keines seiner rednerischen Klischees. Was er ihnen anzubieten hatte, stand nun visuell vor ihnen, ein mächtiges, riesiges Modell, das Werk eines Genies.

Vier Stockwerke hoch, mit einer Länge von vielen Metern; der Mittelmäßigkeit ein Schlag ins Gesicht, stand das Modell da auf dem vertrauten Platz dieser konservativen, kultivierten Stadt im Mittelpunkt Europas, gleich neben den berühmten Zeugen der Vergangenheit. Und der Bourgeois, der Universitätsprofessor schrien es unterstützt von lärmendem Gassenpöbel nieder. Es war wie die gewaltige Stimme eines tobenden Taifuns, der eine sinnreich konstruierte, einsame Dschunke kurz und klein schlägt und sie zum Sinken bringt.

Nicht einmal ein Diktator, in allen listenreichen, politischen Machenschaften der Welt erfahren, kann die plötzliche Geburt einer schöpferischen Epoche oder des Werkes eines Genies herbeiführen. Es braucht langsame Gewöhnung, die oft eine oder zwei Generationen benötigt, bis sich leicht verdünnte Nachahmungen durchsetzen können, nachdem der eigentliche Begründer an gebrochenem Herzen gestorben ist – oder sich mit den Tatsachen des Lebens und einer verspäteten Anerkennung abgefunden hat, so wie die Soziologen es als Regel festgestellt haben. Die normale Zeitspanne zwischen den sinnreichsten Erfindungen und ihrer Umsetzung in die Wirklichkeit wird nun als durchaus typisch betrachtet, aber damals sah ich mit blutendem Herzen nur die Tragödie eines Einzelnen sich in heroischen Proportionen vor mir abspielen: ein Mann gegen einen erbarmungslosen Mob. Eine große Hoffnung auf eine bessere Zukunft in einem Schneesturm verweht, der durch gerissene politische Intrigen ausgelöst wurde. Und das Volk sah darin nur die berechtigte Sorge um sein edles Erbe.

Leider habe ich vierzig Jahre später nochmals erleben müssen, wie solche Werte verschüttet wurden, die ich selber mit meinen Freunden zusammen in Jahren hingebungsfreudiger Bemühungen und – im wahrsten Sinne des Wortes – mit dem Blut und der nachlassenden Kraft meines Herzens geschaffen hatte. Allmählich erst erholte ich mich, nachdem es schien, es würde zu schlagen aufhören.

Das außerordentliche Erlebnis, der jähe Anblick eines vitalen Menschen in seiner Tätigkeit oder sein Werk mögen das Ereignis sein, das, bewusst oder nicht, einem anderen den entscheidenden Stoß in eine bestimmte Richtung gibt.

Aber steter Tropfen höhlt auch den Stein! Eine derartige Beeinflussung geschieht durch die tägliche Umwelt und eine Reihe von Menschen, die einem über lange Zeiten hinweg nahe und gegenwärtig sind: durch Familie und Heim.

Und dennoch, wenn ein Nocturne von Chopin, von der älteren Schwester auf dem Klavier gespielt, eine starke, lang nachhallende Kindheitserinnerung ist, so wäre dies trotzdem nicht möglich, wäre man ohne Ohren geboren, um diese Musik zu hören. So sind dem Menschen angeborene Fähigkeiten unauflöslich mit der Voraussetzung verbunden, dass er auch wirklich beeindruckt und geformt werden kann. Daraus ergibt sich, dass die endgültige menschliche Persönlichkeit aus einer Verschmelzung aller dieser Umstände hervorgeht.

Das Leben selber ist zweifellos, wenn wir es mit allen uns gewährten Möglichkeiten beobachten und in uns aufnehmen, unser wesentlicher Lehrmeister. Es ist der bemerkenswerteste Former der von ihm selber gesetzten Ordnung. Es schreibt seinen eigenen, oft unorthodoxen Lehrplan nieder.

Ich habe damit angefangen, mir die Einflüsse der auf mich wirkenden Umwelt der körperlichen Dinge, vom Fußboden bis zur Decke – einschließlich des Aussichtsfensters –, ins Gedächtnis zu rufen. Dann folgte das Erlebnis eines großen Mannes, der so mächtig hinter und über den vertrauten Gestalten emporragte, eines Mediziners, der vor unheilvollem Blut stand und ruhig und richtig weitere fünfzig Lebensjahre prophezeite. Und weiter kam mir, in anderen Episoden, das tragische Ringen eines Sehers in den Sinn, der, dieses Mal ein Architekt, im Kampf gegen ein ganzes Gemeinwesen stand und spöttischer, bitterer Ablehnung bei seinem eigenen Volk begegnete. Diese von außen wirkenden Erfahrungen eines jungen Lebens hatten ihren starken Einfluss.

Aber dann wären nun auch die *angeborenen* Umstände näher zu betrachten, die bei der Entwicklung der Berufung eines Menschen dieser eine bestimmte Färbung verleihen: sagen wir, die angeborene Geschicklichkeit seiner Hand, die sein Geschick wird, oder zum Beispiel die Schärfe seines Auges. Oft werden wir auf diesem Gebiet Mängeln begegnen, die sich wiederum irgendwie in Vorteile verwandeln und auf jeden Fall zu jenem faszinierenden, nie ganz lösbaren Rätsel *biologischer Individualität* beitragen.

Andere mögen das *Individuum* aus religiösen Gründen oder auf Grund moralischer Überlegungen tapfer verteidigt haben. Ich habe, als ein wohlwollender Gestalter seiner Umwelt, immer gerne neue Rechtfertigungen herangezogen, die des scharf beobachtenden Physiologen oder sogar des Pathologen, der hofft, eine Therapie zu finden.

Wer ist denn ein normaler Mensch? *Was macht ein Individuum aus?*

Ich zum Beispiel wurde mit sehr ungleichen Augen geboren. Dies habe ich von Jugend an als einen sehr wesentlichen Teil meines Seins empfunden. Es hat nicht etwa nur meinem visuellen Erleben der Welt, das für mich so wichtig war, eine ganz spezifische Neigung und einen ganz bestimmten Charakter verliehen, sondern hat tatsächlich dem Leben in einer Welt, in der ich mich als ein Individuum für sich, als junger Mensch, als Erwachsener und in vorgerücktem Alter befand, verschiedene Dimensionen und einen anderen Geschmack gegeben und andersartige schöpferische Folgerungen daraus entstehen lassen. Die Augen verändern sich im Verlauf eines Lebens in so mancher Hinsicht; nur ihre Farbe scheint wenigstens nach der Säuglingszeit beständig, wie auch das Muster des Fingerabdrucks von der Wiege bis zur Bahre gleich bleibt.

In einer bestimmten Beleuchtung war die Iris dieser Augen von klarem Blau und schien dem blonden Haar des kleinen Kindes zu entsprechen. Aber insgesamt hat sich das frühere Gesamtbild verändert. Das Haar – ein halbes Jahrhundert vor seinem heutigen Weiß – war dunkler geworden, sogar zu dunkelstem Braun gewandelt, obwohl es niemals so pechschwarz wurde wie das meiner Mutter. Ihre Augen waren von einem wunderbar lebhaften Rehbraun, die meines Vaters waren grau. In jüngeren Jahren hatten sich meine beiden Eltern normaler Sehkraft erfreut, aber über fünfzig begannen sie wegen zunehmender Weitsichtigkeit Augengläser zu tragen.

Als ich etwa sechzehn Jahre alt war, schlug mein Bruder Wilhelm, fünfzehn Jahre älter als ich und bereits ein erfahrener Mediziner, vor, ein Augenarzt sollte meine Sehkraft untersuchen.

Es schien ein schicksalhafter Tag, als meine Mutter nach der Konsultation mit mir ein altes Haus in der Mariahilferstraße in Wien verließ. Ich entsinne mich deutlich dieser Niedergeschlagenheit beim Hinabsteigen. Zufällig traten wir in der Nähe des Denkmals eines der großen Künstler, bei dem das Ohr so wesentlich war, auf die Straße hinaus: Joseph Haydn. Ich dachte daran, dass Beethoven Haydns Schüler gewesen war und wie er langsam und so erbarmungswürdig sein Gehör verloren hatte. Die Taubheit hatte Beethovens Leben und seine Kunst schmerzlich geformt.

Der Arzt hatte erklärt: »Lassen Sie den Jungen nicht Architektur studieren. Da muss er viel zeichnen. Seine Augen werden das auf die Dauer nicht durchhalten. Sie sind völlig ungleich.« Tatsächlich hatte mein rechtes Auge einen Defekt an der Linse und auf diesem Auge war ich obendrein kurzsichtig; mein linkes Auge war damals normal. Im Verlauf der Jahre wurde dieses weitsichtig, als die Linse mit der Zeit schrumpfte, während sein Gefährte ein wenig normaler wurde. Aber dieses Team konnte sich niemals soweit zur Zusammenarbeit entschließen, dass ich dadurch ein »plastisches Sehvermögen« erhalten hätte, wie andere Menschen es haben, und meine visuelle Welt sollte anders altern als die ihre. Das sind die Dinge, die ein Individuum zu dem machen, was es ist, zu dem, was es aus sich heraus entwickeln kann.

Von Kindheit an wurde auch meine Persönlichkeit durch diese physiologische Besonderheit, dem mir eigenen Doppelfehler, beeinflusst. Entsprechend war auch meine geistige Aufnahme des Gesehenen doppelt. Da ich fast die ganze Zeit über mit einem Auge sah und arbeitete, entweder mit dem rechten, wenn ich etwas in seinen kleineren Einzelheiten scharf sehen wollte, oder mit dem linken, um eine allgemeine Übersicht zu erhalten, schwang auch mein Geist hin und her, er oszillierte sozusagen zwischen dem Versuch vollkommenen Auffassens oder einer Gesamtschau und der ins Einzelne gehenden Vervollkommnung der Betrachtung aus der Nähe. Aber ich war es gewohnt, jedes Auge für sich zu benutzen, das eine mehr auf das Ganze gerichtet, »konzeptionell«, »strategisch« und der Totalität zugewandt und das andere mehr scharf »beobachtend«, für die kleinen, genauen, taktischen Einzelheiten.

Meine Zeichnungen und Skizzen von 1906 an beginnen diese scharfe Beobachtungsfähigkeit meines rechten Auges und seine Neigung für das Detail zu spiegeln, falls ich nicht – wie schon früher – an meiner Spieltafel arbeitete, wo ich die Kreide mit einem fast ausgestreckten Arm hielt und »Reihenbilder« oder Serien vom südafrikanischen Krieg von 1899 zeichnete, Planwagen, die eine Wagenburg bildeten, und Schützenketten der nicht uniformierten Buren, Freischärler, die über das Gelände ausschwärmten, um den Briten zu begegnen, oder – nur an ihren breitrandigen Quäkerhüten zu erkennen – über den Horizont des leicht gewellten Flügellandes blickten. So klein ich war, zeichnete ich doch täglich Bilder von der weiteren Entwicklung der Kämpfe, von denen die Erwachsenen unter sich sprachen. Vor dieser Tafel schlug mein Herz für die tapferen Buren, die für die Freiheit kämpften. Zwei Generationen später sah ich Südafrika tatsächlich, hielt Vorträge vor Afrikanern, gewann Freunde und machte Skizzen von Stellenbosch im Kapland bis zur Hauptstadt von Transvaal. Bloemfontein, Pretoria und Präsident Krüger waren für mich noch immer Namen, bei denen mir das Herz höher schlug.

Aber als Bub bewunderte ich auch gleichzeitig noch den Fleiß und die technische Tüchtigkeit der Briten und für mich war ihre Marine die Verkörperung dieser Wesenszüge. Ein besonderes Vergnügen bereitete es mir, ihre edel geformten Schiffe unter voller Takelage zu zeichnen.

Mein zweiter Bruder, der Ingenieur, hatte mir den Gedanken eingegeben, die Industrie sei das Schicksal unseres Zeitalters und England damit auch ein Werkzeug des Schicksals. Ich war sechs oder sieben Jahre alt, als während des russischjapanischen Krieges nicht nur die heldenhafte Haltung der Japaner, sondern auch ihre Aufgeschlossenheit für ihre Zeit meinen kindlichen Beifall fanden, im Gegensatz zum vergreisenden Zarentum, von dem die »Großen« um mich her redeten. Zu der Zeit des Kampfes im Fernen Osten befasste ich mich bei meinen illustrierenden Zeichnungen auf der Karte nur insoweit mit ihm, als ich das phantastische Bild eines sinkenden U-Boots oder Kriegsschiffs entwarf, das in einer verhängnisvollen Meerenge unterging. Ich teilte die Not der Besatzung und die Verzweiflung des Admirals.

Fahrräder, Perpetuum mobiles, Dampfmaschinen und Dampfsirenen, bis in alle Einzelheiten genau, im Längs- und Querschnitt gezeichnet, wie mein Bruder es mir erklärt hatte, herrschten lange Zeit auf der Tafel vor. Dies alles bereitete mich auf die Ausarbeitung von Plänen für sanitäre Anlagen an Reißbrettern vor, was später in Chicago meine Aufgabe war.

Andererseits versuchte ich im Sommer Baumgeäste zu zeichnen, wie mein rechtes Auge sie sah, und wiederum ihre Laubmassen, wie sie dem linken Auge erschienen. Immer wieder geriet dabei meine Seele in tiefe Wirrnis und war von Unsicherheit gehemmt, welche Technik ich anwenden sollte.

Meine Erinnerungen eilen hin und her, wie es die Art von Erinnerungen ist. Aber etwas ist mir ganz deutlich im Gedächtnis haften geblieben. Ich war zwölf Jahre alt, als ich mit meinen Eltern in einem Zug saß, der gerade eine weite Kurve durchfuhr. Ich streckte den Kopf vor und da nahm es mir fast den Atem, denn dort tiefer unten lag die stahlblaue, große Wasserfläche des Gmundner Sees. Niemals zuvor hatte ich so viel Wasser gesehen, das sich im Blickfeld meines auf Weite eingestellten Auges ausbreitete. Kühle, graue felsige Gipfel ragten hinter den Vorbergen empor, dicht bewachsen mit hohen grünen Fichten. Dunkel zeichnete sich ein Habicht ab, der über den Kamm des Gebirges flog, und sein verhaltener Flügelschlag wirkte auf mich wie in der Musik eine Synkope. Ich entsinne mich noch genau, dass das, was ich in jenem Bruchteil einer Sekunde, zwischen zwei ungleichmäßigen Herzschlägen, erblickte, meinen Rhythmus unterbrochen hatte.

Aber einen Monat später befand ich mich selber auf jenem Berggipfel. Ich sah noch höhere in ewigem Schnee, die Gletscher unglaublich weiß gegen einen dunkelblauen Himmel, zum Beispiel den Dachstein, der sich dort fast zweitausend Meter erhob, ein Anstieg von zwölf Stunden.

Waren die Bewohner dieser Seelandschaft aus der prähistorischen Hallstattzeit, von denen man mir erzählt hatte, so hoch hinaufgestiegen? Wie mochten wohl ihre Fußsohlen beschaffen sein? Hatten sie die Schönheit des eiskalten Sees, die grüne Lieblichkeit des wärmeren Mondsees oder des Sees, an dessen Ufern später Sankt Wolfgang die Heiden bekehrte, nur um von ihnen gemartert und zu einem grausamen Tod gefoltert zu werden, mit unseren Augen gesehen? Ich stand vor dem mittelalterlichen Altarbild in der Dorfkirche und dachte: Hatten alle diese Vorfahren Augen wie ich, Augen wie die Menschen heute? Die Augen haben sich doch im Verlauf der Geschichte nicht wirklich verändert.

1904 war ich fünf Tage lang mit Gondeln durch das sonnige Venedig gefahren oder war mit weit offenen oder zusammengekniffenen Augen durch seine Gässchen gezogen. 1907 und 1908 war ich schon emsig mit meiner Laufbahn als Zeichner beschäftigt.

Als ich im Jahr 1910, achtzehn Jahre alt, mit einem gleichgesinnten Schulkameraden, Edmund Kalischer, vierzehn Tage lang unermüdlich mit einem schweren Rucksack auf dem Rücken durch den Böhmerwald wanderte, waren ein Zeichenblock und ein winziger Farbkasten mit Wasserfarben – dazu ein zusammenschiebbarer Pinsel mit wunderbaren roten Borsten, die, wenn man sie mit der Zunge angefeuchtet hatte, eine feine Spitze bildeten – die besten, stets griffbereiten Dinge in meinem Wandergepäck.

Mit weit offenen Augen stiegen und wanderten wir durch ein altes Naturschutzgebiet Europas und es war an diesem westlichen Rand Asiens so still, wie es wohl gewesen war, bevor Menschen dorthin kamen. Schließlich gelangten wir nach Franken und nach Nürnberg. Wir fanden das billige Gasthaus »Zum Schwänlein« in der Nähe der alten Stadtmauer, wo, vielleicht seit den Tagen als Künstler aus Holland kamen, um Albrecht Dürer einen Gegenbesuch zu machen, wohl kaum noch ein Wandersmann, der etwas auf sich hielt, abgestiegen war.

Ich weiß noch, dass ich die alten Stadttore mit energischen Pinselstrichen malte, wobei ich sorgfältig darauf achtete, dass sie nicht einander verdeckten oder ineinander verliefen. Tatsächlich kam das Sonnenlicht in meinen kleinen Erstlingswerken, meinen ursprünglichen Aquarellen, bei denen ich kaum einmal etwas mit dem Bleistift vorzeichnete, wirklich heraus.

Es muss 1910 gewesen sein, als ich mit Ernst, dem Sohn Sigmund Freuds, nach Triest reiste. Dabei folgten die beiden jungen Studenten, die einander sehr gern mochten, einem Weg, den sie in Gegenwart des Professors mit Sigmunds Bruder Alexander besprochen hatten, einem eifrigen Reisenden und »homme d'affaires«, der jedes Gasthaus in der damals nur selten aufgesuchten Ostküste der Adria kannte. Pola, Spalato, Sebenico, Trau, Curzola, Lesina, Ragusa, Gravosa und das nach Rosen duftende Lacroma suchten wir auf. Wir verbrachten unsere Nächte in Herbergen, die nur die Einheimischen aufsuchten, mit so seltsamen Namen wie »o jelenu«, »Zum Elch« oder so ähnlich, und wir lernten katholische Monsignori mit slawischen Namen kennen, die sich fast ausschließlich mit Archäologie und mit festlichen, prunkhaften Aufzügen zur Erinnerung an den heidnischen Kaiser Diokletian befassten. Ich könnte mir vorstellen, dass er ein großer Dalmatiner war, er hatte dort so viel gebaut – einen Palast, der groß genug war, um eine ganze mittelalterliche Stadt in sich aufzunehmen, und zu ausgedehnt, als dass man ihn mit einem Blick hätte erfassen können. Die vielen Kirchenglocken, die durch die Morgenluft über die Bucht von Sebnik hinweg zu hören waren, die einsamen Inseln des Illyrischen Meeres waren ein wunderbares Frühlingserlebnis. Meine Blicke fielen auf eine kristallklare, dürre Bergkette jenseits adriatischer Buchten von atemberaubendem Blau. Schnelles Skizzieren wurde zu einer täglichen Gewohnheit.

Eines Tages, als wir auf einem winzig kleinen Dampfer von der malerisch sich abzeichnenden, gebirgigen Halbinsel Sabioncello herüberkamen, gingen wir auf dem kleinen Deck auf und ab und spähten nach dem Schildkrötenrücken der Insel Curzola aus, der wir uns auf dem bewegten Wasser an einem schönen Tage näherten. Im großen Umriss waren alle dalmatinischen Inseln gute Objekte zum Zeichnen, im Einzelnen war es die koloniale venezianische Architektur, da sie einst Herrschaftsgebiete jener großen seefahrenden Republik gewesen waren. Trau und Ragusa waren die Perlen, aber Curzola mit seinem »duomo« am Nabel, auf der leichten Wölbung seines schildförmigen Körpers, der dort auf dem blauen Wasser schwamm, war voll schöner Verheißung, als es aus der Ferne in die Mitte des Blickfeldes stieg.

Ich hatte auch eine Kamera mit einem Rollfilm bei mir, aber vor allem glattes »Waterman-Papier« und einen mittelharten Bleistift. Ganz selten einmal benutzte ich einen Radiergummi, der den Reiz des Zeichnens von Linie um Linie zerstört. Wie doch Augen, Hände und Finger in Bruchteilen von Sekunden intim miteinander arbeiten!

Als sich das Schiff dem Land näherte, sahen wir, dass sich eine Menschenmenge am Kai versammelt hatte. Schließlich konnte man – wie ich es auch heute noch vor mir sehe, denn so scharf ist das visuelle Gedächtnis – das Blinken der Messinginstrumente einer Blaskapelle in der Sonne erkennen. Als das Schiff mit halber Kraft an der Mole vorbei in den Hafen einlief, waren die Musikanten geordnet angetreten. Es schien ein großer Empfang zu werden und Hüte flogen in die Luft, als die in weißes Leinen gekleideten Gestalten Freuds und Neutras für die Menge am Ufer zu erkennen waren, und die Trompetentöne, von der Umwallung der mittelalterlichen Stadt schallend zurückgeworfen, klangen über das nun stille Wasser hin. Gleichzeitig fielen die Glocken des Campanile am »duomo« aus grauem, rauem Stein auf der Höhe der Insel ein. Die jungen Reisenden waren ebenso wie der Kapitän, der Bootsmann und die Matrosen überrascht und die Mannschaft musterte sie, als die einzigen Passagiere an Bord, halb mit

Argwohn und halb mit aufkeimender Ehrerbietung, während die beiden selber einander unruhig ansahen.

Nun war das Schiff dem Anlegeplatz so nah, dass man die Gesichter erkennen konnte. Der Kapellmeister starrte die beiden weißgekleideten Passagiere an, verlangsamte das Tempo seines Orchesterstückes, und plötzlich sah ich seinen Taktstock mitten in der Luft stecken bleiben. Die Musik erstarb, eine Posaune und eine Trompete nach der anderen. Vielsagende Stille. Dann ein tumultuöses Geschwirr von Fragen auf Kroatisch und schließlich ein Gedränge über das Podium hinweg auf das Schiff und die Gangway zu.

Diese guten Leute hatten an jenem Vormittag den Bischof von Sabioncello erwartet und da erschienen nun zwei junge Männer in weißen Leinenanzügen, »Inglesi«, wie die Menge sie mit lautem Geschrei benannte. Wir, die falschen Nutznießer eines gut inszenierten, klangvollen Empfangs, gingen betreten an Land und endlich löste sich alles in allgemeinem Gelächter und fröhlicher Stimmung auf. Die Stadt lag offen vor uns.

Im Spätsommer des gleichen Jahres besuchte ich mit einem anderen Studiengenossen Freuds Familie, die in Bozen ihre Ferien verbrachte. Hier gab es ein ganz anderes Erlebnis als in Torbole am Gardasee, wo ich mich eine Woche später in ein junges, schwarzhaariges Bauernmädchen, Giuletta Zeni, verliebte. Von dort aus ging es weiter nach Verona und zum Grab der anderen Giulia, zu den Hügeln und dem Tal Bergamos, nach Brescia, Mailand, Florenz, Genua, Livorno und Bastia, jenseits auf Korsika gelegen; zurück über Bologna und Ferrara und wieder nach Venedig in seiner Lagune. Skizzen mit Bleistift und Wasserfarben wurden zu einer getreuen Schilderung von allem, was nah oder fern in unseren Gesichtskreis trat. Die Geschwindigkeit, mit der ich solche Aufzeichnungen vornahm, begann meine Freunde zu beeindrucken. Aber ich hatte alles andere als künstlerischen Ehrgeiz und war mir weder der Begabung noch ihrer Mängel bewusst. Es ist überhaupt sehr charakteristisch, dass mir niemals der Gedanke kam, ich unterschiede mich von den anderen, und niemals darunter litt, es sei denn vielleicht in sehr viel späteren Lebensjahren. Ich habe von mir stets angenommen, völlig verständlich zu sein und in keiner Weise »ausgefallen«. Wenn ich erklärte, worum es mir ging, glaubte ich, jeder andere könnte ohne Schwierigkeiten das Gleiche tun.

1913 studierte ich an der Technischen Hochschule Architektur und ganz nebenher lernte ich, Akte zu zeichnen, was mir außerordentlich leicht fiel. Meine Bleistiftstriche glitten, wenn ich den »Konturen« eines Körpers, eines männlichen oder mit besonderer Vorliebe eines weiblichen folgte, fast ohne Unterbrechung dahin. Aber die Linien veränderten sich nach Dichte und Breite, hier sanft und gerundet fließend, dort die unterschiedlich scharfen Umrisse oder den »Horizont des Sichtbaren« streng wiedergebend.

Viel später sah ich Skizzen von Rodin, mit denen diese verglichen werden könnten, jedenfalls von der Auffassung her. Ich folgte kaum irgendwelchen Vorlesungen, aber lauschte dem Anatomen Dr. Heller, der uns ungemein anregende Vorträge über die Morphologie der menschlichen Gestalt hielt und vor den Architekturstudenten sogar in regelrechten Obduktionen Menschenkörper sezierte.

Der dicke, schwitzende Dr. Heller war selber ein zweit- oder drittrangiger Künstler, aber ein kraftvoller, dynamischer Sprecher, der kaum zu Atem kam. Ich war immer traurig und niedergeschlagen, wenn ich daran dachte, wie er dort im Anatomiesaal stand und die Brust vom Körper eines jungen Mädchens abschnitt, das aus dem Leichenschauhaus hineingefahren worden war. Woran war sie gestorben? Hatte sie keine Verwandten? Beim Zeichnen habe ich immer viel nachgedacht und zuweilen waren gerade diese Gedanken die wertvollsten. Bis zum heutigen Tag regt Zeichnen bei mir Gehirn und Drüsen an. Andere trinken Kaffee oder Wodka.

Ungleiche Augen

In dem Jahr vor Ausbruch des ersten Weltkriegs nahm ich an einem Ausflug der Studenten die Donau hinauf zur doppelten Flussstadt Krems und Stein teil. Es war die Zeit der Obstblüte. Ich zeichnete alte Höfe und Stuckdecken in Bürgerhäusern, wobei ich mir fast den Hals ausrenkte. Das Körperlagegefühl des inneren Ohrs trat mit dem Sehvorgang in enge Beziehung.

An die Universität zurückgekehrt musste ich an den Wochentagen für mein Architekturstudium bei Professor Mayreder ionische und korinthische Tempel als Ganzes und ebenso in allen und den kleinsten Einzelheiten und Abweichungen zeichnen, und das alles in genau berechneten Einheitselementen, den vitruvianischen Moduli. Was wusste Vitruvius von menschlichen Nuancen? Alles war standardisierte Arithmetik für diesen Pedanten.

Achtzehn oder neunzehn Jahre alt und beim Militärdienst hatte ich mich darin geübt, meinen Reitlehrer zu skizzieren, einen adligen Oberleutnant, Victor Imhoff von Gaislinghof, wie ich annehme ein Nachkomme jenes Nürnberger Imhoffs, den Dürer porträtierte. Ich lernte, eine dynamische Bewegung auf Papier und damit in statischer Stille wiederzugeben.

Mit Monokel stelzte von Imhoff in wunderbar gearbeiteten, eng anliegenden Reitstiefeln auf der Reitbahn auf und ab. Ich mochte diesen etwas gelangweilten, nicht mehr jungen Offizier gern. Ich zeichnete Pferde im Trab, im Galopp und beim Sprung. Nun begann ich auch die anmutige Threska Sturm zu zeichnen – ein Milch- und Blut-Gesicht von zarten Farben. Ich traf mich mit ihr nach ihrer Arbeit in Krölls Modegeschäft auf der Mariahilferstraße, wo vor Jahren jener Arzt seine unheilvolle Prophezeiung ausgesprochen hatte, meine Augen würden mich im Stich lassen. Bis dahin waren sie noch stark genug, alles zu bewältigen.

Wollte ich noch mehr von meinen Zeichnungen mit sibirischer Kohle erzählen, an Abenden draußen in der österreichischen Landschaft, in den Hügeln von Waidhofen an der Ybbs, oder mit »Mona Lisa Öl Stiften« von der Slowakei bis nach Schlesien und zur Ostsee, von der Französischen Schweiz bis nach New York, so würde das für sich allein bereits eine Autobiographie ergeben.

Während meines Lebens habe ich, um nur einen kurzen Überblick zu geben, lose Blätter und Zeichenblocks in hastigen und wieder geruhsamen Augenblicken mal hier und mal dort gefüllt, in der Herzegowina, in Montenegro und in Albanien. Das war während des ersten Weltkriegs. Später, doch nirgends als Tourist oder jemals auch nur auf Urlaub, reiste ich von Manhattan über die Rocky Mountains in die Wüste und das Tal des Todes, westlich der Kalifornischen Cordillera, in die Südsee, auf die Inseln im Karibischen Meer, nach Kanada und Japan, Manila, Thailand, Malaysia, Indien, China und Afrika von Ägypten bis Nairobi und zum Kap, in den Belgischen Kongo, nach Senegal, Mexiko, Guatemala, Venezuela, Kolumbien, Peru, Bolivien, Argentinien, Brasilien, Anatolien und Hellas. Überall blieben mir zwischen meinen Pflichten und ernsthaften beruflichen Konsultationen nur Minuten; Beamte und Klienten hielten meinen Wagen an, sobald ich ihr Herz gewonnen hatte. Meine Augen führten meine Bleistifte durch das Innere von Schiffen, Bussen, Flugzeugen, exotischen Hotels, Hütten von Eingeborenen und Dörfern in Nigeria, Spanien und Italien, rasch, bevor ich mich wie verabredet mit jemandem traf oder unterwegs in Eile einer Arbeit nachging. Ich zeichnete Männer, Frauen und Kinder, Kämpfe von Männern und von Hähnen, Platzkonzerte in Madras und in der Französischen Schweiz, Ziegen, Lamas, Vögel und Giraffen, Landschaften und »Psychotope« – »Ankerplätze der Seele« im Mondlicht und bei Sonnenschein oder bei Sonnenaufgang, so wie Kenner tierischer Verhaltensweise solche Plätze als Spender psychischer Befriedigung für vormenschliche Geschöpfe schildern. Auch ich fand solche Stellen und verlor für den Augenblick des Sehens, und für einen lebenslangen Widerhall in mir selber, meine Seele an sie. Da gab es burmesische Tempel und mittelalterliche belgische Kirchen, Teile Skandinaviens, Küsten an der Ostsee mit knorrigen Kiefern und die ungarische Steppe – die »Puszta« –, die kaum eine Spur menschlicher Einwirkung aufwies.

Eine geradezu endlose Reihe von Erlebnissen während eines ganzen Lebens wurde visuell in diesen Augenblickszeichnungen festgehalten. Die Universität von Kalifornien in Los Angeles hat freundlicherweise einen kleinen Teil ihrer riesigen Bibliothek als ein Archiv meiner Bemühungen eingerichtet; auch viele meiner träumerischen Pläne und ihrer weniger häufigen Verwirklichungen liegen dort in ihren Entwürfen und meine schriftstellerischen Versuche in vergilbten Manuskripten. Insbesondere ruhen dort auch in Frieden jene Zeichnungen von meinen Wegen kreuz und quer über die Weltkarte, als Ratgeber – tatsächlich weniger einen Rat gebend als Erfahrungen über die Menschheit in ihren früheren und späteren Umwelten sammelnd, wobei ich mich in das »Mysterium und die Wirklichkeiten« der Örtlichkeit verliebte. Über dies Thema schrieb ich ein Buch, zeichnete dafür und versah es mit eigenen Fotografien.

Es wäre eine Täuschung, besonders in dieser Produktion von Linien in Farbe oder schwarz und weiß einen riesigen Aufwand an Zeit zu erblicken. Mit den mechanischen Uhren gemessen war erstaunlich geringe Gehirn-Belichtungszeit dafür notwendig. Ein so wichtiges Nervenspiel bedarf nur einiger Hundertstel von Sekunden eines Lebens. Das menschliche Auge ist schneller als eine Kamera, die Netzhaut ist eine nach innen registrierende Projektionsfläche für einen raschen Ablauf und die Finger, die einen schwarzen Bleistift oder Farbstifte halten, üben sich auch darin sehr schnell zu sein. Während jede Linie oder jeder Punkt auf ein Papier gezeichnet oder gesetzt werden, vollzieht sich »innere Sekretion«, eine emsige Entladung biochemischer Moleküle. Im Bewusstsein oder auch nur halbbewusst bringt das leichte angenehme Erregungszustände hervor. Die eine Linie, so empfinde ich es, regt zur nächsten an, ein Farbfleck den anderen, der ihm unmittelbar folgt als Kontrast oder in Harmonie mit ihm. Zeichenlehrer hätten leichtere Arbeit, würden sie etwas von dem dynamischen Ablauf dieser Gehirnvorgänge zu erfassen suchen. Zumindest könnten sie vorsichtig eine leise ernste Warnung aussprechen, bevor ein so stimulierendes weißes Papier durch eine erste langweilige, ängstliche Linie verdorben wird, die von vornherein zur Niederlage verurteilt ist. Es ist so schwer, einen falschen und lähmenden Anfang zu überwinden. Wie viele menschliche und die Individualität ausdrückende Organe sind an einem solchen Anfang beteiligt? Ist es dann noch möglich rechtzeitig aufzuhören?

Meine beiden Augen, das kurzsichtige und das weitsichtige, haben getreulich ihre Arbeit getan, wenn auch nicht in normaler Weise aufeinander abgestimmt. Vielleicht war die Welt, die ich gesehen habe, nicht wirklich. Auf jeden Fall war sie, physiologisch gesprochen, nicht ganz orthodox. Darin liegt das Schicksal eines Menschen. Wir können ganz einfach unserer individuellen Welt nicht entfliehen. Wir müssen und können und werden in ihr zurechtkommen.

Wenn ich jemals die Grenzen der Kunst gestreift habe, geschah dies doch ganz nebenbei, aber eine wirklich menschliche Erfahrung rieselte, sprühte oder floss zuweilen auch in einem freien Strom auf alle möglichen Papiere, wie sie mir zufällig unter die Hand kamen. Kein gesprochenes oder langsam geschriebenes Wort vermag so wie eine Skizze das vergangene Leben, wie es in winzigen Bruchstücken der Schul- und Lehrlingszeit gelebt wurde, vollkommen wiederzugeben.

Abgesehen von den eigenen Mängeln und Begabungen gibt es meiner Ansicht nach nichts, was einen so stark beeinflusst, wie einen großen Meister am Werk zu sehen. Aber auch viele andere, nicht nur Meister, werden vor unseren Augen zu beispielhaften Schöpfern.

Ein wichtiges und einflussreiches Stadium in dem niemals endenden Abenteuer, Mitmenschen in neuen Situationen zu begegnen, war meine Zeit auf dem Gymnasium und der Universität. Auch wenn ich diese Zeit sehr genossen habe und sie für unschätzbar halte, muss ich doch zugeben, dass mir, nachdem mir mein Vater von seiner Lehre als Gießer und Dreher in Bronze und Messing erzählt hatte, eine solche Lehrzeit mehr zu sein schien als nur ein Ersatz für eine gute Schule. Und im Grunde halte ich an dieser Ansicht noch immer fest.

Schulen sind erst seit verhältnismäßig kurzer Zeit eine Ausbildungsstätte für die Menschheit und sind sehr viel jünger als der gesamte bisherige Ablauf der menschlichen Kultur, wie sie von Generation zu Generation weitergegeben wurde. Die Menschen haben alles Mögliche gelernt und geistige Fähigkeiten entwickelt, lange bevor es eine allgemeine, öffentliche Einschreibung von Schülern und Studenten gegeben hat – alle nach Alter und Lehrstunden aufeinander abgestimmt – und lange bevor öffentliche Schulen zu arbeiten und schriftliche Zeugnisse auszugeben begannen.

Ich habe später Lehrlinge in mein Studio oder meine Zeichenräume aufgenommen, die keine normale Schulbildung besaßen. Heute sind sie bekannte Architekten oder werden es eines Tages sein. Wenn wir ihre Urteile und ihre oft bitteren Erinnerungen an die Schulzeit betrachten, so läuft es darauf hinaus: Es war nicht der Mühe wert, jedenfalls nicht so, wie sie erhofft hatten.

Ich selber jedoch bin meinen Lehrern dankbar. Einige von ihnen haben mich besonders auf dem Gymnasium stark beeinflusst. Vor einiger Zeit kam ich nach Portland, Oregon. Ein Freund und Schulkamerad von mir, Edmund Kalischer, lebte in Portland, wo er erst versuchte die Encyclopaedia Britannica zu verkaufen und später Hosen bügelte, bis er schließlich zwei kleine Reinigungsgeschäfte aufzog. Unsere Lebenswege waren sehr verschieden verlaufen. Wir sprachen von unserer Schulzeit und ich schlug ihm vor, wir sollten beide den Lehrer nennen, der uns unserer Erinnerung nach am meisten beeinflusst hatte. Ich war nun Architekt. Er war einmal auf den Rat der beiden älteren Brüder seiner verwitweten Mutter hin, die ich als eine ältliche Näherin gekannt hatte, Anwalt geworden. Zu unserer eigenen Überraschung nannten wir beide sofort den gleichen Mann.

Dieser Lehrer war ein junger, großer, blondbärtiger, blauäugiger Mann. Er hieß Regen und hatte seinen Doktor in Zoologie gemacht. Er war Kroate und sprach mit einem schwerfälligen, seltsamen Akzent. Er hasste Jungen und hasste es auch, im Gymnasium oder wo immer Unterricht zu geben. Mit Botanik, die er uns ebenfalls lehren musste, befasste er sich ohne jede Begeisterung und um die allgemeine Langeweile zu überwinden, warf er sich zu einem schimpfenden Prüfer auf, dessen Fragen man nur unvollkommen verstehen konnte und der die verängstigten Jungen links und rechts durchfallen ließ.

Wenn er mit rascher Bewegung dem Prüfling einen aufgespießten Käfer vor die Augen hielt, erschreckte er ihn damit so sehr, dass dieser kostbare Sekunden hindurch nichts zu erkennen vermochte, während seine Verblüffung Dr. Regen ein rechtes Vergnügen zu bereiten schien.

Warum hatten wir gerade ihn genannt und was hatte er uns gegeben? Wir erinnerten uns zunächst an nichts Bestimmtes, an keine besondere Kenntnis, die sein Unterricht uns vermittelt hätte. Hatten wir uns irgendetwas gemerkt, das nun nach all den Jahren wie Bildung aussehen mochte?

Wir entsannen uns, dass dieser Mann bei verschiedenen Gelegenheiten von Dingen zu sprechen begonnen hatte, denen offenbar sein besonderes Interesse als Forscher galt. Redete er von der Physiologie der Gliederfüßler, war er so stark mit seiner Naturwissenschaft beschäftigt, dass er sich und das Elend, uninteressierten Jungen etwas beibringen zu müssen, vergaß. War der Unterricht beendet, zog er entweder in den Wald oder auf die Felder und sammelte Exemplare von allem, was da fleucht und kreucht, oder er war im Laboratorium, wo er sie unter dem Mikroskop zerlegte, um hinter die Geheimnisse ihres Lebens zu kommen.

Bei solchen Gelegenheiten waren seine Worte uns besonders unverständlich, noch weit mehr als gewöhnlich. Die profane Wirklichkeit einer Schule war völlig vergessen. Er schien irgendwie die Atmosphäre eines ganzen Kongresses ihm geistesverwandter Biologen auszuströmen, denen er glücklich und mit roten Ohren seine letzte Arbeit unterbreitete, wohl von Phantasie beschwingt und dennoch vorsichtig systematisch, fertig zur Veröffentlichung in einer wissenschaftlichen Zeitschrift. Mein Freund und ich saßen dann wie gebannt da. Es war, als blickte man vom Bürgersteig aus durch die große Scheibe eines Restaurants, in dem jemand ein Gericht mit ganz besonderem Genuss verzehrte. Das Gericht selber kann man weder schmecken noch riechen oder erkennen. Aber das Genießerische und der Appetit des Essers sind physiognomisch so anreizend, dass man meint, hineinzugehen und sich ebenfalls diesem Essensgenuss hinzugeben, wäre die reine Seligkeit auf Erden.

Mein Freund wollte Jahre hindurch Naturwissenschaftler werden; er las Haeckel, Weissmann, de Vries und die gesamte Streitliteratur nach Darwin. Ich selber habe niemals viel über Gliederfüßler gelernt und habe stattdessen Pläne für Bauten entworfen, aber ich wurde ein Mensch mit einer stets wachen physiologisch-biologischen Neigung.

Die unorthodoxe, erzieherische Wirkung Dr. Regens mit dem rotblonden Bart, der doch mehr eine Schreckensgestalt war als ein Lehrer, wird auf jeden Fall durch nichts besser bewiesen als durch unsere voneinander unabhängige, spontane Entscheidung. Wir erkannten ihm den Lorbeer dafür zu, dass er uns in seiner Erregung über die minutiöse naturwissenschaftliche Forschung, sozusagen durch einfühlendes Miterleben unsererseits, einen Schock versetzt hatte, an den wir uns noch vierzig Jahre später erinnerten.

In der Sprache von Dr. Regens physiologischer Wissenschaft: Dass wir durch diesen Mann derartig beeinflusst wurden, war ein mehr endokriner und »subkortikaler« als auf die Gehirnrinde beschränkter Vorgang.

Lernen und Lehren sind biophysisch-biochemische Angelegenheiten von blitzschneller und doch von dauernder Wirkung.

Die Prozesse im Intellektualteil der Oberhirnrinde und im Emotionalteil des Thalamus, wie die Wissenschaftler das Mittelhirn nennen, sind untrennbar verschmolzen. Wir können am Gesichtsausdruck, am leuchtenden Auge, am freudigen Erröten merken, wie ein Mitmensch unser Denken verstehend zu teilen beginnt und gerade hierin sich als ein »Gemütsbewegter« erweist. Das Gemütsbewegende ist ursprünglicher, sitzt tiefer als das »Rationale« und klingt viel länger nach.

Vielleicht nähert man sich damit den Wurzeln einer dauerhaften erzieherischen Wirkung im Allgemeinen. Natürlich ist es ein sehr weit verzweigtes Wurzelgebilde, aus dem wir und unser organisches Schicksal emporwachsen.

Oder ist es vielleicht etwas zu gewagt, »Schicksal« mit dem Wort »wachsen« zu verbinden?

Sie verschmelzen in der Tat in mysteriöser Weise.

Nichts *ist*, alles *wird*.

Das Natürliche, das Wachsende hat schon früh meine Beobachtungsneugier erweckt und meine Neigung, etwas Herrliches darin zu sehen.

Ich erinnere mich, dass Hugo von Hofmannsthal, den ich als Dichter bewunderte, einmal sagte: »Bücher sprechen nicht, sie antworten; das macht Dämonen aus ihnen.« Vielleicht ist es so, dass auch ein Lehrer *antwortet*. Seine größte Wirkung mag sein, dass er auf Fragen, die nicht ausdrücklich gestellt wurden, und auf halb unbewusste Individualtendenzen Antwort gibt. Natur ist der größte Lehrer. In uns ist sie immer dabei Fragen aufzuwerfen und zu lösen, bis wir angepasst sind und weise genannt werden können.

Lehrer und Lehrlinge

Ich finde in alten Tagebüchern von mir am 3. Juni 1917 diese Bemerkung, in Wien niedergeschrieben:

»Als ich heute Morgen durch die Weyringergasse ging, ergriff mich plötzlich ein unbeschreiblicher, namenloser Ekel, ein Hass auf das holprige, harte Pflaster. Wie können wir menschlichen Wesen nur auf solch einer Oberfläche leben? Der schrecklichste, dürrste Grund des Karstes, jenes wüsten Kreidegebirges in Dalmatien, ist eine erfrischende Promenade und gibt dem Auge Genugtuung durch hundert kleine und große Schattenschläge. Ein grobes Rhinozeros, auf unsere gepflasterte Oberfläche hingestellt, würde vertrocknen und verwelken. Der Mensch hat dieses Pflaster ausgedacht, sich selbst untergeschoben, und nun schleppt er sich auf ihm hin und her. Wann immer ich durch Zufall zu Pferd auf eine gepflasterte städtische Straße kam, schien es mir erkältender und böser als ein bitter gefrorener See, in dem alles Organische tief unten verborgen ist. Diese Stadtbewohner verstehen kaum, was ihnen das Leben so schwer macht und warum sich jeder wie der Fisch im Wasser fühlt, sobald nur seine Fußsohlen wenigstens auf einen Pfad treten in einer städtischen Grünanlage.«

Den Menschen außerhalb seiner ursprünglichen Ökologie zu sehen, gab mir den Anstoß, die vormenschliche Szene zu studieren und später »ein Architekt des Natürlichen« zu werden. Aber Architektur hat sich natürlich auch durch eine Menge von historischer Szenerie entwickelt, für die Menschen selbst verantwortlich sind.

Nehmen wir die ganze gewichtige klassische Antike, die noch heute am Kreislauf des Denkens und Fühlens teilhat. Professor Friedrich Blank lehrte uns Latein. Aber aus dem, was er sagte, ging im Grunde auch die Tüchtigkeit der Römer, der römischen Legionäre und Caesars, die Tüchtigkeit der Techniker in Caesars Heer hervor. Er brachte eine römische Lanze mit ins Klassenzimmer und ließ deutlich erkennen, dass er Reserveoffizier sei. Auch er besaß Neigung zum Sarkasmus, durch den er die Jungen, seine Schüler, wütend machte. Ein tollkühner Mitschüler schrieb, kurz bevor er von der Schule flog, aus Rache ein lange vorbereitetes Gedicht auf Lateinisch. Er lieferte es an Stelle einer Prüfungsarbeit ab und schilderte in ihm Dr. Blank als den Kommandeur der Kavallerie der Milchweiber, die jeden frühen Morgen auf Maultieren nach Wien geritten kamen.

Aber der kleine, pockennarbige Dr. Blank hatte auch eine besondere Fähigkeit, die Friedensverträge in den Punischen Kriegen zu den aktuellen Nachrichten über diplomatische Vorgänge in unserer Welt der Gegenwart in Beziehung zu setzen. Außerdem wurde, wenn er breitbrüstig, das Urbild eines Helden, auf das Katheder zuschritt, die lateinische Satzlehre zu einer Schule geistiger Ordnung.

Auch er war mehr gefürchtet als geliebt, wie es – so sagt man – ein guter Lehrer sein soll.

Die Geschichtslehrer, die mein dauerhaftes Interesse für die Fragen der Historie geweckt haben, wie Dr. Ruthe und später der Direktor des Sophien-Gymnasiums in Wien, waren ausgezeichnete Erzähler, die wirklich zu gestalten wussten, wie es eben nur geborene Erzähler können. Hätten sie lediglich einen Wust verschwommener, rätselhafter Tatsachen aufgezählt, hätten wir uns in chaotischer Verwirrung verloren. Die »Wahrheit« der Vergangenheit ist oft so verwirrt wie die der Gegenwart, aber ausgerundete Form ihrer Darbietung beglückt.

Gleichzeitig impften diese Lehrer mir einen gesunden Hang zur Skepsis ein und zuweilen erwache in mir die Lust, es doch auch einmal damit zu versuchen, zur Probe eine andere gute Geschichte an die Stelle der ihren zu setzen, die ebenfalls durchaus wahrscheinlich klang. Alles in allem zweifle ich nicht daran, dass ich, ob es sich um Physik, griechisches Epos oder deutsche Literatur handelte, auf dem Gymnasium eine weit dauerhaftere, anwendbare Bildung mitbekommen habe als auf der Universität.

Ich habe bereits erwähnt, wie der Anreiz zum Lesen und das Lauschen auf wohldurchdachte Gespräche bei uns zu Hause formales Studium ergänzten. Aber es gab noch andere Orte außer unserem Heim und der Schule. In der Universitätsbibliothek hatte ich die ersten grundlegenden Untersuchungen über experimentelle physiologische Psychologie aufgestöbert, da mich Wilhelm Wundts Buchtitel sehr anzog. Dieses Werk interessierte mich sogar mehr als Sigmund Freud, der bei aller spekulativen Theorie ein unerhört geduldiger Beobachter war, mehr noch als seine nun so wohlbekannten frühen Schüler, die ich in seinem Haus flüchtig zu sehen bekam.

Die Formung einer Persönlichkeit als Einzelwesen und innerhalb der Gesellschaft begann mich ungemein zu interessieren. Vielleicht, so dachte ich, vermag kein Professor, keine formale Ausbildung einen jungen Menschen und seinen Geist so zu beeinflussen, dass sie sich einem Team, einem schöpferischen Trio, Quartett, Sextett oder Orchester von anderen arbeitenden Menschen glücklich einfügen; und doch, unsere Zeit ist nicht die des Solospielers. Lange habe ich selber innerhalb der vier Wände meines Büros ein solches Team zu

schaffen getrachtet. Dort wurde man Zeuge von Entwürfen, die auf dem Reißbrett des Nachbarn entstanden, oder in stimulierenden
 Gesprächen, die vom bitteren Ernst beruflicher Pflichten getragen wurden. Gerade durch sie lernte man.
 Die organische wechselseitige Beeinflussung von Individuen, die durch gegenseitige Anregung zu einer Schöpferkraft der Gruppe gelangen sollen, ist für mich zu einem Thema grenzenlosen Interesses geworden. Was geschieht, wenn ein anderer Mensch außerhalb des Teams, sagen wir ein Klient, ein Bankfachmann, ein Bauinspektor, durch Widerstand oder durch den Willen zur Mitarbeit diesen schöpferischen Prozess beeinflusst? Wie können Neulinge im Bereich einer harmonisch funktionierenden Gruppe aufgehen?
 Ein Lehrling darf nicht nur technische Fertigkeiten in sich aufnehmen, sondern er muss sich eine bestimmte *Einstellung* zu den Dingen und *Arbeitsgewohnheiten* aneignen, eine *opferfreudige, heitere, hilfsbereite Denkungsart*, die allgemeine, theoretische Schulen einem Menschen tatsächlich kaum beizubringen vermögen. An einem Platz schöpferischer, produktiver Arbeit lernt er es, ein mitschaffender Angehöriger einer Gruppe zu werden.
 Ein Lehrling darf meiner Ansicht nach nicht bloß Papierkörbe leeren, obgleich die Menge und die Vielfalt des Inhalts eines Papierkorbes ihm wohl die Augen öffnen sollten, falls er glaubte, dass man in einer schöpferischen Bemühung Versuch und Irrtum weitgehend ausschalten kann. Er muss aus nächster Nähe sehen und beobachten, wie der Chef und seine älteren Mitarbeiter sich abmühen, um diesen Papierkorb zu füllen, wobei, sobald sie sich geeigneteren Lösungen nähern, ihr stürmischer Drang immer mehr ins Systematische einmündet.
 Er muss ein offenes Auge für die Psychologie des Gebens und Nehmens haben, die es ihnen erlaubt, als Gruppe arbeitsfähig zu sein, und sein Einfühlungsvermögen muss ihm Achtung davor abnötigen, wie zart sie gegenseitig auf ihre Gefühle Rücksicht nehmen. Sobald Feindseligkeit um sich

greifen darf, hemmen sich die Gehirnfunktionen. Andererseits werden sie durch günstige, anregende Geschehnisse innerhalb der Gruppe sozusagen geölt. Dann scheinen Milliarden »funkelnder« Gehirnzellen von Kopf zu Kopf auf die gleiche Welle zu gehen und es gibt lächelnde Gesichter. »Verständigung« tut wohl.

Der Lehrling muss telefonieren und muss mit Vertretern der beauftragten Firmen reden, mit Klienten und zukünftigen Klienten und man muss ihn darauf aufmerksam machen, dass jedes Wort, das er sagt, jede Änderung im Tonfall zu den produktiven Bemühungen beitragen oder sie auch schmälern kann. Denn jede kleinste Handlung dieser Art beeinflusst das gegenseitige Vertrauen, führt – wie es sein sollte – zu weiteren Diensten oder aber lässt Sprossendes verwelken. Langsame und geringe Gewinne, die früher errungen wurden, können sich durch jede falsche, oft winzige Handlungsweise in ein Nichts auflösen. Ein Orchester, eine Tanzgruppe oder eine Fußballmannschaft können in einer einzigen bitteren Sekunde durch einen einzigen Schnitzer ihrer Aufgabe entscheidenden Schaden tun.

Es gibt nichts Alberneres, als dieses Gewinnen und Bewahren des Vertrauens einer Lehre in »Verkaufsgewandtheit« gleichzusetzen. Verkaufsgewandtheit mag eine höchst achtenswerte Fähigkeit sein. Aber die Waren werden zwar vom Verkäufer an den Mann gebracht, jedoch niemals von ihm erzeugt oder geschaffen. Es ist nichts weiter als verbale Ergänzung eines auf Hochglanz gebrachten und hell erleuchteten Verkaufsstandes für ein Auto oder ein Fernsehgerät.

Was der Architekt zu bieten hat, ist keine fertige Ware; nur langsam steigt es aus der Dunkelheit empor. Sein Erzeugnis entwickelt sich nur sehr allmählich oder zuweilen kommt es zu mutwilligen Einfällen, die ebenso schnell wieder verschwinden, während er wie ein Forscher die verschiedenen Umstände betrachtet oder wie ein Diagnostiker einzelne Symptome zu einem verständlichen Bild zusammenfügt, als ein Therapeut, Seher und Berater seines Kunden für ein ganzes künftiges Leben.

Kein Arzt hat, seit Hippokrates seinen unvergesslichen Eid ablegte, zumindest offen und ex cathedra Verkaufsgewandtheit seinen Studenten anempfohlen. Widerstrebend jedoch muss ich zugeben, dass Architektur noch nicht wie Medizin gelehrt werden kann. Trachten und Inspirationen Eines, der als »Künstler sich selber zum Ausdruck bringen möchte« und »in abstracto« schaffen will, werden durchkreuzt. Aber vom Reichtum und der Vielfalt anderer Individualitäten fasziniert zu sein, anstatt in der eigenen zu schwelgen, ist eine Einstellung, auf die man vom Kindergarten ab vorbereitet werden kann. Wer die Aufgabe hat, die menschliche Umwelt zu gestalten, für den wird eine solche Einstellung ein großer Segen sein.

Ärztliches Benehmen am Krankenbett ist weder eine moralische Frage noch eine der Diplomatie. Ich betrachte die Erwerbung von Vertrauen des Auftraggebers als ein natürliches Mittel für eine mögliche therapeutische und somit schöpferische Leistung, als einen wirklichen und leidenschaftlich erstrebten Teil von ihr und geradezu als ihr Rückgrat. Man kann es natürlich dazu kommen lassen, dass es zu einer kommerziellen Einstellung degeneriert, und dann erweist sich dieses Vertrauen wie das Geschaffene und Erwirkte als vergänglich.

Schon seit langem habe ich Lehrlingen, die aus verschiedensten Lebensumständen und Ländern zu mir kamen, erzählt, was für ein wunderbares Erlebnis es ist verstanden zu werden. Es ist etwas, wonach sich jeder Mensch sehnt. Es ist eine typisch menschliche Sehnsucht, die offenbar mit unserer Eigenart der hohen Gehirnentwicklung zusammenhängt. Tiere sehnen sich nicht nach intellektueller Übereinstimmung oder Auseinandersetzung; sie fühlen sich auch nicht, wie wir manchmal, inmitten einer Menge vereinsamt, sie suchen keinen Rat und geben ihn auch nicht. Dies alles sind menschliche Züge. Sich von einem Menschen mit Erfahrung helfen lassen, von einem Arzt, einem Geistlichen, einem Psychiater oder einem Architekten, um dadurch unsere innersten Motive und unser innerstes Streben zu verwirklichen und fruchtbar zu machen, das ist doch ein rein menschliches

Anliegen, ein menschliches Drama und möglicherweise eine Tragödie.

Ein Arzt gewinnt, wenn wir ihm völlig vertrauen, fast magische Kräfte. Sollte ich den Verdacht hegen, dass mein Arzt mir ein Kardiogramm oder eine Operation »verkaufen« will, hat er seine Macht, mir zu helfen, verloren.

Vorausgesetzt, dass wir Vertrauen und Selbstvertrauen gewinnen und zu bewahren vermögen, werden unsere schöpferischen Kräfte zur vollen Integration wachsen. Gelingt uns das nicht, wird auch das größte Budget keinen Erfolg bringen, sondern im Gegenteil eine quälende, verbitternde Enttäuschung sein und Groll entstehen lassen, der den Künstler in seinem Streben nach harmonischem Zusammenstimmen so sehr hemmt.

In der Schule lässt sich dieses kaum erlernen, aber ein Lehrling sieht täglich und stündlich, wie diese psychologischen Vorgänge der Annäherung, des Verschweißens und Verschmelzens von Motivierungen sich entwickeln. Und sobald der »Chef« einmal Zeit hat, während er auf die Bauplätze hinausfährt und sich durch den großstädtischen Verkehr schlängelt, werden oft gehirn-physiologische Interpretationen all dessen, was in letzter Zeit geschah, oft auf die Wirklichkeit bezogen, in meinem Wagen erörtert, sozusagen peripatetisch.

Aristoteles lehrte, während er in Athens Lyceum umherging, Zeno spazierte in der bemalten Stoa herum, Plato in der Akademie und die gelehrten Freunde Lorenzo de' Medicis in einem Klosterhofgarten in Fiesole. Wir haben unsere ernsten und erheiternden Probleme so gut wie möglich hinter dem Steuer eines Autos zu lösen. Oft hat man nicht die Zeit, den Schatten einer Zypresse oder eines Olivenhains aufzusuchen oder unter dem Geäst eines Mangobaumes zu sitzen, wo Buddha es so inspirierend fand.

Es ist für den Puls unserer Zeit bezeichnend und eines der großen Erlebnisse für einen Lehrling, den Architekten in dauernder Eile bei seiner Arbeit zu sehen, während er Werte für die Amortisationsdauer oder die endlos dynamische Übergangszeit schafft, die man für die Ewigkeit hält. Das alles kann er nicht nur aus nächster Nähe, sondern von einer Stellung mitten im Wirbel der Ereignisse aus beobachten.

Es muss dem jungen Menschen ja die Augen öffnen, wenn er sieht, wie der Chef in rascher Folge von einer Aufgabe zur anderen springt und wenn er seine grenzenlose Geduld gegenüber so vielen Personen und dem ganzen Stab, insbesondere aber gegenüber den das Leben und eine Schöpfung erhoffenden Klienten beobachtet. Er lernt nicht ganz einfach nur ein paar technische Kunstgriffe, sondern assimiliert sich einer vielfach verflochtenen Gesamtsituation.

Er lernt auch, die Fähigkeit jedes Klienten, unsere Zeichnungen zu begreifen und Erläuterungen zu verstehen, abzuschätzen. Die Menschen haben einen Anspruch darauf, dass man ihnen mit der Sprache begegnet, die sie verstehen. Ich meine nicht etwa nur Portugiesisch, Dänisch oder Urdu, sondern das Niveau der Sprache, das benutzte Vokabular. Die Zeichnungen und die Erklärungen dazu müssen bei einem gelehrten Rektor eines Colleges, einem intellektuellen Kunstliebhaber oder dem Besitzer eines zweitrangigen Modegeschäfts auf dem Hollywood Boulevard, der sich Sorgen darum macht, ob er nach schneller Beendigung des Baus noch seinen Anteil am Weihnachtsgeschäft ergattert, doch ganz verschieden sein. Alle sind sie doch Menschen und verdienen Verständnis, wie wir es auch von ihnen erwarten.

Geistesgegenwart, Stetigkeit und Sicherheit, die alle in gleicher Weise nötig sind, offenbaren sich hier anders als im Klassenraum oder vielleicht im Seminar »des kommenden Semesters«. Vertragszusagen beziehen sich auf Jahre, und die besten Beispiele der Planung, wie die Kathedrale von Chartres, wurden über lange Perioden hin mit nie endender Geduld errichtet.

Aber das ist wirklich noch nicht alles. Die Arbeit eines Künstlers besteht über ein ganzes Leben hinweg aus vielen hundert Gemälden: Die Franzosen nennen das sein *œuvre*. Die Arbeit eines ganzen Lebens bildet eine Einheit, die als Ganzes verstanden werden soll, mit Übergängen und Überschneidungen von der einen Arbeit zur anderen. Alle Lösungen und alle zerschlagenen oder gelungenen Bestrebungen sind in gewisser Weise im Verlauf des Lebens doch zeitlich begrenzt. Technische und geistige Erfahrungen sind die bedeutendsten Nebenprodukte jeder Episode, die zugunsten späterer Vollendung aufgespeichert und gehortet werden.

Genau so geht die Entwicklung einer Werkstatt über jede individuelle Arbeit hinweg und das Team der Mitarbeiter muss ein Gefühl dafür haben und verstehen, was dieses Horten, dieses fruchtbare Ablagern und das Wiedererwecken vergangener Erfahrungen, um sie als Grundlage für eine neu durchkonstruierte Leistung zu nehmen, bedeutet.

Trotz der unbeirrbaren Logik der jährlichen Zahlungen für die Einkommensteuer gibt es doch über alle Baubeendigungstermine und die einzelnen Auftraggeber und Verträge hinaus eine endlose Überschneidung und Kontinuität.

Ordnung, Klarheit des Denkens, Registrieren, Ablegen und ein Verwahren von allem, sogar kleiner Leistungen, die zum Detail gehören, spielen, sobald man sich über sie im Klaren ist, eine Rolle im schöpferischen Bemühen. Es ist kein augenblicklicher Zauberglanz, der aus einem Nichts aufleuchtet. Und es ist auch weit entfernt von altjüngferlicher Pedanterie, aber vielleicht auch von jedem Kurzlehrgang von ein paar Monaten oder sogar von ein paar Jahren, und mag er noch so gut geführt sein. Wesentlich Wirksames muss anders zustande kommen. Zeit tut not.

Dies alles trifft wahrscheinlich für viele ernsthafte Bemühungen zu, aber ich habe nun einmal die unmittelbarsten
Erfahrungen auf dem Gebiet des Planens und in der Architektur. Hier mit sanfter Freundlichkeit und dennoch scharf in der Definition, allen Mitarbeitern und der Mannschaft, der auf windigen oder von der Sonne versengten Bauplätzen die eigentliche Durchführung der Arbeit obliegt, die Ideen eines Plans verständlich zu machen, ist eine schöpferische Pflicht, eine Notwendigkeit und ein unschätzbares Vorrecht eines Planungsteams. Zeichnungen und schriftliche Anweisungen können einen fast ebenso warmen Klang haben wie das ge-

sprochene Wort, ebenso freundschaftlich mahnend und anregend wie dieses. Sie können aber auch die freundschaftliche Bildung von Beziehungen von Menschen und Gruppen in schöpferischer Zusammenarbeit, auf denen die Architektur seit unvordenklicher Zeit beruht, stören und zerstören. Und nun befinden wir uns ganz gewiss – auf beiden Seiten des berühmten politischen Vorhangs – inmitten eines Zeitalters der Massentransaktionen.

Für einen Studenten, der es nur mit Theorie zu tun hat, ist es schwer ebenso konkret zu lernen, wie dies einem Lehrling möglich ist, der das Glück hat, mit glühenden Augen, roten Ohren und sichtbarem Vergnügen die älteren, verantwortlichen Männer an der Arbeit zu sehen, anstatt auf Bildern eines Projektionsapparates oder in Büchern und Zeitschriften das vollendete Werk zu betrachten. Physiologie lässt sich in gefrorenen Exemplaren weniger gut studieren als durch Beobachtung des Ablaufs der lebendigen Funktionen und in unserem Beruf, der doch Einfühlungsvermögen voraussetzt, geschieht dies wenn möglich dadurch, dass man von einem Augenblick zum anderen an ihnen teilhat.

Der Hexenmeister, der große Alchimist, hat, so wie er geschildert wird, seine Lehrlinge, denen er aber die letzten, tiefsten Geheimnisse nicht offenbart. Ich habe nichts lieber als den Versuch zu unternehmen, das organische Wachstum meiner Laufbahn durch humanitäre und biologische Einsicht anderen zu erklären. Bei Gesprächen und Verabredungen mit meinen vertrauensvollen Klienten, bei denen wir uns offen gegenübertraten und von dem sprachen, was unser Herz bewegte, habe ich unzählige Male meine Lehrlinge und Mitarbeiter mit dabeigehabt. Ich habe dies nicht für einen unorthodoxen Vorgang gehalten. Auch ein Chirurg hat seine Studenten im Operationssaal. Und dennoch, es ist ein Jammer, müssen Hexenmeister sehr viel von ihren letzten Geheimnissen mit in ihr Grab nehmen, auch wenn sie durchaus willens waren sie aufzudecken.

Keiner von uns, eingesperrt in seine geheimnisvoll komplizierte Individualität, vermag jemals seine innersten Quellen aufzudecken oder wahrhaftig zu beschreiben. Niemals wird anderen das charakteristische innerste Leben der ihm als Menschen gewährten Möglichkeiten ganz offenbar.

Eines wäre noch zu erwähnen, bevor wir uns von der Frage der Erziehung abwenden, insbesondere aber dort, wo es um Hauspläne geht und um die Aufgabe, Menschen in kommenden Jahren Häuser und Städte zu geben. Unsere Zivilisation besteht nicht lediglich aus einer gleichförmig raschen Veränderung aller Dinge, wie leichthin behauptet wird.
Picassos »Perioden« oder gar mit jedem Jahr schon veraltete Kraftwagenmodelle charakterisieren nicht ganz zu Recht unsere Zeit als eine Zeit des »schnellen Umsatzes«. Neue dreitürige, in zwei Farbtönen gelieferte Hängekühlschränke, die von der Wand zu nehmen eine Mordsarbeit ist, verglichen damit, wie man Damenhüte nach einem Herbst oder Frühling leicht und endgültig ablegt, zeigen ganz einfach, dass länger währende Werte in gar vielem nötig bleiben.
Optimistische Menschen kratzen noch immer die Ersparnisse eines ganzen Lebens zusammen oder spannen alle Kredite an, bevor sie ihre Mittel den Händen eines Architekten anvertrauen, um dann ein weiteres Leben lang abzuzahlen. Aber ökonomische Zeit ist nicht alles.
Mein Haupt- und Lieblingsthema, in schöpferischer und kritischer Architekturphilosophie sorgfältig durchdacht und praktisch angewendet, war lange das der physiologischen Zeit. Es besitzt beides, geringen und weiten Spielraum, Kurz- und Langfristigkeit, und beides zutiefst miteinander verflochten.
In einem »Zeitalter des Weltraums«, in dem Zeit am liebsten erwähnt wird im Zusammenhang mit riesigen Geschwindigkeiten, müssen wir ganz besonders darauf achten, solche währenden Werte zu schützen und organische Erfahrung zu missachten, die oft jäh aufzutauchen und dann fast endlos nachzuhallen vermag. »Mnemische« Phänomene, das Reverberieren einer Seeanemone für Stunden, nach ein paar Sekunden der Reizung, »Gedächtnis« der einfachen Zelle, sind

nun angenommene, wenn auch nicht durchschaute Erscheinungen, die in »organischer Zeit« spielen.

Gewiss, die Fortpflanzungsgeschwindigkeiten in den Nerven sind selber auch sehr hoch und sind es schon seit fast einer biologischen Ewigkeit. Auf der anderen Seite machen sich in menschlichen Rezeptoren Ermüdungserscheinungen mit langsameren, niedrigeren Geschwindigkeiten bemerkbar und sind dennoch von sehr bemerkenswerter Bedeutung für unser Leben. Nach einer Weile beginnen sie zu unserem Verdruss aufzutauchen, besonders wenn es sich um Architektur handelt, die um uns stehen bleiben soll. Wenn die raschen, unterhaltsamen Unregelmäßigkeiten, willkürlichen Zufälligkeiten und Synkopen des Jazz in Beton, in Walzblech und rostfreien Stahl transponiert werden, sind sie bald kaum mehr amüsant. Für die Dauer belasten sie unseren Organismus und verstopfen die Straßen mit der Schalheit des einst Sensationellen und nun Überholten.

Das Nette und das Wesentliche bei Modegesprächen und beim Jazz liegt gerade darin, dass sie vorübergehen. So muss es sein, selbst wenn Astronauten »eine ganze Nacht hindurch« über Kurzwelle so etwas mit anhören, während sie, sagen wir, auf ihrer Raumplattform achtmal eine Umlaufbahn um die Erde ziehen und dabei achtmal die Sonne aufgehen und sinken sehen, während wir anderen in unseren Kissen eine Nacht verschlafen. Im großen Ganzen müssen doch ihr und unser Herz und Atem ihren Rhythmus halten, auf Erden oder im Raketengeschoss, und wir werden auf die alte Weise einer Sache müde auch im Überschall-Zeitalter.

Unsere Lehrlinge – die Männer, die morgen auf dem Mond bauen – werden ihr Problem nicht aus einem Blickwinkel der Reklamebüros heraus lösen, sondern tief in das althergebrachte menschliche organische Wesen hineinschauen müssen, von dem wir Jahr um Jahr mehr erfahren. Noch einmal: Ihr und mein Stoffwechsel, unser Kreislauf, unser Pulsschlag verändern sich nicht, während wir durch den Raum kreisen, sie dürfen sich auch gar nicht verändern, sonst gibt es einen vollkommenen Fehlschlag. Was das anbelangt, hat sich während der letzten Millionen Jahre nicht viel verändert. Nehmen wir das als Grundlage, um gegen Nouveautés anzukämpfen, wo ohnehin das Modische auf die Dauer leicht langweilig wird.

Auch die Architektur kann ermüdend werden wie ein Witz, der dreißig Jahre lang wiederholt wird. Aber wir wissen, dass manche Gebäude eine ungeheure Zeit hinter sich haben. Auf irgendeine Weise müssen sie organisch gesund und in höherem Maß als andere gerade das Richtige sein für die Aufnahmefähigkeit des Menschen.

Exotische Schulung

Ankunft in ferner Festung

Es ist ganz lehrreich, über die Macht der Gewohnheit und wiederum über die des *außerordentlichen Ereignisses* nachzudenken und sie miteinander zu vergleichen: ein kurzes Fest wie der Heilige Abend in den 365 Tagen eines langen Jahres oder das plötzliche Aufschieben einer Gleittür an einem ersten, von frischen Düften durchwehten Frühlingstag, oder sagen wir, eine Zeit jäher Trauer oder plötzlichen Unheils, eine Zeit der Revolution und des Krieges. Die kurzen seelischen Erschütterungen sind zumindest ebenso heftig in ihrer Wirkung wie die Folgen einer langen Gewohnheit.

Das Leben formt den Menschen durch beides, durch das Gewöhnliche und das Außerordentliche. Ein Mensch, der sich mit der Gestaltung der menschlichen Umwelt befasst, muss sich darüber klar sein. Ein Haus wie ein lebendes Wesen macht einen nicht nur durch monatelange Gewöhnung glücklich, sondern oft und immer wieder in Bruchteilen einer Sekunde. Unser Organismus reagiert schnell darauf und hallt davon wider. Das Außergewöhnliche wird zu einem bedeutsamen Ereignis im Leben und ein Weltkrieg, der schließlich ausbricht, nachdem sich eine lange, beängstigende Zeit hindurch die Unwetterwolken zusammenbrauten, ist ein hervorragendes Beispiel für das, was ich meine und was er für einen jungen Mann wie mich bedeutete. Ein künftiger Architekt konnte dort lernen, weniger engherzig und mehr kosmopolitisch zu sein und sich sogar in völlig fremdartige Situationen hineinzudenken.

Der Erzherzog Franz Ferdinand war in Sarajevo ermordet worden. Ich wusste von ihm nicht nur aus den Zeitungen, sondern auch aus den Erzählungen meines Schwagers, der ihn persönlich kannte.

Als Kurator des Kronschatzes des Heiligen Römischen Reiches Deutscher Nation und als Direktor der nationalen Kunstsammlungen in Wien wurde der Mann meiner Schwester oft zu Franz Ferdinand befohlen, das letzte Mal ein paar Tage vor dem Ende. Der Thronfolger und seine Frau »in morganatischer Ehe«, Gräfin Chotek, wurden erst mit Bomben beworfen und dann ein paar Stunden später in ihrem Auto, als sie die unheilvolle Brücke überquerten, erschossen. Es war mitten im Sommer des Jahres 1914. Das bedeutet Krieg, sagten ein paar Leute.

Es war ein aufregender Sonntag. Seltsamerweise erinnere ich mich des Kastanienbaums, unter dem ich die Nachricht erfuhr. Aber das Leben schien weiterzugehen und ich bereitete mich auf die in Friedenszeit übliche Einberufung zur Armee vor. Alle zwei Jahre musste ich eine solche Reserveübung leisten. Ich war Fähnrich und Offiziersanwärter bei der berittenen Feldartillerie, sollte aber diesmal nach Süden an einen Gebirgsfort im fernsten Zipfel des Reiches: In der Herzegowina gab es eine Festung mit Namen Trebinje. Ich nahm mir kaum die Mühe sie auf der Landkarte zu finden, aber dachte, nach den vier Wochen in Uniform, die mich erwarteten, könnte ich mit einem Schiff über die Adria fahren und von Brindisi aus eine Ferienreise durch Italien machen.

Ich kaufte mir einen Baedeker für Süditalien und versuchte festzustellen, ob ich mir die militärischen Abzeichen leicht von meinem leinenen Waffenrock abtrennen könnte. Dann würde ich mehr oder weniger wie ein ziviler Tourist aussehen und die Grenze zu unserem Nachbarn im Süden überschreiten, der, wie ich mir einbildete, friedlich seine Zitronen wachsen ließ.

Meine Verwandten – Vater, Bruder, Schwester, Schwager und Schwägerin – brachten mich zur Bahn, und wir aßen miteinander am Südbahnhof. Mein Waffenrock war eng, um den Hals herum sogar sehr eng. Dieser Juliabend war mörderisch heiß und bevor ich den schicksalhaften Zug bestieg, fiel ich fast in Ohnmacht. Der Zug begann endlos nach Süden zu rumpeln und schlug einen Bogen nach Osten, durch Ungarn und Kroatien. Dann kam ich auf eine Schmalspurstrecke und wir pufften einen weiteren Tag durch Bosnien. In Sarajevo gab es einen Aufenthalt von mehreren Stunden. Zusammen mit einigen neuen Bekannten vom Zug mieteten wir uns eine Kutsche. Zum ersten Mal in meinem Leben kam ich an einigen Moscheen vorbei und dann sahen wir uns die Stelle an, an der einen Monat früher das erzherzogliche Paar sein Blut auf dem Pflaster vergossen hatte, nachdem Princip und Cubrilowic ihre serbischen Armeepistolen abgefeuert hatten. Nun stand ein törichter Posten auf der Brücke, um wohl, wie ich annehme, eine Wiederholung dieses historischen Ereignisses zu verhindern. Es war wirklich ein großes Ereignis gewesen: Ich bemerkte einige Menschen, die um Telefonmaste herumstanden und eine gedruckte Bekanntmachung lasen. Es war eine Kopie des berühmten »Ultimatums« des Österreichisch-Ungarischen Reiches an das Königreich Serbien. Irgendjemand erklärte mir grinsend, ich würde wohl während der nächsten sechs Monate kaum nach Brindisi oder sonst wohin kommen. In den letzten fünf Jahren hatte es ständig Mobilisierungen gegen Serbien gegeben. Leute, die erst einmal zum Waffendienst geholt waren, hatten neun und zwölf Monate dabeibleiben müssen, aber ich war ja weit weg vom Schuss gewesen und ahnte nichts davon. Als ich wieder im Zug saß, las ich friedlich ein Stück in meinem italienischen Reiseführer. Während der nächsten zwei Jahre trug ich das kleine rote Buch über alle Gebirge des Balkans mit mir herum, bis ich den nun nutzlosen Ballast aus dem Gepäck des jetzt bärtigen Kriegers hinauswarf, um die Satteltaschen meines Tragmulis zu erleichtern.

Die Architektur Süditaliens sollte ich erst viele Jahre später sehen, als mich ein japanisches Schiff (der japanischen Schifffahrtslinie Nippon Yusen Kaisha) auf meinem Weg von

Ägypten über Asien, die Südsee und Kalifornien in Neapel für kurze Zeit absetzte.

Aber in jenen weit zurückliegenden Tagen des Juli 1914 ratterte die Schmalspurbahn unaufhörlich weiter nach Süden, folgte ihrem gewundenen Weg durch die auf ihrer Sohle grünen Täler, die Kratern oder Schüsseln glichen. Es waren die »Poljes« der kreidigen Kalkberge, die zweitausend Jahre lang von römischen Schiffbauern, Venezianern und Türken abgeholzt worden waren. Häufig hatte man den Eindruck einer seltsamen Mondlandschaft.

Ein kurzer Aufenthalt brachte mich in die alte türkische Provinzstadt Mostar und vor eine Brücke, die wohl vor Jahrhunderten einen römischen Bogen erhalten hatte und äußerst malerisch wirkte, ebenso wie die Minarette der Moscheen, die überall emporragten. Provinziell, wie nun einmal Bewohner großer Hauptstädte sind, musste ich feststellen, dass ich von meiner Heimat, diesem weit ausgedehnten Reich, sehr wenig wusste, wenig von seiner Geographie und seinen Völkern.

Einige Tage nachdem ich Wien verlassen hatte und immer noch durch fremde Gebiete der Welt reiste, hörte ich, dass wir uns Trebinje näherten, der alten, nun modernisierten Festung, die mein Bestimmungsort war. Es war Nacht, als der Zug am Ende des schmalen Gleises vor einer Art einfachen Blockhauses hielt. Eine große Menschenmenge war an diesem Bahnhof versammelt. Die Leute schliefen auf ihrem Gepäck, Frauen und Kinder, auf Züge wartend, die sie nach Norden bringen sollten. Evakuierung! In der Festung war gerade Alarm gegeben, der Kriegszustand erklärt. Aber noch immer war ich kaum interessiert. Wahrscheinlich handelte es sich um eine jener üblichen Probemobilisierungen, jene blinden Alarme, die es ja jedes Jahr an dieser Südgrenze geben sollte. Immerhin war mir klar, dass ich mich jetzt irgendwo in der Nähe der Grenze befinden musste. Mit einigen Gefährten dieser endlosen Zugreise drängte ich mich durch die Menge und kämpfte um eine Droschke. So fuhren wir in die Stadt. Bald erblickten wir ein paar verschwommene Lichter und die alten türkischen Stadtmauern aus klobigen

Steinen, beherrscht von Minaretts, die in den Sternenhimmel aufragten oder sich zuweilen weißlich gegen einen hohen Berg abzeichneten. Es war höllisch heiß, sogar in der Nacht. Ich wurde im »Weißen Haus« abgesetzt, einem altmodischen Gebäude und drittklassigen Hotel. Viele Menschen waren auf der Straße und in der zwielichtigen Halle wimmelte es von Offizieren. Überall im »Noyau« war die Erregung spürbar. Später erfuhr ich erst, dass dies das klassische militärische Wort für den inneren Kern einer Festung sei. Und das war nun eine verschlafene, heiße Festung, die man erst vor ein paar Stunden »alarmiert« hatte.

Ich ging in ein primitives, kahles Zimmer hinauf.

Eine wacklige eiserne Bettstelle auf dem Holzfußboden und ein paar Haken an der Wand, an die ich meinen Waffenrock und meine Hose hängte. Ich zerknüllte eine Zeitung und ein Exemplar des Ultimatums an Serbien, sah mich nach einem Papierkorb um und warf sie, da ich keinen fand, unter den Tisch. Es gab noch ein Glas und neben dem Tisch einen Wasserhahn wie in altmodischen Küchen. Von Durst geplagt drehte und drehte ich am Hahn – kein Wasser. Ich fluchte und ließ mich nackt aufs Bett fallen.

Mein Schlaf war unruhig. Ich fuhr in einem ruckelnden Zug irgendwelche Gleise entlang, wie ich es in diesen letzten Tagen erlebt hatte. Ich träumte von anarchistischen Nationalisten, die Bomben warfen. Der Krieg war ausgebrochen, aber ich stand am Niagara, von dem ich als Kind ein Foto gesehen hatte. Es war ein großer Wasserfall und in dieser verfluchten Hitze so erfrischend und kühl. Er rauschte und donnerte dahin. Plötzlich war ich wach. Es war dunkel, tatsächlich pechfinster und ich stand in der Nähe eines Wasserfalls und versuchte mich zu erinnern, wo ich sei. Ich sah einen weißen, hellen Gegenstand, der unter mir seine schnellen Kreise zog. Ich fand meine Streichhölzer und zündete eines an. Auf dem Boden wirbelte das Wasser umher und die zerknüllte Zeitung und das Ultimatum an Serbien und an die Welt drehten sich von einem endlosen Strudel ergriffen. Wasser strömte aus dem Hahn. Später erfuhr ich, dass in der Festung starker

Wassermangel herrschte. Die Pumpstation stellte es um vier Uhr morgens an und drehte es am frühen Nachmittag ab. Zwei Tage später eroberten die Montenegriner die Pumpstation, die in der Nähe des Dorfes Lastva einige Kilometer von der Grenze entfernt lag. Sie mussten erst durch die ziemlich ängstliche Garnison vertrieben werden.

Das war der Anfang des Ersten Weltkriegs und es geschah rund zwei oder drei Wochen vor der offiziellen Kriegserklärung. In Paris, Petersburg, Berlin und London verglühten die diplomatischen Drähte. In Rom saßen unsere italienischen Alliierten des Dreibundes auf ihrem Zaun, von dem aus sie dann – viel später – in der falschen Richtung absprangen. Ich wusste nichts von all dieser Erregung in Europa. Für mich gab es jetzt nur Trebinje, ein Name, den ich gerade erst auszusprechen gelernt hatte. Ich wusch mein Gesicht und rasierte mich, umgürtete mich mit meinem Säbel und trank eine Tasse Kaffee. Vor Sonnenaufgang war es ein wenig kühler geworden.

Trotz meiner Jugend – ich war damals zweiundzwanzig – hatte ich mir über die Zukunft der Welt meine eigenen Gedanken gemacht. Ich wiederholte mir alle kosmopolitischen Ansichten, die ich in meiner Erinnerung finden konnte, während ich Kaffee mit türkischem Aroma aus den Vorräten einer befestigten Stadt trank. Dabei dachte ich an die langen Gespräche, die ich mit meinem Schwager, Agathon, über den drohenden Verfall unserer Welt geführt hatte. Denn hier war nun die gewichtige Realität eines tausendjährigen Reiches, das sich ein letztes Mal in einen tödlichen Krieg stürzte. Zwangsläufig entsann ich mich auch unserer Unterhaltungen über unser Wiener Erbe und unsere Besuche bei den hervorragendsten künstlerischen und intellektuellen Persönlichkeiten jener Kulturmetropole, zu der wir von ganzem Herzen gehörten. Meine Gedanken führten mich weiter und ich sah die Architektur Wiens sich vor meinen Augen abzeichnen. Und ich sah auch, wie ich mich selber einmal als friedlichen Architekten in dieser Stadt gesehen hatte. Dort lebten die führenden Männer: Otto Wagner, der geistige Vater Olbrichs, Josef Hoffmanns, Fabiani und in einer Nische ganz für sich Adolf Loos, ein Revolutionär anderen Schlages. Bevor ich Frank Lloyd Wright und Louis H. Sullivan im fernen Amerika anerkannte, war Otto Wagner mein einziges Idol gewesen; Loos war für mich ein persönlicher Freund geworden, der mich außerordentlich beeinflusste. Und Loos hatte sich in die warmherzige Menschlichkeit Amerikas verliebt, die sich so seltsam mit seiner Sachlichkeit überschneidet.

In letzter Zeit hatte ich beschlossen, mich in Amerika niederzulassen, das für Loos eine unglückliche Liebe gewesen war. Vielleicht würde ich nach Kalifornien gehen, wo sich, wie ich glaubte, Wright zu dieser Zeit aufhielt. Ich unterbrach die Wanderung meiner Gedanken und nahm Abschied von anderen »Plänen«.

Im Augenblick schien ich in einen europäischen Krieg verwickelt, genauer gesagt in einen Alarm in der Festung Trebinje in der südlichen Herzegowina, eingekesselt von den hohen Bergen des Karsts, auf dessen Kämmen sich die Außenforts schwach abzeichneten.

Niemals zuvor war ich in einer Festung gewesen. Ich beendete mein Frühstück und trat unter die erregte, eilig sich drängende Menge hinaus. Sofort wurde ich von einem Melder aus dem Oberkommando der Festung entdeckt, der mich, den neuesten Ankömmling, unmittelbar zum Kommandierenden General führte.

Generalmajor Braun, ein alter Mann mit grauem Hängeschnurrbart, erklärte mir mit kaum unterdrückter Erregung in der Stimme, dass in diesem entscheidenden Augenblick jeder Mann, insbesondere jeder Offizier oder Offiziersanwärter – wie ich – willkommen sei. »Sie wissen wohl, junger Mann, dass sich die Festung seit gestern Abend in Alarmzustand befindet. Ich habe zu tun. Dies ist Hauptmann von Tharnay, mein Artillerie-Stabsoffizier.«

Hauptmann Tharnay, mit kurzgeschnittenem, schwarzem Haar, vielleicht vierzig Jahre alt, veranlasste, dass mir sofort elf Gemeine und ein Obergefreiter unterstellt wurden, der Letztere war der Einzige, der ein paar halbverständliche

Wörter in meiner eigenen Sprache hervorzubringen wusste. Alle waren sie serbische Bauernburschen, natürlich Serben unter der Fahne des Kaiserreiches und angeblich loyal gesinnt. Sie folgten mir im Gänsemarsch und der Obergefreite führte mich zu einem Halteplatz von Pferdelastwagen, von denen wir drei oder vier bekamen, wobei er den entsprechenden Befehl überreichte und die Übernahme schriftlich bestätigte. Dann ging es weiter in ein Munitionslager, wo wir Kisten altmodischer Geschosse, Granaten und Schrapnelle alter, ehrwürdiger Modelle übernahmen. Dies alles war für mich höchst fremd und verwirrend, den Befehlshaber über ein Dutzend Mann, die ich zu einem mir ebenso unbekannten Außenfort führen sollte. Der Name des befestigten Berggipfels war Kravica – viel später lernte ich etwas Serbisch und stellte fest, dass das "Wort Kravica gleichbedeutend war mit »Kleine Kuh«.

Mühselig begann der Krieg – wahrscheinlich für eine Million anderer Menschen auch.

Bevor wir bereit waren den Festungskern zu verlassen, war die Sonne schon hoch gestiegen und ich und meine zwölf Mann waren in Schweiß gebadet. Wir hatten noch eine Aufgabe vor uns. Wir begaben uns zum Sanitätspark der Festung und ich meldete mich beim leitenden Militärarzt, einem bebrillten, bärtigen und wie sich herausstellte borniert umständlichen älteren Offizier, der schon viele solcher Alarme und Mobilisierungen mitgemacht und stets, wenn die ganze Aufregung vorüber war, den Ärger hatte, dass das eine oder andere »Gefasste« verlorengegangen war. Während er die »Sanitätstornister« ausgab, seltsame Kästen und Päckchen mit Sanitätsmaterial, legte er, ein echter Bürokrat, größten Wert darauf, dass Stück um Stück des Inhalts – Knochenscheren, Skalpelle und eine Mullbinde nach der anderen – auf einer Inventarliste den Armeevorschriften entsprechend abgehakt und damit völlig meiner Verantwortung übergeben wurde. Am Ende musste ich die Liste der mir übergebenen medizinischen Schätze unterzeichnen und ihre Übernahme quittieren.

Fast wäre ich in der Hitze ohnmächtig geworden. Schließlich riss ich mich zusammen und sprang auf den ersten meiner Wagen, die mit zwei Maschinengewehren, Munition für ein Feldgeschütz Modell 1875, das ich in einer Stellung in den Bergen vorfinden sollte, und mit Knochensägen und Verbandszeug beladen waren. Da ich von all dem nicht die geringste Ahnung hatte, schien es mir ziemlich nutzlos. Wir setzten uns in Bewegung, kamen an alten Gebäuden und den dunkelgrauen steinernen Mauern der Umwallung und den Minaretts der alten türkischen Stadt vorbei, die möglicherweise bis auf Suleiman den Großen zurückging, dessen Armeen schon in den späten zwanziger Jahren des 16. Jahrhunderts vor Wien zurückgeschlagen wurden. Tatsächlich war es um elf Uhr vormittags im Juli entsetzlich heiß, als wir am Bordell vorbeizogen, wo die Mädchen nach einer langen Nacht bereits auf waren und, ohne sich schon wieder neu frisiert zu haben, zu den offenen Fenstern hinausblickten. Wir kamen durch das alte Bielicer Stadttor der Festung und folgten auf unserem Marsch zunächst dem Tal der Trebišnjica in Richtung Lastva. Am Straßenrand saßen hier und dort Bauern, die Wassermelonen feilboten. Damals wusste ich nicht, dass am Ort die Cholera herrschte und die Verkäufer mit ihrer Ware verbotene Früchte anpriesen, die medizinisch gesehen nicht zu empfehlen waren. Mit Hilfe des Obergefreiten als Dolmetscher kaufte ich Wassermelonen und wir begannen sie zu essen. Er behauptete, den Weg nach Kravica zu kennen, wo er zu Schießübungen gewesen war, und zeigte mir andere Gebirgsforts ganz hoch oben, die hübsche serbische Namen hatten, wie etwa Gljiva. Aber Kravica lag am weitesten südlich, auf halbem Weg nach Zaslab, Bileca und der Grenze von Crna Gora, wie Montenegro im Serbischen heißt. Auf dieser Wagenfahrt begann ich die wohlklingende südslawische Sprache zu lernen, wie ich später auch noch so manche andere Sprache ohne ein Lehrbuch rund um die Welt erlernte.

Wir begannen links vom Tal in die Berge zu steigen und gelangten schließlich zu einem trostlosen, vernachlässigten Ort, einem Gebäude mit vier altertümlichen 70 mm-Feldgeschützen, die verlassen und unbrauchbar neben einer im Bau befindlichen Geschützstellung standen. Nun befanden wir uns an einem exponierten Punkt einem wilden, im Guerillakrieg geübten Feind gegenüber. Bevor wir noch den Berg erreicht hatten, war die Nacht über uns herabgesunken, und wir sahen in der Dunkelheit die kleinen Grenzdörfer unten in den verschiedenen Tälern in Flammen aufgehen, die unsere montenegrinischen Feinde angezündet hatten. Wie ich bald lernen sollte, spielten Streichhölzer in Balkankriegen eine wichtige Rolle. Unsere täglichen Bemühungen uns zu verschanzen und zu verteidigen waren ebenso ermüdend wie unbedeutend. Krieg ist nur dann eindrucksvoll, wenn man auf Entfernung von ihm hört.

Zwei Wochen hindurch arbeiteten wir wie die Wahnsinnigen und umgaben unsere Maschinengewehre und unser Geschütz mit Stacheldraht. Wir legten eine Telefonleitung zu dem anderen, weit entfernten Fort Gljiva und nahmen Verbindung mit einem Hauptmann Endlicher auf, der auch vor einem Jahr schon hier gewesen war. Wir waren ihm unterstellt und er sollte angeblich den Platz und den Zweck unseres Kommandos kennen. In Zivil war er Wiener Feuerwehrmann.

Nach etwa einer Woche erschien ein Zug Pioniere, die Dynamitladungen um unseren Drahtverhau legen sollten. Diesen Verhau verdoppelten und verdreifachten wir noch und verbesserten ihn mit verzweifelter Sorgfalt – elf Mann aus Bosnien und ein junger Offiziersanwärter aus der fernen Hauptstadt Wien – den Bergen und den Bergbewohnern Montenegros gegenüber, die Messer hatten, um uns die Kehle durchzuschneiden, Pistolen, Gewehre und Streichhölzer.

Wenn ich nachts die unglaublich hellen Sterne betrachtete, explodierten plötzlich rund dreißig Meter außerhalb unseres Drahtverhaus Dynamitladungen, denn Füchse, Wiesel oder Kaninchen liefen in die Drahtabzüge hinein, oder waren es vielleicht Spione, die hinter den dunklen Felsen herumkrochen? Schließlich traf ein polnischer Oberleutnant mit ein paar Mann und einem großen Scheinwerfer, der durch einen Benzinmotor betrieben wurde, ein, um unser Vorfeld in den

Tälern ringsum zu beleuchten. Und endlich erschienen Infanteristen der dritten Reserve, ein ganzer Zug von ihnen, ältere Männer aus dem deutschsprachigen Böhmen. Es war ein buntes Gemisch von Nationen und ein Babylon von Sprachen wie in allen Teilen der österreichisch-ungarischen Armee.

Nun knatterte der Benzinmotor unseres Scheinwerfers die ganze Nacht hindurch und wir konnten fernes Gestrüpp mit seinem Licht bestreichen.

Vier Stunden Dienst, vier Stunden dienstfrei und dies vierundzwanzig Stunden hindurch. Wir begannen zu schießen, der Krieg war ausgebrochen.

Inzwischen eroberten die Russen Lemberg, die größte österreichische Festung im Norden. Das Reich der Hohenzollern marschierte »Schulter an Schulter« mit uns in den Schlamassel. Clemenceau und eine Million Franzosen, Engländer und andere Menschen gerieten ringsum auf der Welt in Erregung. Ich drehte den Scheinwerfer auf Kravica, aber sah keine Zeitungen und wusste nichts von der Welt.

Während die internationale »Geschichte, wie von einem Wahnsinnigen lautstark und rasend erzählt«, um Shakespeare frei zu übersetzen, dahinholperte, ging das Leben in und um Trebinje achtzehn Monate lang weiter. Ich lernte mit Männern und auch mit Mädchen Serbisch zu reden, wurde zum Vertrauten junger Frauen, die schwanger von anderen Offizieren waren, welche in einem Hinterhalt und bei Gefechten in den Bergen gefallen waren.

Wir begannen uns auf eine Offensive nach Montenegro hinein vorzubereiten und mich hatte man nun in das »Noyau« zurückbefohlen. In dieser alten türkischen Stadt wohnte ich im Schatten eines ehrwürdigen Minaretts in einem muslimischen Haus, gleich neben seinem Harem, aber natürlich sicher von ihm geschieden. Die Kinder, Jungen und Mädchen, waren meine Freunde.

Eines Tages reinigte ich meine Armeepistole, nachdem ich sie zunächst, wie ich glaubte, von allen Patronen entleert hatte. Plötzlich ging sie los, während ich sie auf das Fenster gerichtet hielt. Eine letzte Patrone hatte im Lauf gesteckt.

Draußen spielte eine Gruppe von Kindern. Erschrocken beobachtete ich sie mit angehaltenem Atem: Würde eines von ihnen umfallen? Aber keines fiel. Glücklicherweise war der Schuss dicht über ihre Köpfe hinweggegangen. Ein Hauptmann, der gerade im Nachbarzimmer die Tochter meines Wirtes, eines Feldwebels, besuchte, räusperte sich. Ich hörte, wie er sich auf Zehenspitzen meiner Tür näherte. Er klopfte an, von der düsteren Ahnung erfüllt, ich hätte vielleicht Selbstmord begangen. So was war nicht selten. Nein, mir ging es gut. Aber der Gedanke an Selbstmord war auch mir wie anderen unter der bedrückenden Frage gekommen: Wie lange wird dieser Krieg dauern? Wie wird dies alles für unser Land enden, ein Reich, das zwischen elf in seinem Inneren sich untereinander streitenden Nationen nur mühsam sein Gleichgewicht hielt.

Es war eine gute Vorbereitung auf eine spätere kosmopolitische Laufbahn in einer noch immer so unterschiedlich gearteten Welt, als ein schöpferischer Berater inmitten fast immer uneiniger Menschengruppen.

Während dieser endlosen vier Kriegsjahre habe ich viel nachgedacht, in der Festung, im Winterfeldzug in den Bergen, oft allein zu Pferd in wegloser Einsamkeit, nur von meinem Burschen begleitet, im schwülen Albanien, damals ein fast wie Tibet abgeschlossenes Land mit Einheimischen, die vielleicht vor Tausenden von Jahren die ersten Europäer waren, bevor Griechen, Römer, germanische und slawische Völkerschaften in diese schicksalbeladene, kleine westliche Halbinsel Asiens eindrangen, die nachher den Namen Europa erhielt.

Ich dachte auch viel über die Relativität noch lebendiger Bräuche nach. Ich war bald allen »Eingeborenen« gegenüber freundlich unparteiisch, die auf unserem ganzen Planeten leben und völlig unschuldig in die Maschen der Weltzivilisation und der industrialisierten Technologie geraten. Oft dachte ich inmitten von Felsen und Gewehrfeuer oder auf dem Gipfel albanischer Berge, während ich über von Mücken verseuchte Niederungen hinwegblickte, an Amerika, das noch nicht in diesen europäischen Krieg verwickelt war.

Im ersten Jahr war es ja noch ein Krieg, an dem sich weder Italien noch Amerika beteiligten. Da waren die anderen großen, äußerst militärischen Mächte, die nun ein entsetzliches Schauspiel ihrer in Friedenszeiten angesammelten Energie und Rüstung zum Besten gaben. Die Bestimmung meines Lebens lag im Schöpferischen, aber dort und damals zielte alles auf Zerstörung in einem niemals vorher gekannten Maßstab hin.

Seemacht en Silhouette

Am 18. August 1914 war der 84. Geburtstag von Franz Joseph, dem endlos regierenden Kaiser. Als junger Mann von achtzehn Jahren hatte er sich während der »liberalen Revolution« von 1848 auf dem unruhigen Thron Österreichs niedergelassen.

Am Geburtstag des Kaisers drängte sich eine wimmelnde Menge von Soldaten auf Kurzurlaub, serbischen Bauern und vielen Mädchen durch das Städtchen Trebinje. Für das Feuerwerk am Abend wurden Vorbereitungen getroffen. In meiner besten Leinenuniform, einen Kavalleriesäbel an der Seite, der bei jedem Schritt auf dem Pflaster klirrte, dachte ich schon daran mich gut zu amüsieren. Ich war einer der wenigen berittenen Krieger in der Stadt, ein Held zu Pferd. Plötzlich jedoch trat eine Ordonnanz an mich heran, ein Melder aus dem Festungsstab, der mich zum General befahl. Der General in Person empfing mich und erklärte mir, was ich voller Stolz ja bereits genau wusste, dass ich das einzige von Pferden gezogene Feldgeschütz befehligte, eine »mobile Einheit«. Dann ließ der General sozusagen seine Bombe explodieren und sagte leise, aber mit Nachdruck: »Die vereinigte englisch-französische Mittelmeerflotte fährt in voller Stärke die Adria herauf.« Gerade heute, am Geburtstag des Kaisers, wäre es möglich, dass sie ihre Stärke demonstrieren wollten; vielleicht würden sie auch die Gelegenheit des Festes wahrnehmen, um einen Landungsversuch durchzuführen. Der Artillerieoffizier beim Stabe trat heran und legte eine Karte vor mir auf den Tisch.

Er zeigte mir einen Weg von unserer derzeitigen Position in Richtung zu den Bergen an der Küste. Er erklärte: »Sammeln Sie sofort Ihre Mannschaft. Nicht später als in einer halben Stunde verlassen Sie die Festung. Sie müssen Ihre Leute aus der festlichen Menge herausholen, ganz gleich, wo sie sind. Verstanden?« – »Zu Befehl, Herr Hauptmann!«

»Sie werden in Trab und Galopp auf dieser Straße nach Westen vorrücken. Holen Sie alles aus den Pferden heraus. Fallen Sie niemals in Schritt – wie die Feuerwehr, verstanden?« – »Jawohl, Herr Hauptmann!« – »Um halb sechs nähern Sie sich einer alten ›Kula‹, einer türkischen Befestigung in tausend Meter Höhe«, er machte einen roten Ring auf der Karte, »von dort aus können Sie das Meer überblicken. Natürlich dürfen Sie das Geschütz oder die Pferde nicht ins freie Blickfeld lassen. Sitzen Sie ab, suchen Sie sich eine passende Geschützstellung, die von den scharfen Gläsern der Marine nicht auszumachen ist. Indirekt schießen mit Hilfsziel. Ich weiß, dass Sie keine anderen sechs Pferde haben, um einen Munitionswagen mitzunehmen. Sie können also nichts weiter mit sich führen als 27 Schrapnelle in den neun Munitionskästen unter dem Vordersitz Ihres Feldgeschützes. Stimmt es?« – »Jawohl, Herr Hauptmann!« – »Sie haben ein 70 mm-Geschütz und bekommen es vielleicht mit Tausenden und Zehntausenden von Artilleriekalibern der Marine zu tun. Ihre Aufgabe ist jedes Unternehmen zu verzögern, falls der Feind versuchen sollte, um den kleinen Hafen von Ragusa herum Abteilungen zu landen. Sie wissen, er liegt zwischen grünen hügeligen Halbinseln eingebettet, tief unterhalb der Stelle, wo Sie sein werden.« – »Jawohl, Herr Hauptmann!« – »Setzen Sie Ihre 27 Schrapnellgeschosse mit Überlegung ein«, fügte der Kommandierende General hinzu. – »Jawohl, Exzellenz.«

Ein junger Mann, der sich eben noch auf ein festliches Feuerwerk freute, und nun hatte ich plötzlich das Gefühl, in eine Aufgabe von historischen Dimensionen, von vielleicht bleibender Bedeutung hineinzuwachsen. Ein Ehrengrabstein für Leonidas in den Thermopylen, »wie das Gesetz es befahl«.

Ein Budget mit geringem Kapital, das jedoch sinnvoll mit einigem Wagemut verwaltet wird, mag für die Welt von morgen mehr bedeuten als gewaltige Investierungen, die ohne bedeutungsvolle Inspiration durchgeführt werden. Wie oft habe ich später als Architekt dieses Gefühl erneut erlebt, wenn in einem Augenblick der Funke zündete und ich mir aller möglichen Folgen plötzlich bewusst wurde.

Der Hauptmann vom Artilleriestab drückte mir eine dicke Broschüre in die Hand. »Das sind die Silhouetten«, erklärte er. Ich entsann mich verschwommen, dass man im 18. Jahrhundert mit der Schere Silhouetten aus schwarzem Papier schnitt, um die Lieblichkeit der Freundin eines französischen Königs zu verewigen. Auch schoss es mir durch den Kopf, dass ein Schweizer Psychologe und Schriftsteller mit Namen Lavater vor langer Zeit Silhouetten gesammelt und versucht hatte, aus diesen schwarzen Profilen eine Wissenschaft menschlicher Charakterkunde abzuleiten. Es kam mir auch kurz der Gedanke, dass ich Architekturstudent aus Wien sei und keine Ahnung von Schlachtschiffen und Landungsabteilungen hatte, ob französischer, britischer oder anderer Herkunft. Mir drehte sich alles im Kopf und mein Herz schlug heftig. Der Hauptmann blätterte fieberhaft die »Silhouetten« in der Broschüre durch. Dann sagte er: »Wir haben keine Zeit mehr, aber da ist die ›Waldeck Rousseau‹. Wie Sie sehen, vier Schornsteine. Beachten Sie auch die Zahl der Panzertürme, die sind leicht zu erkennen. Das wäre die ›Gambetta‹.« Damals dämmerte es mir, wie wichtig Einzelheiten der Form sein könnten, um das Ganze im Nu zu beurteilen. Er blätterte schnell die gesamte französische Mittelmeerflotte durch und ging dann einen Moment auf die britischen Dreadnoughts und Super-Dreadnoughts über, deren Einsatz Winston Churchill zur Bezwingung der Dardanellen empfohlen hatte und die nun plötzlich die Adria hinaufdampften. »Die Panzerung ist natürlich viel zu stark«, fuhr der Hauptmann fort. »Vor allem vergeuden Sie mir kein Schrapnell, aber bestreuen Sie die Decks der Landungsfahrzeuge mit Blei. Normalerweise ist Ihre Schussweite zu gering, um diese Bucht hier zu erreichen, aber berücksichtigen Sie bei Ihren Berechnungen, dass Sie tausend Meter höher stehen. Das verlängert Ihre Schussweite.«

Ich begriff schnell. Im Augenblick jedoch drehte sich mir alles im Kopf; in diesem Dienstraum des Stabes herrschte eine bedrückende nachmittägliche Hitze. Bei solchen Gelegenheiten war ich immer in Gefahr, ohnmächtig zu werden; aber ich sah den General und meinen belehrenden Vorgesetzten an und fühlte mich plötzlich durch sein Vertrauen stark belebt. Er kam mir vor wie ein Kunde, ein Auftraggeber. Ich sagte: »Jawohl, Herr Hauptmann, ich werde meine eigene Höhe miteinberechnen. Ich verstehe: Hauptsache ist, überlegt und sparsam herumzuschießen. Ein plötzlich hier oder dort krepierendes Schrapnell wird den Feind stutzig machen, jedes Unternehmen verzögern, bis die Situation erkundet ist. Selbstverständlich müssen wir uns hinter den Felsen verstecken, unsichtbar bleiben. Vor allem die Pferde.« – »Korrekt. Sie haben's«, der Hauptmann lächelte trocken. »Erledigt. Alles Gute – und vergessen Sie nicht, zwei Bataillone Infanterie sind von Castelnuovo die Küste hinauf in Marsch gesetzt, aber fliegen können die natürlich nicht. Und Sie hier sind die einzige Artillerie. Also, hinhaltendes Manöver. Alles ist streng vertraulich, halten Sie jetzt den Mund, wenn Sie Ihre Leute zusammensuchen. Abtreten!«

Eine halbe Stunde später starrte mich die festliche Menge in der Nähe des Südwest-Tores der Festung staunend an, als ich, im Sattel, mit meinem einzigen Geschütz hinter sechs Pferden zur Stadt hinausgaloppierte, während die Mannschaft ihre Feldmützen festhielt. Ich fragte mich, ob wohl das ganze Feuerwerk für diesen Abend abgeblasen würde. Fünf bis zehn Minuten Galopp, zehn bis fünfzehn Minuten Trab. Die Straße war miserabel. Die Pferde waren bald weiß vor Schweiß, aber der Nachmittag und die Sonne sanken allmählich in den Abend. Felsen, ferne Berge, Eichengestrüpp. Ich dachte an meinen Vater, meine Brüder, die Architektur und den Reiseführer durch Italien. Mein Säbel schlug klirrend gegen meinen Sattel, während ich dahingaloppierte, um

»die Alliierten« abzuwehren. Die britische Flotte war von Kindheit an Ziel meiner Bewunderung gewesen, obwohl ich wenig mehr von ihr wusste, als dass sie groß und wunderbar diszipliniert war. Ihre salzige Seemannssprache kannte ich nur aus Übersetzungen von Jugendbüchern. Ich fragte mich, welcher Signale sich wohl die englischen Admirale den französischen Konteradmiralen gegenüber bedienten. »Trab!« kommandierte ich, um wieder zu Atem zu kommen. Ich sah die dankbaren Blicke der Kanoniere, deren Knochen auf dem ungefederten Sitz über den Munitionskästen klapperten und ächzten, wenn die Räder hinter den sechs galoppierenden Pferden dahinholperten. Aber aus Ergebenheit und Gehorsam für meinen Vorgesetzten in der Festung, aus meinem Pflichtgefühl dem Reich der Habsburger gegenüber, das nun schon so viele Jahrhunderte hindurch bestand, und in trotziger Verachtung der britischen Flotte Churchills befahl ich bald aufs Neue »Galopp«. Die Feldflaschen, bereits am heißen Nachmittag geleert, flogen scheppernd den Soldaten um Hüfte und Brust, mein Säbel klirrte, der Sattel knirschte und mein Gehirn arbeitete fieberhaft inmitten all dieses Gerüttels, um diesen Kampf richtig anzupacken und ihn siegreich zu überstehen. Gegen sechs Uhr nachmittags näherten wir uns dem hohen Felsrücken und ich erblickte die alte türkische »Kula«, das runde aus Felsbrocken erbaute Wachhaus der alten Janitscharen, das sich wie eine Geländemarke niedrig vom Himmel abhob. Dabei kam mir der Gedanke, dass auch der britische Admiral es so sehen könnte – jedenfalls doch als einen festen Punkt für die Einrichtung der Geschütze der Panzertürme –, aber, das wollten wir hoffen, in einem bestimmten Winkel auf ein anderes Ziel.

»Halt!« rief ich und begann, abgesessen, mit steifen Beinen den felsigen Weg zum Kamm hinaufzuklimmen. Angelangt hob ich vorsichtig zwischen zwei Felsen meinen Kopf und sah weit unten das Meer im Abendlicht liegen. Es war von einer riesigen Ansammlung belebt. Da waren sie denn wirklich, in voller Sicht vor mir: die Briten und Franzosen! Alle! Ich erkannte jene vier Schornsteine der »Waldeck Rousseau«

und da lag die »Gambetta« und dort die Dreadnoughts und Super-Dreadnoughts aus Malta und Gibraltar und von den anderen britischen Stützpunkten im Mittelmeer. Durch meinen Feldstecher erschienen sie mir wie gute alte Freunde aus dem Silhouettenbuch. Still lag die ganze Flotte da und ließ leichten Rauch in den westlichen Himmel aufsteigen. Vielleicht kochen sie nun ihr Abendessen, dachte ich.

Es wurden vorläufig keine Landungsboote ausgeschifft, und ich vergaß nicht, dass ich mein Pulver sparen sollte, jedoch bereit sein musste jederzeit zuzuschlagen. So kroch ich zurück und erkundete eine geeignete Geschützstellung. Die Pferde ließ ich hinter einer großen Felsengruppe anbinden und eine Erinnerung an eine Indianergeschichte tauchte in meiner Seele auf, die ich vor sechs oder sieben Jahren gelesen hatte. Nun aber war ich kein Junge mehr, sondern Befehlshaber kaiserlicher Streitkräfte, und Frankreich, England und ich hatten sich sozusagen gegenseitig schon auf die Hörner genommen, oder David maß Goliath durch einen fünfzehnfach vergrößernden Operngucker, selbst ungesehen. Ich fragte mich, wie ich, ein Jünger der Architektur, aus einem solchen Kampf mit erfahrenen Admiralen hervorgehen würde. Aber die Situation erschien im Moment mehr statisch als dynamisch.

Die Nacht sank herab und zwischen den in der Bucht verankerten Schiffen begann ein heftiges Signalisieren; wir entfachten in aller Verborgenheit ein Feuer und nachdem wir unsere verschwitzten Pferde sorgfältig abgerieben und ihnen Decken übergeworfen hatten, wärmten wir einige Büchsen mit Irish Stew, das wir als Ungarisches Gulasch bezeichneten. Mein Serbisch war noch immer dürftig und so lauschte ich nur dem Singen meiner Leute unter den Sternen, wie ich es schon so oft getan hatte.

Während dieser Kriegsjahre habe ich den einstimmigen Gesang von Ungarn, dem harmonisierten von vier oder sogar sechs verschiedenen slowenischen Stimmen, rumänischen Klarinetten mit ihrer Nachahmung des menschlichen Timbres in akustischen Pirouetten, italienischen Canzones, sentimentalen Volksliedern Banater Schwaben, tschechischen und polnischen Liedern gelauscht, Liedern aller elf Völker, die in den Schmelztiegel allösterreichischer Art gehörten. Ich wurde in der Armee eines weit ausgedehnten Reiches ein Kosmopolit, marschierte und lagerte in fremden Ländern, wo ich die Zivilisten, Männer, Frauen, Kinder lieben lernte und sogar lernte, Witze in ihrer eigenen Sprache zu erzählen und dafür ihr Lachen und ein wenig guten Willen einzutauschen.

Am Morgen kam dann die kühle Wende in unserer Geschichte, die in beiden Lagern so heroisch begonnen hatte. Jeder Kriegsbericht sollte mit einem Fehlschlag enden, denn das würde mit der Zeit den Pazifismus außerordentlich fördern. Furcht musste die Herzen der Admirale beschlichen haben. Möglicherweise hatten sie in Angstträumen meinen geschickten Hinterhalt gewittert. Keine noch so gewandte Spionage hätte ihnen so leicht das großartige Wissen vermitteln können, dass alle ihre vielen Panzertürme und Geschütze nur gegen eine einzige Kanone von 70 mm standen, die nach 27 Schrapnellschüssen schweigen würde und von einem Studenten der Architektur, der nur vorübergehend in eine Artillerieuniform geschlüpft war, auf sie gerichtet wurde.

Der britische Admiral und der französische Konteradmiral stellten ihr Signalisieren ein. Sie hatten sich darüber geeinigt, die Anker zu lichten. Vorsichtig bildeten sie ihre Gefechtsformation und begannen ordentlich ausgerichtet nach Norden abzudampfen, um vor der Küste von Pula eine Flottendemonstration durchzuführen, der größten kaiserlichen Marinefestung an der istrischen Küste der Adria.

Ich könnte nicht behaupten, dass ich sie abgeschreckt habe, obwohl mein Herz voller Tapferkeit war und ich fest entschlossen, doch zumindest ihre finsteren strategischen Pläne zu verzögern. Auf jeden Fall war ich der versammelten Macht, dem Stolz und der Schaustellung martialischer Diplomatie mutig entgegengetreten. Mein war auch eine der letzten und bemerkenswertesten Entfaltungen Habsburger Unerschrockenheit gewesen, obwohl die Historiker gerade dieses Ereignis bei Weitem nicht so glänzend gewürdigt haben wie etwa die aufregende Schlacht von Lepanto, in der Don Juan von Österreich so wunderbar rote hautenge Hosen getragen hatte und Cervantes einen Arm verlor, oder wie Karls V. prächtigen Einmarsch in Brüssel (oder war es Antwerpen?) – Tapferkeit, selbst wenn nicht besungen, ist, wie ich festgestellt habe, ein größerer Gewinn fürs Leben als augenfällige Siege, die sich am Ende als bedeutungslos herausstellen.

Später habe ich dann gehört, dass die Franzosen tatsächlich gelandet waren, und zwar praktisch unter meiner Nase. Sie schickten ein Torpedoboot geradenwegs ins alte Ragusa. Dort legte es zum Entsetzen der patriotischen Zuschauer am Pier an. Der junge französische Marineoffizier ging mit zwei Mann an Land und spazierte langsam den »Stradone« entlang, die schöne, von alten Palästen gesäumte Hauptstraße von Ragusa, das während des Mittelalters mehrere Jahrhunderte hindurch Venedig untertan war. Diese Straße für Fußgänger ahmt friedlich die Architektur des würdevollen Palazzo Ducale an der Piazetta und die Riva degli Schiavoni nach. Die Franzosen betraten einen Tabakladen, zahlten höflich in französischem Geld den Gegenwert für ein Päckchen bosnischer Zigaretten, die wegen ihres Aromas und ihrer schmalen konischen Form an Stelle der zylindrischen berühmt sind, lächelten die neugierigen Mädchen an offenen Fenstern mit einem »oh lala« an und schifften sich dann wohl etwas widerstrebend wieder auf ihrem Torpedoboot ein.

Ein Jahr später, inzwischen hatte ich viele Erlebnisse hinter mir, privat wie militärisch, befand ich mich wiederum, dieses Mal als erster Offizier einer doch regulären Batterie von Feldgeschützen, in diesen kahlen Kalkgebirgen, von denen gelb blühende Ginsterbüsche wie Kaskaden zu einer subtropischen Küste und einem tiefblauen Meer hinabsanken. Mir war klargeworden, dass es in der Geschichte ebenso wie im Leben ein ewiges Auf und Ab gibt. Bismarcks Idee einer deutschen Freundschaft mit Russland und Italien war durch die Politik Wilhelms II. zusammengebrochen.

Nun war Italien, unser ehemaliger Alliierter aus Friedenszeiten, im Krieg gegen uns und die gesamte italienische Flotte tauchte diesmal vor mir auf wie eine Fata Morgana. Zunächst begann sie aber dann bei Sonnenaufgang eine Kurve der eingleisigen Eisenbahn entlang den Küstengebirgen unter Feuer zu nehmen. Ich beobachtete dies hinter unseren Geschützen hervor, von denen wir nun zwölf hatten.

Es gab damals noch kein vollkommenes Gerät zum Ausgleich des Schlingerns und Schwankens und nach den ersten Schüssen aus diesen furchtbaren Panzertürmen begannen die Geschosse, während wir noch zusahen, in geradezu erstaunlicher Weise ihre Ziele zu verfehlen. Projektile in ihren flachen und nur ein wenig gekrümmten Flugbahnen flogen mehrere Kilometer tiefer ins Hinterland und nur einige trafen den Unterbau und den Gleiskörper der strategisch wichtigen Eisenbahn. Um acht Uhr morgens geschah etwas ganz Außerordentliches. Das italienische Flaggschiff »Garibaldi« sank, soweit wir sehen konnten, nach einer ganz geringfügigen Explosion. Es sank in zehn Minuten. Gleichzeitig, wie auf ein Zeichen hin – wahrscheinlich tatsächlich auf ein Zeichen hin –, zerstreute sich geschwind die ganze übrige Flotte in allen Richtungen, um dem versteckten U-Boot zu entwischen, ohne auch nur den Versuch zu unternehmen, zur Hilfe zu kommen oder Menschen das Leben zu retten. Die »Garibaldi« legte sich still auf die Seite und verschwand im Meer, drei Meilen vor der Küste. Wochenlang sahen wir noch einen Ölfleck auf dem Wasser an der Stelle, wo es geschehen war.

Am Nachmittag desselben Tages, an dem rund zweitausend Mann ums Leben gekommen und hundert Millionen Lire einer damals noch harten Währung auf den Boden der erbarmungslosen blauen Adria gesunken waren, wurde die umstrittene Eisenbahn wieder in Ordnung gebracht und ich nahm in einer bestimmten Mission den Zug nach Castelnuovo. Als sich die kleine Lokomotive entlang der gewundenen, buchtenreichen Küste, der Bocche di Cattaro, vorarbeitete, sah ich vom Zugfenster aus am Ufer einen großen Menschenauflauf. Ein Blechorchester spielte und ein kleines österreichisches U-Boot tauchte auf und ging langsam an den Pier. Es war das Schiff, das am Morgen das riesige Schlachtschiff »Garibaldi«

inmitten seiner Vorpostenboote und Begleitschiffe versenkt hatte. Der U-Boot-Kommandant und seine heldenhafte Mannschaft standen an Deck ihres winzigen Fahrzeugs hinter dem Periskop und lauschten der Musik der Kapelle an Land, die ihnen eine Ovation bereitete, während in Wien, London, Berlin und New York die Rotationsmaschinen der Zeitungen die Nachricht zu drucken begannen.

Ich dachte an all die vielen Schulen und Krankenhäuser, die öffentlichen Gebäude und Wohnungen, die nicht gebaut wurden, um dieses Riesen-Schlachtschiff und seinen kostbaren, mückenhaft winzigen Widersacher, der es zur Strecke gebracht hatte, finanzieren zu können. Dieses kleine U-Boot hatte ja seine Aufgabe nicht ganz einfach nur mit der Schleuder eines Hirten und einem wertlosen Feldstein erfüllen können. Ich dachte über unseren berühmten technologischen und fiskalischen Fortschritt im Kriegsrüsten nach, seitdem die Philister in die Flucht geschlagen wurden, und berechnete die Kosten eines zweistündigen Marinebeschusses einer Eisenbahnkurve, die am gleichen Nachmittag wieder repariert worden war. Ich rechnete mir noch weiter aus, wieviel weniger der Frieden kostet, sobald Architekten, aber wieder in Zivilkleidern, nach denen ich mich sehnte, beschäftigt würden.

Diese Diskrepanz von Einnahmen und Bewilligungen im Budget zwischen Krieg und Frieden, zwischen Aufwand und Ertrag hat ja seither noch viel wahnsinnigere Formen angenommen, während ich älter wurde und allmählich die Übersicht über die Zahlen verloren habe.

In diesen entscheidenden Jahren im Ersten Weltkrieg und danach, die auch das Leben meiner Generation wie mein eigenes nachdrücklich formten, kam ich vor Arbeit kaum zu Atem und es blieb nur wenig Zeit, um ein flüchtiges Tagebuch zu führen.

Die wirren Notizen sind mir heute selber rätselhaft, obwohl ich sie doch einmal ganz bestimmt in dem kleinen Buch hastig niedergeschrieben haben muss. Manche von ihnen waren vielleicht Fieberträume.

Unerforschtes Europa

Ich könnte mir denken, dass ein Architekt, der im Geist einer Großstadt lebt und außer seiner provinziellen Umgebung nicht viel kennt, tatsächlich der Menschheit, so wie sie sich heute auf einem sehr stark geschrumpften Erdball zusammendrängt, keine großen Dienste zu leisten vermag. Länder, die Entwicklung brauchen und dabei unsere Verwirrung und ein Verderben der ihnen von Natur gegebenen Möglichkeiten vermeiden könnten, gibt es viele. Ich glaube, dass ich sogar in Zeiten, als mir die Möglichkeit genommen war, in meinem eigenen Beruf auch nur das Geringste leisten zu können, doch sehr viel mehr gelernt habe, was mir in dieser schöpferischen Arbeit später geholfen hat. Der Erste Weltkrieg, in dem ich vier Jahre verbrachte, war eine dieser Perioden.

Das Gebiet, in das mich der Krieg im südöstlichen Europa warf, ist fast ebenso weit von Mittelpunkten der Zivilisation entfernt wie irgendein Ort, den ich später irgendwo auf der Welt gesehen habe. Tatsächlich glaube ich, dass es in Südamerika, Afrika oder Asien sehr wenige Plätze gibt, die so weltfern und so wenig vom kulturellen Fortschritt berührt sind, wie es damals Albanien und der östliche Teil jenes rauen Landes mit Namen Montenegro waren.

Montenegro ist eine sehr gebirgige Gegend. Früher einmal war es von Wäldern bedeckt, die jedoch von den Römern rücksichtslos abgeholzt wurden, ich glaube, damit sie es mit der Flotte der Karthager aufnehmen konnten; später brauchten die Venezianer das Holz für ihren Pfahlrost, der als Untergrund für den Aufbau der Meeres-Königin diente.

Dieses so verarmte Land hat niemals seinen Humus und seine obere Erdschicht zurückgewinnen können und ist jetzt nichts weiter als eine felsige Kalksteinlandschaft mit einigem Gestrüpp von Krüppel-Eichen, das aus den Spalten zwischen riesigen Kalksteinblöcken hervorwächst, so dass man doch nicht ganz den Eindruck einer Mondlandschaft hat. Zu Pferd oder zu Fuß ist es äußerst schwierig, dort durchzukommen, außer man hat Schuhe mit Sohlen aus geflochtenen Strichen.

Die Montenegriner haben Sandalen dieser Art und laufen wie Bergziegen über die dürren Knochen ihrer Geologie dahin. Es war für Soldaten, die Lederschuhe mit glatten Nagelköpfen an den Sohlen trugen, sehr schwer ihnen zu folgen. Die Geschwindigkeit, mit der ein Mann, wenn er dieses Schuhwerk der Einheimischen trägt, die Felshänge zu ersteigen vermag, ist erstaunlich. Und selbstverständlich muss er fähig sein, über ein Gewirr von Felsplatten zu springen. Der Boden, auf dem sich Tiere und Menschen bewegen, formt sie in psychosomatischer Weise.

Unser Marsch von Trebinje ins Montenegrinische begann zunächst gegen den Widerstand einer stark verteidigten hohen Bergkette, die, wie ich mich erinnere, Glumina hieß. Die russischen Kanonen, deren sich die Montenegriner bedienten, waren altmodisch, aber unser Vormarsch war auf die engen Bergpfade beschränkt und ließ sich nur mit sehr geringer Geschwindigkeit durchführen. Es war wirklich sehr schwierig, unser Geschütz über diese Pässe zu tragen und dabei ständig aus weit höheren Stellungen heraus von Schrapnellen bestreut zu werden. Ich entsinne mich noch, wie aufregend es war, als ich das erste Mal ins Feuer geriet, und wie ich doch nach einigen Augenblicken seltsamerweise von der ganzen Gruppe am wenigsten aufgeregt und am ruhigsten war. Jedes Mal gab ich mit Stentorstimme Befehl: »Deckung«, wenn ich den Abschussblitz der Geschütze dort oben jenseits des Tales sah. Zu jener Zeit waren in dieser Gegend fast alle menschlichen Behausungen bereits niedergebrannt. Streichhölzer waren es, an denen wir Menschen vor der Erfindung der Atombombe unsere Freude hatten. Jedenfalls ging alles, was möglicherweise essbar war oder als Unterkunft benutzt werden konnte, in Flammen auf. Gelegentliche Nachtangriffe ließen auch Handgranaten von steilen Felswänden auf unsere österreichischen Köpfe niederprasseln.

Die erste große Stadt, die wir besetzten, stand an Größe nur Cetinje, der Hauptstadt Montenegros nach und besaß nicht ein einziges sozusagen zeitgemäßes Gebäude mit Ausnahme des Palastes von König Nikita, der zu jener Zeit bereits geflohen war. Im Palast dieses Ex-Königs nahm ich nach vielen Monaten mein erstes Bad in einer Wanne. Der König besaß die einzige Badewanne in Podgorica. Eine andere gab es nicht, nicht einmal im Krankenhaus, das einen hoffnungslos baufälligen Eindruck machte. Zu jener Zeit beherrschte ich die serbische Sprache schon ganz gut und konnte daher am zivilen Leben teilnehmen. Ich aß bei einer Familie im Ort und sorgte dafür, dass diese Familie auch für meine Offizierskameraden kochte. Ich verliebte mich in die Tochter, lernte ein wenig die Balalaika zu spielen und ein Instrument mit nur drei Saiten, die alle gleich gestimmt waren und nur durch die Fingerstellung verschiedene Töne erzeugten. Ich glaube, dieses Instrument hieß »Guzla«. Ich entsinne mich noch eines Festes im Haus dieser Montenegriner, die sehr würdevolle Menschen waren, wie alle Montenegriner, wenn sie auf dem Lande leben und nicht gerade zu denen gehören, die aus Manhattan zurückgewandert sind. In dem sehr kleinen, zweistöckigen Haus fand eine Hochzeit mit den dazugehörenden Festlichkeiten statt. Der Kettentanz durch verschiedene Zimmer, durch alle Türen – stets einander an den Händen fassend, gefiel mir sehr. Ebenso die Musik, die sich oft nur in Viertelnoten bewegte. Ich habe versucht, ohne ein Klavier diese Melodien niederzuschreiben, indem ich bloß nach Gehör und nach meinem Summen die Noten aufzeichnete. Ich entsinne mich auch noch eines Mädchens, das mir mit einem harten Ausdruck des Gesichts und der Stimme auf Serbisch lapidar erklärte: Ihr Sieger spielt auf und wir müssen tanzen.

Ich hatte eine Reihe von Erlebnissen mit Zivilisten beider Geschlechter. Langsam lernte ich das ganze Land besser kennen, als ich nach Kotor, Cattaro, einem Hafen mit italienisch sprechender Bevölkerung geschickt wurde. Es bedeutete, dass ich einen Lastwagen bestieg, der mich in ungefähr zwei Tagen durch das ganze Land fuhr und Cetinje berührte. Diese Fahrt führte auf der phantastischen Bergstraße mit ihren Haarnadelkehren entlang, die man sehr verbessert hatte und während des Feldzuges noch etwa sechzigmal immer wieder verbesserte. Die Straße verlief über das Lovcen-Gebirge bis Le Bocche di Cattaro. Das ist die Bucht von Kotor, ein fjordähnlicher Einschnitt, wo die südlichste Seefestung des österreichisch-ungarischen Imperiums lag. Ich entsinne mich, dass mir diese Fahrt, als ich sie das erste Mal unternahm, außerordentlich abenteuerlich vorkam. Auch interessierte es mich sehr, im Vorbeikommen zum ersten Mal für eine Nacht die Hauptstadt Montenegros kennenzulernen, die in Friedenszeiten für den Touristenverkehr, der von See her kam, schon ein wenig mehr erschlossen war. Es gab dort sogar ein Hotel, das gewissermaßen diesen Namen verdiente, ebenso wie ein Gebäude für die gesetzgebende Versammlung und einen anderen viktorianischen Palast für den König.

Von dort ab fuhren wir diese gewundene Straße entlang, die an mehr Abgründen vorbeiführte als jede andere Straße. Ich weiß noch, wie ich das erste Mal dieser Straße folgte und plötzlich, als wir den letzten Höcker hinter uns hatten, den phantastischen Blick über die blaue Adria und die von Bergen umgebene Bucht erlebte. Diese Straße war eine lebenswichtige Verbindung, die drei Jahre lang immer wieder von neuem gebaut werden musste. Dabei gingen fast hundert Lastwagen verloren, die man in den steilen Schluchten und Abgründen tief unten verstreut liegen sehen konnte.

Ich sah auch Dampfschiffe, die in Einzelteilen über diese Bergstraße zum Skodrasee, jenem abgelegenen, unzugänglichen Gewässer befördert wurden, um dort in Dienst gestellt zu werden. Viel später erfuhr ich in den Anden Perus, dass in gleicher Art der Beförderung zwei oder drei Schiffe bis zum Titicacasee – in einer Höhe von über 3800 Metern – geschleppt worden waren. Hier war bei jeder Kurve ein Manövrieren von drei Stunden nötig und während solcher Arbeit hatten eben wieder viele Lastwagen auf dem Boden einer tiefen Schlucht ihren endlichen Ruheplatz gefunden.

Besonders ist mir gegenwärtig eine meiner vielen Fahrten mit dem Lastwagen über den »Lovcen«, die mich aus Niksic und Podgorica durch sternklare Nächte, Hitze, Kälte und Gefahren führte. Ich weiß noch mit allen meinen Sinnen, wie ich selber mit mehreren Mann in zerfetzten, schmutzigen Uniformen und mit zwei großen Fässern Benzin als Begleiter auf einem solchen Lastwagen dahinfuhr und wir uns einer dieser stets emsigen Pionierkompanien näherten. Sie stand unter dem Befehl eines »Ingenieuroffiziers«, der im Zivilleben wahrscheinlich Zahnarzt oder Geschichtslehrer an einem Gymnasium war. Befehlsgemäß versuchten sie die Straße wieder zu bauen, die immerfort von den Rädern der Nachschubwagen der Armee zermahlen wurde. Unser eigener Lastwagen versuchte nun, auf der talwärts gelegenen Seite an den Pionieren vorbeizukommen. Ganz plötzlich jedoch gab der Boden unter uns nach. Unseres Lastwagens Hinterteil links begann sachte abzusinken und hing still über dem felsigen Steilhang. Wir hielten den Atem an: Es konnte nicht länger als zwei oder drei Minuten dauern, bis wir kippen und in die Tiefe stürzen würden. Es ist eine Erfahrung für alle kommende Zeit, das Leben in einer solchen Verdichtung zu erfahren und sich im Bruchteil eines Augenblicks zwischen zwei Herzschlägen seiner so klar bewusst zu werden.

Fast unmerklich hörte das schreckliche Sinken auf. Noch immer wagten wir nicht, zu atmen oder ein Wort zu sagen, aber vorsichtig, ganz vorsichtig begannen wir uns zur Bergseite unseres schief hängenden Wagens hin zu beugen und sachte unser Gewicht zu verschieben, wo glücklicherweise die paar Fässer mit Benzin unser Schicksal durch ihre Schwere beeinflussten. Wir sprangen einer nach dem anderen behutsam und mit einem Stoßgebet vom Wagen und holten erst wieder richtig Atem, als wir den abgerutschten Lastwagen von außen betrachten konnten.

Als die Kapitulation aller serbischen und der weit zerstreuten montenegrinischen Truppen vorbei war, wurde ich mit einer Ordonnanz und zwei Pferden ausgeschickt, einen großen Teil des Landes, für das es noch überhaupt keine Karten gab, zu bereisen. »Gebirge von mittlerer Höhe« war auf vielen weißen Flecken eingetragen. Dieser Teil unserer Erde war kartographisch noch nicht aufgenommen und so durchquerten wir das ganze nordöstliche Montenegro, wobei wir stets irgendwen nach dem Weg fragen mussten. Ich beherrschte nun Serbisch zur Genüge, aber ich erhielt dort doch nur selten Gelegenheit, überhaupt einem Menschen zu begegnen. Es ist ein sehr spärlich besiedeltes Gebiet und man kann dort einen halben Tag reisen, ohne auch nur die Spur von einer Ansiedlung oder von Menschen zu sehen. Die Häuser standen in weit aufgelockerten Dörfern, die aus Felsbrocken und Feldsteinen der Landschaft erbaut waren, so dass sie in ihrer Umgebung aufgingen und oft überhaupt nicht als Behausungen zu erkennen waren. Es gab nur eine Möglichkeit, sie zu sehen: Man musste darauf achten, wo Rauch aus den Spalten der sie überdachenden Steine aufstieg; denn auch die Dächer bestanden aus flachen Felsstücken, die natürlich nicht dicht und hermetisch abschlossen. Schornsteine gab es nicht, der Rauch drang ganz einfach aus allen Fugen.

Im Inneren dieser höhlenartigen Gebäude lebten die Menschen zusammen mit ihren Ziegen. Betrat man ein solches Haus, war es wegen des beißenden Rauches fast unmöglich, die Augen offen zu halten. Die ganze Gesellschaft sah auch wie vom Rauch völlig vergiftet aus, blasse Gesichter, besonders die Kinder. All dies kam mir fast ein halbes Jahrhundert später wieder in den Sinn, als ich ähnlicher Primitivität in den Hütten des Zululandes in Südafrika begegnete. Aber hier – das war ja Europa! Von einem Holzgestell aus dem Stamm einer Krüppeleiche hing ein Kessel über das Feuer herab und in der Mitte des Raums wurde gekocht. Erbärmlich wenig gab es zum Kochen. Das Land war nun seit etwa zwei Jahren durch die Umzingelung durch den Feind völlig ausgehungert. Die Leute hatten so gut wie nichts zu essen. Die Männer waren natürlich alle Soldaten gewesen und nur die Frauen brachten noch etwas Essbares zusammen. Die Ziegen, Maultiere und was es sonst an kleinen zottigen Pferden gegeben hatte, waren von unserer eigenen Armee und, wie ich annehme, auch von den Serben, die durchgezogen waren, mehr oder weniger gestohlen oder schöner gesagt »requiriert« worden. Die Menschen befanden sich in einem entsetzlichen Zustand, hielten aber dennoch den Kopf erstaunlich hoch.

Es waren eben Menschen, die für den Krieg geboren waren. Sie hatten eine Tradition ständiger Kämpfe gegen die Türken hinter sich, die sich auf mindestens fünf- bis sechshundert Jahre erstreckte. Sie hatten ein gewisses Recht erworben, gewalttätige Kämpfer zu sein; wurden sie schlecht behandelt, hatten sie nicht das geringste Mitleid mit sich selber. Sie erwarteten gar nicht, dass ihnen irgendwoher Milde in den Schoß fiele; sie waren völlig davon überzeugt, dass sie alle erschlagen, beraubt und ihre Frauen vergewaltigt würden. Sie waren auf nichts anderes eingestellt und nahmen es als natürlich hin, ganz im Gegensatz zu den Italienern, die sich nicht daran gewöhnen können, von einer einmarschierenden Armee schlecht behandelt zu werden, obwohl sie darin doch auch genügend Erfahrung haben sollten. Wir sahen fast nur Frauen. Sie waren alle sehr groß, hatten einen aristokratischen Körperbau, waren zähe und stolze Menschen, anders als die Serben, obwohl die Serben ja auch durchaus fähig sind, die Dinge stoisch zu nehmen, andererseits aber auch zurückzuschlagen.

Dieses Land also durchzogen wir, meine Ordonnanz und ich, ein einsames donquichottisches Paar. Gelegentlich trafen wir auch auf einen Menschen, einen Jungen oder ein Mädchen, die zwischen den Felsen Ziegen hüteten. Von ihnen versuchten wir, die Entfernung zum nächsten Ort, der einen Namen hatte, zu erfahren, von Stadt möchte ich in diesem Zusammenhang nicht reden. Tatsächlich gab es ja gar keine Städte und kaum Dörfer. Für gewöhnlich erhielten wir die Antwort: »Po ura. – Etwa eine halbe Stunde.« Dann jedoch dauerte es gewöhnlich rund drei oder vier Stunden. Wir fanden auch diese Orte, schliefen aber häufig unter freiem Himmel in unseren Schlafsäcken. Es war bitterkalt und die meisten Berge waren voller Schnee. In den höheren Regionen waren die Bergpfade beständig so mit Schnee bedeckt, dass wir sie gar nicht finden konnten. Auch sahen wir keine Spuren irgendwelcher Wanderer. Zuweilen erhielten wir solche Anweisungen wie: »Nehmen Sie diesen Weg und dann nach links und danach hinab ins Tal. Daraufhin kommen Sie zu einem anderen sehr steilen Anstieg. Oben angelangt werden Sie ein Pferd finden, ein weißes Pferd, das dort liegt und noch immer die Augen offen hat, dann wenden Sie sich scharf nach rechts und...« So ging es weiter und weiter. Aber jener Schimmel hatte, als wir hinkamen, gar keine Augen mehr, denn inzwischen waren Geier gekommen, die sie ihm ausgehackt hatten. Oft wurden uns so die Leichen von Tieren und auch von Soldaten und Zivilisten als Landmarke angegeben.

Da war ein Ort, der mich ganz besonders beeindruckte. Es war eine der bedeutendsten Siedlungen, Schavnik. Ganz plötzlich stießen wir in einem sehr tief eingeschnittenen Tal, das wie eine steilwandige Schüssel wirkte, einem Mondkrater ähnlich, darauf. Das Wasser strömte auf der einen Seite unter den Bergen hervor in dieses Tal und verschwand auf der anderen Seite ebenfalls unter den Bergen. Die Gesteinsschichten waren so porös, dass das Wasser leicht unterirdisch seinen Weg fand. Daher erfolgte hier auch keine Erosion, die ein längliches Tal gebildet hätte, sondern stattdessen wurde ein Tunnel gehöhlt, durch den das Wasser hinausstrudelte. Täler dieser Art findet man im südlichen Bosnien und vor allem in der Herzegowina häufig. Sie heißen Poljes und das bedeutet, dass sie nährende Felder sind und das ist ihre ebene Sohle ja tatsächlich. Für unsere schwer beladenen und vorsichtig aufs Geröll tretenden Pferde war es ein recht schwieriger Abstieg. Wir hatten unser eigenes Fleisch und andere Vorräte in unserem Gepäck bei uns und auch sogenannten Kaffee, Papiertüten mit diesem Zeug. Tatsächlich war es gar kein Kaffee, sondern eine sehr üble Mischung eines Pulvers mit Zucker, die von der Armee ausgegeben wurde. Die Montenegriner, an den wunderbaren türkischen Kaffee gewöhnt, waren dennoch bereit, ihre Seele für ein solches Päckchen herzugeben, dessen Inhalt nur sehr entfernt an Kaffeeduft erinnerte.

Wir stiegen in das Tal hinab und benutzten dieses Gebräu als Gastgeschenk, wenn wir Bekanntschaften zu machen suchten. Die Menschen waren auch sehr auf etwas Salz versessen, das sie seit zwei Jahren nicht mehr bekommen hatten.

Eine Prise Salz hatte einen recht hohen Wert. Wir konnten tatsächlich zusammen mit einem Päckchen des scheußlichen Pulvers ein ganzes rares Huhn dafür kaufen.

Dieses Tal war erstaunlich tief und wies dennoch auf seiner Sohle eine menschliche Siedlung auf. Das ganze Bild hat sich in meiner Erinnerung fest eingegraben. Es flackerte in mir wieder auf, als ich La Paz in Südamerika sah, das auch so erstaunlich tief in einem Kessel liegt. Ich war dort viele Jahre später und wurde, während die Erinnerung an Montenegro in meinem Kopf wieder auftauchte, von einer ganzen Delegation freundlicher Architekten und Konstrukteure an der Grenze zwischen Peru und Bolivien empfangen, von wo sie im Zug mit mir nach La Paz weiterreisten. Als ich aus dem Zug stieg, fragte ich mich, wo denn La Paz tatsächlich sei. Nichts war zu sehen; wir befanden uns auf rund viertausend Meter Höhe auf dem »Altiplano« und sahen die hohen Gletscher, die bis zu siebentausend Meter anstiegen, aber von einer Stadt war nichts zu sehen.

Dann jedoch ging ich zehn Schritte in Richtung der Bahnhofshalle und da lag alles vor mir: Es war ein Anblick, der einem den Atem raubte. Ich sah einen erschreckenden Abgrund von etwa 450 Metern vor meinen Füßen. Tief unten in dieser steilen Schlucht lag eingeengt die Stadt, jedoch handelte es sich dort nicht ganz um ein rundes Tal oder ein kraterförmiges Becken. Es war eine Schlucht, die immer tiefer und tiefer abfiel, und ihre tiefste Stelle bedeckte, schwach sichtbar, tropische Vegetation. Es war ein großartigerer Eindruck als der des Grand Canyon. Mein ganzes Leben hindurch habe ich immer wieder in so erstaunlicher Weise Gedächtnisblitze erlebt: eine Landschaft, der Eindruck von einer Stadt hier drüben, die eine Erinnerung aus weiter Ferne aufklingen lassen.

So merkwürdig funktioniert die Schalttafel des Gehirns, eine ganze Ladung von Gefühlen, endokrinen Zaubereien, für die sich der Architekt und Künstler interessieren sollte. Er selber ist ein Meister, der Veränderungen im chemischen Haushalt des Körpers herbeizuführen hat und unwissend, aber ahnend dafür plant.

Tierpsychologen, Anhänger der Verhaltensforschung, bezeichnen gewisse Umgebungen als Orte seelischer Bedeutsamkeit. Das organische Leben auf höherer Entwicklungsstufe und das menschliche Leben hatten, lange bevor Kirchtürme oder das Empire State Building erbaut wurden, die Neigung, sich an auffällig gerundete, gewundene und hoch emporragende Formen der Landschaft zu halten.

Sobald wir ein Dorf betraten, sahen wir, dass alle ein Gewehr trugen, manchmal waren es auch zwei, obwohl doch diese Leute angeblich von einem Tag zum anderen auf Grund der Waffenstillstandsbedingungen entwaffnet sein sollten. Aber dieser Waffenstillstand war ja in weiter Ferne ausgehandelt worden. Niemand tat uns jedoch auch nur das Geringste und wir achteten darauf, unseren freundlichen, bewaffneten Gastgebern gegenüber keine Bemerkungen zu machen, die ihnen gegen den Strich hätten gehen können. Ich war sehr gut aufgelegt und konnte Witze auf Serbisch erzählen. Auch wurde ich als ein Überbringer von Nachrichten betrachtet, ein Mensch aus der seltsamen Außenwelt, der viel zu berichten hatte. Schnell verbreitete sich die Kunde durch das Dorf, durch die kleinen Höhlen, aus denen der Rauch aufstieg, und sie versammelten sich an einem Ort, in einem Haus, in dem wir dann mit tränenden, vom Rauch rot entzündeten Augen hockten. Ich verschenkte etwas Salz und »Kaffee« und erzählte, was ich gesehen hatte. Diese Menschen waren von einer sehr ritterlichen Art. Sie hätten uns leicht umbringen können und hatten ja auch alle Veranlassung dazu, da der Krieg sie so entsetzlich heimgesucht hatte. Niemals hatte man sie gut behandelt. Aber offensichtlich hatte ich das Zeug dazu, Freundschaften zu schließen, und außerdem hatte ich meine ziemlich sture Ordonnanz bei mir, einen Mann, der in keiner Weise zu neugierig war oder aneckte. Er trat niemandem auf die Zehen, küsste kein Mädchen und tat auch sonst nichts, was uns in Schwierigkeiten hätte bringen können. Er hieß Dörr. Lebt er vielleicht noch? Er stammte aus einem Teil Siebenbürgens, der sehr unterentwickelt sein musste. Tatsächlich hatte er in seinem Heimatdorf niemals eine Treppe gesehen und war noch niemals in einem zweistöckigen Haus gewesen. Als er zum ersten Mal eine Stiege erblickte – wir waren später tiefer im Hinterland und hatten eben ein Hotel betreten –, ging er sie mit Händen und Füßen an. Er wusste ja nur, wie man eine Leiter hinaufstieg. Er gehörte zu jenen Sachsen, die in die entlegene Südostecke Ungarns eingewandert waren, die Berge zwischen Ungarn und Rumänien. Da er ein Primitiver war, nur von einem anderen Schlag, kam er den Leuten weniger fremd vor als mir. Das Ganze war ein Anschauungsunterricht in Anthropologie. Draußen auf dem Land in Montenegro findet man, wie ich bereits erwähnte, die edelsten und würdevollsten Bauern, die man sich denken kann. Sie übertreffen darin vielleicht noch die Spanier. In der Stadt, zum Beispiel in Cetinje, trifft man wohl ab und zu auf Menschen, die ein paar Jahre in Amerika verbracht haben und deren Tätigkeit darin besteht, Alkohol zu verkaufen oder ein Bordell zu betreiben. Aber die meisten sind doch geradezu ein Abklatsch des edlen Wilden, wie er zu Ende des 18. Jahrhunderts oder von Chateaubriand geschildert wurde in seiner Idealisierung der Indianer. Betritt man eine dieser höhlenartigen Behausungen und sieht ganz unerwartet die Wände mit Ansichtskarten und mit Fotografien von Verwandten in Amerika bedeckt, so ist das alles völlig fehl am Platze. Die Maßstäbe verwirren sich und der Charakter des Ganzen ist verdorben. Die schlichte Einheit von Menschen und Tieren, die in einem von Rauch erfüllten Raum miteinander leben, für einen Architekten, einen Gestalter menschlicher Umwelt ein so verwunderlicher Anblick, wird auf einmal völlig kompliziert. Es ist ähnlich in einem Indianerdorf in New Mexico, wo man plötzlich vor einem eingebauten Spültisch neuesten Modells und einem Stück Linoleum steht und zwar in einem Haus aus an der Luft getrockneten Lehmziegeln neolithischen Ursprungs, oder aber vor einem eingerahmten blassen Farbendruck der Madonna an der gekrümmten Wand eines aus ostafrikanischem Schlamm aufgeschichteten Mau-Mau-Hauses.

Viele Monate später marschierten wir wieder durch Montenegro; diesmal zum Hafen Rijeka am Skadarsee. Rijeka bedeutet Fluss. Wir begannen diesen See zu überqueren, der Montenegro von Albanien scheidet. Skadar, das die Italiener Scutari und die Serben Skodra nennen, war zur Zeit der Römer ein sehr bedeutender Handelsplatz und ist es noch. Dort leben vor allem Katholiken, die sich von den griechisch-orthodoxen Montenegrinern stark unterscheiden. Aber es ist eine Stadt, die vier oder fünf Jahrhunderte hindurch unter türkischer Herrschaft stand und daher gibt es dort auch überall Minarette von Moscheen. Die Stadt wurde etwa zehn Jahre vor diesem Krieg »internationalisiert«. Die vier Großmächte jener Zeit hatten in Scutari Einheiten ihres Militärs stationiert und hielten von dort aus eine Art politischen Gleichgewichts am ganzen Balkan. Eine Straße hieß nach Napoleon, eine andere nach Bismarck und so weiter. Jeden Sonntag spielte eine andere Militärkapelle auf dem Stadtplatz: einmal eine italienische, ein anderes Mal eine französische, dann eine deutsche und wiederum eine in österreichischer Uniform. Diese Besetzung durch so viele Soldaten aus verschiedenen Nationen übte natürlich auf die Zivilbevölkerung, insbesondere die weibliche, einen nicht gerade günstigen Einfluss aus.

Es war schwierig, sich in dieser Stadt zurechtzufinden. Zum größten Teil bestand sie aus großen, hohen Gartenmauern, über die hinweg man nichts weiter sehen konnte als die Wipfel der Bäume. Und dann waren da diese Minarette und Moscheen. Ich ging durch alle möglichen gewundenen Straßen und stets zwischen hohen Steinmauern hindurch. Einmal bestieg ich eines dieser Minarette und konnte plötzlich jenseits der Mauern viele mir bisher verborgene Teile der Stadt und vor allem die Häuser der reichen Kaufleute sehen. Die Häuser, in denen die Frauen lebten, standen für sich und ein wenig abseits. Sogar die katholischen Frauen lebten sehr nach der Art ihrer muslimischen Schwestern und wenn sie in ihrem eigentümlich schaukelnden Gang die Straße in ihren schweren Gewändern und Hosen entlangkamen, wirkten sie sehr überladen und viel zu dick gekleidet. Sie waren sehr malerisch und ich machte viele Skizzen.

Von dort aus brachen wir zu unserem Marsch nach Albanien hinein auf. Sehr bald hörte jede Spur einer Straße auf; wir zogen wie alte Kreuzfahrer langsam durch die Niederungen des westlichen Albaniens und hielten uns bei unserem weiteren Vormarsch ziemlich parallel mit der adriatischen Küste. Die Bergketten säumen dieses Niederungsland an seiner Ostflanke und waren von einer Bevölkerung bewohnt, die trotz all der Primitivität, die ich in Montenegro gesehen hatte, noch viel primitiver war. Ich bin niemals in der Malcija selber gewesen und es ist fast unmöglich dorthin zu gelangen. Tatsächlich waren die Türken ja fünfhundert Jahre in Albanien, ohne es jemals fertiggebracht zu haben, in diesem abgeschlossenen Gebiet Steuern einzutreiben. Diese Bergbewohner setzten ihnen einen starken Widerstand entgegen und die türkischen Abteilungen wurden von den Gebirglern in einem ständigen Kleinkrieg immer wieder aufgerieben. Rund sechzig verschiedene Stämme leben im Gebiet der Malcija und ihre Angehörigen konnte ich nur sehen, wenn sie ins Tal und in die Küstenstädte hinabstiegen. Sie hatten kahlgeschorene Schädel und trugen konisch zulaufende Hüte, sodass sie wie Tibetaner aussahen. Untereinander erkannten sie sich durch handgewebte Bänder, Borten oder Säume, die ihrer Kleidung aufgenäht waren, und besonders durch die verschnörkelten Verzierungen auf ihren weißen, aus Wolle gewobenen Hosen. Jeder dieser Stämme hatte unterschiedliche Muster, jedes mit seiner Bedeutung; Ornamente dienten als besonderes Merkmal. Für einen Fremden aber war es schwierig, diese Unterschiede zu würdigen.

Die Bergstämme lebten in einer viele Generationen alten, ständigen Blutfehde und hielten ihre Ordnung nach einem Sittengesetz, das verlangte, dass jeder einen Menschen umbringt, der sich eines Vergehens gegen seine Sippe oder Familie schuldig gemacht hat. Diese Tradition erstreckte sich auch auf den Schutz von Reisenden und Gastfreunden, die das Land betraten. Freunde mussten sich unter den Schutz einer bestimmten Gast-Sippe oder -Familie stellen und wurden dann durch sie in der tiefen Überzeugung geschützt, dass die

Gastfreundschaft heilig ist, um jeden Preis bewahrt und auch mit Gewalt erzwungen werden muss, selbst wenn dies das Leben des Gastgebers kostet. Wenn ein Mensch von einem Dorf zum anderen reist, hat er eine Garde der Familie, die er gerade verlassen hat, als Begleiter bei sich. Sein Gastgeber steht für ihn ein, bis er auf seiner Reise zu einem nächsten Gastgeber gelangt ist, der natürlich in einer gewissen freundschaftlichen Beziehung zum ersten steht. Sollte dem Reisenden etwas auf dieser Wanderung zustoßen, sollte er zum Beispiel getötet oder auch nur beraubt werden, würde dies wiederum Grund zu einer Fehde abgeben, die sich über Jahrhunderte hinzieht. Für jedes Leben kann ein anderes Leben genommen werden, also ganz ähnlich wie nach den Gesetzen der Vendetta auf Korsika. Daher ist es auch eine tödlich ernste Angelegenheit, einen Gast zu haben.

Man würde tatsächlich eine solche Blutfehde nicht riskieren, eher täte man alles, um seinen Gast davor zu bewahren, durch einen ungewollten Unglücksfall oder eine Beleidigung einen endlosen Krieg herbeizuführen. Es ist sicherer, so hat man mir erzählt, in der Malcija zu reisen, falls man sich mal den richtigen Gastgeber ausgesucht hat, als nachts gewisse Teile Chicagos zu durchqueren, wo die Polizei als eine Institution der Sicherheit viel weniger zuverlässig ist.

Tropische Malaria

In Alessio, einer Küstenstadt, die in Albanien »Lesh« genannt wurde, lebten Leute, die wie Gespenster aussahen. Seit Jahrhunderten wurde das Land von der Malaria heimgesucht, doch es war kein Versuch von Bedeutung unternommen worden, sie zu bekämpfen. Jeder Mensch hatte Malaria, zumindest 99 Prozent, und die Erkrankten waren völlig heruntergekommen und erschöpft. Lesh war von etwa 350 Meter hohen Bergen umgeben, und auf einem von ihnen lag eine ganze Weile unsere Batterie. Dort wurde jeder Einzelne unserer Formation – rund 345 Mann, etwa sechs Offiziere einschließlich meiner selbst, von ungefähr hundert Tragpferden begleitet – von Malaria, Cholera oder Typhus befallen, mit Ausnahme von 65 Mann, die bei mir als ihrem letzten Offizier blieben. Wir waren unfähig, uns zu bewegen oder die Pferde zu beladen, die ja auch gefüttert werden mussten. Wir vermochten weder unser Gepäck aufzuheben noch einen Schuss abzugeben; dies mag eine Vorstellung von der lächerlichen Schlagkraft bei solcher Kriegführung geben!

Diese 65 Mann waren alles andere als gesund, weigerten sich jedoch ins Lazarett zu gehen, weil man ihnen dann ihre Decken zum Entlausen wegnehmen würde; sie müssten also so gut wie nackt im strömenden Regen, mit dem die nasse Jahreszeit eingesetzt hatte, auf einem Berghang liegen. Es war ein Feldlazarett mit Einrichtungen für rund 300 Mann. Auf dem Berg aber gab es 2500 Kranke. So ging man also höchst ungern ins Lazarett und die Leute zogen es vor bei uns – »zu Hause« – in Verpflegung zu bleiben, um wenigstens etwas zu essen zu haben.

Natürlich mussten sie unter den Schüttelfrösten und den Schweißausbrüchen der Malaria sehr leiden.

Als mich schließlich auch die Infektion erwischte, wurde ich in einem Wagen mit vier Pferden weggebracht. Wir fuhren durch die Niederungen, die völlig unter Wasser standen, und gerieten ständig in unsichtbare Löcher. Im Lazarett kam ich als Offizier wenigstens unter ein Dach. Mit größtem Genuss erinnere ich mich noch heute des Geschmacks von Birnenkompott und Büchsenmilch, die ich erhielt.

Als ich schließlich aus dem Feldlazarett abging und in das erste Etappenkrankenhaus kam, reiste ich nicht in einem Wagen oder zu Pferd. Ich saß auf einem Brett, das über meinem Kopf an dem Draht einer Seilbahn aufgehängt war, einer Art primitiver Aufhängung, die hoch über der endlosen sonnigen Sumpflandschaft hin und her schwankte und manchmal auch eine Stunde oder länger mitten in der Luft und in der Sonnenhitze hängen blieb.

Es war der Anfang meiner langen Wanderung durch Lazarette – rund achtzehn Spitäler in achtzehn Monaten –, wobei ich mich Stück für Stück langsam nach Norden hinaufarbeiten sollte, um endlich in einem Tuberkulosesanatorium in der Steiermark zu landen. Ich wurde dorthin gebracht, um gut ernährt zu werden, da niemand wirklich wusste, was man mit einem Malariakranken anstellen sollte, außer dass man ihn der sogenannten »Nochtkur« unterwarf, die darin bestand, dem Kranken zwölf Wochen hindurch systematisch dosierte Chiningaben zu verabfolgen. Aber für gewöhnlich endeten diese Kuren mit einem neuen Anfall und neuen Schüttelfrösten. Jedes Mal wenn ich einen solchen Schüttelfrost bekam, begannen Bettstelle und Fußboden unter meinem Zittern zu erbeben. Wenn mir dann danach der Schweiß ausbrach und die Temperatur ihren höchsten Punkt erreicht hatte, tropfte tatsächlich das Wasser aus meiner Matratze. Dies ging noch lange so weiter und immer kehrten die Anfälle zurück.

Die Gefährtin

Von Albanien und der Slowakei in die Schweiz

Es ist seltsam, sich vorzustellen, dass aus dem Kauderwelsch verwirrter Halbbewusstheit, aus einer Periode kaleidoskopartiger Folge von Unsinn allmählich etwas Sinnvolles entstehen und Bedeutsames hervorwachsen soll.

Den Ausgangspunkt für eine wahrhaft von Ursache und Wirkung bestimmte Geschichte zu erkennen ist nicht leicht und von der Quelle bis zur Mündung des Flusses folgt die Erzählung einem vielfach gewundenen und überraschenden Lauf.

Es gibt Menschen, die ihr ganzes Leben lang suchen und niemals finden. Sie suchen eine Frau, haben so viele von ihnen und suchen weiter. Sie suchen zuverlässige Gefährten, Führer oder Gefolgschaft, oder Orte und Stellungen, an denen sie arbeiten. Sie bewegen sich in einem Zickzackkurs über die Karte und durch eine endlose, sinnlose Reihe von Erlebnissen und finden doch nichts. Andere finden jeden Tag ein Stückchen. Diese letzteren sind von glücklicher, biologischer Individualität und sie besitzen eine große Fähigkeit, sich absorbieren zu lassen und sich zu assimilieren, sich anzupassen, zu akklimatisieren, zu respondieren und sich einzufügen. Eine ihrer Fähigkeiten besteht in einer einfühlsamen Beobachtungsgabe, sie besteht darin, sich zu verlieben und mit Erfolg die Liebe für das Konkrete zu bewahren, anstatt Abstraktionen zu verfallen oder einem unerreichbaren Traumland den Hof zu machen.

Die Architektur hat in ihren klaren Abmessungen, aber auch in ihren tastbaren, schmeckbaren Einzelheiten und Folgerungen Befriedigendes. Sie ist die am wenigsten abstrakte Kunst und steht vierundzwanzig Stunden hindurch im engsten Kontakt mit einem sehr konkreten Reagieren, sie bietet Antworten, die ganz natürlich erwachsen, ein Leben lang zuwachsen. Alles ist von einem pulsierenden Realismus erfüllt: biologischer Realismus, Biorealimus, wie ich es immer nenne.

Zu Anfang dieses vielverschlungenen Berichts, wie ich eine Lebensgefährtin finden sollte, war ich einsam und nackt. Um eine kühle Brise über meine sonnenverbrannte Haut streichen zu lassen, saß ich auf einem 300 Meter hohen Berg und blickte auf die Bucht des kleinen natürlichen Hafens von Shengjin hinab. Auf seinem Grund lagen fünf oder sechs kleine Frachtschiffe. Sie waren mit ihrer Ladung von Getreide und Mehl, welche die Italiener nach Albanien zu verschiffen gesucht hatten, torpediert und versenkt worden. Nach vielen Monaten hatten Rettungsmannschaften von Tauchern schwarze und von Salz verkrustete Säcke mit Mehl aus den mit Wasser gefüllten Laderäumen herausgeholt. Eine leimähnliche, wasserundurchlässige Masse hatte sich innerhalb der Säcke wie eine geleeartige Rindenschicht gebildet und schützte so das feuchte, aber doch noch immer pulvrige Mehl. Dort lag es nun auf dem Strand ausgebreitet, um in der heißen Sonne Albaniens zu trocknen, und stank zum Himmel und zu meinem Berg hinauf.
Manchmal ritt ich nackt auf einem Pferderücken zur Bucht hinab und schwamm oder tauchte wenigstens zur Abkühlung hinein. Aber wieder hinaufzusteigen war zu heiß und erschöpfte mich zu sehr. So blieb ich auch oft oben auf meinem Berg sitzen und dachte über Architektur nach und darüber, wie sich mein künftiges Leben wohl gestalten würde. Ich verscheuchte die Fliegen und beobachtete die mannigfachen Wolkenbildungen am Horizont über der Adria. Ich besaß nicht einmal einen Zeichenblock, um die Hand zu üben.
In diesem Augenblick sah ich zwei andere, fast nackte Gestalten, aber in schweren Stiefeln sich auf dem sonnigen Pfad zwischen den Büschen nähern. Sie brauchten eine lange Zeit

für den Anstieg und wischten sich immer den Schweiß von den Gesichtern.

Es waren zwei junge Männer und sie erkannten mich an meinem Zubehör – der Uniform, der Mütze und dem Säbel, die auf dem Boden um mich her verstreut lagen – als einen Offizier. Sie standen stramm und meldeten ihre »Ankunft bei der Batterie«. Sie stellten sich als zwei Fähnriche vor: Baron von Erlanger, ein magerer, blonder Bursche, und Fähnrich Herzka, dunkel, beim ersten Eindruck hässlich, aber mit schönen, seltsam traurigen hellbraunen Augen.

Die Begegnung mit Herzka sollte sich für mich als schicksalhaft erweisen. Länger als ein Jahr später traf ich ihn im Hinterland wieder, in Trencin in der Slowakei. Er war inzwischen Leutnant geworden. Wir beide litten an rückfälliger Malaria. Es war gegen Ende des Krieges und des österreichisch-ungarischen Reiches. Herzka kannte Trencin besser und besorgte mir ein Zimmer außerhalb des Lazaretts bei einer gelähmten ungarischen Baronin Zahoransky, deren Mann in England und Amerika gewesen war und seine Villa in »angelsächsischem Stil«, mit einer Badewanne und allem Komfort, eingerichtet hatte.

Später musste ich meine Wohnung dort aufgeben; der Krieg fand sein unheilvolles Ende, der tschechische Sezessionskrieg begann und die ungarischen Offiziere nahmen den letzten Zug nach Budapest. Auch Herzka floh, aber ich blieb, und wieder war er es, der mich einer Familie in der Stadt, die er kannte, empfahl.

Mein neuer Hausherr war ein stiller, ältlicher Kaufmann und hatte eine kleine, temperamentvolle Frau, die sich in mich, den viel jüngeren, gestrandeten blinden Passagier, das Überbleibsel einer zerschlagenen Armee, ein wenig verliebte, was für mich etwas beschwerlich war. Wenn ich in die Stadt ging, oder wenn ich, um frische Luft zu schnappen, zum mittelalterlichen Schloss wanderte und mir dort mit dem Zeichenblock auf den Knien in den Ruinen auf der Höhe des Schlossberges die Zeit in vielerlei Gedanken vertrieb, gab sie mir einen Zivilmantel und einen Hut ihres Mannes, um meine Uniform zu verdecken. Dort traf ich auch Kate, ein junges Menschenkind, das sehr schmutzig und ungekämmt und eine Hirtin war. Inzwischen waren die Tschechen in die einst von den Ungarn gehaltene slowakische Stadt einmarschiert. Alle Offiziere und Krankenschwestern des Lazaretts, die ich kannte, hatten die Stadt verlassen, mit Ausnahme eines blonden Mädchens aus München, einer zivilen Laborantin, mit der ich abends spazieren ging und die Zukunft erörterte. Ich blieb bei meiner Wirtin wohnen, die sich weiterhin mit liebenden Augen um mein Wohl sorgte. In all der schweren Lage war es nur Weiblichkeit, was meinem armen Leben weiterhalf.

Immer wieder wurde ich von der tschechischen Militärpolizei entdeckt und ins Gefängnis oder zum Verhör beim Kommandanten gebracht. Einmal warf sich bei einer solchen Gelegenheit ein Mädchen, das ich selber nicht kannte, aber das offenbar auf Entfernung und nur vom Sehen mir von Herzen zugetan war, plötzlich jammernd und mit Tränen in den Augen aus einer Tür vor die beiden Soldaten, als sie mich mit aufgepflanztem Seitengewehr zu den Strohmatten des Gefängnisses abführten. Es war eine herzzerreißende Szene wie vor der Exekution des Geliebten. Aber ich wurde nicht hingerichtet und habe niemals erfahren, wer das liebe Mädchen mit dem gebrochenen Herzen war.

Ich ging damals in mein sechsundzwanzigstes Lebensjahr und während dieser Zeit versuchte ich mit meinen getreuen Mona Lisa-Ölstiften und sogar in Ölbildern (auf Papier!) hektisch einen Ausdruck meiner selbst zu finden. Das Schloss, die Stadt, die Kirche und die Synagogengewölbe von Trencin waren meine architektonische Nahrung; auch ein Katakombenflügel im dunklen Inneren eines Berges, wo Heilige unheimlich in der Finsternis standen, Überbleibsel eines verlassenen Klosters auf der anderen Seite des Flusses.

Es war ein bedeutsamer Monat in der Weltgeschichte, in diesem Spätherbst des Jahres 1918, aber ich wusste – wie am Kriegsanfang, so am Kriegsende – wenig von dem, was geschehen war, außer nun dass die Hohenzollern und die Habsburger nicht weiter zählten. Ich dachte daran nach Wien zu fliehen, vielleicht ins Ausland, in die weite Welt. Aber wie?

Meine Wirtin hatte eine Kusine, die unbekannterweise weiter zu meinem Schicksal gehörte. Sie war in der Schweiz Krankenschwester und betrieb irgendwo am Zürcher See, wie ich erfuhr, ein Erholungsheim.

Herzka aus Albanien hatte mich zu meiner Wirtin gebracht und sie wieder gab mir unter Tränen nun ein Empfehlungsschreiben an ihre Kusine in der Schweiz mit, nachdem der letzte der tschechischen Kommandanten, ein unerhörter Zufall, mir freies Geleit durch sein kürzlich »befreites« Land zugesagt hatte. Meine Offiziersabzeichen wurden mir von einer tschechischen Streife im Zug, der mich nach Brünn führte, vom Waffenrock abgerissen. Als alter Soldat kam mir das seltsam betrüblich vor, aber mit meinen Gedanken war ich bereits in der Schweiz – wenn ich es nur schaffen würde. Und vielleicht, so dachte ich, hatten sie dort auch an Stelle von Ruinen und Zerstörung eine Architektur, die sich im Werden befand. Im Krieg hatte ich meinen akademischen Grad erlangt, während Gabriele d'Annunzio aus den Wolken über Wien Flugblätter abwarf, in denen er uns zur Kapitulation aufforderte. 1918 erwärmten wir uns weit mehr für eine Revolution als für eine Kapitulation. Eine etwas kleinlaute Revolution in der Tat gegen ein tausendjähriges Reich am Rand des Abgrunds. Oder reichten die Wurzeln dieses Reiches noch weiter zurück, vielleicht bis zum römischen Kaiser Probus, vielleicht bis zu Julius Caesar, Käsar, Kaiser? Es trieb mich, die Festung Mitteleuropas ein wenig von außen zu betrachten. Es ist erstaunlich, dass es mir jemals gelungen ist: Ein Visum in der Hand überschritt ich die Grenze zur Schweiz.

Ich hatte eine erhebliche Menge der zerrütteten österreichischen Währung in ein paar Franken umgewechselt und als der Zug zur Gepäckkontrolle hielt und alles überprüft war, hob ich dankbar meinen Blick zu den Schweizer Bergen empor, betrat das kleine Bahnhofsrestaurant und sah mit ungläubigen Augen Menschen Eier und Schinken essen. Ich bestellte mir auch welche und verzehrte sie voller Ehrfurcht. Ich brauchte fast meine letzte Münze, um sie zu bezahlen.

Die Gebirgsluft war herrlich; ich war dem Gefängnis eines vierjährigen Krieges entronnen. Wir drängten uns in ein Schweizer Bahnabteil für Raucher und ein kleiner Mann, den ich als Herrn Steinhoff erkannte, ein Architekt aus Wien aber ein Kenner der Schweiz, bot mir einen Stumpen an, einen leichten Schweizer Zigarillo.

Ich fühlte mich wie im Paradies, als der Zug am Südufer des Zürcher Sees entlangfuhr und als ich schließlich im kleinen Hotel Simplon in der Nähe des Bahnhofs, den Gottfried Semper vor zwei Generationen entworfen hatte, unterkam. (Semper war der gleiche viktorianische Architekt mit Phantasie, der auch mein geliebtes Burgtheater in Wien erbaut hatte.)

Ich suchte Herrn Imer-Schneider auf, einen Patentanwalt, an den mir mein älterer Bruder einen Brief mitgegeben hatte. Der still-patriarchalische, weißbärtige alte Herr sah für mich wie Gottfried Keller aus, dieser herrlich romantische und doch so realistische Schriftsteller der Schweiz, den ich liebte – alle älteren Männer in der Schweiz sahen im Übrigen für mich so aus, und ich war im Ganzen von diesem friedlichen, ausgeglichenen Land bezaubert. Aber eine Stellung war nicht zu bekommen. Ich zog alle Straßen entlang, erstieg alle Treppen, zog alle Klingeln und suchte Architekten auf. Sie müssen einen seltsamen Vogel in mir gesehen haben; im Übrigen wurde in den Tageszeitungen eine nicht unberechtigte Kampagne gegen die verfluchten Ausländer (Chaibe-Uslander) betrieben, die versuchten sich einzudrängen. Aber noch war nicht alle Hoffnung verloren. Ich betrachtete den schönen See vom Utoquai aus und sah die schimmernde Spiegelung des kleinen Eisgartens von der Zürcher Schutzpatronin Verena, der als Gletscherkrone auf den fernen Bergen des Oberlandes lag.

Nun nahm ich den Zug durch die winterliche Landschaft, diesmal entlang der Nordküste des Sees nach Stäfa. Dort wollte ich den Brief aus der Slowakei und von meiner unglücklich verliebten Wirtin, Herzkas Bekannten, abgeben und die Krankenschwester kennenlernen, die hier das Erholungsheim leitete.

Auf dem Dorfbahnhof stieg ich aus dem Zug und trug meinen Handkoffer den Berg hinauf zu einem gegiebelten weißen Haus mit grünen Läden im Stil des Kantons Zürich. Da lag es vor mir, hübsch, sauber gestrichen und ragte über die kahlen Äste der beschneiten Obstbäume hinweg. Ich trat ein und Schwester Elsa empfing mich. Sie war ein seltsames Geschöpf, sich ihrer Hässlichkeit bewusst. Eine misslungene frühe Behandlung mit Röntgenstrahlen gegen Kropf hatte ihr Gesicht, ihre sehr menschlichen Züge verfärbt, zerstört.

Sie trug die Tracht des Roten Kreuzes und sprach mit einem leichten, angenommenen Schweizer Akzent, obgleich sich ihr heimatliches Wienerisch nicht verleugnen ließ. Sie bat mich in das angenehm geheizte Wohnzimmer, in dem an dem frühen Winterabend schon das Licht brannte. Zu meiner Überraschung begannen zwei Mädchen von der Höhe des grünen Kachelofens herab zu reden, der ihnen als gemütlicher Ruheplatz dicht unter der Decke diente. Das waren Anita und – ich glaube – ihre Stiefschwester. Sie waren, wie mir erzählt wurde, Waisen, die Töchter eines russischen Journalisten, der ein großartiger Mann gewesen und in der Schweiz gestorben war.

Augusta, die Köchin, eine echte, stämmige Schweizerin, wurde gerufen, um mir einen großen Krug Milch und ein paar Scheiben Brot aus der Küche zu bringen.

Ich fühlte mich sehr glücklich, als ich mein nettes Zimmer unter dem Gebälk sah, von dem aus ich einen Blick auf den nächtlichen See werfen konnte. Nach unten zurückgekehrt begann ich eine lebhafte Unterhaltung mit Anita, einer frühreifen Oberschülerin, die schon voller Neugier meiner Ankunft entgegengesehen hatte und nun in meiner Gegenwart an ihren lateinischen Aufgaben weitermachte.

Es war Samstag und nachdem die Mädchen zu Bett gegangen waren, hatte ich die erste meiner vielen abendlichen Unterhaltungen mit Schwester Elsa bei einer von ihr angebotenen Zigarette in ihrem »Büro«. Dieses Schweizer Bauernhaus erschien mir ebenso sauber, heimelig und schmuck wie dieser ganze Kanton Zürich.

Am folgenden Sonntagmorgen schien die Sonne auf einen nun stahlfarbenen See, der sich vom verschneiten Land rundum abhob. Schwester Elsa und Anita bereiteten mich während des Frühstücks, das ich verspätet einnahm, darauf vor, Mittagessen würde pünktlich um zwölf Uhr sein. Sie erwarteten einen regelmäßig erscheinenden Sonntagsgast, den alten Alfred Niedermann, einen bemerkenswerten Schweizer Künstler und Schriftsteller, allerdings etwas mürrisch und ein wenig ein Menschenhasser.

Vom albanischen Shengjin hatte ich mich langsam, aber sicher auf diesen sonntäglichen Mittagstisch im Erholungsheim in Stäfa zubewegt. Aber ich ahnte nicht, wie schicksalhaft nah ich mich der bedeutendsten Wende meiner Laufbahn befand.

Pünktlich um zwölf Uhr trat Alfred Niedermann der Ältere, der Urgroßvater meiner künftigen Kinder, mit seiner geistig nicht ganz gesunden Tochter, die aber früher einmal gut ausgesehen haben musste, ein. Er war gleichzeitig argwöhnisch und doch froh, mich als Zuhörer zu haben. Da er äußerst ernsthaft und interessant über philosophische Dinge zu reden verstand, freute ihn mein Zuhören mehr als meine eigenen Worte. Hin und wieder kicherte Anita am anderen Ende des Tisches über meine »Faux pas«. Es war ein sonniger Sonntagmittag mit einem blauen Himmel über dem See.

Alfred Niedermann, Sohn eines Meisters aus der Gilde der Glaser von Zürich, war weit gereist und als junger Mann sogar nach Russland gekommen. Er hatte ausgezeichnete Gedichte und Romane geschrieben. (Einer von ihnen, »Dione Peutinger, die Ärztin von Ingolstadt« – oder ist es »Die Hexe« –, spielt im Dreißigjährigen Krieg und hat meiner Frau ihren unchristlichen, urhellenischen Namen gegeben.) Alfred Niedermann war ein klassischer Heide oder Atheist oder ein nach-goethischer Freidenker. Er hasste den Vatikan ärger als Zwingli oder die Aufklärer, musste sich jedoch mit einer katholischen Schwiegertochter abfinden, die ihn anfangs vor Zorn hatte erzittern lassen, obwohl sie selber doch ihre Treue zu Rom äußerst bereitwillig ihrer Treue zu dem Schweizer Ingenieur und sie stets liebenden Bewunderer geopfert hatte, den sie in Alfred Niedermanns Sohn, dem jüngeren Alfred, fand. »Es ist eine interessante Familie«, erklärte mir Schwester Elsa nach dem Essen und der Diskussion über Goethe und die Griechen. Es ist eine interessante Familie, das glaube ich auch heute noch, vierzig Jahre später. Meine Schwiegereltern sind, während ich dies niederschreibe, beide über achtzig Jahre alt. Sie waren so lange voller Leben und gut anzusehen; sie wohnen nun auf dieser Seite des Ozeans und der Rocky Mountains. Unbeirrbar denke ich so, nachdem ich über eine Spanne von mehr als einer Generation mit der gleichen Frau und tatsächlich mit ihrer Familie verheiratet war.

Erst hatte ich also ihren Großvater kennengelernt. Dann wurde mir gesagt, Alfred Niedermanns Sohn käme zu Besuch und würde die jüngste seiner vier Töchter mitbringen. Er kam und sah »wie aus dem Ei gepellt« und sehr eindrucksvoll aus. Seine Tochter, zehn Jahre alt, war ein herb-süßes Kind. Sie hieß Regula nach der anderen Züricher Schutzheiligen und wir mochten einander sofort. Bald zeichnete ich ein Porträt von ihr. Es hängt unter Glas im Wohnraum ihrer Eltern, den ich dreißig Jahre später in Westwood, Kalifornien, baute.

Regula ist viele Wege gegangen, zuerst als »Nurse« wie Schwester Elsa, und wir sind auf verschiedenen Pfaden um die ganze Welt gekommen. Wiederholt hat sie sich mir angeschlossen: als sie mir nach Kalifornien folgte und schließlich nach dem zweiten Weltkrieg, um von mir zu lernen, wie man Architektur-Klienten pflegen kann. Jahre hindurch war sie mir bei meiner Arbeit und in meinen Bestrebungen, durch Bauen andere Menschen glücklich zu machen, eine große Hilfe.

Sie war es, die damals ganz am Anfang mit ihrem kindlichen Gerede die anderen Mädchen in ihrem Heim in Zürich aufscheuchte. Und es gab vier Mädchen unter der strahlenden Führung der vierzig Jahre jungen Lilly Antoinette Niedermann, geborene Müller-Schulthess, die aus Leer in Ostfriesland in diese Schweizer Niedermann-Familie hineinheiratete, nachdem sie jahrelang in München gelebt hatte. Sie und ihr Mann, der ständig aus Berufsgründen seinen Wohnsitz wechselte, waren während der Zeit ihrer Ehe rund zwanzigmal umgezogen und bis heute, bis zu ihrer goldenen Hochzeit und ihrer letzten Lebensperiode als Achtzigjährige, noch immer in Bewegung.

Die Töchter waren die brünette Dione, damals achtzehn, die sehr blonde Verena, sechzehn, Doris, mit etwas krausem Haar, vierzehn, und dann noch die zehn oder elf Jahre alte Regula. Sie hatte die anderen Mädchen mit ihrem Bericht von dem kürzlich eingetroffenen, ehemaligen Wiener Offizier in Aufregung versetzt, der noch immer den Waffenrock und die Ledergamaschen der geschlagenen Habsburger Armee trug.

Außerdem war da noch Trude Eckstein. Trude war schwarzhaarig und hatte eine schmale, kleine, runde Stirn; sie war hochgewachsen und hatte ein rätselhaftes Lächeln. Sie war die Tochter einer geschäftstüchtigen, schönen und weltstädtischen geschiedenen Frau, die in Wien ein Filmtheater betrieb, wenn das alles war, was sie betrieb. Trude war die Erste, die geschwind ein Stück Schokolade auf mein Bett legte, als ich später als Hausgast zu den Niedermanns nach dem Schmelzberg kam, von wo aus man ein gutes Stück des Sees unten liegen sehen konnte. Sie war es, die mit einer Art ironischer Zweideutigkeit mir zuflüsterte, dass hier die Niedermanns ein »provinzielles Paradies« geschaffen hätten. Sie natürlich kam aus dem großzügigen Leben und der Urbanität einer Weltstadt und wohl aus jener Art von Kultur, die auf solchem Boden wächst. Aber im Krieg und auf meinen sonstigen Wanderungen hatte ich gelernt, die Einsamkeit zu lieben und mir über große Städte meine Gedanken zu machen.

Ich fand, dass Zürich mir auf dem Gebiet der Architektur recht viel Befriedigung gab. Die Stadt war wie ein alter Silberdollar, der sauber geputzt war, und diese Vorstellung stieg immer wieder in mir auf, unverkennbar silbrig, allem zum Trotz, was sich in der nach-viktorianischen Zeit angesammelt hatte. Ich pendelte mit der Eisenbahn durch die fünf oder sechs vertrauten Dörfer vor der Stadt am Nordufer des

Sees und blickte am Morgen und am Abend über das Wasser und die Giebel typischer alter Züricher Häuser hinweg, ein Stil, der besonders im »Oberland« noch erhalten und beherrschend war. Und ich hatte eine winzig bezahlte Arbeit als Lehrling gefunden, aber nicht bei einem Architekten, sondern in einer Landschaftsgärtnerei, Otto Fröbels Erben.

Zumeist fuhr ich mit dem gleichen Morgen- und Abendzug zusammen mit der lebhaften, intelligenten Anita und sie führte mich in eines der »alkoholfreien« Schnellrestaurants, die die Schweizer Abstinenzlerbewegung überall in Zürich unterhielt. Ich nehme an, dass viele Schweizer wie Maurer Lienhard, Gertrudes Mann in Pestalozzis berühmter Geschichte aus dem achtzehnten Jahrhundert, in den gewöhnlichen, alkoholischen Gasthäusern wein- oder bierselig die Richtung verloren hatten, bevor die Abstinenz ausbrach.

Ich selber begann mich sehr für dieses mit Gletschern übersäte Land zu interessieren, über dessen Bergpässe mehr Fremde gewandert waren als über die Kaschmirs. Die Schweiz, sogar Zürich, das ich viele Jahre später wiederum mit Erinnerungen, die in vielfältiger Weise erneut erwachten, wiedersah, bleibt trotz seiner kosmopolitischen Hotels und Universitäten vielen Ausländern fremd. Mir jedoch wurde sie sehr vertraut.

Anita begann, ein mädchenhaftes Interesse an mir zu nehmen, das ich warmherzig und sehr aufrichtig innerhalb bestimmter Grenzen zu halten suchte. Sie sprach mit dem Temperament einer Sechzehnjährigen und mit funkelnden Augen. Zuweilen gab sie dem Elend einer unverstandenen Vereinsamung Ausdruck, obwohl es mir schien, als hätte sie sich an das Land, in dem sie lebte, außerordentlich gut angepasst, und sie sprach ja auch das Schweizerdeutsch fließend wie eine Einheimische. Sie wurde etwas unglücklich und eifersüchtig, als sie bemerkte, dass auch alle Niedermann-Mädchen mir ebenso ganz unschuldig ihre Herzen zugewandt hatten.

Die Arbeit in der Landschaftsgärtnerei ging unter der Leitung von Gustav Ammann vor sich, einem fleißigen und methodischen Schweizer Schüler von Jacob Ochs und dem großen Carl Förster aus Hamburg. Zu meiner Überraschung traf ich Förster vierzig Jahre später als einen zwar sehr alten, aber enthusiastischen Wegbereiter und Verehrer der Kunst der Landschaftsgestaltung und wir freundeten uns herzlich an, als die Universität von West-Berlin mich mit ihrem »Doktor« ehrte. Das kleine Zeichenbüro von Herrn Ammann, das Gelände der Gärtnerei mit blühenden, perennierenden Pflanzen und kleinen Bäumen, in Kannen und Kästen vorgepflanzt, und das Kellergeschoss, wo ich unter der Anleitung des Vorarbeiters Brauchli und des aufrechten Obergärtners Ruschterholz – was für ein wunderbarer Name für einen Gärtner, dachte ich – Ableger herrichtete: Dies alles hat ungemein dazu beigetragen, meinen Blick für das organisch Wachsende und für das Landschaftliche zu klären. In kurzen, geruhsamen Unterhaltungen mit Gustav Ammann lernte ich etwas von Försters Ideen darüber, dass wir in ein gesellschaftliches Verhältnis zu den Gartenpflanzen treten, indem wir ihnen »Charakter« verleihen, während sie ihre eigene, von Natur ihnen gegebene Biologie ausdrücken und so auf ganz natürliche Weise durch ihre »Physiognomie« die Wirkung der Landschaft komponieren. Der Landschaftsgestalter konnte sowohl »Charakter« wie »Physiognomie« benutzen, um durch seine schöpferische Arbeit und seine Treue der Natur gegenüber ein Grundstück in einen innigen Zusammenhang mit der umgebenden Landschaft zu bringen. So etwa legte ich mir Gustav Ammanns Gedanken zurecht, er selber war in seinen Erklärungen, die er in technische Erörterungen über die Anlage von Beeten mit perennierenden Pflanzen hüllte, kurz und knapp. Für solche Beete fertigte ich ins einzelne gehende Zeichnungen an. Ich lernte es, Pflanzen nach ihrem Wachstum, ihrer Größe, ihrer Farbe und ihrer Blütezeit anzuordnen oder mit Rücksicht darauf, ob es sich dem Charakter nach um einen Bauern- oder einen Schlossgarten handelte. Die Physiognomie war von solcher Bedeutung, dass es jedem, nicht nur dem Botaniker klar wurde, ob es sich um einen feuchten Standort handelte oder um eine trockene, sandige Stelle, einen dem Wind ausgesetzten Hügel oder eine tief eingeschnittene Schlucht, die von einheimischer Vegetation tapfer verteidigt wurde. Das alles wurde mir zu einer endlosen Inspiration und es bereitete mir eine große Freude, die Pflanzenfamilien und dieses den Pflanzen förderliche Klima eines bestimmten Standortes zu pflegen. So kam mir der Gedanke, warum man sich nicht auch in gleicher Weise um das Wachstum und die Bio-Dynamik der Menschen kümmern könnte.

Herr Ammann sprach mit mir in einem angenehmen Hochdeutsch, das er in Deutschland und vor allem in Hamburg gelernt hatte. Aber ich begann die »urchige« Sprache der Schweizer zu lieben. Die sprachlichen Eigentümlichkeiten erinnerten mich an Keller, an seine Geschichten aus Seldwyla und Zürich und den »Grünen Heinrich«, der er ja selber war. Diese seine wundervolle Autobiographie mag mich im Unterbewusstsein in diesem Augenblick, in dem ich etwas von meinem Leben rasch, bevor es vorüber ist, zu Papier bringe, beeinflussen. Die Telefonistin mittleren Alters, der grauhaarige Buchhalter und der junge Herr Fröbel, der etwa vierzig sein mochte, lächelten mich ein wenig an, wenn ich am Büro vorbeikam. Alle müssen sie durch meine seltsame Aufmachung, mein sonderbares Äußeres hindurch meine Entschlossenheit und Bereitwilligkeit erkannt haben. Ich bekam ein paar hundert Franken im Monat und begann, Modelle von Hausgrundstücken und Gärten zu bauen. Die Konzentration auf diese Aufgabe hat mich bis auf den heutigen Tag weit über das Technische in dieser Tätigkeit hinaus beeinflusst.

In eine hölzerne Unterlage, ich glaube, es war Sperrholz, begann ich lange Nägel einzuschlagen; ich hämmerte sie verschieden tief hinein, so dass ihre Köpfe mit den Erhebungen einer Reliefkarte übereinstimmten. Ich hämmerte und hämmerte den ganzen ersten Vormittag hindurch und als die Zeit des Mittagessens kam, wäre ich fast in Ohnmacht gefallen: Zu meinem Entsetzen musste ich feststellen, dass ich die Nägel durch die Unterlage hindurch in die Tischplatte geschlagen hatte, an der ich arbeitete. Blass näherte ich mich Herrn Ammann nach dieser furchtbaren Entdeckung und erwartete bereits, aus dem Haus gejagt zu werden. Aber schon damals muss er mich gern gemocht haben, denn er zürnte nicht und warf mich nicht hinaus.

Noch sehr viel später saß er bei einem Vortrag, den ich in Zürich hielt, als ich mit etwas weltlichem Ansehen dorthin zurückgekehrt war. Ein Jahr zuvor hatten wir mit seinem Verleger vereinbart, ich sollte die Einleitung zu einem Buch über Landschaftsgestaltung und Gartenanlagen schreiben, das der alte Herr Ammann nun veröffentlichen sollte. Er starb jedoch, bevor dieses schöne Buch mit meiner Einleitung schließlich erschien, in der ich meinen Meister in der Kunst der Landschaftsgestaltung pries.

Während der Mittagsstunde verließen alle anderen den Betrieb. Ich hatte mir ein paar trockene Scheiben Brot von Schwester Elsas Frühstückstisch mitgebracht. Hinter Tomatenpflanzen und Maisstauden spähte ich, ein kundiger »Nahrungssammler«, nach allem aus, was Essbares von Wurzeln bis zu Blättern und Früchten hervorbrachte.

Ich weiß nicht, ob sich Herr Ruschterholz jemals Gedanken darüber gemacht hat, warum in diesem Jahr die Tomatenpflanzen wohl richtig geblüht hatten, aber weniger Früchte trugen, als man hätte erwarten dürfen, oder wie viele grüne Maiskolben auf geheimnisvolle Weise verschwanden. Zweifellos lebte ich vom Lande und zweifellos war ich gefräßig; denn oft arbeitete ich angestrengt in der Erde, tief zu Boden gebückt und meine gebräunte Stirn von Schweiß bedeckt.

Gelegentlich führte Herr Ruschterholz die aufnahmefähigere Intelligenzschicht seiner Helfer im Gartenbau, die organisierten Gartenarbeiter und mich, in den Botanischen Garten, wo er uns die Bäume und Sträucher nannte und uns ihre Gewohnheiten und ihre Ansprüche an den Boden erklärte. Das war ein seltsamer Unterricht, der an die Bauzünfte des Mittelalters erinnerte, deren Angehörige einem älteren Handwerker lauschten. Sein Schwyzerdütsch klang für mich ohnehin wie mittelalterliches Deutsch.

Nach dem Essen begleitete ich regelmäßig Schwester Elsa in ihr Büro hinüber, rauchte von ihren Zigaretten und erzählte ihr von meiner Arbeit und meinen Gedanken, Zielen und

Hoffnungen. Sie nannte mich »Herr Ingenieur«, ein österreichischer Titel für einen Architekten, und blieb ihrem ein wenig wienerischen und ein wenig schweizerischen Akzent treu. In ihrer Freundlichkeit verheimlichte sie mir die Tatsache, dass einige Leute im Dorf Groll gegen den Ausländer hegten, der noch immer die Fetzen einer fremden Uniform trug, offensichtlich in Zürich arbeitete und damit einem Einheimischen das Brot wegnahm. Einige Gassenjungen riefen mir, wenn ich morgens zum Zug ging, »Gamaschen-Chaib« nach, ein Schimpfwort, das den Gamaschen galt, die ich noch immer zu meinen feldgrauen Reithosen von der Artillerie her trug. Aber inmitten all der Freundlichkeit, der ich begegnete, drang diese geringfügige Unfreundlichkeit gar nicht bis zu mir durch.

Wiederbegegnung in Wien

Inzwischen hatte sich die Familie Niedermann entschlossen, mich zum Mittagessen einzuladen, und als dies geschah, war damit der große Tag in meinem Leben gekommen. Ich plünderte die blühenden perennierenden Stauden von Otto Fröbels Erben, um einen eindrucksvollen bunten Strauß mitnehmen zu können. Ich rasierte mich sogar und ging die an Hängen sich hinziehenden Straßen von der Gärtnerei zum Schmelzberg hinüber, um eine kurze Mittagsstunde bei Frau Niedermann zu verbringen, die sogleich mein Herz gewann. Herr Niedermann, ein achtungsgebietender *pater familias*, beendete ein Musikstück auf dem Klavier, bevor wir uns in Anwesenheit aller fünf Mädchen setzten. Ich versuchte, die Mädchen zugunsten von Frau Antoinette Niedermann zu übersehen, die mit einem norddeutschen Akzent, dem friesischen, sprach, der mir sehr gut gefiel.

Später erfuhr ich, sie hätten es für seltsam gehalten, dass ich mir die Haare so lange nicht hatte schneiden lassen. Natürlich wussten sie nicht, dass ich lange Haare hatte, weil meine Mittel kurz waren. Und durch lebhafte, interessante Unterhaltung lenkte ich ihre Aufmerksamkeit von der Tatsache ab, dass ich, ausgehungert wie ich war, mehr aß, als ein wohlerzogener Gast es sollte.

Von da ab wurde ich einmal in der Woche zum Mittagessen eingeladen und das war mein Esstag. Aber ich liebte auch diese Menschen, vor allem die jugendliche Mutter der Mädchen; und die Mädchen trafen untereinander eine kameradschaftliche Vereinbarung, mich abwechselnd von der Gärtnerei abzuholen und wieder hinzubegleiten.

Wir waren miteinander sehr vertraut und ich wurde durch einstimmigen Beschluss der Mädchen, als wir einen großen Teil des Tages über Hügel und Berge und durch Täler – von Stäfa über den ›Pfannenstil‹ nach Zürich – wanderten, zum Bruder in ihrem Kreis erkoren.

Verene, die offene und tiefblickende blaue Augen hatte, rezitierte lateinische Gedichte und war von allen die Gebildetste. Sie besuchte das humanistische Gymnasium für Mädchen. Die drei älteren Schwestern sangen deutsche und Schweizer Volkslieder, sehr schön und mit kunstvoll verteilten Stimmen: »Vom Berg ins Tal« und ein endloses, großartiges Repertoire, dem ich nur zu gern lauschte. Aber Dione war zweifellos die Musikerin dieser jungen Generation. Sie spielte mit ihrem Vater vierhändig Beethoven und auf dem Cello, auf dem sie in Genf ausgebildet worden war, übte sie einige Solostücke von Bach und Tänze von Lachner. In einem hell gemusterten Baumwollkleid, ein Band um ihre Stirn, saß das schlanke Mädchen mit seinem Cello da und spielte es mit großer Sicherheit.

Glücklicherweise stammte ich aus einer klassisch-musikalischen Familie, aber mein eigenes Singen und mein Gitarrenspiel beeindruckten die Mädchen nicht.

Nach und nach entwickelte sich Dione zu meinem besonderen Liebling. Dies war für Anita schmerzlich und weckte bei Schwester Elsa ein wenig Sorge. Die Eltern beschlossen, die Älteste mit ihrem Cello aus der Stadt zu schaffen.

Traurig und sorgenvoll brach der Tag an, als wir noch in der winterlichen Dunkelheit zusammen den Zug bestiegen, der Dione auf ihrem Weg in meine Heimatstadt Wien an die österreichische Grenze bringen sollte. Dort sollte sie das Cellospielen weiterstudieren und bei Freunden der Niedermanns wohnen, Wiener Intellektuelle des oberen Mittelstandes, die in Hitzing ein Haus besaßen, von Adolf Loos entworfen.

Ich selber verließ in Wädenswil am Südufer des Zürcher Sees den Zug, wo ich nun schon vor einiger Zeit in dem winzigen, in einem Halbkeller liegenden Büro der Architekten Wernli & Stäger zu arbeiten begonnen hatte.

Da stand ich nun und blickte dem Zug nach, als er an jenem Wintermorgen aus Wädenswil hinausfuhr, nach Osten donnerte und Dione und ihr Cello entführte. Ich schluckte, als er in der Dunkelheit verschwunden war – es mochte etwa sieben Uhr morgens sein –, und nachdenklich ging ich in mein Kellerbüro hinüber, fegte den Fußboden und staubte das Reißbrett ab, wie ich es jeden Morgen tat, nachdem ich in dem kleinen gusseisernen Ofen ein Holzfeuer entfacht hatte.

Jeden Tag kam ich um sechs Uhr morgens mit der »Schwalbe« hierher, einem kleinen Dampfer, der über den winterlichen See stampfte.

Ohne jede Erfahrung arbeitete ich an einem Wettbewerb für eine ziemlich ausgedehnte Wohnanlage und an verschiedenen anderen unwichtigen Objekten und füllte die Zeit so gut wie möglich aus. Herr Stäger, der jüngere Partner der Firma, gab mir einen erbsengrünen Anzug, den er nicht mehr tragen wollte. Er führte ein leichtes Regiment und mochte mich, mit einer Art verständnisvollen Augenzwinkerns, lieber als der ältere, geschäftlich begabtere Herr Wernli.

Für beide und ihre Firma müssen meine hundertundfünfzig Franken ein glatter Verlust gewesen sein. Aber zumindest war doch ihr Büro, wenn sie kamen, geheizt.

Inzwischen erhielt ich Briefe von Dione, die voller Erstaunen und Verwunderung von dem märchenhaften Wien und seinem gesellschaftlichen Leben berichtete.

Nun allein, von ihr getrennt, wurde mir klar, wie gefährlich die ganze Situation geworden war. Ich war von ängstlicher Eifersucht erfüllt. Ich dachte daran, wie bezaubernd Wiener auf Schweizer Mädchen zu wirken vermochten, die einem provinziellen Paradies entstammten. Ihre unerschütterliche, offenherzige Natürlichkeit als Mensch war ihre Waffe in dieser Welt und in einem tieferen Sinn erwies sie sich als ganz und gar nicht provinziell und hat es während der nächsten vierzig Jahre immer wieder bewiesen, während ich sie von Lima oder Rio nach Boston, Kopenhagen und Tokio und von Thailand nach Istanbul, Kapstadt und Caracas schleppte.

Nicht irgendeine Ausbildung hätte aus Dione jemals einen kosmopolitischen Menschen machen oder ihr die Fähigkeit zur ungezwungenen Anpassung geben können; diese besaß sie dank ihrer Herkunft oder weiß Gott warum. Sie erwies sich als ein Menschenkind der weiten Welt.

Von Natur aus für Sprachen begabt, sprach, sang, schrieb und las sie fremde Sprachen. Voller Eifer und doch mühelos drang sie in das Wesen wirklich schöpferischer Aufgaben und menschlicher Beziehungen ein, jedoch ohne sich selber dabei zu verlieren.

Ihre Fähigkeit der Anpassung übersprang soziale Grenzen ebenso wie geographische. In San Domingo sang sie mit großem Erfolg vor farbigen Straßenkindern und in Kioto vor Japanern, in einer Strafanstalt in Cuzco vor peruanischen Gefangenen und ihren Wächtern, in den Häusern alt-aristokratischer Millionäre, in Neuengland vor traditionsgebundenen Intellektuellen von ganz andersartiger, konservativer Prägung – und immer vermochte sie eine Stimmung der Wärme und Herzlichkeit zu erzeugen, die von Dauer blieb. Sie übte eine erstaunliche menschliche Anziehungskraft auf Frauen wie auf Männer aus. Niemals erhob sie Besitzansprüche auf irgendetwas, nicht einmal auf ihre drei Jungen, ihre Enkel oder ihre Schwiegertochter, die sie als ihresgleichen behandelt.

Von all dem hätte ich nichts wissen oder voraussehen können, obwohl ich ja als ein Mensch, der Pläne entwirft, von Berufs wegen »voraussehen« sollte. Es bleibt mir immer wieder erstaunlich, welche Mittel und Hoffnungen man einem Architekten anvertraut: Er soll die Zukunft kennen und gestalten, während er doch seine Unwissenheit in diesen Dingen eingestehen muss und selbst von guten Sternen abhängt.

Ich beschloss, nach Wien zu reisen, bevor Dione am 14. April 1920 neunzehn Jahre alt wurde. Mit dieser Absicht rief ich ihre Mutter aus unserem Kellerbüro in Wädenswil an und sie ließ prompt ihre ganze Hausarbeit und das Kochen liegen und stehen und nahm den nächsten Zug, um mich zu treffen. Ich glaube, sie brachte sogar belegte Brote und Äpfel mit und während meiner Mittagspause gingen wir Hand in Hand, ein wenig wie Liebende, hügelan und setzten uns auf eine Bank, von der aus wir einen Blick auf den See in dieser sonnigen Vorfrühlingslandschaft hatten.

Ich schlug nichts vor, erklärte jedoch, bald nach Wien zu reisen.

Dione war unvorbereitet und von meiner Ankunft wunderbar überrascht. Ich begegnete ihr durch einen »Zufall«, den meine Schwester im Park des kaiserlichen Schlosses Schönbrunn vorbereitet hatte. Ohne etwas zu ahnen wandte sich Dione um, als ich ihr auf die Schulter tippte, und brachte kein Wort heraus, da sie sich gerade ein Stück importierter Schweizer Schokolade in den Mund gesteckt hatte, das sie nun verzweifelt hinunterzuschlucken versuchte.

Beide wurden wir fast auf einen Schlag krank, bekamen Frühjahrsfieber und Grippe, der so viele erlagen, einschließlich des begabten Künstlers Egon Schiele und seiner Frau, den ich, wie viele in Wien, bewunderte. Sie starben am gleichen Tag. Auch mein Vater, der Dione niemals kennenlernte, starb an der Grippe. Er folgte seiner still geliebten Betty nach rund zwölf Jahren eines nur halb gelebten Lebens als ein einsamer Witwer, der sie niemals vergaß. Meinem Gefühl nach ist es die sicherste Grundlage für eine Ehe, glücklich verheiratete Eltern zu haben.

Dione zog zu meiner Schwester und tatsächlich lagen wir für die Dauer unserer Krankheit beide in ihrer Wohnung. Dann begannen wir sehr geschwächt auf unsicheren Beinen wieder durch den Park von Schönbrunn zu wandern, durch den Wiener Wald, nach Mödling und über die tief gelegenen niederungsähnlichen Wiesen der Donau zum Winterhafen. Wir waren schwach, genesend und glücklich. Meine, unsere ungewisse Zukunft hing wie eine dunkle Wolkenwand jenseits der blauen Weite eines paradiesischen Himmels. Wir sprachen nicht über die Zukunft und ich machte Dione keinen Antrag. Sie war ein Mensch der Gegenwart und hat sich niemals große Sorgen über Dinge gemacht, die noch in der Ferne lagen.

Es muss im Juni gewesen sein, als sie vom Westbahnhof abreiste. Ich unternahm verzweifelte Versuche, eine Stellung zu finden, und landete schließlich bei den amerikanisch-britischen »Freunden«, der Mission der Quäker, die in alten Wiener Palästen in der Singerstraße und der Herrengasse ihr Hauptquartier bezogen hatten. Ich war entschlossen, Englisch zu lernen und mir ein »Affidavit« für die Einreise nach Amerika zu verschaffen, das ich von Adolf Loos' Schilderungen, auf seine merkwürdige Art, zu lieben begonnen hatte.

Brandenburg, Trauung in Westfalen, ein Haushalt

Da diese Affidavit-Angelegenheit sich endlos hinzog, folgte ich einer telegraphischen Einladung von Ernst, Sigmund Freuds Sohn, der mich mit seiner Braut aus Berlin, einer Altphilologin, gerade besucht und ein Büro in der Hauptstadt des Nordens eröffnet hatte. Er war nicht da, sondern auf einer Insel in der Nähe von Rügen, als ich in dieser vielgesichtigen Metropole eintraf und ich begann, mit zwei unbedeutenden Architekten der guten Gesellschaft zu arbeiten. An den Abenden saß ich auf einer Bank im Tiergarten oder nahm die Untergrundbahn und ging auf dem Kurfürstendamm spazieren.

Diese große Stadt erfüllte mich mit Staunen. Ich war nun achtundzwanzig Jahre alt und noch immer ein blutiger Anfänger. In Dahlem, wo mein lieber Freund, Architekt Freud, Häuser baute, entwarf ich Gärten. Dione kam mit ihrer Mutter, auf dem Weg zu einem Besuch in Friesland und bei ihrer Großmutter in Mannheim, sozusagen »vorbei«. Sie hatte ihre Mutter zu diesem Abstecher nach Berlin überredet, wo ich in einem dunklen, kleinen Zimmer in der Gleditschstraße wohnte. Frau Mamroth war meine Wirtin, eine typische Berlinerin.

Ich aß in der Nähe an einem »Familientisch« bei den alten Prawitzens, um die größeren Ausgaben in einem Restaurant zu sparen, und hörte mir die Kavalleriegeschichten des alten Herrn aus dem französisch-preußischen Krieg und seine Erzählungen aus der Zeit an, als der berühmte »Wintergarten«, das Varieté-Theater, noch neu war und sich Berlin aus einer preußischen Stadt zu einer Weltstadt zu entwickeln begann.

Es war voll fragwürdiger Architektur, mit Ausnahme der Kaufhäuser und der U-Bahnhöfe; eindrucksvoll durch seine nüchterne Größe und seine Museen, die ich während der paar Tage, die uns vergönnt waren, mit Dione besuchte. Sie und ihre Mutter gingen mit mir zu einer Aufführung von »Julius Cäsar« mit Moissi als Marc Anten. Die Vorstellung fand im »Großen Schauspielhaus« statt, das wie ein Zirkus aus Stalaktiten aussah. Der große Hans Poelzig hatte es für den großen Regisseur Reinhardt umgebaut. Ich war an diesem Tag mit meinen Gedanken weder bei Poelzig noch bei Reinhardt noch bei Shakespeare: Ich hatte gerade meine Stellung verloren, sagte aber nichts davon.

Was sollte ich nun in Berlin anfangen?

Frau Niedermann hatte mich ihrem Freund Otto Krüger vorgestellt, der sie vor rund zwanzig Jahren bewundernd umworben hatte, nun in Berlin verheiratet war und eine große Firma für Beleuchtungskörper besaß. Krüger, ein Mann mit rötlichem Gesicht und nun kahlköpfig, schien noch immer in sie verliebt. Und ich konnte ihn verstehen, obwohl sie eines Tages meine Schwiegermutter werden konnte.

So begann ich nun, wunderbare Illustrationen und Reklamezeichnungen von Tischlampen zu entwerfen. Die Zeichnungen sahen sehr wirklichkeitsgetreu aus, und Krüger, ein Ingenieur mit ästhetischen Neigungen, war begeistert und ließ seinem schlagkräftigen Berliner Dialekt freien Lauf, während seine blauen Augen steigendes Vertrauen zu seinem jungen Architekten und Schützling aus Wien, dem Freund eines jungen, schlanken Kükens, »Lillys Tochter«, ausdrückten.

Otto Krüger musste geschäftlich nach Westdeutschland reisen und quartierte mich in seinem Haushalt ein, einer Berliner Wohnung, wie sie die wohlhabenden Leute bewohnten. Nur seine etwas scheue, dunkelhaarige und etwas unterdrückte Frau lebte dort und hatte Angst, allein zu bleiben. Sie stammte aus Trier, das mir vor allem durch eine Fotografie der Porta Nigra ein Begriff war, dem hervorragenden Beispiel kolonialer römischer Baukunst. Ich liebte ihren Akzent, der für mich ganz exotisch klang, und ich lebte mit ihr in dieser Neureichen-Wohnung ihres Mannes; sie versorgte mich sogar zwischen Frühstück und dem Mittagessen mit Bier und mit Salamibroten. Ich verbrachte eine herrliche Zeit, während ich darüber wachte, dass der lieblichen Frau Krüger nichts Übles zustieße.

Dann klapperte ich wieder die Straßen ab, Adressen von Architekten in der Tasche, die ich mir aus dem Telefonbuch herausgeschrieben hatte.

So kam ich zu Professor Y., einem einflussreichen Mitglied des Bundes Deutscher Architekten, einem Anhänger des englischen Heimatstils Bailey Scotts, und nervösen Künstler. Er war der Tyrann eines ihn dafür sabotierenden Büropersonals. Niemand arbeitete außer dem jungen, ehrgeizigen Chefzeichner und mir, dem getreuen Schildknappen. Alle redeten und rauchten, bis Y. wie eine Bombe im Zeichenraum einschlug, gegen diese aus allen Fugen geratene, höhnische Gleichgültigkeit wetterte und tobte und dabei sein sehr kurz geschnittenes graues Haar über seiner preußischen Stirn nervös zupfte. Dann wieder erschien im Zeichenraum seine verschüchterte, jugendliche Freundin, mit der er hinter seinem Büro hauste, im Bademantel auf der Suche nach moralischer Unterstützung gegen den gemeinsamen Chef, die sie auch erhielt.

Einer der Mitarbeiter, ein hochgewachsener, arroganter junger Kerl, hatte soeben eine Stellung im Bauamt der Stadt Luckenwalde, in der brandenburgischen Streusandbüchse, unter Baurat Bischof aufgegeben. Er erzählte mir, die Stellung könnte noch frei sein, und so nahm ich den Zug Richtung Leipzig, suchte Bischof auf, erhielt die Stellung im Süden von Berlin und verdarb, zu meinem Bedauern, Y. die Stimmung, der mich durch eine Gehaltserhöhung zu halten suchte. Dann tauchte ich in das Leben einer deutschen Kleinstadt ein und trat ihrem Männer-Gesangverein bei. An den wöchentlichen Veranstaltungen, wo mehrstimmig irgendein sentimentales Lied von einem Kaninchen auf der Wiese gesungen wurde, war ich, wenn an dem langen Tisch im Wirtshaus das Trinken anging, eifrig mit dabei, eine beträchtliche Anzahl von Steinkrügen zu leeren. Ich lernte auch, mit dem Rad zu einer von uns entworfenen, ziemlich weit vor der Stadt gelegenen Siedlung hinauszufahren, die recht ländlich um einen Ententeich herum lag, in dem sich Birken spiegelten. In dieser Wohnsiedlung lebte ich bei einer Familie, deren Oberhaupt ein nur halbtags beschäftigter Drucker war, ein kaltblütiger Mann, der ungerührt seine nette, junge, aber taube Frau misshandelte. Sie und ihre neunjährige Tochter, die mit der vollen, vibrierenden Sopranstimme einer reifen Frau Lieder sang, die sie von ihrem recht musikalischen Vater gelernt hatte, lebten unten im Haus. Aus meinem Giebelfenster oben lauschte ich ihrem Streit, wenn der Vater auf seinem Fahrrad von seiner Halbtagsarbeit in der Stadt wieder zurückgekehrt war und seine Frau bei ihren landwirtschaftlichen Arbeiten antraf, deren Erfolge keinesfalls seinen Erwartungen entsprachen. Sie war eine preußische treue Ehefrau und arbeitete wie ein Pferd in der Gartenkolonie der Siedlung, in der auch ich mit meinem jungen, großen, bebrillten Kollegen, Herrn Kuras (Bruder eines protestantischen Pfarrers mit »spartakistisch-kommunistischen« Neigungen und im technischen Büro dieser Industriestadt von 50.000 Einwohnern beschäftigt), hart schaffte.

Ich arbeitete an einem Projekt der Neuansiedlung von Industriearbeitern, die wegen der Wohnungsnot nach dem Kriege und während der dem Krieg folgenden Depression in Kellern der Stadt gehaust hatten. Während ich nun an den Plänen für eine halb ländliche Siedlung saß, erlebte ich aus nächster Nähe, wie eine städtische Familie, in ländliche Verhältnisse umgesiedelt, Schiffbruch erlitt, weil jedes Mitglied auf eine andere gedruckte Anweisung schwor, wie man Kartoffeln anbauen, was und wieviel man den Enten zu fressen geben oder wie man die Gemüsebeete düngen sollte.

Sie steckten ihre Ersparnisse in den Boden und in die Aufzucht von Enten und Hühnern, von denen sie Eier erwarteten, und um den gemeinsamen Ententeich herum, den wir so hübsch ländlich in die Umgebung eingebettet hatten, erhoben sich heftige Meinungsverschiedenheiten.

Siedler von Manatuska in Alaska bis Luckenwalde in Brandenburg oder Dyas in Tennessee neigen, wie ich persönlich festgestellt habe, dazu, zornig und streitsüchtig zu werden, wenn ihre Ersparnisse allmählich im Abgrund von Erfahrungen, die sie erst langsam in einem neuartigen Leben gewonnen haben, versinken. Es geschieht dabei genau das Gegenteil von dem, was Andenbewohnern zustößt, die sich in Caracas niederlassen, zunächst im noch halbländlichen Elendsquartier, im Hügelland der Hauptstadt, dann jedoch, während ihre Hühner nach allen Richtungen auseinanderstieben, von der Polizei aus ihren Hütten hinausgeräuchert werden. Es wird so eine Familie schlichter Leute vom Lande von der gleichen Polizeiabteilung zu fünfzehnstöckigen Wohnblocks geschafft, die von der Staatlichen Behörde Banco Obrero gewiss vorsorglich entworfen und für sie billigst gebaut wurden.

Die Umsiedlung von Menschen durch wohlmeinende Wohnbaubeamte ist in jeder Hinsicht ein gewagtes Unternehmen und bei solchen Verpflanzungen sind Härten und Reibungen kaum zu vermeiden.

Ich glaube, dass mein Wirt meine junge, taube und so fleißige Wirtin schlug, bevor sie sich scheiden ließen, und die Deckenisolierung zum oberen Stockwerk war nicht so stark, dass man nicht ihr Weinen gehört hätte. Von meinem Giebelfenster aus sah ich die Siedler sich am Ententeich versammeln; sie hatten erfahren, dass ich der Stadtverwaltung angehörte, einer jener Siedlungsarchitekten, die in ihrem Büro hockten, und ein Ausländer obendrein. Es erhob sich drohendes Gemurmel und Fäuste wurden in Richtung des Hauses geschüttelt, in dem ich lebte. Inzwischen tragen ihre Frauen, ebenso wie die schwarzen Mädchen von Haiti oder die Hindumädchen von Agra bis Madras, die ich gesehen habe, Wasserkübel. Sie waren allerdings nicht so malerisch, sangen andere Lieder und verfielen schließlich in mürrisches Schweigen, wenn die Arbeiten im Haushalt ihnen zu ungewohnt und schwer waren.

Ich entwarf Hauspläne und da ich sozusagen mit meinen Patienten unter einem Dach wohnte, schluckte ich selber die Medizin bis zum bitteren Ende und beobachtete dabei, wie eine Familie auseinanderbrach. Strukturell und formal war an dieser Architektur nichts auszusetzen, aber man hatte bei ihr den Menschen vergessen.

Inzwischen sangen die städtischen Beamten weiterhin am Mittwochabend im Wirtshaus ihre Lieder und hoben ihre Steinkrüge. Auch dort war ich ein fremder Vogel (aber man hat mich in so vielen außergewöhnlichen menschlichen Situationen und Gruppen gelten lassen – es muss wohl sein, weil ich Menschen aller Art liebe). Ich unterwarf mich also preußischer Kleinstädterei und dem Baurat Bischof, der mich schätzte und meinen Mangel an Erfahrung nicht bemerkte. Der junge, magere Kuras, um einen Kopf größer als ich, unternahm mit mir Spaziergänge, radelte mit mir und machte mich zum Vertrauten seiner Herzensangelegenheiten.

Zwischen Dione in der Schweiz und mir gingen die Briefe hin und her. Sie hatte die Stadt verlassen und war in ein kleines Dorf gezogen, wo sie sich – wie sie schrieb – mit einem schönen Bauernmädchen, Idely, angefreundet hatte.

Während dieser Zeit ging ich von dem Bau von Wohnungen für die Lebenden und Streitlustigen zur Unterbringung der Toten über. Ich bekam offiziell den Auftrag, den Luckenwalder Waldfriedhof zu entwerfen, ein Vorhaben der sozialistischen Stadtverwaltung, das den verschiedenen Kirchen ein Ärgernis war. Im Stadtrat hörte ich zum ersten Mal eine äußerst geschickte Oppositionsrede eines Stadtrats mit dem ungewöhnlichen Namen Bauchwitz mit an, in der er den Plan und das Projekt, die ich so sorgfältig ausgearbeitet hatte, angriff. Der Bürger Bauchwitz war ein Meister in anständigen, aber wohlgezielt überzeugenden Angriffen. Er wies nach, dass das Projekt des Waldfriedhofs ein Wahnsinn und vom Gesichtspunkt des Budgets und aus politischen, moralischen und technischen Gründen Unsinn sei. Für mich war es eine erste wunderbare Demonstration politischer Anschauungen, auf das Gebiet der Architektur bezogen. Aber dank der sozialistischen Mehrheit setzte sich das Projekt durch. Ich hatte den Stadtförster und das gesamte Bauamt der Stadt auf meiner Seite und während im Stadtforst mein System des Auslichtens befolgt wurde und ich Vorschriften für erlaubte Grabsteine und über die ästhetischen und landschaftlichen Gesichtspunkte erließ, die für die Kapelle und das Torhaus gelten sollten, unterbaute ich das umfangreiche, ausgewachsene Geschöpf meiner Gedanken durch eine ebenso umfangreiche und wohlüberlegte Broschüre, die von Forschungsarbeit und Weisheiten der Planung prall war. Es war eine gewaltige Erfahrung in der Welt der Stille und ein Abriss aller philosophischen und technischen Gedanken im Dienst der Abgeschiedenen, der Verwaisten und der Menschen, die nur noch in der Erinnerung lebten. Viele Gedanken kamen dem jungen Mann, der ich war, während er an Herbstabenden durch die Wälder um Luckenwalde radelte oder ging.

Baurat Bischof schlug mir vor, sobald das Projekt in einigen Zeitschriften veröffentlicht würde, mich offiziell zu nennen. Das war keineswegs üblich und so sah ich staunend zum ersten Mal meinen Namen im Druck vor mir, und zwar in Verbindung mit einem Gegenstand, den ich als Enthusiast mit Zähigkeit gemeistert hatte. Ich habe von diesem Tage an ganz spontan immer diejenigen, die mir zur Seite gestanden haben, mündlich und schriftlich erwähnt und es hat mir stets Freude gemacht, ihre Hilfe anzuerkennen.

Meine Kollegen im Bauamt, wo ich mit Kuras arbeitete, zeigten mir eines Tages einige gewagte Farbenskizzen für eine Hutfabrik. Diese Zeichnungen hatte ein Mann mit Namen Erich Mendelsohn vorgelegt. Ich fand, sie sähen aus wie expressionistische Kunst, und es war immerhin seltsam, es zu wagen, sie einem städtischen Bauinspektor in Luckenwalde zu unterbreiten.

An einem Ferientag hatte ich während der Messe Leipzig besucht, aber es war die größere Metropole, die mich lockte. Am nächsten Wochenende nahm ich also den Zug nach Berlin, eine Fahrt von fünfzig Minuten oder zuweilen auch ein wenig mehr als einer Stunde. Ich suchte Mendelsohn auf, der sogleich eine Zuneigung zu mir fasste. Er lud mich herzlich ein, mit ihm zu arbeiten. Es war der Letzte des Monats und ich hatte eine Kündigungsfrist. Ich konnte mich nicht entscheiden und versuchte zu zögern; aber auch ich mochte Mendelsohn und vor allem, dass er meine Unerfahrenheit völlig übersah und nur die Begabung in mir zu bemerken schien. Um mich zu überreden, zeigte er mir alles, woran er arbeitete und was er noch zu tun beabsichtigte, bis ich sagte, jetzt *müsste* ich gehen, um meinen Zug nicht zu versäumen. »Aber können Sie denn nicht kommen?« fragte er, während er mit mir zum Fahrstuhl ging. »Kommen Sie doch«, sagte er und ich antwortete: »Morgen ist nach meinem Vertrag der Tag der Kündigung, aber ich weiß nicht, was ich tun soll.« Erich Mendelsohn hatte etwas sehr Gewinnendes und er sprach und benahm sich wie ein Junge. »Also tun Sie es doch«, sagte er wiederum, als ich in den Fahrstuhl stieg. »Rufen Sie mich morgen in Luckenwalde an«, erwiderte ich und der Fahrstuhl setzte sich nach unten in Bewegung.

Am nächsten Morgen sprach ich mit dem Leiter des Bauamtes. Bischof war ein wenig verdrossen, aber ich hatte meine Aufgabe erfüllt und kündigte so freundschaftlich wie nur möglich den Vertrag. Als zehn Minuten später Mendelsohn mich anrief, erklärte ich: »In einem Monat!«

Ich suchte mir ein Zimmer und fand schließlich eines bei Herrn und Frau Boldin. Er hatte früher einen Zigarrenladen, hatte sich jedoch zurückgezogen, ein typischer Berliner jener Zeit, und das galt auch für seine noch immer schwarzhaarige, ein wenig zänkische Frau. Das Haus lag in einer Wohnsiedlung von Eichkamp, am Rand des Grunewaldes, ein Weg von einer halben Stunde zu Fuß bis zur Reichskanzlerallee, wo Mendelsohn das oberste Stockwerk eines dreistöckigen Mietshauses für sich hatte. Wie weit war ich doch in Berlin vorangekommen, von der Gleditschstraße und von Prawitzens Mittagstisch in der von vielen Gerüchen erfüllten kleinen Wohnung. Wie lange her schien es, dass ich die kleine Teestube am Viktoria-Luise-Platz zu besuchen pflegte, wo ich mit der schüchternen Kellnerin gut bekannt geworden war. Sie war damals der einzige Mensch, den ich in der großen fremden Stadt kannte; so allein war ich damals, dass ich, als ich zwei Freikarten für das Metropol-Theater erhielt, wo ich an den Abenden als Statist einen Grenadier spielte, niemanden sonst kannte, den ich dazu einladen konnte, als meine Kellnerin aus der Teestube. Ganz rosig vor Erregung und hübsch aufgeputzt kam sie dann mit mir. »Geben Sie die Karte Ihrer Braut«, hatte man mir gesagt und im alten Berlin hieß ja jedes junge Mädchen, mit dem man irgendwie zusammen war, gleich Braut. Wir saßen in gepolsterten Orchestersesseln und sahen uns »Das Hollandweibchen« an, eine Operette von Kalman. Bevor ich im dritten Akt auf der Bühne auftreten musste, erklärte ich meiner Begleiterin, ich müsste dringend einige Telefongespräche führen, geschäftlich, verstehen Sie, und stürzte dann hinter die Bühne, um mich dort im obersten Stockwerk umzuziehen. Niemals hat sie auch nur geahnt, dass sie *mich* sah, als sie den Gardesoldaten mit weißer Perücke und mit der hohen friederizianischen Kopfbedeckung die Bühne betreten sah.

Nun war ich sozusagen angelangt und aß in der Nähe des Reichskanzlerplatzes zusammen mit Baumeister Bruggemann und anderen jungen Leuten in besseren Stellungen an einem Mittagstisch der noch jungen, aber schwermütigen Frau von T., der recht vernachlässigten Frau eines preußischen Offiziers und Junkers. Sie war Engländerin und hatte genug vom Preußentum, sagte sie, und vom Herrn Ehemann; aber sie hatte mehrere Kinder von ihm, die sie neben uns noch verpflegen musste, und dies mit Hilfe unseres finanziellen Beitrags. Ihr jüngstes Kind war der zwei oder drei Jahre alte Joachim.

Berliner Tageblatt

Sofort begann ich mit dem Anbau und dem Eckwolkenkratzer des »Berliner Tageblatts«, ein Auftrag, den der jungenhafte, humorvolle, von sich selbst überzeugte, künstlerische, geschäftstüchtige, einäugige und kurzsichtige Erich Mendelsohn bei Lachman Mosse erhalten hatte, dem Randolph Hearst oder zumindest doch dem Schwiegersohn von Randolph Hearst von Deutschland. Mendelsohn stellte mich sofort Lachman Mosse vor, der sich wie der Serenissimus der deutschen Witzblätter benahm, die Karikatur eines hohen Aristokraten oder eines gut gekleideten Prinzen. Erst zwanzig Jahre später entdeckte ich in Nordkalifornien, dass L. M., der Mann von Rudolf Mosses adoptierter Tochter und Erbin, tatsächlich Verstand hatte und ein großartiger Mann war. Als ich sein luxuriöses Büro und seinen riesigen Schreibtisch entwarf, der immer leer blieb, erklärte mir Erich Mendelsohn lachend, das Ganze sei ja doch nur eine Attrappe, denn L. M. könnte weder lesen noch schreiben noch brauchte er wirklich einen Schreibtisch. Auch wurde ich der tägliche Verbindungsmann zum Generaldirektor, Herrn Hartog, und bald der dritte Partner oder Mitarbeiter an diesem Projekt, zusammen mit dem Bildhauer P. P. Henning, einem jungenhaften, ein wenig leichtgesinnten, aber hochbegabten Mann, der mit einer älteren, netten und sehr mütterlichen Frau verheiratet war. Ich war glücklich, als Architekt und junger Partner oder Mitarbeiter an einem so bedeutenden Gebäude wesentlich mitzutun, glücklich auch über das Vertrauen, das mir ein genialer Chef und sehr geschäftstüchtige Leute entgegenbrachten.

Mendelsohns Frau, Luise, war schön, groß, stattlich, ein wenig der Typ des Desiderio da Settignano, eine Cellostudentin bei Hugo Becker wie meine künftige Braut. Sie und ihr Mann waren Verehrer von Bach, er lauschte Bachplatten, während er mit einem Hardtmuth-Bleistift 4B seine Zeichnungen machte, so weich und elegant, wie man es sich überhaupt nur wünschen kann.

Das Mosse-Haus wurde vielen Veränderungen unterworfen, da es durch seine kühne, monumentale und doch gegen jede Tradition verstoßende Höhe über die wohlgeordnete Geschäftsstadt Berlins gegen alle städtischen Baubestimmungen verstieß. Ich verhandelte mit dem zuständigen preußischen Ministerium, sammelte nun in diesem Erdenwinkel meine Eindrücke von Beamten und verglich sie mit denen aus Österreich. Wie viele habe ich seitdem überall auf der Welt kennengelernt!

Für eine Jury von Architekten wurde ein Frühstück gegeben, um ihre Unterstützung für das Bauprojekt dieses Pressegewaltigen und damit auch für das unsere zu gewinnen. Bei diesem Essen sah ich auch Y. wieder, mit einem Bierglas in der Hand, und den stiernackigen, ungestümen Vorkämpfer des Modernen, den großartigen Hans Poelzig. Erich Mendelsohn war damals bereits durch den Einsteinturm berühmt, den Karl Kosina alle fünfzehn Zentimeter durch horizontale Schnitte klargestellt hatte, um die gekrümmte, plastisch schwingende Oberfläche den Bauunternehmern fasslich zu machen – aber vielleicht noch mehr durch ein großes Plakat für die Hausleben-Versicherungsgesellschaft, das auf allen U-Bahnhöfen zu sehen war. Es zeigte eine Version Mendelsohns vom hochaufragenden Wolkenkratzer, um die ganz neue Idee, Gebäude ebenso wie Menschen gegen das Altern zu versichern, zu verkünden. Das schien mir eine wunderbare Sache, es sei denn, dass man sie schon durch die Bauweise gegen Verfall sicherte.

Die fürchterlichste Erfahrung jedoch, die einem Menschen, der sich mit Bauen befasst, zuteilwerden kann, musste ich bei diesem Mosseprojekt machen. Sand, der auf einer Dachfläche aus Beton in einem Haufen lag, brachte diesen Eckteil zum Einsturz. Der Beton war in Winterkälte gegossen worden und war noch nicht richtig fest geworden. Alles stürzte bei Tauwetter ein, durch ein Dutzend Geschosse hindurch, bis hinab in den Keller, wobei vierzehn Personen unter den Trümmern begraben wurden. Der verehrte Chefredakteur der Zeitung, Theodor Wolff, hatte glücklicherweise kurz vorher sein Büro verlassen. Ein Telefon klingelte im Westen der Stadt und eine atemlose Stimme berichtete, was im Zentrum geschehen war. Erich Mendelsohn sah mich an und erklärte geistesgegenwärtig: »Herr Neutra, *Sie* fahren hin!« Mit einem leeren Gefühl im Magen sprang ich die Treppen zur U-Bahn hinunter und während der sauber glänzende Zug unter der großen Hauptstadt sanft dahinbrauste, fragte ich mich, was mich wohl am Schauplatz der Katastrophe erwartete und was ich sagen sollte.

Als ich im Stadtinnern auf unser Gebäude zuging, sah ich eine riesige Menschenmenge gegen eine Absperrung der Polizei zu Fuß und zu Pferde andrängen. Ich trat an einen Polizeioffizier heran und erklärte ihm, ich sei einer der Architekten. »Sie sind der Architekt?« erwiderte er langsam und betrachtete mich, offenbar mit gemischten Gefühlen. Dann machte er eine Handbewegung, die heißen konnte, warum hat sich denn dieser Bursche nicht in das nächste Fahrzeug geworfen und die Stadt verlassen? Sollte man ihm nicht die Hand auf die Schulter legen und ihn verhaften?

Rings um mich her begann man in der Menge zu flüstern und die Blicke der Menschen folgten mir, als ich auf eine Gruppe von Leidtragenden zuging, deren Familienangehörige unter dem riesigen Schutthaufen begraben liegen sollten. Ich blieb stehen und blickte durch die Öffnung zwischen den vier Eisenbetonunterzügen hindurch, Stockwerk um Stockwerk und zu den von Sonne beleuchteten Wolken hinauf, die hoch oben über den Himmel zogen. Da standen der dicke, aber nun gebrochene Bauführer der Baufirma und Herr Hartog, die Männern mit Schaufeln Anweisungen gaben. Niemand wusste, welche Erklärungen man der Polizei geben sollte.

Ich war nicht hineinverwickelt, die Ingenieure traf keine Schuld, aber es war klar, dass jemand das Aufhäufen von Sand mannshoch auf der Betonplatte, die noch nicht fest geworden war, erlaubt hatte. Sie hatte, alles durchschlagend und zermahlend, alle anderen Decken mit sich in die Tiefe gerissen und Männer und Frauen zwischen ihnen zerquetscht.

Drei Tage später war das Begräbnis der Opfer. Es wurde eine große Trauerfeier, bei der Lachman Mosse mit einem bleichen, aber repräsentativen Gesicht den Trauerzug anführte, und die größte europäische Zeitung erschien mit einem breiten schwarzen Rand auf der ersten Seite und bezeichnete diesen Tag als einen Tag der Trauer.

Bald darauf flog Erich Mendelsohn nach Palästina, um sich dort mit Ruthenberg über die Pläne für ein Wasserkraftwerk zu unterhalten, und durch ihn lernte er Weizmann kennen, dessen Haus er später entwarf.

Während er unternehmungslustig den Mittleren Osten bereiste und in seinen Zeichnungen Oscar Niemeyer und andere Expressionisten zu einem großen Teil vorwegnahm, erhielt ich den Auftrag für den Bau eines Kaufhauses in Gleiwitz und entwarf aus eigener Initiative die vier Häuser mit Drehbühne in Zehlendorf. Die Flut allgemeiner Aufmerksamkeit und alle die Geschichten, die über diese neumodischen Bauten in Umlauf kamen, von Karikaturen und heiteren Gedichten in den Zeitungen gekrönt, waren »erschreckend«. In jedem meiner Häuser befand sich neben dem Wohnzimmer eine Drehbühne, durch die drei völlig eingerichtete, zusätzliche Erkerräume an dieses Wohnzimmer herangeschoben werden konnten.

Das eine Supplement war ein Musikzimmer, der zweite Schalter ließ ein Esszimmer mit bereits gedecktem Tisch ins Blickfeld rollen und durch den dritten Schalter wurde eine gemütliche Ecke mit einer großen Bibliothek neben den Wohnraum gerückt.

Jedoch zeigte der Karikaturist der Vossischen Zeitung mit echt Berliner Humor den stolzen Hausbesitzer, wie er die Hexerei seines Architekten einem Gast vorführte. Ganz von seiner Prahlerei in Anspruch genommen und sein Gesicht dem Gast zugewandt und nicht etwa der Drehbühne, drückt er auf den falschen Knopf und heran rollt das Bad und mit ihm seine heftig protestierende nackte Frau, die zu spät aus ihrer Badewanne zu entkommen sucht. Niemals wieder wurde mein Erfindergeist mit so viel Publizität geehrt. Anerkennung, freudige Zustimmung und öffentliche Aufmerksamkeit sind sehr verschiedene Dinge.

Wir gewannen ein Preisausschreiben für das Mittelmeer-Geschäftsviertel in Jaffa. Es war ein gewaltiges Projekt und das Honorar erhielten wir in ägyptischen Pfunden. Mein Anteil war groß genug, um mir den Sprung nach den Vereinigten Staaten zu erlauben, den ich schon seit so langer Zeit geplant hatte. Wir packten die selbstentworfenen Anbauschränke mit

Schiebetüren aus meiner kleinen Junggesellenwohnung zusammen, die ich, als ich heiratete, in eine Wohnung für meine junge Frau umwandelte, und ließen das ganze bei einem jungen Kollegen. Er erwies sich später als ein etwas treuloser, aber so begeisterter Verwalter, dass er einfach die ersten paar Möbelstücke, die ich entworfen hatte, für sich adoptierte.

Dione war unverheiratet nach Berlin gekommen, offensichtlich mit der Absicht (wie bereits erwähnt), auch bei Hugo Becker zu studieren, bei dem Luise Mendelsohn ebenfalls ihr Cellospiel vervollkommnete. Sie wohnte bei Frau von T., die begeistert war, wenn sie ihr nachts half, den kleinen Joachim aufs Töpfchen zu setzen. Die Mendelsohns mochten sie gern und Architekt Ernst Freud und seine Frau, Lux, die Altphilologin, wurden ihre vertrauten Freunde. Wir unternahmen heimlich Ausflüge an die Ostsee, nach Stralsund, Eldena und Werder, wo wir Apfelwein tranken.

Dann heirateten wir in Hagen, Westfalen, und verbrachten den ersten Tag unseres Ehelebens in einem Nonnenkloster in Frankfurt, wo Diones Großtante Äbtissin war. Unser gemeinsames Leben begann in Eichkamp unter den rauschenden Kiefern der sandigen Mark Brandenburg.

Dort führten wir in dem halben Zimmer meiner Junggesellenzeit den seltsamsten Haushalt; die Wände verdeckte ich mit langen Stoffbahnen und wir hatten einen winzigen Ess- und Schlaftrakt mit Kojen, die unter dem Gebälk eingebaut waren, und auf der Seite einen Grude-Ofen, der in Nordwestdeutschland verbreitet war. Im Dunkel der Nacht ging meine junge Frau auf Zehenspitzen mit der Grude-Asche hinunter, um sie im Wald von Eichkamp zu begraben, aber der kleine schwarze Hund unserer Wirte begann laut zu kläffen und verriet damit unser Geheimnis. Das alles, diese Dachstube, zu der es über drei gewundene Treppen hinaufging, war ein wunderbares Studienobjekt für den künftigen Planer glücklicher Haushaltungen. Dazu kam noch, dass wir uns als Treffpunkt in der Mittagszeit noch ein anderes Zimmer an dem etwa zweieinhalb Kilometer entfernten Reichskanzlerplatz und in der Nähe von Erich Mendelsohns Büro gemietet hatten, dessen offizieller Mitarbeiter in langen Stunden nach der eigentlichen Bürozeit ich geworden war. Wir waren nicht unvorbereitet in diese Ehe getaucht. Fünfunddreißig Jahre später schilderte Dione ihre sehr formlose Verlobung und den Beginn des gemeinsamen Haushalts:

»Unsere Korrespondenz dauerte vier Jahre und ich werde für die lange Zeit der langsamen Einweihung in das allmähliche Verstehen der Gedanken meines zukünftigen Mannes stets dankbar sein. Als Österreicher, als Ausländer in Deutschland, wo er damals arbeitete, hatte er keinen Anspruch auf ein Haus oder eine Wohnung. Immerhin gelang es ihm, seine Wirtin zu überreden, ihn den Speicher in einem Wohnhaus ausbauen zu lassen, einen Spültisch zu improvisieren, wo ich das Geschirr waschen konnte. Den Eimer mit Wasser, der unter diesem Spültisch stand, trug ich hinunter, um ihn in ein WC-Becken, eine steile Treppe tiefer, auszuleeren. Von dort konnte ich mir auch Wasser aus einer Leitung holen. Natürlich hatte ich keinen Kühlschrank, nur eine Badewanne im Keller, in der ich während der warmen Sommermonate Eier und Butter schwimmen ließ. Das Lebensmittelgeschäft war zu Fuß eine halbe Stunde entfernt und ich fand es ganz natürlich, meine Lebensmittel in einem Rucksack zu holen. Niemals wäre mir der Gedanke gekommen, meinen Mann zu bitten, es mir abzunehmen. Er hatte wichtigere Dinge zu tun und warum sollte ich, da ich jung und stark war und genug Zeit hatte, ihn daran hindern, so viel Zeit, wie er für richtig hielt, auf seine Ideen und seine Architektur zu verwenden? Ich weiß, dass diese Gedanken mir nicht bewusst, aber für mich etwas ganz Natürliches waren, weil ich ihn liebte und ihm helfen wollte.«

Was für eine Frau, diese Cellostudentin, diese Sängerin!

Warum die Vereinigten Staaten?

Loos, Wright, Sullivan

Ich ging nach Amerika, weil drei Menschen und einiges von dem, was ich gehört hatte, mich stark in dieser Richtung beeinflussten.

Der erste Mensch, der einen tiefen Einfluss auf mich ausübte, war der äußerst unorthodoxe Architekt Adolf Loos, der heute als eine der bedeutenden Persönlichkeiten in der anfänglichen Entwicklung der modernen Architektur anerkannt ist, einer Architektur, die den Weg zu einer klareren, zu einer bewussten Übereinstimmung mit ihrer eigenen Zeit suchte. Er selber wurde von seinen Zeitgenossen als Leichtgewicht befunden und von manchen sogar als Schwindler und komische Niete betrachtet.

In gewisser Weise war er als Mensch, obwohl er wie meine Mutter aus Mähren stammte, in der Wiener Tradition stark verwurzelt, und vielleicht der wienerischste Mensch, den ich mir vorstellen kann. Aber gleichzeitig wandte er sich scharf gegen allen Formalismus einer alten Kultur.

Nachdem er seine einjährige Militärdienstzeit als »Freiwilliger« hinter sich gebracht hatte, ging er nach Amerika, wo er zwei Jahre blieb. Er muss damals etwa einundzwanzig oder zwei-, dreiundzwanzig Jahre alt gewesen sein.

Er landete in New York und machte in den Elendsvierteln des unteren Manhattan eine ziemlich scheußliche Zeit durch. Geld hatte er nicht und es gelang ihm nicht einmal, eine Stellung als technischer Zeichner zu erhalten. Stattdessen musste er alle möglichen Arbeiten verrichten, vom Tellerwäscher in der Nachtschicht bis zum Hilfstellerwäscher am Tage. Wenn er mit dem Anflug eines heiteren Lächelns und der leisen Stimme eines Tauben, der er ja war, von seiner Stellenjagd erzählte, spielte er damit, dass man im Deutschen statt vom »Tellerwaschen« auch vom »Geschirrwaschen« reden kann. Und da ihm oft die Wascharbeit oblag, titulierte er sich selbst »Nachtgeschirrwäscher« – eine immerhin recht entmutigende Aufgabe für einen künftigen Architekten. Auch bot er sich in Anzeigen vergeblich an, den Neureichen als europäischer Sachverständiger für Fragen der Heraldik zu dienen.

Schließlich ging Loos nach Chicago und war dort auch während der Kolumbus-Weltausstellung. Mit anderen Worten, er muss im Jahr 1892 dort gewesen sein, in dem Jahr, in dem ich geboren wurde, und vierhundert Jahre, nachdem Kolumbus Amerika und die Inseln im Karibischen Meer erblickt hatte, jene Inseln, die mich einmal später in die gleiche Aufregung wie Christoph Kolumbus versetzen sollten und die mir harte Erfahrungen vermittelten.

Dieser Mann, Loos, mein Held, hatte selber so ungefähr die negativsten Erlebnisse, die einem aufstrebenden, begabten Einwanderer überhaupt nur zuteilwerden können. Es war für ihn schlimmer als etwa für irgendeinen slowakischen Bergmann, der in einer Kohlengrube in Pennsylvania arbeitete. Loos war ein genialer Mensch, der eine Ausbildung besaß. Ich weiß zwar nicht, wie gut seine Schulung war, aber auf jeden Fall war er ein hochintelligenter, gebildeter junger Mann. In den Vereinigten Staaten aber bekam er nur niedrige Handarbeit. Niemals gelang es ihm, auf einen grünen Zweig zu kommen. Aber er liebte das Land. Es war eine unglückliche, unerwiderte Liebe. Dennoch konnte er äußerst interessant davon erzählen und trotz aller äußeren Fehlschläge kehrte er nicht gebrochen, sondern in seinem Herzen bereichert und voll glühender Begeisterung für dieses Land seiner Wahl nach Wien und in die alte Heimat zurück. Niemals habe ich in diesem oder einem anderen Land einen Menschen getroffen, der von den »Staaten« so begeistert war wie Adolf Loos. Wenn doch nur die Vereinigten Staaten der zweiten Hälfte des zwanzigsten Jahrhunderts in der Weltmeinung wieder einen solchen Platz einnähmen und zu einem leuchtenden Leitbild würden, wie sie es für ihn gewesen waren!

Man könnte sagen, dass das, was Loos in diesem Land sah, zum Teil eine Illusion war, aber es gehörte dazu auch ein sehr realer Kern. Für ihn war Amerika das Land nicht gefesselter Geister, das Land von Menschen mit entrümpelten Gehirnen – sagen wir –, Menschen, die den Realitäten des Lebens nahestanden, in einer neuen Zeit, in der nicht kultureller Manierismus, sondern das Faire und Unbewusste herrschte. Die Menschen in Amerika, wie er sie sah, waren zu einer gesunden, unbeschwerten Einstellung zurückgekehrt, die man in der »alten Heimat« der »Kulturländer« verloren hatte. Und gleichzeitig hatten die Menschen in Amerika ein goldenes Herz, wenn er sie mit den kleinlicheren oder wiederum intellektuelleren Streithanseln daheim verglich. Die Amerikaner beschrieb er als die gütigsten Menschen der Welt. Und ich bin da noch immer seiner Meinung. Man könnte behaupten, Güte oder Härte des Herzens hätten wirtschaftliche Gründe. Trotz aller Elendsviertel waren die Verhältnisse dort noch immer nicht mit denen in verschiedenen Teilen Europas oder Asiens zu vergleichen, wo Menschen schon um ein Stück Brot kämpften und daher, was ganz natürlich ist, verbittert waren.

Zu gern hörte ich Loos bei seinen Geschichten zu und ich denke auch heute noch gern an sie. Ganz gleich, was ich später erlebte, sie behielten ihre Gültigkeit. In ihm war ich einer großen Seele begegnet. Und er hatte einen tieferen Blick in die Seele dieses Landes getan als oberflächliche Beobachter oder Lobhudler. Eine seiner Geschichten, an die ich mich erinnere, lautete etwa so:

»Mir ging es recht dreckig, außerdem herrschte eine allgemeine Depression im ganzen Land. Ich half in einem kleinen Friseurladen in der 14. Straße – der im Übrigen einen recht interessanten Vorhang aus Glasperlen am Eingang hatte, wie ich in dieser Art später einen im Schneideratelier von Goldman und Salatsch am Michaelerplatz verwendete –, und einer der Friseure nahm mich eines Abends zu einem Vetter mit, einem kleinen jüdischen Schneider, der im Keller eines unverputzten Hauses, zwei Blocks von der Bowery entfernt, wohnte. Der Schneider arbeitete, nähte, schnitt zu und probierte auch in seinem Keller an; aber er hatte ein kleines Hinterzimmer, in dem er die fertigen Anzüge aufhängte. Er vermietete es mir, da auch ein kurzes Sofa dort stand, auf dem ich schlafen konnte. Und so blieb ich bei dem jüdischen Schneider und seiner Familie wohnen. Es waren sehr nette Menschen. Viele Monate blieb ich; aber ich konnte und konnte keine feste Arbeit finden. Ich versuchte alles, während der Schneider und seine Frau gutherzig auf ihre Miete warteten. Er lieh mir sogar etwas Bargeld und ich annoncierte in der Zeitung, ich sei Sachverständiger für Heraldik und könnte für jede Parvenü-Familie in New York ein Wappen entwerfen. Hier und da erhielt ich ja wohl einen Auftrag, aber davon konnte man nicht leben und so musste ich gelegentlich wieder zu meinen Gelegenheitsarbeiten als Nachtgeschirrwäscher zurück.

Als ich mir eines Nachmittags wieder die Hacken auf der 14. Straße ablief, ereignete sich etwas in meiner eigenen Straße. Eine elegante Kutsche mit zwei prächtigen Pferden, einem Kutscher und einem Lakaien in aristokratischer Livree kam langsam von der Bowery her angefahren. Alle Kinder hörten mit ihrem Ballspiel auf und die Hausierer verstummten und starrten nur noch. Die Kutsche hielt an und der Kutscher beugte sich zu einem Passanten hinab: ›Wissen Sie, wo Mr. Loos wohnt?‹ Aber so leicht erhielt er darauf keine Antwort.

Bald war die Kutsche von einer großen Menge umgeben und alle Gassenjungen berührten mit den Händen die goldlackierten Räder und spähten durch die Fenster auf die üppige Polsterung. Der Kutscher nahm seinen Zylinder ab und holte ein Schreiben hervor, auf dem stand: ›Mr. Adolf Loos, Architekt‹.

Wie aus einer Kehle riefen mehrere Leute aus der Menge: ›Adolf, er sucht unseren Adolf!‹ Die Gassenjungen liefen auf das Geschäft des Schneiders zu und brüllten, eine Kutsche wartete auf den Adolf. Die Menge schwoll beängstigend an und schrie auf Italienisch, Jiddisch und Slowakisch wild durcheinander. Verdutzt stand der Schneider in der Kellertür, inmitten all der kleinen Jungen und Mädchen aus dem Block, die unaufhörlich ihren Müttern zuschrien, doch aus dem Fenster zu sehen, um sich dieses Schauspiel nicht entgehen zu lassen.

Als der Kutscher dann erfuhr, Loos sei nicht da, beugte er sich von seinem hohen Kutschbock hinab und reichte dem Schneider einen versiegelten Brief. Während die Menge in ehrfürchtiges Schweigen verfiel und in allen Stockwerken dieser alten Ziegelhäuser die Frauen ihre Kocherei vernachlässigten, um aus allen Küchenfenstern des ganzen Blocks hinauszublicken, wendete der Kutscher die prächtigen Pferde vor seiner prächtigen Kutsche und ließ sie über die Pflastersteine der lustigen neunziger Jahre davontraben. Nachdem der Wagen um die Ecke verschwunden war, erhob sich in den vielen Sprachen Manhattans ein großes Rätselraten.«

Ich saß in einem Wiener Kaffeehaus Loos gegenüber, aber ich sah Manhattan und den Schmelztiegel der Tapferen, die über das Meer in das große Land des Abenteuers gezogen waren, ganz deutlich vor mir. Dann fuhr Loos fort:

»An diesem Tag wurden die Geschäfte und die Spiele der Kinder in diesem Block ernsthaft unterbrochen und vernachlässigt. Die meisten Leute blieben beim Schneider stehen und warteten auf meine Rückkehr. Einstweilen redeten sie über den Zylinder, die Pferdepeitsche, die Pferde und die luxuriöse Polsterung der Kutsche, während sie sich in endlosen Vermutungen über das ganze Ereignis ergingen.«

Schließlich traf am späten Nachmittag Loos ermüdet und ziemlich entmutigt ein. Hier war der mysteriöse Brief! Inmitten gespannten Schweigens öffnete er den geheimnisvollen Umschlag. Er enthielt eine Einladung von einem entfernten, reichen Verwandten, der von seiner Ankunft in Amerika gehört hatte und ihm nun sehr freundlich vorschlug, doch an einer langen Wochenendparty auf seinem Besitz auf Long Island teilzunehmen. Das war alles.

Hunderte von Augen starrten Adolf an und sogleich legten ein paar Menschen wohlwollend ihre Arme um seinen Nacken; ein alter Italiener küsste ihn sogar. Alle brachen in Jubelrufe aus und Loos wurde auf die Schultern starker Männer gehoben. Aber plötzlich vernahm man durch diesen betäubenden Trubel hindurch Adolfs Stimme: »Ich kann ja nicht gehen! So kann ich doch gar nicht gehen!« Nach einer kurzen Pause der Verzweiflung gaben ihm alle recht: Er sah ja viel zu schäbig aus, um sich auf Long Island zeigen zu können. Aber ein Angebot hier und eines dort lösten eine Lawine der Hilfsbereitschaft aus. Alle wollten sie etwas für ihn tun.

Das war am Mittwoch. Freitagmittag war alles bereit: Man hatte Sammlungen veranstaltet, es wurde gestiftet und alle Nachbarn hatten in Pfandhäusern und in Geschäften, in denen man sich Kleidungsstücke leihen konnte, ihr Bestes getan. So hatte man also einen eleganten »Prinz Albert« geliehen, von dem behauptet wurde, er säße Adolf fast wie angegossen, auch wenn er um seine schmächtigen Schultern ein wenig weit schien; die gestreiften Hosen steuerte einer der Nachbarn bei, eine Hemdbrust, Röllchen und einen Kragen, Krawatte, Zylinder, ziemlich hochhackige Schuhe, alles, bis zu einer Uhr mit Goldkette und einer Kamelie für das Knopfloch, die von irgendwoher auf wunderbare Weise herangezaubert wurde. Liebe und Sympathie hatten den Sieg davongetragen. Und dazu kam noch der Instinkt des Spielers, der erleben will, dass das Rennen gewonnen wird und sich möglicherweise sogar bezahlt macht.

Loos wurde vom Friseur auf Kredit rasiert und sein Schnurrbart hochgezwirbelt und parfümiert. Das Ganze war eigentlich eine Art Kreditgeschäft mit ein wenig unsicheren Chancen: »Vergiss uns nicht, wenn du auf Long Island bist.« Das war die Bedingung, die dieser Transaktion zugrunde lag.

Adolf sah fabelhaft aus, als er seinen Stock unter den Arm klemmte, die Glacéhandschuhe in einer Hand, während die andere mit den Silberdollars in seiner Hosentasche klimperte. Man hatte sogar für die Trinkgelder gesorgt, die Adolf würde geben müssen.

Ich saß im Café und sah Loos an: Sein Gesicht war gefurcht und er war nun fünfundzwanzig Jahre älter. Und wo waren jetzt alle seine warmherzigen Freunde, die ihm in das Märchenland von Long Island verholfen hatten?

Montagmittag kehrte die Kutsche wieder, Loos ein wenig zerknittert und von den Cocktails leicht mitgenommen, aber offensichtlich gut genährt und um die Silberdollars in seiner Tasche erleichtert, die er als »Tips« an die Diener, die Kammermädchen und die Kutscher verteilt hatte. Nachdem er einen begeisterten Bericht von seinen Abenteuern am Wochenende abgegeben hatte, setzte wiederum eine große Transaktion ein. Immer wieder musste er erzählen, während jeder, der irgendwie Kapital in dieses Unternehmen gesteckt hatte, seinen Einsatz zurücknahm: die Schuhe, die Goldkette, die Uhr, den Zylinder, um sie dem Leihgeschäft zurückzubringen oder sie erneut zu verpfänden. Die Leute waren begeistert; aber jeder fragte sich, was wohl nun und als Nächstes geschehen würde.

Loos erklärte ihnen, dass man selbstverständlich nicht sofort eine Stellung bekommen könnte, wenn man auf die Besitzung eines Millionärs eingeladen würde. Zunächst ginge es doch nur darum, mit diesen Bankiers und Industriekapitänen familiär zu werden. Aber es war ein Erfolg gewesen, ein großer Erfolg, und die Leute dort mochten ihn gern. Tatsächlich wollten sie ihn in der übernächsten Woche wieder bei sich sehen. Man musste ein bisschen mit den Wölfen heulen, wenn man es auf Long Island zu etwas bringen wollte. – Am nächsten Freitag wurde dann alles wiederholt. Die goldene Uhr, der Zylinder, die Silberdollars und der »Prinz Albert« – alles wurde von den Freunden und den großen Spekulanten östlich der Bowery erneut bereitgestellt.

Wieder kehrte Adolf Loos mit einer farbenfrohen Schilderung zurück. Alles wiederholte sich, nur etwas gedämpfter, und so hofften die Leute von einem Wochenende zum anderen, bis ganz allmählich Hoffnung und Kutsche, Polsterung und Sonntagskind Adolf ihren Glanz und ihre strahlende Anziehungskraft verloren. Überall im großen New York gibt es Wunder, die elf Tage währen, wie man dort sagt. Die Fata Morgana Long Islands verblasste, ohne jemals Wirklichkeit zu werden und ohne irgendeinen Ertrag abzuwerfen. Niemals verlor Adolf die warmherzige Zuneigung seiner Freunde aus dem unteren Manhattan; aber für die Leute auf Long Island wurde er wieder etwas Alltägliches und seine Trinkgelder waren, verglichen mit denen anderer Wochenendgäste, offenbar zu klein. Sein Atem und der seiner armen Freunde, die wie er selbst kürzlich gelandet waren, wurde kurz, als sie versuchten, es mit den verehrungswürdigen, älteren, wohlbestallten amerikanischen Mitbürgern aufzunehmen. Wenn er es hätte durchhalten können – dann vielleicht! Aber es ging nicht. Dagegen beschloss er, einigen seiner wohlmeinenden Gläubiger, die ihm so treu zur Seite gestanden hatten, das Geld zurückzuzahlen. Glücklicherweise waren 1890 elektrische Spülmaschinen noch nicht erfunden und in einigen Hotels gab es offene Stellen in der Nachtschicht. Adolph nannten ihn seine amerikanischen Nachbarn, beim Vornamen. Er war und blieb ihnen liebenswürdig und menschlich anziehend, all denen, die ihm irgendwie begegneten. Und doch, wie jedes prononcierte Individuum war und blieb er für immer ein Fremder auf seinem eigenen, einsamen Pfad. Herzliche Teilnahme anderer konnte für Momente entzündet werden, für Stunden, für hoffnungsvolle Wochenenden, und dann legte sich alles wieder und ließ ihn allein in seiner Einsamkeit. So sollte es bis zu seinem Ende bleiben. Es kann schwer anders sein mit einem Neuerer und Erfinder. Mit irgendeinem Mann, der seine Nächsten gelegentlich fasziniert und sie dann in einer ärgerlichen Ungeduld steckenlässt mit dem, was ihn so stark beschäftigt, sei es nun Mozart, der sein letztes Requiem schreibt, oder Graham Bell, der das erste Telefon erfindet.

Und Loos bewunderte weiterhin die Amerikaner, die Küchenchefs, Hotelmanager, Friseure, die Schaffner bei der elektrischen Stadtbahn, die Hausierer mit ihren Karren und die kleinen Schuhputzer. Für mich wurde er zum Walt Whitman des unteren Manhattan und seiner naiven Brüderlichkeit.

Er war der Ansicht, die er ohne weiteres verallgemeinerte, dass nämlich seine Amerikaner herrliche Menschen seien.

Was not tat, war, die sogenannte Erziehung und Kultur ein wenig vergessen zu können und alle jene Eigenschaften, die man in europäischen Ländern so übertrieben hoch bewertete, insbesondere in der kulturellen Hauptstadt Mitteleuropas, die Wien damals war.

Nun kam dieser Mann ja aus einem Ort, in dem das beste philharmonische Orchester der Welt spielte und wo es mehr Komponisten von Bedeutung, mehr Kunstkenner und Schauspieler und wirklich kultivierte Salons und Cafés auf den Quadratkilometer gab als irgendwo anders. Und dennoch lebte er dort unter kleinen Proletariern und inmitten von Elementen, die sich ihrer Umgebung noch nicht angepasst hatten, aber gewiss kaum mit den Angelsachsen der herrschenden Schicht, mit Menschen, die auf eine eigene Tradition stolz waren. Er aß und trank mit den von Armut geplagten Einwanderern, die mit ihm im gleichen Boot saßen. Und die meisten der Geschichten, die er erzählte, waren für mich von unschätzbarem Wert; aber echte, hundertprozentige Amerikaner kamen in ihnen kaum vor! Stets sprach er von Filipinos, russischen Juden, Chinesen, Slowaken oder Italienern der ersten oder zweiten Generation in diesem Land. Er lebte mit den Menschen, denen er in der Gegend der Orchard Street in Manhattan begegnete.

Trotzdem waren diese tapferen, hoffnungsvollen Menschen für ihn alle miteinander echte Amerikaner, und in einem gewissen, ergreifenden Sinn sind sie es ja auch. Diese Art Amerikaner spiegelten den Geist des Landes in einem bedeutsamen *Anfangsstadium*. Sie alle befanden sich in jenem Vorgang der Entrümpelung und sie alle wurden zu einem neuen Realismus bekehrt, zur Freiheit von historischen Vorurteilen, die in der überalterten politischen Geographie ihrer früheren Heimat ihr Blut schwer gemacht und vergiftet hatten. Sie wurden, so wie Loos sie sah, wirklich gutherzige Menschen, die sie zu Hause nicht gewesen waren, wo sie, in elender Verstumpfung lebend, seit so langer Zeit sich gegenseitig die Gurgel abgeschnitten hatten, nur um etwas in den Magen zu bekommen. Selbstverständlich gab es auch jetzt noch in gewissem

Umfang eine Gurgelabschneiderei, aber es war doch mehr ein jungenhafter Sport, und es fand sich in den niedrigeren Schichten dieser Anfänger sogar eine Atmosphäre, in der die Herzen in diesem großen Schmelztiegel eine Wandlung zur Güte durchmachten. Darin sah Loos eine neue amerikanische Art des Humanismus.

Ich gebe zu, dass ich manche eigenen Worte Loos in den Mund gelegt haben mag; aber seine Ansicht über dieses Land und in seinem Gefolge auch die meine war nicht die orthodoxe und wurde sie auch niemals, obwohl ich später sehr viel breitere Schichten des amerikanischen Volkes kennengelernt habe, von den obersten Blaublütigen bis zu den einfachen Arbeitern und bis zu den asiatischen Einwanderungsströmen an der Westküste, auf den Inseln des fünfzigsten Staates, Hawaii, und im amerikanischen »Trust Territory« der Südsee.

Loos' Geschichte war in gewisser Weise die Einwandererversion von Whitmans »Grashalmen«. Nun faszinierten mich diese beiden irgendwie verwandten Dichter und Verdichter einer weiten Welt, von der sie herz- und gedankenbewegend sangen. Beide sprachen mir mehr von Männern und Frauen und nur angedeutet von der Landschaft oder von der Höhe der berühmten Gebäude. Loos redete nicht einmal von der angelsächsischen Truppe oder Gesellschaft, die eine so hervorragende Rolle in diesem Drama gespielt hatte und ursprünglich dieses Land besiedelte. Trotzdem sprach er halb unbewusst von den Wirkungen, die das hier ausgebildete Seelische in diesem klassischen Land der Einwanderung auf alle zuziehenden Menschen ausübte, auf seine Neu-Einwanderer: Wie nämlich eine Veränderung mit ihnen vorging und worin die Kraft einer umgeschmolzenen Menschheit in diesem Land lag. Das war seine Geschichte von Amerika und sie hat an Bedeutung gewonnen in dem Maße, in dem Amerika für die ganze Welt zu einem Katalysator wurde, sogar hinter dem fest gewobenen politischen Vorhang, wo nun ebenfalls eine technologische Zivilisation von ähnlichem Massenaufgebot sich über das Individuum hinwälzt. Es hat dunkel geheimnisvolle Möglichkeiten der Evolution.

Nach Wien zurückgewandert war es Loos' Tragik zu glauben, er könnte diese Stadt mit dem, was er aus Amerika mit herüberbrachte, ändern. Das endete für ihn recht kläglich und ich konnte ihn darin verstehen und bemitleidete ihn.

Loos war in einer dichten Menge von Besuchern aus aller Welt durch die Kolumbus-Messe von 1892 spaziert. Zu der Zeit, als er in Chicago lebte, war es – allerdings eher zu rechtfertigen als ein halbes Jahrhundert später – ein wilder und von ungestümen Kräften erfüllter Ort, von großer Faszinationskraft für jeden, der all die überlebte Kultur über Bord werfen wollte und all die Dinge, die in dem rasch alternden Europa jener »fin de siècle«-Jahre vorherrschten. In gemäßigter Form nahm er eine auf dem klassischen Baustil beruhende Einstellung mit sich nach Hause, in ein Wien des kapriziösen, modischen »Art Nouveau« und des Jugendstils. Loos war, wie die meisten, von der »römischen Wiedergeburt« auf dieser Weltausstellung der klassischen Kolonnaden beeindruckt, vielleicht mehr als durch Sullivans Extratour des so ungemein neuen »Palastes des Verkehrs«, in dem die gewaltigen, damals neuen Dampflokomotiven des Jahres 1890 untergebracht waren, die nun lange verschollen sind.

Ich habe seine gemischten Gefühle geteilt, ohne jedoch jemals wirklich in diesen oberflächlichen Kampf zwischen den Missgeburten des »Klassischen« und des erfolglos imitierten, geschwind Modischen hineingezogen zu werden, auch nicht einmal heute, da beide gleichzeitig neue Triumphe feiern. Es gibt da einen menschlich-organischen Basso sostenuto, der kontinuierlich fortklingt, der für immer unterfärbt, was wir tun können, müssen und wollen, um lebensstark zu bleiben. Es ist tief unter der Oberfläche und unter der Oberkruste.

Wenn wir Worte benutzen, speziell fremde Worte im Ausland, mögen wir oft in Missverständnisse verwickelt werden. Sprachkenntnisse sind ein klarer Teil der Kommunikationsmittel eines Architekten. Ich fürchte, ich spreche alle Sprachen schlecht. Englisch hatte ich nie in der Schule. Ich klaubte es mir in Brooklyn zusammen, während ich das Deutsche vergaß, und vervollkommnete mich auf dem Hollywood

Boulevard, bevor ich es meiner Frau beibrachte. Ich erkläre mich dieser Unregelmäßigkeit in meiner Erziehung schuldig. Wenn ich vor den Fernsehern Roms zu sprechen geladen war oder eine halbe Stunde übers uruguayische Radio sprach, dann versuchte ich mit gewissem Erfolg einen fremden Akzent ins Gesprochene einzubeziehen. Man sagte mir, das mache die Sache für die Zuhörer interessanter. Der Gesichtsausdruck und die Handbewegungen helfen der Verständigung, aber unglücklicherweise ist das nicht der Fall, wenn man ein Buch schreibt. Ein Buch beginnt ein möglicherweise langes Leben für sich selbst, weit über alle momentane Feuerwerkerei hinweg. Wohlgesetzte Worte wie »aere perennius« sang Horaz: dauernder als Bronze. Aber es gibt Ressentiments und Liebe ohne viele Worte.

Als ich nach Amerika kam, gab es nichts Scheußliches, nichts Schmutziges, was mich jemals hätte entmutigen können. Ich war in meiner Pro-Einstellung zu Amerika so stark, dass ich in allem nur das Jugendliche sah, wenn es auch ein wenig ungewaschen hinter den Ohren war. Ich war nicht hergekommen, um Reichtümer zu sehen oder zu sammeln, denn dieser Mann hatte mir von Menschen in abgetragenen Kleidern erzählt und von Schneidern, die für Hart, Schaffner und Marx Konfektion nähten, und von Käufern, die zu den Serienläden von Foreman & Clark »im Oberstock hinaufgingen, um dreißig Prozent zu sparen«, wie es in der Reklame hieß. Selten einmal erzählte er mir – es sei denn um einen Hintergrund der Einwanderungsszenerie – von poliertem Marmor, wenig von erstklassigen Cocktailbars und von einer sich verweichlichenden, wie aus der Zeitschrift »Vogue« entsprungenen, intellektuellen Gesellschaft. Lieber denke ich an ihn, wie er von diesen Prärie-Austern aus scharfem Gin sprach. Wovon er mir jedoch oft und unermüdlich erzählte, das war von der gutherzigen unteren Schicht Amerikas und von den Menschen aus seinen nach Schweiß und Plage riechenden Werkstätten, die aber immer in eine rosigere Zukunft zu blicken schienen. (Er lebte hier in einer Zeit, fünfzehn Jahre bevor man von Sidney Hillmans Reformation der kleinen Kleidermacher hörte.) Und als ich Amerika sah, Manhattan, Brooklyn, Baltimore, Philadelphia, war es ebenso, als sei man nach London gekommen und sähe ein Armutsviertel und erinnerte sich dabei der »Weihnachtsgeschichte« von Dickens und als sei man nun begeistert, sich in einem so romantisch-elenden Stadtteil der alten, liebgewordenen City wiederzufinden, weil man einmal als Junge eben Dickens so genossen hatte. Da hatte man nun alle diese düsteren Häuser und Hinterhöfe vor sich, die der Mann in seinen menschlich so optimistischen Erzählungen schilderte. Mit einer solchen Einstellung konnte ich unmöglich ganz enttäuscht werden. Viele Jahre später habe ich für die Kleidermachergewerkschaft gebaut und die Leute, klein, gesprächig und gutherzig, wiederum lieben gelernt.

Wenn man in das London Königin Viktorias trat und etwa erwartete, sich auf dem reichsten Geldmarktplatz der Welt zu befinden, in der Hauptstadt des ausgedehnten britischen Imperiums, und plötzlich Menschen in Massen von Kopf bis Fuß kritisch betrachtete, viele nicht einmal fähig, englisch zu reden, eher schäbig als »wohlhäbig«, hätte man sich sehr wohl gefragt, ob denn das nun wirklich die Stadt der Erfolgreichen sei, wirklich die strahlende Metropole? Aber liebte man Dickens und waren einem seine Armut und die Szenerie der Elendsviertel ans Herz gewachsen, fand man London wunderbar, und da auch in New York jene Menschlichkeit mitschwang, an die wir glauben wollen, fand ich auch diese Stadt voll von Wundern. Ich betrachtete alle die dunklen, abgetakelten Gebäude und dachte über dies alles nach, als sei es genau die Bestätigung dessen, wovon ich erzählen gehört hatte, ein gültiger Beweis für Loos' eindringenden, vorausschauenden Röntgenblick, mit dem er unter der Oberfläche eine Zukunft erschaute, wie sie sich ihm offenbarte. Ich lächelte sogar den neuen Singerturm in verkorkster Renaissance und das gotisch ragende Woolworthgebäude an, obwohl ich selber in meinem Gepäck und in meinen Gedanken

Pläne für glatte Glaskolosse wie »Lever Brothers« mit mir führte und eine Skizzenserie zur Reform der wirren Großstadthetze. Amerika war mir einfach über alles Augenscheinliche hinweg der geliebte Bauplatz des Kommenden.

Der nächste Mann, der mich beeinflusste, war von ganz anderer Art und ein Amerikaner der zweiten Generation: Es war Frank Lloyd Wright, ein wunderbares Thema für eine Geschichte, die noch niemals erzählt wurde, nicht einmal von ihm selber. Ich bin glücklich, diesen merkwürdig vitalen Mann gekannt zu haben, lange bevor er von seinem eigenen Land anerkannt wurde, und ganz gewiss war es nicht leicht, ihn wirklich zu kennen. Er selber hat trotz außerordentlicher Gabe im Sprechen und Schreiben im Grunde wenig dazu getan oder tun können, das Wissen über ihn zu erweitern. Und er ist lange Zeit und in vieler Hinsicht menschlich falsch eingeschätzt worden. Er war Künstler, der reformieren wollte, und ein aufsässiger Rebell, der ein ganzes Leben lang interessante Botschaften gab über von ihm Vorausgesagtes und Vorausgesehenes, je älter er wurde, desto witziger und schlagfertiger schien dieser wundersame Mann bei Interviews und im Fernsehen zu werden. Ich habe bei ihm für Monate und für Tage als Gast leben dürfen; er hat sich viel und gern mit mir unterhalten und war überhaupt kein Schweiger. Er hat eine Autobiographie geschrieben, in der er alle möglichen Dinge und Bestrebungen, die ich sehr zu schätzen weiß, miteinander in Zusammenhang gebracht hat; und doch bleibt so viel ungedeutet an diesem so bedeutenden Mann. Dione, der Sängerin, war er von Herzen zugetan.

Als ich zum ersten Mal vor oder neben Frank Lloyd Wright stand, war es so, als hätte man plötzlich das Einhorn oder irgendein anderes Fabelwesen, das man hinter dem Regenbogen suchte, nun richtig zu Gesicht bekommen. Ich kannte damals von ihm nichts weiter als eine großartige Veröffentlichung, die 1911 in Deutschland über ihn herausgekommen war. Es war, glaube ich, die monumentalste Veröffentlichung über einen jungen Architekten, die jemals erschienen ist, und er selber hat dafür opferfreudig bezahlt, diesem Buch einen Weg zu bahnen – er war erst vierzig Jahre alt und konnte sich doch diesen höchst verdienten Schritt einer Botschaft in die Welt leisten. Der große graphische Band war eine Art wunderbare Mappe; wenn ich mich recht erinnere, etwa im Format von fünfzig mal fünfundsiebzig Zentimetern, eine Folge von Blättern, auf denen die phantastische Lebenskultur von mir bis dahin noch unbekannten Menschen dargestellt wurde. Es war so, als sähe man die Darstellung von Häusern für Wesen einer anderen Welt, auf dem Mars; es waren Dinge, die in Wien völlig unmöglich waren, zum Beispiel wegen der Enge der Lebensumstände und der geschichtlich bedingten Wirklichkeit, der Vorurteile oder einfach überhaupt der Ärmlichkeit der europäischen Bevölkerung. Hier jedoch war eine völlig andere Szenerie. Es gehörte ein Vorwort dazu, das in etwas verkrümmtem Deutsch erschien. Wright selber schrieb in einer sehr poetischen, oft blumigen Sprache; aber die Übersetzung klang auch wie eine verstümmelte Botschaft von einem anderen Stern. Tatsächlich ließe sich nicht sagen, was das alles bedeuten sollte, und doch, auf jeden Fall wurde es mir aus den mitgegebenen Zeichnungen herzberückend teuer. Ich konnte über die Zeichnungen und die Grundrisspläne nur staunen, denn sie sahen so ganz anders aus als alles, was ich bis dahin vor Augen bekommen hatte. Diese Häuser hatten keine Wände und die Zimmer öffneten sich nach allen Richtungen. Die Häuser sahen so aus, als ständen sie in einem tropischen Land, wo es keine winterliche Kälte gab, was natürlich nicht der Fall war. Im Vorwort erklärte Wright, er hätte einen Stil erfunden, den er als den Prärie-Stil bezeichnete, und all dieses großartig Neue wurde von ihm in die Prärien des mittleren Westens gestellt. Ich war natürlich damals noch niemals im Mittelwesten gewesen und hatte mir den ganzen inneren Teil der Vereinigten Staaten ungefähr so gedacht, wie Culross Peattis ihn beschreibt: die seltsame Vegetation, die zwitschernden Vögel und das wandernde Kleingetier von Präriehainen. Ich sah so etwas wie argentinische Pampas vor mir, noch immer mit rothäutigen Indianern und ihren Spitzzelten, in der Ferne als Hintergrund eine mit donnernden Hufen vorüberziehende Büffelherde. Es war wohl in diesem unberührten und sich unendlich weit dehnenden Flachland-Paradies, wo Frank Lloyd Wright jene niedrigen Gebäude baute mit den riesigen, sie überschattenden Dächern und langen Fensterreihen, wie die eines in eine abenteuerliche Weite hinausfahrenden, transkontinentalen Zuges, mit dem Blick auf eine offene, vom Wind durchwehte Landschaft. Ich ahnte nicht, dass sich das Ganze im vorstädtischen »Oak Park« Chicagos abspielte. Ohne ein solches Wissen war jedoch alles noch faszinierender. Ich entschloss mich, hinzufahren und alles mit meinen eigenen Augen zu sehen. In Europa gab es niemanden, der auch nur etwas Ähnliches versuchte. Frank Lloyd Wright war der Mann in einer fernen Welt, der, wer immer er sein mochte, das Bedeutsame, das Wesentliche getan hatte.

Dieser mich wie ein Wunder anmutende Mann weckte in mir die Überzeugung, dass ich, was auch geschehen mochte, dorthin gehörte, wo er auf Erden wandelte und arbeitete.

Als ich nach New York gekommen war und einfach sah, was Loos mir erzählt hatte, war es nichts weiter als eine Bestätigung, eine Art Rückkehr zu dem Erwarteten und in eine vertraute Situation; denn auch ich war ja nichts weiter als ein armer Einwanderer. Ich lebte in einem Zimmer, für das ich ein paar Dollar in der Woche zahlte. Es war mit nichts weiter ausgestattet als mit einem Abflussrohr, das aus dem oberen Stockwerk hindurchlief, und wenn die Menschen oben ins Badezimmer gingen, konnte man das gut hören. Einen Schrank gab es nicht, nur ein paar Haken, an die ich meinen Anzug und Überrock hängen konnte. Ich glaube, ich wohnte deswegen in Manhattan und arbeitete in Brooklyn, um mich von Loos und fast jedermann zu unterscheiden, jeden Morgen nahm ich die »Subway«, die U-Bahn, in der umgekehrten Richtung wie alle anderen, stieg zweimal um, wechselte dann in die Straßenbahn über und fuhr in eine ferne Ecke von Brooklyn, um mich am Leben zu erhalten. Ich wohnte am Irving Place, ganz nah bei Gramercy Park, mitten auf dieser Wunderinsel, die von Dreck und geheimnisvollen Dingen überkrustet war. Aber wie gesagt, dies wiederum war alles ja nur eine Bestätigung dessen, was ich nach »Loos' Erzählungen« erwartet hatte.

Das Bilderbuch von Frank Lloyd Wright und die Geschichte, die es mir erzählt hatte, erwies sich als ein traumhafter Gegensatz zur Wirklichkeit vor meinen Augen.

Ich war voller Ungeduld, nach Chicago zu kommen, denn dort wenigstens würde ich jene Prärien sehen, die sich bis zum Horizont erstreckten, mit ihren kleinen Präriegehölzen im Vordergrund und den Siedlungen der schönen Präriehäuser.

So drängte es mich also in diese Stadt mitten auf dem Kontinent, die damals kaum mehr als zwei Generationen alt war, und ich traf an einem nieseligen Novembermorgen auf dem »Illinois Central« Bahnhof ein. Und hier muss ich noch schnell etwas anderes, andere Anlässe und Beweggründe einfügen, die mich in die Vereinigten Staaten geführt haben.

Als ich noch auf dem Gymnasium war, etwa in der dritten Klasse, las ich in einer Wiener Zeitung einen Bericht über Chicago, in dem es hieß, man hätte in dieser großen und wie ein Pilz wachsenden, sich ausbreitenden Stadt gerade beschlossen, alle Eisenbahnen bis auf eine Entfernung von rund fünfundsechzig Kilometern von der Stadt zu elektrifizieren, dadurch würde die Luft rein und das Leben dort würde sauber und sehr angenehm sein.

»Elektrifizieren« war zu jener Zeit für mich ein sehr neues Wort und der Gedanke, dass alle diese Züge elektrisch betrieben würden, war an sich faszinierend. Dieser Zeitungsbericht fiel in eine Zeit, in der ich noch ein Junge war; aber die Begeisterung, die er in mir geweckt hatte, blieb, und die Vorstellung kristallklarer Luft. Zwanzig Jahre später traf ich endlich am Ort meiner Träume ein, an einem regengrauen Tag gegen Ende des Jahres 1923. Sogleich offenbarte es sich ganz anders, als Wrights suggestive Schilderung erwarten ließ, und es erwies sich sogar als verschieden von den Berichten, die Loos mir gegeben, aber besonders von dem, was ich damals vor so vielen Jahren in der Zeitung gelesen hatte.

Loos hatte niemals Gelegenheit gehabt, in einer der kleinen ländlichen Gemeinwesen Amerikas zu leben. Er erzählte von Veränderungen des menschlichen Herzens und von der geistigen Einstellung, angeregt durch die Umgebung in der großen amerikanischen Stadt und durch den Einwanderungshafen, also in erster Linie von New York. Für ihn, und durch ihn für mich auch, war Amerika zunächst das untere Manhattan. Er hat tatsächlich das *Land* selber niemals richtig gesehen, sondern berichtete immer wieder nur über den umstrittenen und in erschütternder Weise umwandelnden Einfluss der amerikanischen städtischen Szenerie auf diesen vielsprachigen Strom von Einwanderergewimmel. Er erklärte nicht genau, worin der tiefere Sinn oder die ungestüme Kraft der großen Stadt lagen, und auch nicht, was eigentlich ihren Einfluss ausmachte. Zumindest konnte ich nicht mit dem Finger darauf zeigen, wo er genau diese Punkte gedeutet hatte. Was ihn beschäftigte, waren die Menschen, die durch irgendeine vitale Kraft in diesem Land verändert wurden, in jener amerikanischen Großstadt und sogar in jenem Teil der Stadt, die man als recht verelendet betrachten würde, keineswegs als etwas Besonderes, Fortschrittliches oder Anziehendes, sondern nichts weiter als ein hoffentlich kurzfristiges Schauspiel, dessen Zeit begrenzt war und das alsbald in den »Fortschritt« einmünden würde. Selbstverständlich sah auch er in Amerika nichts Großartiges wie die Boulevards von Paris oder die Ringstraße und die großen Denkmäler Wiens. Offensichtlich war es genau das, wovor er davongelaufen war. Das alles empfand er als allzu große monumentale Selbstzufriedenheit des Vergilbt-Vergangenen. Und die Güte der Menschen in diesem Land, oder richtiger die Wandlung der Menschen, die hierher kamen und durch die Mühle der Einwanderung getrieben wurden, war von »Architektur« experimenteller, sezessionistischer Destillation kaum beeinflusst. Die Wiener Kunstgewerbeschule war weit weg davon. Alles spielte sich auf einem ganz andersartigen und schäbigeren Niveau ab, sozusagen unterhalb der lärmigen Hochbahn der zweiten oder dritten Avenue, die über die Köpfe dahinrasselte, einer neuen Zukunft zu.

Amerika mit eigenen Augen sehen

Ich habe aufgezeichnet, welchen Einfluss alles, was Loos dachte und sah, auf mich ausübte. Ich habe von Frank Lloyd Wright gesprochen, dessen Arbeiten ich zuerst aus Fotografien kennengelernt hatte, aber in erster Linie aus seinen eigenen Zeichnungen und aus einem Text, der in der Übersetzung verfälscht und mysteriös verstümmelt war. Durch dieses Wunderbuch in der Bibliothek – denn es war viel zu teuer, um es kaufen zu können – sah ich Amerika viel ländlicher als Loos und viel romantischer, als es dies wohl während der vergangenen hundert Jahre jemals gewesen ist. Wenn man David Thoreau liest, wird es klar, dass Salem auch im Jahr 1840 kein direkt idyllischer Ort war, sondern dass neunzig Prozent auch der angestammten Gemischtwarenhändler Neuenglands unter drohendem Bankrott ächzten. Die Farmer wurden von ihrer Schuldenlast erdrückt, ließen der Hypothekenbank ihr Land, packten ihre Siebensachen und zogen weiter. Nach Ansicht dieses weisen Mannes »DT«, der sich selbst aus dem hektischen, überkomplizierten Leben des Yankeelandes der Vorbürgerkriegszeit zurückzog, lief alles reichlich schief, und Zivilisation führte auch schon damals keineswegs immer zu blühendem Erfolg.

Ein ländliches Amerika gab es in der Umgebung von Frank Lloyd Wrights Gebäuden meistens gar nicht. Zum großen Teil wurden sie anfangs ganz einfach nur in die vorstädtischen »Cottage«-Zeilen der schnell wachsenden Großstadt eingefügt. Die Bewohner dieser Städte und vieler seiner Häuser verdienten eine Menge Geld und gaben es auch aus, verglichen mit den paar Dollars, die in der »Orchard Street« von Manhattan von Hand zu Hand gingen. Wright schuf etwas, das er gern als eine Wiederbelebung des Geistes der Prärie inmitten von Villenvierteln ins Werk setzte. Der Text ebenso wie die Zeichnungen in seinem Buch, mit all den reizenden Stockrosen, die man von den offenen Zimmern sehen konnte, mit weitausladenden, beschattenden Dächern, die in die sommerliche Graslandschaft hineinragten, waren in meinem Bewusstsein sehr lebendig, als ich von New York wegeilte, nachdem ich den überbesiedelten Teil Amerikas, wie Loos ihn sah, sehr genau kennengelernt hatte. Nun erwartete ich gespannt die weiten Gefilde von Frank Lloyd Wrights Amerika.

Ich bin jedoch niemals ganz wirklich dort angelangt. Vielleicht saß ich wie geblendet auf einem hölzernen Pferd und bildete mir ein, wie Don Quichote durch magische Gegenden zu reisen und immer tiefer in sie einzudringen. Ich war aber nur symbolisch geblendet, denn tatsächlich saß ich ja am Fenster eines Zuges und blickte auf das reichste Land der Welt hinaus, von dem Grand Central-Bahnhof in New York bis zum Illinois Central in Chicago. Großartige, und dann wieder idyllische Landschaft – sie war nur ein Zwischenspiel und verklang.

Ich traf auf dem sehr altmodisch anmutenden Illinois Central-Bahnhof mit ganz bestimmten Vorstellungen im Kopf ein, mit dem festen Glauben an einen alten Zeitungsbericht, dass Chicago wunderbar elektrifiziert wäre und fast ländliche Straßen besäße, die sich unter dem blauen, rauchlosen Himmel auf die Prärie hinauszogen.

Mit meinem Koffer in der Hand musste ich um die große, puffende und dunklen Rauch qualmende Lokomotive herumgehen, um zum Ausgang und an die Luft zu gelangen, die nicht weniger verraucht war, sondern grau und von einem Nieselregen durchweht. Mein Hemdkragen war nach einer halben Stunde in Chicago schwarz. Zunächst glaubte ich, ich wäre auf einem falschen Bahnhof in der falschen Stadt angelangt; gar nichts schien hier elektrifiziert. Aber dennoch versuchte ich meine freudig gespannte Stimmung nicht zu verlieren und war für alles bereit.

Ich nahm meinen Handkoffer fester in die andere Hand und verließ den entschieden nichtelektrifizierten Bahnhof, dessen Boden von einer feuchten Schmutzschicht bedeckt war, und entfernte mich in einer Richtung, die mich, wie ich glaubte, zur South Halstead Street führen würde. Unterwegs überquerte ich einen straßengleichen Bahnübergang nach dem anderen, wo immer mehr Lokomotiven standen, die ihren Rauch friedlich in das immer gleiche Novembergeniesel hineinstießen. Ich gelangte nun in die Nähe der übelriechenden Schlachthöfe und des »Settlements« der berühmten Jane Adams, wo mir der einzige Bewohner von Chicago, dem ich jemals persönlich begegnet war, vorgeschlagen hatte, zu wohnen. Er selbst war Anwalt und Quäker. Sein Büro befand sich in dem großartigen, alten Maradnockblock. Ich hatte seine Telefonnummer und er hieß James Jackson Forrestall. Ihn und seine Frau hatte ich in der Quäkermission in Wien kennengelernt, wo ich arbeitete, um mir ein paar Brocken Englisch anzueignen, bevor ich endgültig über den Ozean reiste.

Während ich im Regen über die Geleise nach Westen ging, dachte ich an die Forrestalls und die anderen Quäker, die ich in ihrer Mission in Wien als meine ersten amerikanischen Freunde kennengelernt hatte. Bald nach meiner Ankunft in der Neuen Welt hatte ich in Germantown noch mehr von ihnen besucht, die ich mit den Menschen und Neuamerikanern aus der 14. Straße und vom Union Square im unteren Manhattan verglich.

Noch immer war ich nicht am Ziel; der Weg war lang. Ich ließ mir noch mehr durch den Kopf gehen.

Der gute Mann, der mir noch früher und als Erster ein Affidavit gegeben hatte, um ein Einreisevisum zu erhalten, war ein gewisser John Fisher, Professor am Goshen-College in Indiana; auch er arbeitete damals an der Quäkermission in Wien und studierte nebenbei Kants Philosophie. Ich gab ihm laufend, Stück für Stück, eine Rohübersetzung Kants, um ihn auf seine Stunden bei einem großen Tier von der philosophischen Fakultät der Wiener Universität vorzubereiten, das er sich damals für ein oder zwei Dollar für Privatstunden verpflichten konnte. Professor Fisher hatte mir trotz seiner Freundlichkeit nur wenig helfen können, weil das Konsulat ihn sofort als einen Quäker vom Goshen-College erkannte und die Einwanderungsbehörde in Washington diese Universität als eine Brutstätte des Pazifismus aufdeckte, wo man drei Professoren während des Ersten Weltkrieges als »Kriegsdienstverweigerer aus Gewissenszwang« ins Gefängnis gesteckt hatte. Jeder,

der nun mit Quäkern etwas zu tun hatte, war daher in diesem Land eine *persona non grata*. Aber ich ahnte nichts davon und William Penn mit seinem breitkrempigen Hut war mir als Junge, wenn ich sein Bild auf den Schachteln der Quäkerflocken sah, doch als echter Amerikaner erschienen. Unter diesen anrüchigen Leuten also hatte ich auch Forrestall und seine Frau kennengelernt, die zu Besuch in Wien waren und bei der Verteilung der Lebensmittel halfen. Als dann Forrestall nach Amerika abreiste, sagte er mir, ich sollte es ihn rechtzeitig wissen lassen, wenn ich nach Chicago käme, denn dann würde er mich wunderbar unterbringen. »Ich werde Sie in die Stiftung von Jane Adams einführen«, hatte er gesagt. Ich wusste damals nicht, was es mit einer solchen Stiftung, einem Settlement inmitten des bösesten Elendsquartiers, auf sich hatte, sondern hatte nur verschwommen von Toynbee und einer solchen Einrichtung in London gehört.

An diesem frühen Wintermorgen hatte ich kaum eine Ahnung, was so ein »Settlement« in dieser fremden Stadt nun sein könnte, und da Forrestall der einzige Mensch war, den ich kannte, verfolgte ich seiner schriftlichen Anweisung entsprechend meinen Weg zur South Halstead Street und kreuzte verwundert die vielen Eisenbahngleise.

Als ich mich endlich dem gesuchten Viertel näherte, sah ich schon auf Entfernung einen nicht uninteressanten, etwas düsteren Gebäudekomplex, der inmitten des »Slums« aufragte.

Aber dieses Elendsviertel unterschied sich von dem in Hartem oder um die Bowery herum. Ich entsinne mich, wie ich die endlose South Halstead Street entlangging. Es gab seltsame und sehr malerisch angezogene Mädchen, die in den Hauseingängen lehnten oder aus Fenstern im Erdgeschoss dieser sehr baufälligen Häuser hinausblickten. Ich konnte mir nicht recht darüber schlüssig werden, was das für Mädchen sein mochten, und hatte den vagen Eindruck, dass sie einem alten, verführerischen Gewerbe angehörten. Später stellte ich jedoch fest, dass sie Zigeunerinnen oder Griechinnen waren, und ihre fremdartigen Kleider waren nur ihre heimatliche Tracht. Sie waren Wahrsagerinnen und ich fühlte mich einigermaßen gerechtfertigt in meiner ursprünglichen Annahme; denn auch das war ja ein ziemlich altes Gewerbe und auch verführerisch; aber das Glück schien in diesem Teil der Welt so fragwürdig und schwierig vorauszusagen.

Schließlich gelangte ich an das »Settlement house« und wurde sogleich seiner berühmten Gründerin, Miss Jane Adams, vorgestellt, die sich als ein sehr gütiger Mensch erwies. Sie war eine ältere Freundin der Forrestalls und hatte früher zu den Ersten gezählt, die Frank Lloyd Wright anerkannten.

Sie sorgte dafür, dass ich mit einem Schlafgefährten zusammen ein Zimmer erhielt, und sprach gerade so viel mit mir, wie ich mit meinen dürftigen englischen Kenntnissen aufzufassen vermochte.

Eine Viertelstunde, nachdem ich mich niedergelassen hatte, wurde ich in die Halle ans Telefon hinuntergerufen. »Ein Anruf von Mr. Forrestall!«

»Da sind Sie ja!« sagte er. Obwohl Quäker hatte er doch in der Anrede die alte Form *thou* durch *you* ersetzt. Ich antwortete: »Ja, Sir.« Er hieß mich willkommen und erkundigte sich kurz nach meinem Befinden. Ich erzählte ihm, Miss Adams hätte mich mit einem anderen jungen Mann zusammen untergebracht. Er meinte: »Es wird Ihnen hier gefallen. Es ist eine sehr interessante Aufgabe, aus einem Einwanderer zu einem Amerikaner zu werden, und alles in allem kann ich Ihnen versichern, dass Chicago eine äußerst angenehme, eine großartige Stadt ist. Es hat das beste Klima der Welt, heute nieselt es allerdings ein wenig, das gebe ich zu, aber es ist eine wunderbare Stadt, wenn man sie erst einmal kennt. Wir befassen uns im Übrigen mit einem Projekt, alle Eisenbahnen bis zu einer Entfernung von vierzig Meilen außerhalb der Stadt zu elektrifizieren, dann wird es diesen Rauch, der ihnen vielleicht aufgefallen ist, nicht mehr geben.« Ich antwortete: »Ja, aufgefallen ist er mir und ich habe bereits vor einiger Zeit von diesem Projekt etwas in der Zeitung gelesen.« –

So begann meine Laufbahn in Chicago. Sobald ich Vorkehrungen getroffen hatte, den Griechinnen und Zigeunerinnen der Nachbarschaft einige Unterrichtsstunden im Zeichnen zu geben und sie auch sonst im Sinne der Settlementsarbeit zivilisieren zu helfen, hatte ich etwas freie Zeit, besorgte mir einen Stadtplan und suchte sofort nach den Häusern, die ich in jenen herrlichen Zeichnungen gesehen hatte. Ich erzählte Miss Adams von ihnen; sie hatte Frank Lloyd Wright als jungen Mann gekannt, aber inzwischen hatte er sich zu einem schwarzen Schaf entwickelt. Er hätte seine Familie im Stich gelassen, erzählte man mir, und wäre mit der Frau seines Nachbarn in der gleichen Straße von Oak Park auf und davon. In seiner Jugend, ja, da hätten einige von ihnen mit ihm verkehrt, aber jetzt schien er doch so ziemlich überall Anstoß zu erregen. Die *Chicago Tribune* hätte eine enthüllende Reportage über ihn gebracht.

Als ich später einmal Mr. Forrestall erzählte, ich wollte Wright besuchen und hoffte, eines Tages meine junge Frau herüberzuholen und sie dann mitzunehmen, war er tief entsetzt. Was für ein Einfall – eine junge Frau an »einen solchen Platz« zu bringen. Aber ich wurde in meinem Glauben nicht leicht irre.

Ich suchte also in Chicago herum, im westlichen Teil, in der Nähe der Universität, niemand jedoch konnte mir etwas über diesen berühmten Architekten sagen, von dem ich redete. Die Leute waren verblüfft, dass ich in einer europäischen Bibliothek auf die ideellen Forderungen eines großen Bürgers von Chicago gestoßen sein sollte, und sahen einander erstaunt an. Einige Leute wussten zwar, dass es einen solchen Mann gäbe, der in irgendeinen Skandal verwickelt war, und ein anderer erinnerte sich nur, dass sich auf seiner Farm in Wisconsin ein vielfacher Mord ereignet habe. Aber ganz bestimmt sei das kein berühmter Mann, im Gegenteil. Hatten die Zeitungen in Chicago nicht einige unheimliche Geschichten über ihn berichtet? Er hätte die Stadt verlassen müssen – und da käme nun ich von Wien herüber, um mich nach seiner Arbeit zu erkundigen. Das war doch äußerst seltsam!

Schließlich gelang es mir, die Häuser ausfindig zu machen, die er gebaut hatte. Ich sah alle Notizen durch, die ich mir gemacht hatte, wenn ich am Vormittag in der Kunstbibliothek in Berlin seine Mappe durcharbeitete, während ich am Abend als Statist im Theater auftrat, um mich über Wasser zu halten. Das lag nun so weit zurück und ich war inzwischen in dem Land meiner Träume angelangt!

Aber wo war die Prärie, wo waren der Wald und die grasigen Ebenen? Vor allem, wo war die Woodlawn Avenue? Käme ich erst einmal dahin, würde ich, so dachte ich, auch das berühmte Robbie-Haus finden. Mein Herz klopfte stets stärker, wenn ich mir diesen Augenblick vorstellte. Ich würde an der Tür klingeln und in sehr gebrochenem Englisch fragen: »Ist Mr. Robbie zu Hause?«

Und schließlich tat ich es wirklich. »Mr. Robbie? Niemals von ihm gehört.« Eine Mrs. Wilson lebte dort. Sie war die Besitzerin. Sie hatte das Haus vor einigen Jahren von jemand anderem gekauft. Sie war wahrscheinlich der fünfte Besitzer des Hauses und von ihm gar nicht besonders begeistert. Tatsächlich äußerte sie sich recht abträglich, aber in meinen Augen war es ein schönes, ein wunderbares Haus. Ich fragte Mrs. Wilson, warum sie es denn gekauft hätte. »Oh«, antwortete sie, »ich habe es sehr billig bekommen. Der Mann, dem es gehörte, musste raus.« Nein, sie mochte es nicht besonders gern leiden und sie hatte an allem Möglichen in kleinlicher Weise etwas auszusetzen. Selbstverständlich funktionierte alles nicht mehr richtig; das Haus war damals schon rund fünfzehn Jahre alt und übel vernachlässigt.

Fast die gleiche Erfahrung machte ich in den anderen Häusern, die ich schließlich entdeckte; ob in River Forest oder im Oak Park, überall die gleiche Geschichte. Die Menschen, denen ich hatte begegnen wollen, die ich in meiner Phantasie als von der Architektur geformt gesehen und mir vorgestellt hatte, oder vielleicht jene faszinierenden Wesen, die diese Art erregender Architektur der Zukunft in Auftrag gegeben hatten und seitdem in Glück und Zufriedenheit darin lebten, diese Menschen waren nicht zu finden. Die Menschen, die ich antraf, schienen zumeist überhaupt nicht in ein solches Haus zu passen und sich ganz und gar nicht darin wohlzufühlen. Die Häuser aber waren für mich bis in alle Einzelheiten hinein genauso berückend, wie ich sie mir vorgestellt hatte, und es war ein überwältigendes Erlebnis für mich, sie nun tatsächlich vor mir zu sehen.

Ich war von trauriger Verwunderung ergriffen. Ich war ins Märchenland gelangt, aber die Feen waren daraus verschwunden. Und die Bewohner dieses Zauberwaldes passten so gar nicht dahin, sondern bildeten einen scharfen Gegensatz zu der Vergünstigung und Verpflichtung, die ihre Umgebung ihnen auferlegte. Ich war niedergeschlagen, entmutigt und verwirrt.

Abgesehen von Loos, der ein enthusiastischer Amerikaner aus Wien war, gab es auch Wright als meinen Vater, und ich war wirklich ein Amerikaner der zweiten Generation, der sich allerdings seinen amerikanischen Mitbürgern noch nicht recht angepasst hatte.

Dann war noch ein dritter Vater da, der in meiner Einbildung lebte, ein großer Mann in Chicago: Louis H. Sullivan, Wrights Lehrmeister, der das Auditorium, das Warenhaus Carson Pirie Scott und anderes Großstädtisches gebaut hatte. Ich sah mir alle diese Gebäude an und fand sie außergewöhnlich. Dort, mitten in Nordamerika, dachte ich, ließen sie sich fast mit dem vergleichen, was mein Idealbaumeister, Otto Wagner, in Wien im Herzen Europas geschaffen hatte. Das war die höchste Anerkennung genialer Leistung im Bauwesen, deren ich überhaupt fähig war. Dieser Mann, Sullivan, lebte noch und ich wollte ihn um jeden Preis kennenlernen. Tatsächlich hatte ich ein Manuskript von ihm in Händen, »The Kindergarten Chats«, das Freunde von R. M. Schindler, mit dem auch ich aufs beste befreundet war, mir nach Berlin geschickt hatten, in der Hoffnung wir könnten jemanden finden, der es verlegte oder wenigstens den Druck finanzierte. Ich hatte nun damals in Deutschland mit diesem Plan nicht den geringsten Erfolg, obwohl ich mich sehr und mit großem Eifer darum bemühte. Ich sprach auch ein paar Leute in Chicago auf ihn an, und alle lachten mich aus. »Sullivan«, so fragten sie, »ist das nicht der alte Säufer? Der ist jetzt völlig heruntergekommen und wird von seinen Freunden unterstützt. Jeder von ihnen gibt monatlich fünf Dollar für ihn aus. Ich glaube, er wohnt irgendwo in einer schäbigen Wohnung oder einem ›Hotel‹ auf der Warner Avenue, etwa an der 35. Straße.«

Zufällig lernte ich einen der Menschen kennen, die die fünf Dollar für ihn spendeten, und er gab mir seine Adresse an. Jede Woche gingen Ralph Fletcher Seymour, Woltersdorf, Albert McArthur, John Van Bergen und noch einige andere im »Cliff Dwellers Club« mit ihm essen, damit er etwas Richtiges in den Magen bekam.

Ich suchte also diesen »alten Mann« auf, der damals viel jünger war, als ich es heute bin. Er lebte tatsächlich in trostlosen Verhältnissen. Ich erklärte ihm, ich käme direkt aus Wien, um ihn und Mr. Wright zu sprechen. Darauf antwortete er traurig: »Ich habe Frank seit siebzehn Jahren nicht mehr gesehen. Er hat mich verlassen.« – »Und wie geht es Ihnen selber«, fragte ich, »fühlen Sie sich wohl?« – »Ich fühle mich recht elend«, erwiderte er. »Ich bin am Sterben. Mein Zustand ist miserabel und man hat mich vergessen.«

Ich sammelte alle meine englischen Brocken. »Mr. Sullivan, ich versichere Ihnen, Sie sind nicht ganz allein. Ich bin von weither gekommen, um Sie zu sehen. Ihr Ruf und der Einfluss Ihres Werkes umspannen die ganze Welt.« – »Schon gut«, entgegnete er, »ich habe selber einmal geglaubt, es würde seine Wirkung haben, aber das ist alles längst tot. Nichts davon ist übrig geblieben – nichts, was der Rede wert wäre.« Er war sehr niedergeschlagen und ich versuchte ihn aufzumuntern. Aber er sprach von seiner Verzweiflung und davon, dass er keine Gefolgschaft hätte. Wer würde seiner Ideen und Mühen Nachfolger sein? Die Form folgt der Funktion, sagte er, aber er war beileibe kein Mechanist. Keine Spur davon.

Als er starb, war es für mich ein tiefer Schmerz. Zu seinem Begräbnis auf dem Graceland-Friedhof ließ ich mir in dem Büro, in dem ich damals arbeitete, frei geben. Weder der Chefzeichner noch einer der anderen verstanden, warum ich dies tat, nur um zum Begräbnis eines solchen Menschen zu gehen, der doch nun ein Niemand war. Aber auf dem Friedhof hatten sich dennoch ein paar Leute eingefunden und einige von ihnen hielten sogar eine Rede.

Die größte hielt I. K. Pond, der Mann, der übrigens den *University Club* entworfen hatte, eines der reaktionärsten »pseudo-mittelalterlichen« Gebäude in Chicago. Er war nur ein paar Jahre älter als Sullivan, der, glaube ich, dreiundsechzig geworden war. Sie verband eine lebenslange Fehde miteinander. Die Gebrüder Pond waren stets Gegner Sullivans gewesen und I. K. genoss die kultivierte Grabrede sehr, die er seinem lebenslangen Widersacher halten konnte. Nicht nur, dass der Redner ihn überlebt hatte, war erfreulich, sondern er konnte auch sanft, aber zu Recht darauf hinweisen, dass alle Ideen des Toten fehlgeschlagen waren und nichts von allem jemals wirklich sich eingewurzelt hatte. Und da war nun das längst fällige Begräbnis! Er mochte dies nicht mit Worten gesagt haben; aber so habe ich es verstanden, als ich ihm verdrossen zuhörte. Es war für mich sehr schmerzlich, obwohl ich den gelehrten Ausführungen Mr. Ponds nicht ganz zu folgen vermochte, der wirklich eine höchst kultivierte Persönlichkeit war, wahrscheinlich der kultivierteste Architekt in Chicago, den man überhaupt finden konnte.

Aber noch ein anderer war anwesend: Frank Lloyd Wright. Er war aus Kalifornien hergereist, wo er arbeitete, um wenigstens beim Begräbnis anwesend zu sein, nachdem er Sullivan so viele Jahre nicht gesehen hatte. Da stand er, unter den Augen aller dieser Chicagoer Gegner etwas verlegen. Diese Verlegenheit hatte er durch seine etwas stutzerhafte Kleidung auszugleichen versucht. Er war elegant, trug einen Stock und Oxfords mit ziemlich hohen Absätzen. Er benahm sich betont gleichgültig allen diesen Freunden und Feinden des Meisters gegenüber und schien doch mit seiner eigenen Gegnerschaft zu dieser Versammlung oder der Feindseligkeit dieser Menschen ihm gegenüber weit mehr beschäftigt. Er machte auf den ersten Blick nicht gerade den Eindruck, dass er diesen Verlust als so schwer empfand, wie ich es tat. Ich war nicht nur niedergeschlagen, weil Sullivan gestorben war, sondern weil es eine solche Enttäuschung gewesen war, ihm als einem Hoffnungslosen in den letzten Jahren seines Lebens zu begegnen. Und erleben zu müssen, wie große, bahnbrechende Architekten endeten, war für einen jungen Menschen in dem gleichen Beruf nicht gerade ermutigend. Da stand nun auch ein anderer Mann, den ich so lange bewundert hatte, und er schien unbeliebt – und vermögend wirkte er auch nicht gerade, sondern bemühte sich sichtlich darum, der Welt ein trotziges Gesicht zu zeigen und erfolgreich und unverzagt zu wirken.

Nach der Trauerfeier sprach ich mit Frank Lloyd Wright. Zögernd hatte ich ihn angeredet und erzählte ihm, was er für mich bedeutet hatte. Er war sogleich äußerst verständnisvoll. Er lud mich, wenn ich mich recht erinnere, zum Essen ein; auf jeden Fall begleitete ich ihn ins Congress Hotel, wo er wohnte, und er sagte mir: »Hier wohne ich immer, wenn ich in Chicago bin. Aber warum kommen Sie nicht mit mir nach Taliesin und besuchen mich dort? Es werden Ferien sein. Ich habe nämlich keine Arbeit. Ein moderner Architekt kann in diesem Land keine nennenswerte Arbeit finden, vor allem nicht in Chicago.«

Dann schilderte er mir, mit jenem herben Lachen, das für ihm typisch war, wie düster die ganze Lage sei. Frank Lloyd Wright wurde später als keineswegs demütig hingestellt; charakteristisch für ihn ist jedoch, dass er einen Mann, der nur sechs, sieben Jahre älter war als er selbst, seinen Meister nannte, einen Mann, der ihn tief durch die Sprache, Gedanken und durch das fließende Skizzieren von wunderbarer Ornamentik beeindruckt hatte. Vielleicht verließ ihn niemals die Ambition, mit diesen Gaben des älteren Mannes zu konkurrieren. Es mag auch sein, dass es für ihn besser gewesen wäre, niemals unter diesen Eindruck und in diesen Wettkampf geraten zu sein. Als er den Meister verließ, mit 25 Jahren, war es wohl zu seinem eigenen Besten; aber es brach Sullivans Herz, der mir sagte, wie er ihn geliebt hatte.

Frank Lloyd Wright wäre auch dann ein großer Architekt gewesen, wenn er niemals Sullivans Errungenschaften zu Gesicht bekommen hätte. Aber der Stachel dieses Wettstreits blieb in ihm noch Jahrzehnte, nachdem der ältere Freund ins Grab gelegt war. Für Sullivans Genie und für Wright gab es gleichermaßen keine Anerkennung. Sein Schüler, Albert McArthur, hatte mir das Gleiche schon vor einer Woche gesagt, als er um zwölf Uhr mittags vom Frühstück in sein leeres Büro kam, wo ich geduldig auf ihn gewartet hatte. Damals hatte ich die lange, entmutigende Suada mit der bescheidenen Frage beendet: »Wollen Sie, dass ich Selbstmord begehe?«

Nach seinem eigenen, kurzen Ausbruch von Pessimismus und einem dunklen Blick in die nahe Zukunft schlug Wright vor, was er, bevor wir uns trennten, nochmals großzügig wiederholte: »Wenn Sie Lust haben mich in Wisconsin zu besuchen, werde ich mich freuen Sie bei mir zu sehen.« Er war einsam und freute sich wirklich, als ich begeistert antwortete: »Ich käme gern.« Nur verstand ich nicht, warum er so wenig darauf einging, als ich über Sullivan und meine Gefühle ihm gegenüber sprach. Nun glaube ich es zu wissen: Sohnesgefühle sind oft von widerstreitenden Empfindungen durchwoben. In China und bei einer Milliarde Asiaten, die Sigmund Freud nicht kannten, ist es wohl nicht der Fall. Aber Sullivan und Frank hatten mehr als einen kleinen Streit miteinander gehabt und es hatte sich etwas Tragisches zwischen ihnen ereignet, als Frank ging.

Eines Tages, beim Mittagessen in Spring Green, als ich Mr. Wright gegenübersaß, wurde die Post auf den Tisch gelegt. Ich öffnete einen Brief und fand darin eine Krawattennadel mit einem Topas, die mir zusammen mit einem verständnisvollen und Hoffnungen weckenden Schreiben geschickt wurde. Darin hieß es, ich sei würdig, diese Nadel zu haben, die Sullivan in besseren Tagen getragen hätte und die seine Freunde nun aus einem Pfandhaus ausgelöst hätten. Sie fanden, ich verdiente sie wegen meiner Begeisterung für den alten Meister und meiner freundschaftlichen Sohnesgefühle für ihn. Tief ergriffen stürzte ich, der doch ein Niemand war, um den Tisch herum und zeigte Mr. Wright die Nadel. »Erkennen Sie sie?« Er schüttelte den Kopf und ich gab ihm den

Brief. Das war ein Fehler. Er las ihn und reichte mir diese Erinnerungsstücke schweigend zurück.

Ich hatte ihm, wie ich mich entsinne, bereits bei unserer ersten Unterhaltung von den Dingen erzählt, die mich bedrückten. Ich hatte die Menschen sehen wollen, die in seinen außergewöhnlichen Häusern lebten. »Tatsächlich sind mir ja diese Häuser selber so vertraut«, sagte ich, »dass ich mich in ihnen völlig auskenne.« Ich hätte nicht nach Chicago zu kommen brauchen, um sie zu sehen, so genau hatte ich die Pläne studiert. Aber ich wollte die Leute sehen, die Menschen, die in diesen Häusern wohnten. »Kennen Sie eine Mrs. Wilson, die im Robbie-Haus wohnt?« – »Ich habe keine Ahnung, wer heute in diesen Häusern wohnt«, antwortete er, »aber so ist es hier, nichts ist von Dauer, alles verändert sich.« Er schien wie ein Echo des Pessimismus des alten Sullivan, der nun auf dem Graceland-Friedhof ausruhte.

Ich fragte ihn: »War das alles noch Prärie, als Sie die Häuser bauten? Zum Beispiel das Haus der Robbies?« Er antwortete: »Nein, da war keine Prärie mehr, es lag ja ganz nahe der Universität Chicago; aber der *Geist* der Prärie wurde mit diesen Häusern und in ihnen eingefangen.« – »Ja, das ist wahr, ich bin noch nicht auf der Prärie gewesen, aber ich glaube, man erhält einen Eindruck von dem, was sie ist.«

Viele Jahre später ist es mir klargeworden, dass auch ich sehr oft über die Erfordernisse eines Programms hinausgehen musste, über die Tatsachen und die wirkliche Umgebung, und einen Faden spann, ein eigenes Gewebe schuf, sobald ich zu zeichnen begann oder nur schöpferisch zu denken. Ein Architekt kann auch ein Erzähler sein; zunächst einmal erzählt er sich selber Geschichten und sieht seine eigenen Welten.

So war ich denn also nach Spring Green hinausgefahren, um Mr. Wright zu besuchen und es war wirklich wunderbar. Ich hatte ganz einfach das Gefühl, als befände ich mich in einem japanischen Tempelgelände, oder wie man es auch nennen mochte. Es war völlig anders als alles, was ich bis dahin kennengelernt hatte. Und dort lebte auch ein Mensch, der in diese Umgebung passte. Jenes Amerika, das er repräsentierte

– er vielleicht ganz allein –, zog mich ungemein an. Das Ganze schien nur in seinem Geist zu existieren und nun in dem Bewusstsein von noch einigen anderen Menschen, denen ich jedoch noch nicht begegnet war. Die Menschen, die ein solches Amerika bevölkern sollten, konnte ich nicht finden, es sei denn, in Mr. Wrights eigenem Bereich, wo zum Beispiel der skandinavisch-amerikanische Dichter Carl Sandburg ein bekannter Gast war, dort einige Lieder zur Gitarre sang und ein paar Gedichte rezitierte. Die gewöhnlichen Amerikaner, die wohlhabend waren, über ausreichende Mittel verfügten und denen ich sonst begegnete, waren nicht unbedingt angelsächsischer Abstammung, schienen sich jedoch an das Bourgeois-Angelsächsische und an das »Rationale« und »Praktische« akklimatisiert zu haben. Die Einwanderer, die ich gesehen hatte, waren in diesem Assimilierungsprozess halb Sklaven und halb Freie. Zuweilen schienen sie auf einer völlig anderen Ebene zu leben. Sie lebten sozusagen im Keller und in Wrights Häusern gab es überhaupt keine Keller.

Oft waren sie nur einstöckige Gebäude zu ebener Erde, unter Wolken, die über den blauen Himmel dahinsegelten, und sie hatten weder Unterkellerung noch Dachboden. Für mich war es ein seltsames Erlebnis, als ich mich darum bemühte, alle diese Eindrücke des amerikanischen Schauplatzes zu einem Ganzen zu verschmelzen. War irgendein Mensch dem jemals auf den Grund gegangen und hatte es gerecht beurteilt? Es ist ein großes, weites Land, wenn man erst einmal damit anfängt, es sozusagen zu Fuß zu durchqueren. Wright war für mich ein Genius und wenn ich mit meiner Verehrung für ihn auch fast ganz allein stand, war ich doch schon damals von seinem kommenden weltweiten Ruhm überzeugt. Für die Zeitungen seiner Heimatstadt nichts weiter als eine Zielscheibe üblen Gewäsches, in den Augen seiner Berufskollegen, die er in Vergeltung ihrer Angriffe und ihres Spottes verachtete, nichts weiter als ärgerniserregend oder lächerlich, blieb er jedoch noch immer Herr seines Schicksals. Ich vermochte seine Gefühle zu verstehen, versuchte sogar, sie ihm freundlich auszureden, wenn sie ihn plagten.

Eines Morgens erhielt er einen Brief, den er, nachdem er ihn gelesen hatte, mit einem bitteren Lachen auf den Tisch warf. Ich las ihn, als er mich darum bat, und erwartete, irgendeine Beleidigung darin zu entdecken; es handelte sich aber lediglich um eine Einladung, sich an einer Ausstellung des Kunstinstituts von Chicago zu beteiligen. Ich beschwor ihn, verletzendes Verhalten in früherer Zeit zu vergessen und sich doch der langsamen Besserung des Klimas zu erfreuen. So etwas aber lässt sich leichter raten als durchführen.

Er hielt sich selber für einen Mann, der die Besonderheiten einer bestimmten Landschaft hervorhob und ganz offensichtlich die Atmosphäre der Prärie zu neuem Leben erweckte. Nach seiner Ansicht befasste er sich mit den Amerikanern als ein Mensch, der sie kannte und wusste, worin ihre Wohnbedürfnisse bestanden. In Wirklichkeit jedoch schien sein Werk, zumindest oberflächlich betrachtet, nur in höchst fragwürdiger Weise auf sie und ihr Denken zugeschnitten, während ich es anderseits für bedeutsam hielt, obwohl im Augenblick für kein Land, das ich kannte, passend.

Man fing an, es in Holland und ein wenig zögernd und recht lahm andernorts nachzuahmen, aber den durchschnittlichen Amerikaner sprach es ganz einfach nicht an. Das war klar. Gerade im Gebiet seines Ursprungs schienen diesem Werk Anerkennung, praktische Durchführung oder Anwendung versagt. War dies beim »Regionalismus« vielleicht immer so, fragte ich mich, sobald er aus bestimmten Absichten geschaffen wurde und nicht aus Gewohnheit und Tradition entsprang?

Auf jeden Fall war dies die zweite Erfahrung, die mir in Amerika zuteilwurde, eine Region der Welt, wie sie ein genialer Mensch sich vorstellte und wie sie von einem großen Geist in vielen Einzelheiten gesehen wurde. Wenn man erlebt, wie ein Mann von mehr als normalen Maßstäben, mehr als nur begabt, einen erkennen lässt, wie wenig die Quellen und die Ziele seines Werkes eigentlich verstanden werden, so ist dies eine bittere Offenbarung; sie mag vielleicht als typisch gelten.

Wenn ich dankbar mit bedeutenden Männern aus ganz anderen Gebieten als meinem eigenen über alles Mögliche diskutieren durfte, so verschieden wie Einstein, Freud, Thomas Mann, Paul Klee oder Trotzki, glaubte ich mich von einem ähnlichen Einfühlungsvermögen in ihre eisige Einsamkeit durchdrungen, obwohl ich ganz bestimmt längst nicht immer den oft komplizierten Gedankengängen auf ihren Interessengebieten, wie sie sie sahen, zu folgen vermochte. Offensichtlich ist »Empathie«, das Einfühlungsvermögen, nur zum kleinen Teil von intellektuellem Verständnis abhängig.

Es gab noch etwas anderes, was mich beeinflusste, wenn es auch unpersönlicher war. Es begann langsam in meinem Bewusstsein zu wachsen und das Bild dieses großen Landes voll Neuankömmlingen, dieses Landes des »Unerhörten« zu färben. Es stieg aus einem einfachen Gedanken auf, der mir in Europa bereits gekommen war. Vielleicht war es zum Teil von Loos geweckt oder erzeugt worden, aber soweit ich mich erinnern kann, doch nur in geringem Umfang, Loos war im Grunde seines Herzens am Handwerklichen interessiert. Sein Ideal guter Tischlerei war – aber nicht einzig und allein – die gut ausgeführte Wiener Tischlerarbeit, die zu seiner Zeit durch den sprunghaften viktorianischen Stil verdrängt und dann durch die modischen Schöpfungen des »Art Nouveau« bedroht wurde. Lächelnd behauptete er, das schönste Stück Tischlerarbeit sei wohl ein in Amerika hergestellter Toilettensitz aus Eiche. Er sei prächtig. Heute gibt es so etwas aus Plastik; damals jedoch waren es so schön gerundete und frei geformte Eichensitze. Loos geriet über diese elegante und doch sachliche Form in Begeisterung – wie sauber sie auf dem Porzellanbecken sitze, wie genau sie verfugt sei und wie gut sie jeder schlechten Behandlung widerstehe. Oft gab er dies als Beispiel für amerikanische Handwerksarbeit an und seine Augen leuchteten mit der Begeisterung eines Mannes, dessen Lebensaufgabe es ist, mit geschickten Händen Bumerangs, Tabakspfeifen oder vollendeten, einzigartigen Cremoneser Geigen Form zu geben.

Meine eigene Bewunderung galt der genauen, wenn auch der Wiederholung verschriebenen, industrialisierten Technologie, wie sie in den Vereinigten Staaten zu finden war. Es wurde mir klar, dass aus wirtschaftlichen und politischen Gründen dies fast ein ganzer Kontinent ohne Zollgrenzen und mit einem diesen ganzen Kontinent umfassenden Markt war, nicht nur für Toilettensitze, sondern für Türknäufe, Zubehörteile, Werkzeuge und Fabrikate aller Art, nicht zu reden von den Möglichkeiten eines Massenexportes. Zumindest hatte dort der Mensch bessere ökonomische Aussichten, gefördert zu werden. Provinzielle Bedingungen würden abgelöst von einem elementaren, ausgebreiteten, weltweiten Problem und Versprechen. Vielleicht musste diese Entwicklung das biologische Einzelwesen gar nicht hemmen. Ganz im Gegenteil, morgen würde es durch eine immer mehr an Raum und Intensität gewinnende Forschungsarbeit gefördert werden, die den Menschen weit über alle Pfarrsprengel hinweg beobachtete und so besser ihm dienen könnte.

Für einen Europäer musste dieser riesige Markt wie ein breites Beobachtungsfeld erscheinen, das zu vorsichtiger, wissenschaftlicher Arbeit einlud und damit einer Industrie zum Wachstum und zur Blüte verhelfen konnte, die nicht nur gewinnsüchtig war, insbesondere auch einer Industrie der Zubehörteile des Wohn- und Bauwesens. Dadurch würde eine Technologie geschaffen, die in der Lage war, ständig wirkliche Erkenntnisse anzuwenden und der Menschheit ein Neues zu bieten. Es war ein Äquivalent, das an die Stelle der Erzeugnisse kleiner Handwerker trat, die ja doch ihre traditionelle Bindung mit dem Menschlichen ohnehin schon verloren hatten.

Dieses Land denn sollte es sein, das eine moderne Architektur pflegen würde, wie kein anderes auf der Welt es könnte, weil es nicht nur den Geist, die Mittel und die Menschen besaß, mit denen neue Hilfsindustrien für in weitestem Umfang verwendbare Erzeugnisse in Gang gesetzt werden konnten. Vor allem hatte es große Lebenshaltungs- und Nutzungsziffern zu seiner Verfügung, weil die Verbraucherschaft sich hier in einer riesigen »Kontrollgruppe« beobachten ließ; es verfügte über die Versandhäuser und hatte Verteilersysteme mit Fernsteuerung. Von der Diät bis zum vom Menschen regulierten Kleinklima der Wohnung konnte angewandte Biologie den Sieg davontragen. Alles Grundlegende schien vielversprechend und um die Ecke herum wartete bereits die Viertagewoche. Vielleicht würde man sogar den demokratischen Individualismus gedeihen lassen, so dass sich nicht alles nur darauf beschränkte, jedes Ding zahlenmäßig zu erfassen und es nach einem dicken Bestellbuch, mit den dazugehörigen Durchschlägen und Registrierkassen zu überprüfen und zu beurteilen.

Ich bin inzwischen müde geworden und habe den Glauben daran verloren, dass sich dieser amerikanische Individualismus heute mit größerem Erfolg entfalten könnte als vor einem Jahrhundert: damals, als mein bewunderter David Thoreau aus der eintönigen, standardisierten Plackerei zu entkommen und zum »Walden Pond« zu fliehen versuchte.

Zuerst war es meine Idee gewesen, dass so etwas wie ein neues, fortschrittliches Brotbacken für einen Kontinent ohne irgendwelche Zollgrenzen – an denen Europa leidet – ein großartiges, vielversprechendes Abenteuer sein müsste. In Cellophan gewickelte Belieferung und Verteilung über Tausende von Kilometern, über die Breite eines ungeheuren kontinentalen Marktes, würde wissenschaftliche Beratungsstäbe rechtfertigen, die eine bessere Produktion ermöglichen als je zuvor. Biochemiker und Diätspezialisten könnten angestellt werden, wie sie kein Bäcker in einem italienischen oder schweizerischen Dorf haben kann.

So hatte ich gedacht; und dann kostete ich das Brot aus der wundervollen Packung. Es war miserabel. Hatte ich mal wieder unrecht? Eines schönen Tages mag ich recht behalten. Ich bin sogar überzeugt davon. Einmal werden reiche Industriestädte, wie etwa das weithin exportierende Pittsburgh, auch Modellstädte sein. Technik kann auf lange Sicht hin über Modisches ebenso wie über Tradition hinwegkommen und wirkliche Verbesserungen erreichen.

Nichts veraltet rascher als das Modische. Und wenn ich vom Veralten spreche, kommt mir in Erinnerung, wie mir als junger Mann mein Mentor, Adolf Loos, in Wien einen Brief zeigte. Er hatte ihn eben von einem Mann erhalten, der vor sehr langer Zeit sein Klient gewesen war und von dem er lange nichts gehört hatte. Loos hatte den Briefumschlag geöffnet und mit Verwunderung fand er einen bescheidenen, aber doch willkommenen Scheck mit der Unterschrift seines alten Klienten.

Er las den kurzen Brief vor: »Lieber Herr Loos! Verschiedene meiner Freunde haben sich vor zwanzig bis fünfundzwanzig Jahren von bekannten Architekten ihre Häuser bauen lassen. Die Investition ist inzwischen amortisiert. Viele von ihnen bauen sich nun ein neues Haus in neuem Stil. Mein eigenes Haus ist immer noch gut. Meine Frau und ich und alle, die uns näher kennen, stellen immer wieder fest, dass man ihm kein Zeichen von Alter ansieht. Wir sind darin so glücklich wie im ersten Jahr.

Ich kann mir also ein neues Architekten-Honorar ersparen, glaube aber, dass es nicht mehr als anständig ist, wenn ich Ihnen nach fünfundzwanzig Jahren ein zweites zahle. Entschuldigen Sie, dass es nach jetzigem Kurs nicht viel ist. Lassen Sie uns Ihnen dafür danken, dass Sie alles darangesetzt haben, uns und unsere Wünsche zu verstehen.

Herzlich Ihr . . .«

Loos legte großen Wert auf diesen Brief und kassierte niemals den Scheck.

Großproduktion ist wohl unweigerlich das Schicksal der zukünftigen Menschheit. Fortschritt muss einsichtig sein und den organischen Wesentlichkeiten immer besser zu dienen trachten, bevor er sich über das flache Land ausbreitet.

Jedenfalls war mir die weitere amerikanische Landschaft mit der Zeit vertrauter geworden und im Gegensatz zur europäischen fand ich, dass es hier zwischen den ländlichen Gebieten und der Großstadt im Verbrauch von Kühlschränken, Fordwagen oder anderen Gütern, die vom Fließband kamen, keinen großen Unterschied gab. Die Städter und die Landbewohner unterschieden sich nicht wie in Europa scharf voneinander. Mir kam der Gedanke, dass diese Weite des Markts soziologisch-wirtschaftliche Verhältnisse schuf, die zumindest die Grundlage für eine zeitgemäße Architektur abgeben würden, sei sie nun jener Präriestil oder irgendetwas anderes.

Vielleicht sollte eine solche Architektur überhaupt keinen bestimmten Stil aufweisen, sondern ganz einfach für diese Art von Verbraucherschaft und für soziale Verhältnisse dieser Art, die der Mensch in diesem Land unter einer glücklichen Konstellation für sich selber schaffen konnte, passend sein. Es gab diese vorläufig nur hier und hatte sie niemals zuvor woanders gegeben. Große »Kontrollgruppen« sind ganz einfach ein Hilfsmittel unserer Wissenschaft, sagte ich mir immer wieder. Sie geben dem Forscher durchaus die Möglichkeit, auch die feineren Reaktionen jenseits der wesentlichen Befriedigung im Vergleich zu untersuchen: Variabilität und gemeinsamer Nenner sind beides faszinierendes Studienobjekt. Der Ausdruck »Stil« wurde mir verdächtig; aber mein Optimismus im Hinblick auf die Möglichkeiten, neue Entwürfe für unser Zeitalter zu schaffen, war unbezähmbar und zwar allem zum Trotz, was die größten Männer in Chicago mir vom Elend des experimentierenden Architekten erzählt hatten. Die ganze Evolution, die mit dem Individuum verbunden war, seine biologischen Mutationen, Millionen kleinster organischer Bestimmungsstücke würden der Neuformung jetzt helfen müssen. Wie grob, verglichen mit all dem, war die romantische Auffassung der alten, konventionellen oder auch der »neuen« Stilarten, alle nebeneinander an einer Straßenfront und nie zum wirklichen Wohl des Individuums! Wie wenig drang doch das rein Stilistische bis in den Kern unseres eigentlichen organischen Wesens und dessen Verständnisses vor. Ich hatte mich für den Menschen schlechthin interessiert, nun jedoch wollte ich seinen Möglichkeiten unter bestimmten Bedingungen des täglichen Lebens meine volle Aufmerksamkeit schenken. Das sollte eine Passion sein und voll von Inspiration.

Wie baut Amerika?

Und so begann ich ein Buch zu schreiben. Ich begann es in deutscher Sprache, während ich auf der Nordwestbahn hin und her pendelte, um in dem von den Gleisen in einer großen Schleife umschlossenen Geschäftsviertel Chicagos zu arbeiten. Zu jener Zeit lebte ich in Highland Park und fuhr mit dem Zug fünfzig Minuten zur Arbeit und wieder zurück, während ich das Manuskript auf den Knien hielt und daran schrieb. Es war in Bezug auf die Aussichten und den Erfolg der modernen Architektur in Amerika prophetisch, da sich diese Verhältnisse auf Grund gewisser günstiger Umstände nicht so einfach in irgendeinem anderen Land unseres Planeten wiederholen ließen. Zu keiner Zeit und in keinem anderen Gebiet war die Zahl der individuell entworfenen Pläne für Wohnbauten in unmittelbarem Kontakt mit Menschen von Fleisch und Blut, die sozusagen die Patienten waren und den Architekten wertvolle Einblicke gewährten, so groß wie in Amerika oder insbesondere im Westen. »Stile« hatten früher die Architekten eines Königs Ludwig von Frankreich bestimmt, dem der »Planer« in seinem Gefolge ein Leben lang diente. Der König war stets der eine und fast der einzige Auftraggeber in Frankreich. Vielleicht ließen sich ein paar kleinere Abwandlungen durch den Wechsel kapriziöser Freundinnen ermöglichen, für die eine Reihe verschiedenartiger Jagdschlösser gebaut wurde. Aber im Grunde saß nur Ludwig XIV. auf einem Sessel im Stil Ludwigs XIV. Die übrigen Franzosen umstanden ihn als verschuldete Höflinge auf dem gefährlichen glatten Parkett oder drängten sich in den Straßen als bankrotte Bürger. Mag dieses Bild der Anschaulichkeit halber auch ein wenig übertrieben sein, gab es doch auf jeden Fall damals für den Architekten nur eine dürftige Zahl von Erfahrungen, die er in Anspruch nehmen konnte, vergleicht man sie mit dem Mittelstand in den Vereinigten Staaten und seiner erstaunlich breiten Kaufkraft für Heime und Häuser, die wieder aus Einzelteilen, auf kommerzieller Basis hergestellt, bestehen. Ziegel, sanitäre Anlagen, Materialien zum

Belegen von Fußböden oder zum Bedecken von Wänden, Fabrikate vieler Art und Beleuchtungskörper oder Textilien und Möbel kamen nun nicht mehr aus königlichen Manufakturen. Ihre Herstellung, Vielfalt, Verteilung und ihr Absatz bei einer weiten Käuferschicht waren sehr lehrreich für den, der scharf beobachtete. Obwohl es in Europa viele Talente gab ebenso wie eine Menge neuer, erregender Ideen, so war doch dort vieles, wenn auch nicht alles, in den zwanziger Jahren einem besonders hochgezüchteten, nur dem Schein nach künstlerischen Gewerbe überlassen. Jede Türklinke wurde vom Architekten entworfen und für das von ihm Erträumte gab es sogar in einer großen Stadt, sagen wir in Wien, nur eine ganz kleine, dünne Oberschicht von Käufern. Die Zeichner solcher Entwürfe verloren sich in einer Vielfalt von handwerklichen Einzelheiten, die durch die niedrigen Löhne der reichlich zur Verfügung stehenden Arbeitskräfte ermöglicht wurden. Dergleichen gab es in Amerika nicht mehr und hatte dort auch keine Aussichten. Aber dafür gab es eben eine umfangreiche Produktion von standardisierten grundlegenden Elementen und diese stand jedem in großen Mengen zur Verfügung, er brauchte nur zum Telefon zu greifen. Und ich schrieb, zwar nicht in Versmaß und Reimen, aber doch etwas wie Prosalyrik über den »Sweet's Catalogue« und das wurde tatsächlich zum Kernstück meines Buches. Ich hatte allerdings nicht genügend amerikanischen Geschäftssinn, um mich von der Dodge Corporation, die alljährlich diesen Katalog über Baumaterial und Zubehör herausgibt, bezahlen zu lassen, aber mein Buch wurde sogleich vom besten Verlagshaus in Europa angenommen. Und es wurde auch im Handumdrehen etwas wie ein Bestseller. Offenbar hatte ich die Zeit nicht missverstanden. Obwohl »Wie baut Amerika« auf Deutsch geschrieben war, wurde es, wie ich später feststellte, auch in Tokio, Rom, Paris und überall in der Welt gelesen, eben weil es alltägliche, greifbare Erfahrungen in den USA spiegelte und sich mit der ans Wunderbare grenzenden amerikanischen Produktion, für die sich die übrige Welt zu interessieren begonnen hatte, und mit organisatorischen Erkenntnissen in der Architektur befasste. Als Folge meines Buches wurde in der Tat der »Sweet's Catalogue« genau bis auf seinen grünen Einband von einem Verlag in Berlin umgehend nachgeahmt. Mein eigenes Buch hatte seinen Titel auf Empfehlung des Verlegers hin erhalten und unter dem gleichen Namen wurde, bald nachdem es der Mühe wert erschien, der Titel des erfolgreichen Buches für eine große Ausstellung in Berlin usurpiert, die nun eröffnet wurde. Im Übrigen freuten sich die Herausgeber. Ihr Buch ging ab wie warme Semmeln. Ich war bestürzt, als es völlig vergriffen war; nur im Keller hatte ich noch einige Autorenexemplare, die dann aber meine Frau aus Versehen einem Altpapierhändler mitgab, so dass ich lange Zeit überhaupt nichts mehr davon besaß, obwohl es in allen öffentlichen Bibliotheken zu haben war. Später, anlässlich einer Einladung zu einer Vorlesung in Buenos Aires vor ein paar Jahren, fand ich es dort in jedem Architektenbüro und ein Kollege hatte zwei Exemplare, von denen er mir eines gab. 1926 war es erschienen.

Daraufhin wurde ich von einem anderen deutschen Verleger beauftragt, ein zweites Buch zu schreiben. Dieser Band hieß kurz »Amerika« und hatte einen Untertitel: »Neues Bauen in der Welt«, um den globalen Aspekt anzudeuten. Es befasste sich mit dem gleichen Thema und stellte nach Absicht des Verlags sozusagen eine Fortsetzung dar im fast gleichen gelben Einband. Darin sprach ich, wie auch im ersten Buch, von der industrialisierten amerikanischen Architektur und, der Begeisterung des Tacitus für sein »vorbildliches Germanien« folgend, gewannen meine Schilderungen eine gewisse erzieherische Tendenz, so dass ganz Europa glaubte, hier wäre vieles zu beherzigen und es gäbe bereits – damals im Jahr 1926 – eine starke amerikanische Bewegung für moderne Architektur. Natürlich stimmte das mit der Wirklichkeit in keiner Weise überein, wie ich heute zugeben muss. Ich war erschreckend einsam und stand sozusagen ein wenig verängstigt in der Finsternis. Zur Selbstermutigung pfiff ich ein wenig und womöglich eine fröhliche Weise. Die Abbildungen in den Zeitschriften der damaligen Zeit zeigen, was an Gebautem wirklich im Schwange war. In jener Frühzeit setzte sich alles, was man als einen zeitgemäßen Entwurf ansehen konnte, nur sehr langsam durch und zuweilen hatte man fast den beklemmenden Eindruck einer untergründigen Verschwörung dagegen. Die Westküste war etwas mehr dafür gewonnen und beweglicher als der Osten. Langsam, aber in stetig steigendem Maß wurde die Führungsrolle der großen Architektenbüros, zumindest durch Entwürfe von kleineren Neuerern, wie ich einer war, der bei den das ganze, flache Land umfassenden Wettbewerben Preise davontrug, etwas in Frage gestellt. Kontinentweite Unternehmungen wie »General Electric« und »Better Homes in America« stifteten Barpreise, gaben sie über die Sender im ganzen Land durch ein halbstündiges Funkgespräch bekannt und schickten einen Vizepräsidenten, um mir anlässlich eines großen Festessens der Architekten, allen sichtbar, einen Scheck zu überreichen. Damit wurden die zweifelnd-staunende Aufmerksamkeit, aber auch das Interesse, wenn nicht wirkliches Verständnis von Bauleuten, Lesern, Redakteuren und Reklamefachleuten der Zeitschriften für den schweren Kampf, den ich einsam geführt hatte, etwas geweckt. Dieser Kampf schien tatsächlich zuweilen hoffnungslos, aber schließlich begannen immer mehr Menschen, wenn auch sehr zögernd, meine Bemühungen anzuerkennen. Ich machte europäische Kollegen bekannt, die später herangezogen wurden und selber Lehrstühle übernahmen. Und schließlich schlossen sich ganz sachte und langsam auch die typischen, gut organisierten Architektenbüros der nordamerikanischen Großstädte, die bereits auf eine lange Vergangenheit zurückblicken konnten, dieser Bewegung an und begannen, nach und nach ihr Personal aus den neuen Schulen zu holen, für die ich jahrelang so einsam den Herold gespielt hatte. Heute ist wohl die bahnbrechende Aufgabe eines kleinen Büros beendet; es war ein Zwischenspiel der letzten drei Jahrzehnte. Die systematische Organisation des großen amerikanischen Büros, das auf weiten Gebieten unserer Welt tätig ist, hat erneut ihre Macht zurückgewonnen und sie modernisiert. Ihr Spielraum ist in jeder Hinsicht weit. Das große amerikanische Büro errichtet seine Wolkenkratzer, dient der Großwirtschaft, der Politik und einer ausgedehnten Rüstung, von Forschungszentren bis zu Unterkünften für die Marine, Hafenanlagen, Hotels, Spitälern und Abschussbasen für Raketen. Ich glaube, dass mein Buch vor jedem anderen das traditionelle, große amerikanische Architekturbüro in seiner Bedeutung gewürdigt hat, das, als ich herüberkam, größer war als alles, was es in Europa gab oder dort auch nur vorstellbar war. Ich arbeitete ganz bewusst, um Erfahrungen zu sammeln, in Dutzenden von Stellungen. Ich arbeitete in Büros, in denen ich der einzige Zeichner war, Büros, in denen sechs oder acht Menschen in einem einzigen kleinen Raum in der unteren Fifth Avenue gepfercht saßen. Und diese acht Menschen ließen für Millionen von Dollars Bauten mit billigen Wohnungen entstehen. Bei uns lief alles auf Hochtouren. Eilig zogen wir unsere Linien und zeichneten gotische Pfeiler und standardisierte Wasserspeier. Dann arbeitete ich in Büros, die man als mittelgroß bezeichnen könnte, und schließlich landete ich bei Hollaburt & Roach in Chicago.

Ich ahnte nicht, was diese Firma wirklich war und was für einen guten Ruf sie besaß; aber als ich Forrestall und Sullivan erzählte, ich hätte eine Stellung bei Hollaburt & Roach erhalten, zeigten sie sich sehr interessiert und beglückwünschten mich, als hätte ich gerade beim Rennen gewonnen. Ich hatte keine Idee, wie gut es mir ging, und ich wusste nicht, was ich als Neuling da für einen Treffer erzielt hatte.

Es war eine der drei oder vier großen Firmen, die erst in den neunziger Jahren in Chicago entstanden waren, zu jener Zeit, als der Wolkenkratzer geboren wurde. Das Unternehmen besteht noch immer, allerdings hat es manche Veränderungen erfahren. Es hatte viele der bedeutendsten Hochbauten Chicagos errichtet, ebenso wie sehr viel später die Statler Hotels in Washington, Los Angeles und, Gott weiß wo sonst, überall im Land. Diese Firma war und ist insbesondere für ihre Hotels berühmt. Als ich dorthin kam, begann ich an dem »neuen« Palmer House zu arbeiten, das heute ein ganz »alter Hut« ist, wie man im Amerikanischen das Vergangene charakterisiert; aber damals stand das viel ältere Palmer House noch, das nach dem Brand von 1878 erbaut wurde.

Zu meiner Zeit befand sich das Büro von H & R am Wabash, mit Blick auf das Baugelände von Palmer House, das einen halben Block einnahm. Von Anfang an hatte ich mit diesem großartigen Projekt zu tun, als mit den ersten Absteifungsarbeiten der Hochbahn und Nachbarhäuser begonnen wurde, um die großen Caissons in Angriff zu nehmen; sie wurden 30 m in die alluvialen Ablagerungen versenkt, aus denen sich der Untergrund der Innenstadt Chicagos zusammensetzt. Dieses Hotel besaß, wie ich mich erinnere, 2400 Zimmer und 2400 Bäder; es hatte vier Speisesäle auf vier verschiedenen Stockwerken. Die Unterschiede waren nicht nur baulicher Natur, sondern auch der Geldbeutel des Gastes bekam sie zu spüren.

Es war das komplizierteste Projekt, das ich jemals gesehen hatte, und so interessant, dass ich sofort begann, mir eifrig Notizen zu machen und alles für mich selbst aufzuschreiben. Als wir diese Aufgabe zur Hälfte erledigt hatten, erhielten wir den Auftrag, etwas Ähnliches zu entwerfen, das Steven Hotel und weiterhin den Anbau des Morrison; beide mit Tausenden von Zimmern und Bädern, und ich begann, aus den Notizen das zuerst erwähnte Buch zu schreiben. Alles, was ich jemals geschrieben habe, hat diese für mich charakteristische Unmittelbarkeit, das rasche Umsetzen von Anregungen in Ideen, die rasche Folge von Säen und Ernten. Mein ganzes Leben habe ich mir mehr Zeit gewünscht. Aber so begann auch »Wie baut Amerika« aus flüchtigen Notizen wie von selbst Form anzunehmen, wobei nun nicht nur der Bau eines Hotels und die Bedeutung eines Hotels in Amerika behandelt wurden, sondern ganz allgemein auf das vielen Zwecken dienende und aus vielerlei Räumlichkeiten zusammengeschachtelte Gebäude der Geschäftsstadt eingegangen wurde. Es war das genaue Gegenteil der Einraumarchitektur des Parthenon.

Da war zum Beispiel ein Down Town Wolkenkratzer mit einer Kirche auf dem Dach, das Tempelgebäude, und in ihm konnte man leben und sterben, ohne es jemals zu verlassen. Dort konnte man alles haben, von Haarschnitt und Maniküre bis zur ärztlichen Hilfe, falls man neue Augengläser brauchte, und ich glaube, man konnte sich dort auch eine Messe lesen lassen, Theaterkarten kaufen, eine Wette auf ein berühmtes Pferd abschließen, zu Abend essen, ein Sparkonto anlegen, eine Versicherungspolice bekommen, Börsengeschäfte tätigen, sich gesetzesgerecht scheiden lassen und sich, um sich wieder zu verheiraten, von einem Schönheitsspezialisten die Nase chirurgisch verbessern lassen, während man auf seine Hose wartete, die gerade aufgebügelt wurde.

Ich schrieb auch, welche Bedeutung ein Hotel für das politische Leben der amerikanischen Spielart von Demokratie hatte. Ich fasste die Rolle ins Auge, die ein solches Gebäude mit verschiedenen Aufgaben im Gemeinwesen spielte, so wie man es in Europa niemals gekannt hatte, und behandelte dann die einzelnen Probleme der menschlichen und sozialen Beziehungen. Der ewige gemeinsame menschliche Nenner blieb stets unter dem Strich, was auch immer oben der Zähler des Bruches war.

Schließlich versenkte ich mich in einen Bericht darüber, wie ein solches Bauprojekt mit seiner Verschachtelung innerhalb eines einzigen strukturellen Rahmens durch eine komplizierte Planung der Ausführung errichtet und in die Wirklichkeit umgesetzt wurde. Ich beschrieb bis in die kleinsten Einzelheiten hinein alle Schritte, die unternommen werden mussten, und alle Vorbereitungen, die zu treffen waren: die Planungen für die struktiven, die elektrischen, die sanitären Anlagen, die Heizung, das Kühlsystem, die Ventilation, die Signalanlagen und die Nachrichtenverbindung innerhalb eines solchen Gebäudes und all die anderen verschiedenen technischen Einrichtungen. Jedoch deutete ich in meinem Buch nur an, dass es auch ein Planungsbüro der Architekten gäbe, um das »Gestalterische« zu koordinieren, das ja ebenfalls als höchst wichtig dazugehörte! Tatsächlich unterließ ich es zu schildern, wie das Palmer House nach der künstlerischen »Idee des Architekten« eigentlich aussehen sollte. Aber leider bestand der Verleger darauf, doch wenigstens ein Bild dieses so gründlich beschriebenen Projektes zu bringen, um zeigen zu können, wie sich am Ende alles dem Auge darbot. Und es musste zugegeben werden, dass die Lösung der formalen Erscheinung ebenso gedankenlos »historisch« war, wie alles Übrige in erfrischender Weise der neuen Zeit entsprach. Kann jedoch überhaupt irgendetwas jemals der neu heraufkommenden Zeit tatsächlich entsprechen, wenn es dem Individuum keinen Spielraum lässt, sondern es unter irgendeinem Stilrezept begräbt?

Mit meiner kleinen, billigen Kamera hatte ich alle Bilder aufgenommen, die meine Schilderung veranschaulichten. Aber das Bild vom Palmer House in seiner *Vollendung* – vom Herausgeber erbarmungslos aus einer amerikanischen Zeitschrift kopiert – muss dem Leser, der all dies so raffiniert technisch Ausgeklügelte bewunderte, einen bösen Schlag versetzt haben.

Die Banalität der äußeren Form zerbrach fast die überzeugende Kraft des Zweckvollen. Abgesehen von diesem Lapsus des Verlegers ist das Buch auch heute, ein Vierteljahrhundert später, noch immer sehr überzeugend, glaube ich, auch durch seine sonst wohlgewählten Illustrationen. Es führt aber auch ganz einfach und ohne jede Tendenz für mich den Beweis, dass der Entwurf sich ebenso wenig ausschließlich von technologischen Prinzipien wie von Stilrezepten allein leiten lassen kann. Organische Reaktionen in uns selbst auf die gefundene Form sind schließlich entscheidend.

Ein intuitives, systematisches, die Ursachen erforschendes Eindringen in das menschliche und soziale Kräftespiel waren tatsächlich Wurzel und Gewächs meiner Gedanken und ihrer Aufzeichnung. In jenem ersten und diesem zweiten Buch.

Dieses Mal, in »Amerika, Neues Bauen in der Welt«, grub ich so viel wie nur möglich auch von dem Werk der bahnbrechenden Architekten aus. Ich ließ Fotografien machen vom Werk eines der jüngsten Angestellten Sullivans, Irving Grill, mit dem ich in tiefer Sympathie zusammenkam. Ich sammelte auch das Werk meines alten Freundes Schindler, der in Mr. Wrights Büro viel von seinem Eigenen beigetragen und viel gelernt hatte – vielleicht zu viel, um nicht sich selber damit etwas zu verlieren. Und ich begann John Roots Entwicklung zu schildern, so wie ich sie sah, seinen Purismus, und Sullivan selbst, die für ihn so charakteristischen Ornamente, die sich über ein in edlen Linien emporstrebendes Gerüst hinaufrankten, und schließlich Wright. Dieser Text ist kaum veraltet und scheint nach so vielen Jahren noch immer des Lesens wert. Im Verhältnis dieser Männer zueinander lag viel von der Tragödie des Individuums; in der gegenseitigen Anregung ebenso wie in dem, was ihr so oft folgt: Enttäuschung, Ressentiment des Einen gegen den Anderen. Das Erste konnte sich fast unbewusst leider ins Letzte wandeln.

In dieser Firma »H & R« kam ich recht gut vorwärts und entwickelte mich vom Zeichner Nummer 208 zu einer Art Verbindungsoffizier, wobei ich als Mittler zwischen allen Abteilungen und Mr. Pellini auftrat, der die »Abteilung für Entwurf« leitete. Ihn hatte man von den »Beaux Arts« in Paris importiert und er sprach nur Französisch. Ich war wirklich vom Glück begünstigt, mit ihm in seiner Sprache reden zu können und die seltsamen Wege zu verstehen, denen er in seinen Entwürfen – die Napoleon, Josephine, aber auch Eugenie, alle zusammen entzückt hätten, wären sie nur noch am Leben gewesen – folgte. Die französische Sympathie für mich verlieh mir im Büro einen besonderen Wert. Auch hier war die Architektur ein Problem des menschlichen Einfühlungsvermögens, weit mehr als das der technischen Bewältigung. Chefs, Sklavengefährten von der Galeere und ebenso Klienten sind doch alle miteinander Menschen.

Ich erzählte niemandem, dass ich selber nach ganz anderen Prinzipien, auf die niemand Wert legte, zeichnen oder vielleicht entwerfen könnte. Ich wollte alle jene anderen Dinge lernen, die dort heimisch waren, und es interessierte mich, diese »Technikalien« zu meistern, weil ich glaubte, dass eines Tages die menschlichen Interessen nur von einem Architekten verfochten werden könnten, der auch die vom Alltag geforderte Gewandtheit in der Beherrschung des Materiellen aufwies. Auf dem Gebiet eines vom Biologischen her bestimmten Entwurfes war hier kaum etwas zu lernen, und so hatte ich einfach beschlossen zu lernen, was hier zu lernen war. In diesen technischen Phasen machte ich ungeheure Fortschritte, so dass meine Vorgesetzten dazu neigten, mich bei dem, was ich mir angeeignet hatte, zu lassen und mir nichts anderes als Aufgabe zu geben, da ich es ja so gut erledigte. So arbeitete ich zum Beispiel große Toilettengruppen des Hotels Monate hintereinander in allen Einzelheiten aus; denn im Palmer House gab es so zahlreiche Waschräumlichkeiten, dass man einen Mann anderthalb Jahre lang damit beschäftigen konnte. Oder nach einer Weile begann ich Aufzugsschächte zu bearbeiten, von denen es ebenfalls eine Menge gab. Nach vielwöchigen derartigen Erfahrungen gelang es mir schließlich, erst richtig in allen Abteilungen herumzukommen, die auf verschiedenen Stockwerken unseres Bürogebäudes lagen.

Während ich dieses Zusammenwirken der Abteilungen beobachtete, blickte ich immer wieder aus dem Fenster über die Hochbahn hinweg. Und dort erhob es sich, das emporstrebende Stahlgerüst, dem alle unsere Bemühungen galten. Nach und nach gewöhnte ich mich an die Produktionsmethoden der beauftragten Unternehmerfirmen und wiederum ihrer Zubringer, nachdem ich hatte verfolgen können, wie die Pläne und Einzelheiten Schritt für Schritt zur Ausführung vorbereitet wurden. Immer bemühte ich mich darum, nicht nur Dingen, sondern Menschen persönlich zu begegnen. In dieser Welt der Technik schien erstaunlich vieles ein *menschliches* Problem zu sein.

Während der neunziger Jahre war eine Welle der Originalität im Bauwesen über Chicago hinweggegangen und die großen Bürohäuser schossen, zusammen mit immer größeren und besseren Fabrikanlagen, aus dem Boden. Die 42 Eisenbahngesellschaften, die ihre Schienenstränge in Chicago zusammenlaufen ließen, verwandelten die Stadt in eine leicht strapazierte Fußmatte, bevor Güter und Menschen in allen Richtungen von dort aus wieder über den Kontinent strömten. Die Eisenbahnkorporationen wischten sich, sozusagen, ihre rußigen Schuhsohlen an der geduldigen Bürgerschaft ab, während die Stadt zu einem Knotenpunkt wurde für Handelsgeschäfte, für Kaufleute, Politiker, Bewohner des flachen Landes und Durchreisende. Durch Chicago kam man nicht durch, ohne nicht zuvor mindestens drei Stunden dort verbracht zu haben; man musste von einem Bahnhof zum anderen, durchstreifte dabei die Kaufhäuser der Innenstadt und die Revuen mit den hübschen Mädchen. Ich habe einmal diese Stadt und die in ihr wirkenden, seltsam treibenden Kräfte beschrieben und dabei Chicago kühn mit dem Nürnberg des 16. Jahrhunderts verglichen, beide keine natürlichen Häfen wie etwa New York oder Antwerpen, sondern inmitten eines Kontinents gelegen. Hier gab es einzig und allein vom Menschen geschaffene Kreuzungen von Überland-Handelswegen und eine solche Stadt war auch keineswegs von einem Potentatensitz abhängig wie Paris oder Persepolis oder von der gewichtigen Schwerkraft einer politischen Verwaltung wie Bern oder Brasilia. Die großen Architekturbüros hatten einmal einen ähnlichen Charakter bodenständiger Originalität wie die Stadt, aus der sie hervorschossen. Betrachtet man das »Reliance-Haus« oder den »Monadnock-Block«, wird einem klar, dass niemand, der lediglich irgendeine Architektenschule an irgendeinem Ort absolviert hatte, diese Gebäude damals hätte entwerfen können. Im Fall des hochbegabten John Root mag er selber derjenige gewesen sein, der seine Pläne persönlich komponierte. Im Fall von Hollaburt oder Roach aber war es klar, dass sie beide nicht das Zeug dazu hatten, dafür jedoch war das Büro als solches in erstaunlicher Weise fähig, seine eigenen Planer, seine eigenen Ingenieure und seine methodischen und technologischen Verfahrensideen hervorzubringen, sozusagen zu züchten. Und einzigartige Verfahren zeitigen einzigartige Ergebnisse. Ein Büro wie dieses war tatsächlich eine Brutstätte, ein Übungsgelände für Konstruktionstalente und erhob das Technische zum entscheidenden Faktor beim Entwurf. Zumeist handelte es sich bei diesen Projekten um Bürogebäude. Die Zweckbindung der übereinander getürmten kolossalen Stockwerksflächen, zunächst nur sehr grob umrissen, und der Einzelmensch spielten oft lediglich eine verschwindend kleine Rolle. Aber innerhalb dieser Begrenzung hatten diese Konstruktionen selber neuartige, ja, unerhörte Konzepte. Auch in ihren Methoden und den angewandten Verfahren waren sie bewundernswert und in ihrer Form sehr sachlich, ganz so wie Loos es geschildert hatte. Zuweilen fand sich über dem Eingang oder der Einfahrt etwas »Ornamentales«, eine Art Verzierung, die gegen Ende der neunziger Jahre immer schaler wurde, vor allem nachdem die »klassisch gesinnte« Kolumbus-Weltmesse ihr übel vereinfachendes Werk getan und die Gehirne mit einer Hinwendung zu »großem Vergangenem« verstopft hatte. Bis dahin hatte man Jahre hindurch alles im Wesentlichen von einem technischen Gesichtspunkt aus betrachtet und dabei alle anderen Fragen außer Acht gelassen, und so war Sullivans Bauweise sehr »funktionell«.

Es war ein »pragmatisches« Experimentieren, das für die Welt lehrreich war und mit den Tagesströmungen der Philosophie in Amerika in vielen Stücken übereinstimmte. Es schien bereits im Bereich der Möglichkeiten zu liegen, wie dies in der Kulturgeschichte so häufig geschieht, *dass das, was funktionierte und sich bewährte, auch schon als gut und schön anerkannt wurde.* Eine neue, eine amerikanische Idee, die nie jemandem gekommen war bis auf William James! Geistige Strömungen können zu erstaunlichen geistigen Orkanen anschwellen, die um alle Ecken blasen und bis in die am stärksten verbarrikadierte Ecke. Zeitgenössische Architektur war so eine Ecke!

Als ich nun damals in Chicago ankam, gehörte so manches von dieser funktionellen Neugier schon der Vergangenheit an. Das große Büro hatte nicht nur alles überlebt, sondern war weiter hochgeschossen und war in seiner übermäßigen Ausbreitung zu etwas anderem geworden. Aber nun hatten die Leute ihren Planer aus Paris importiert und gingen auch weiterhin mit Importen hausieren. Indem sie sich der Verpflanzung sowohl des dekorativen Talents als auch der fremden Ideen bedienten, verdrängten sie einheimische Begabungen, wo es solche gab, an die zweite Stelle und machten sie zu dienenden Geistern. Mich berührte das alles, als tauchte man in eine degenerierte und dekadente Periode einer einst großen Zivilisation.

Aber Dekadenz scheint ja schließlich immer wieder ein periodischer Teil einer niemals endenden Evolution zu sein. Ich wurde mir dieser Phase des Abstiegs durchaus bewusst und ich glaube, dass eben das mit dazu beigetragen hat mich zu befähigen, dies alles zu durchbrechen und in einem Land vorwärtszukommen, dessen eigene Strömung so stark war, obwohl ich doch nur ein einsamer Schwimmer war, ein armer Einwanderer ohne jegliche Verbindung, ohne die richtige Frau geheiratet zu haben – ich meine die Nichte des Bürgermeisters oder eines einflussreichen Bankiers – und ohne jede politische oder soziale Begünstigung. Dass ich es halbwegs schaffte und schließlich recht bekannt wurde, lässt sich nur durch diese Degeneration der großen Büros in einem bestimmten historischen Moment erklären, die mir die günstige Gelegenheit in die Hand spielten, es mit ihnen in aller Freundschaft und Stille aufzunehmen. Im Übrigen jedoch zählte der kleine Architekt nicht, und das war auch gar nicht möglich. Nur das große Büro war ein Apparat, dem Erfolg beschieden sein konnte; es hatte seinen Pariser »Gestalter«, der ein oberflächliches Beiwerk lieferte, wie zum Beispiel das heitere Petit Trianon auf dem Dach, um die Maschinerie des Aufzugs und den Wassertank zu umhüllen, über die Chicagos Rauchgewölk dahinzog.

Derartige Büros wurden von den Industriekapitänen und den Finanzmagnaten rückhaltlos anerkannt und waren bei ihnen sehr beliebt, aber sogar den Redakteuren, die sich mit Architektur befassten, begannen sie langweilig zu werden. Und da man Frank Lloyd Wright allgemein boykottierte, blieb ihnen nur wenig Ermunterndes, worüber sie hätten berichten können. Sieht man sich nur einmal die Jahrgänge 1923 bis 1928 an, so wird einem bewusst, wie langweilig die Architektur den Lesern auch in den besten Zeitschriften vor Augen stand.

Unter den damals herrschenden Bedingungen, wie ich sie heute sehe, besaß ich dennoch in all meiner Vereinsamung, obwohl ich es kaum wusste, Möglichkeiten, die für mich besonders günstig waren. Ich betrachtete das Problem aus einem völlig neuen und menschlichen Gesichtswinkel heraus, während auf der anderen Seite des Zauns eine sozusagen maschinelle Produktion bestand, die so dekorativ verbrämt sie sich gebärdete und in so gewaltigen Maßstäben sie auch arbeitete, dennoch nicht recht der menschlichen Konstitution entsprach. Ohne sich dessen klar bewusst zu werden, empfand man sie doch immer mehr als ermüdend und unerträglich, ihren Stil und Modewechsel verwirrend und schließlich langweilig. Und darin lag vielleicht meine große Chance. Ich begann durch nichts, das sich in Dollars und Cents ausdrücken ließ, durch Aufträge, die kein anderer genommen hätte, und durch äußerst unbedeutende Objekte, kurz durch nichts, was greifbar gewesen wäre, bekannt zu werden. Aber gerade bei solchen Objekten konnte ich in aller Ruhe Dinge demonstrieren, die schlicht einleuchtend waren. Hätte ich große Aufträge gehabt, hätte ich mich höchstwahrscheinlich unterordnen müssen, und so suchte ich sie nicht einmal. Während ich Leute als Klienten hatte, die mit ihren Mitteln zurückhaltend oder überhaupt arm waren, und für ein normales Prozenthonorar arbeitete, das bei diesen winzigen Aufträgen fast auf ein Nichts hinauslief, tauschte ich dafür einen großen Vorteil ein. Diese meine kleinen Klienten fingen nach und nach an, auf meine wohlgemeinten Ratschläge mit Hingabe zu hören, erwärmten sich für die Sache und ließen mich das tun, was ihnen über das übliche Klischee hinaus von Nutzen war. Ganz allmählich begann mein winziges Werk bei den Zeitschriften einzusickern, bei einer nach der anderen, und nicht nur bei den Architekturzeitschriften, sondern auch bei den populären Familienzeitschriften und sogar bei den kostenlosen Blättern, die den Frauen nach dem Einkauf im Supermarkt an der Kasse mitgegeben wurden.

Selbstverständlich war dies anfänglich eine Eroberung, die mit einer Prise sanften Spotts vonseiten der Redaktion verbunden war, das *Neue* der Reportage hauptsächlich reizte dabei, und die Redakteure legten auch stets größten Wert auf Bilder, die recht kahl wirkten, selbst wenn es sich um ein

Wohnhaus handeln sollte, so dass man auch beim Bildtext auf seine Ähnlichkeit mit einer Schuhfabrik oder etwas dieser Art hinweisen konnte.

Es war ein fast übermenschliches Ringen darum, irgendwie doch zum Verständnis vorzudringen, und meine Frau Dione half mir mit ihrer Heiterkeit, diese ungeheure Last zu tragen. Es ist alles heute kaum zu würdigen. Dennoch war es eine günstige Zeit, eine Zeit, wie sie kein junger Architekt von gleicher Wesensart oder mit den gleichen Neigungen heute haben würde, wo eine Flut von »unkonventionellen« Entwürfen täglich alle Redaktionen überschwemmt und die Illustrationen von Seite zu Seite in sensationeller Weise miteinander wetteifern.

Ich muss immer wieder daran erinnern, wieviel Veränderungen sich doch im Laufe eines Lebens ereignen, vor allem wenn man selber sich darum bemüht, diese Veränderungen ein bisschen mit herbeizuführen. Wie ich schon erwähnte, wurde, als ich in New York eintraf, der Singer-Turm als eines der großen Gebäude der Welt angesehen. Als das Woolworthgebäude errichtet war, galt es als das großartigste Exemplar der Gotik, das sogar die Kathedrale von Canterbury insofern übertraf, als man seine Wasserspeier und andere stark herausgearbeitete Verzierungen aus dünnem leichtem Blech gearbeitet hatte, um dadurch die Belastung des höchsten Gebäudes der Welt herabzusetzen.

Die rückständigen mittelalterlichen Handwerker waren niemals auf diesen Gedanken gekommen, noch wären sie fähig gewesen, dergleichen auszukalkulieren oder als Massenfabrikat herzustellen. Ich machte einige schüchterne Bemerkungen, es sei eine Kaugummiarchitektur, von einem Automaten geliefert, und alle lachten darüber, dass ich, ein armer Einwanderer, so »originelle« Ansichten über das wunderbarste, von aller Welt bewunderte Gebäude hegte.

Es war ebenso, als käme ein Zugereister vom flachen Land nach Athen und machte ähnlich herabsetzende Bemerkungen über die stolze Akropolis. Aber dieses anspruchsvolle Gebäude ist heute vielleicht weniger überholt, als es vor 30

Jahren schien, und meine Späße über Ornamente sind selbst überaltert. Doch immer ist Woolworth ebensowenig gotisch, wie der Turm, der Singermaschinen anpreist, Renaissance ist. Alle historischen Anspielungen sind kurzlebiger Spaß, damals, jetzt und stets.

Ganz abgesehen von den Talenten der Architekten liegt so etwas wie ein Fluch auf den reichsten Städten der Welt wie dem kaiserlichen Madrid des sechzehnten Jahrhunderts und der führenden Stadt des frühen zwanzigsten, New York, um vom gestrigen Moskau gar nicht zu sprechen. Überfluss sollte diese Kapitalen in einer angeblich materialistischen Welt logischerweise zu Führern machen, nicht nur der Größe, sondern auch ihrer tieferen Bedeutung nach. Dies aber bleibt nur Theorie. Diese Hauptstädte, ebenso wie das Delhi der Mogule und das Rom der Imperatoren, sind geprägt von ausländischen Importen aus zweiter Hand, wobei kaum eigene Ideen aus eigener Kraft erzeugt wurden und auch wenig sie begünstigt. Der Escorial in der Nähe der Weltkapitale von damals, Madrid, wurde in aller Hast vollendet, nicht unähnlich dem Traum eines Immobilienpropagandisten. Ähnlich wie unser »Furniture Markt« in Chicago: stets der Welt größter Umsatz mit den schnellsten Lieferterminen. Eine Menge von Politikern, Ausländern, Neapolitanern, Holländern, Franzosen und Mauren standen bunt durcheinander auf der Lohnliste für das spanische Gold. Einige von ihnen machten Karriere, anderen brach es das Herz.

New York ist zumindest die menschlichste Stadt; immer wieder trifft man auf Menschen, die in rührender Weise dazu neigen, in einer Bar oder in einem Automatenrestaurant oder sogar auf einer Fahrt mit einem Taxi einem gewissermaßen unter Tränen an die Brust zu sinken. Es ist vielleicht die offenherzigste Stadt dieser Größenordnung. Stets sieht man in Manhattan an einem Ende der Querstraße oder am anderen das Wasser und im Frühling oder Herbst wölbt sich über allem ein fast italienischer Himmel. Es ist die Stadt, die in meiner Erinnerung noch immer die Stadt von Loos ist, wo er alle diese armen, noch nicht akklimatisierten Kämpfer so ungemein glücklich menschlich sah, von neuem Leben erfüllt, nachdem sie voller Ehrfurcht und Bewunderung und fast wie in einem Ritual auf ihren Schiffen die Freiheitsstatue passiert und das Einwanderungsbüro auf Ellis Island, auf dem ein strenger Heiliger Petrus mit seinem Schlüssel das Paradies aufschloss, hinter sich gelassen hatten. Diese paradiesische Freistatt unter einem fernen, vielversprechenden Horizont macht für mich tatsächlich einen wesentlichen Teil New Yorks aus und ist für mich bis zum heutigen Tag eine Vorstellung geblieben, die tief in meiner Seele wurzelt.

Diese Stadt ist in ihrer Kindhaftigkeit liebenswert. Mit glänzenden Augen glaubt sie stets, das Größte und Beste zu tun, und der Traum erweist sich oft nach einer Weile als nichts weiter als eine »Radio City Music Hall« oder als irgendein anderes »Sieben-Tage-Wunder«, wie man in Amerika sagt. Wenn man später hinkommt und es erneut sieht, begreift man nicht, was die Menschen im Pulitzer-Building sahen. Die Menschen haben früher einmal die großen Monumente New Yorks bewundert und heute haben sie andere große unpersönliche Baumonumente, von denen viele schon bald in verstaubtes Vergessen sinken, von Taxis umschwärmt und von Lastwagen bedrängt, die dort ausladen. Der größte Teil dieser Gebäude wirkt wie aus zweiter oder dritter Hand. Trotz der verfügbaren Gelder haben es die New Yorker Auftraggeber erst in einigen Fällen der jüngsten Zeit nötig gefunden, für irgendeine dieser Aufgaben einen großen Architekten heranzuziehen. Dass so lebhafte Geister von soviel beweglichem Leben umgeben für diese Aufgaben fehlen sollten, scheint fast ein Rätsel, das lösen zu können ich nicht eilfertig vorgebe. Während meines Lebens war es lange Zeit so, dass es im Verhältnis zu der massiven Bautätigkeit im Allgemeinen nur selten vorkam, dass man in irgendeinem Stadtteil New Yorks einen wirklichen neuen Laden oder eine moderne Inneneinrichtung zu sehen bekam. Tatsächlich gab es alles in allem nicht einmal ein halbes Dutzend wirklich zeitgemäßer Warenhäuser oder Geschäfte, nicht zu reden von Schulen oder Wohnhäusern in New York. Das war vor ein paar Jahrzehnten, als ich voller Hingabe das Gebäude der Universal Pictures mit Geschäften und einem Restaurant an der Ecke der Hollywood- und Vine-Street, ich glaube, im Jahre 1930 baute und dann die Corona-Schule zu Anfang der Dreißigerjahre in Bell. Das war etwas absolut Neues.

Nach dem Ersten Weltkrieg konnte das gesamte Gebiet der Metropole New York sich kaum einiger moderner Wohnhäuser rühmen. Ich selber vollendete früh eines auf Long Island und andere in Connecticut. Bei diesen Gelegenheiten kämmten der Bauherr und ich die Stadt und das umliegende Land rings um New York immer wieder unermüdlich durch, konnten jedoch keine Baufirma auftreiben, die bereit gewesen wäre, auch nur ein Angebot zu machen und die Sache durchzusehen. New Canaan, Connecticut, wurde eine ganze Weile später das erste Entwicklungszentrum für neueres Bauen, der erste Ort, wo wiederholt Leute nicht weit von New York Häuser bauten, die keine Nachbildungen waren. Und doch scheinen die Geister in der größten Stadt der Welt wissbegieriger und unternehmungslustiger zu sein als irgendwo anders. Die Erklärung dafür ist, wie gesagt, nicht leicht. Aber sogar ohne Führerrolle in originellen Entwürfen schien mir New York doch stets voll konstruktiver Lehren für die Welt und es war gewiss ein Ort, an dem das Interesse an Menschen wach war. Ich bin davon überzeugt, dass die kommenden Jahre seine Bedeutung noch steigern werden.

California calls you

Als ich einmal in Zürich die Bahnhofstraße entlang gegangen war – es muss etwa 1919 gewesen sein –, hatte ich in einem Schaufenster einen Prospekt mit einer Palme darauf erblickt. Er hatte die Aufschrift: »CALIFORNIA CALLS YOU.« Ich war nicht ganz sicher, was es bedeutete. Ich konnte damals nur wenig Englisch, jedoch erklärte ich es mir so: Das bedeutet, du sollst nach Kalifornien kommen.

Nachdem ich also in New York und in Chicago gewesen war und mehr oder weniger als Gast bei Mr. Wright, da er keine Arbeit oder Pläne zu machen hatte, dachte ich unaufhörlich an Kalifornien. Ich wusste, dass der einzige Ort, wo Wright während meines Aufenthalts in Amerika irgendetwas im Bau gehabt hatte, Kalifornien gewesen war.

So traf ich also im Winter 1925 meine Entscheidung. Nun reiste ich mit meiner Familie. Meine Frau mit dem ersten Kind war mir von Europa nachgefolgt, wobei sie bei der Einwanderung die größten Schwierigkeiten hatte; da sie ihr Visum und ihre Einreiseerlaubnis daraufhin ausgestellt bekommen hatte, sie sei Musikerin, musste sie unseren ältesten Jungen, damals ein Baby von drei Monaten, zurücklassen. Ihre Mutter hatte uns den Enkel gebracht und war mit großen staunenden Augen in Taliesin zu uns gestoßen. Während der vier Wochen bis zu ihrer Rückfahrt war auch sie bei Mr. Wright zu Gast. Sie bewunderte ihn. Nun war unser hübsches aufgewecktes Kind Frank L. wieder mit uns vereint. Und wir wanderten nach Westen weiter. Unterwegs bewunderten wir kurz den Grand Canyon, während unser Bambino, im Hotelzimmer allein zurückgelassen, unseren Reiseführer in die Hände bekam und gerade den Teil in Fetzen riss, der sich mit Amerika westlich der Rocky Mountains befasste. So kamen wir ohne Ratgeber und ohne entsprechende Vorbereitungen an die Küste.

In Kalifornien fand ich, was ich erhofft hatte, dass nämlich die Menschen geistig noch unvoreingenommen und beweglicher waren und daher bereit, neuartige Ansichten aufzunehmen. Es war möglich, sich ganz anders zu kleiden oder fast gar nicht, und sich überhaupt so zu benehmen, als wäre man auf einem Kostümfest, wo man doch so ziemlich alles tun kann, was einem gerade einfällt und Spaß macht. Dies alles schien mir Hinweis genug, ich sollte doch etwas Neues versuchen, das sich von angestammten Gewohnheiten, seien sie nun europäisch oder amerikanisch, entfernte, und sollte auch das Denken und die Verhaltensweise der Menschen sozusagen in einer Art tropischer Entfaltung kennenlernen. Diese Menschen, zumindest viele von ihnen, waren nicht unter wirtschaftlichem Druck nach Kalifornien gekommen, also nicht wie die Leute, die vor hundert Jahren aus den Catskills nach Ohio oder von Ohio nach Illinois vordrangen. Diese Menschen waren nicht durch Sandstürme im westlichen Oklahoma und durch Hungersnot dazu gezwungen worden, hierher zu kommen. Sie tauchten im Süden einfach zur »Verjüngung« auf. Viele von ihnen brachten ihre Ersparnisse mit und die großartigsten Gründungen wie die Indiana-Kolonie im Jahre 1878, die nun Pasadena heißt, oder Rodlands oder irgendeines der älteren Gemeinwesen dieses Orangenlandes waren wohlhabenden Leuten zu verdanken, die etwas zurückgelegt hatten, Anwälte und Ärzte gewesen waren und in verschiedenen anderen festen Berufen gestanden hatten. Sie hatten in ihrem Leben Erfolg gehabt und waren nun dorthin gegangen, hatten eine Kirche oder eine Hochschule gegründet, diese selbstverständlich von Parzellen umgeben, die sie zu späterer Bebauung verkauften. Das war ein anderer Schlag von Pionieren und es war ein Land der Obstgärten, dessen Industrie »auf den Feldern« lag, mit Maschinen besetzte Felder an Stelle von Werkhallen und Fabriken. Das war damals, als der Himmel noch blau und frei von rauchdurchsetzten Dünsten war.

Los Angeles war, als ich eintraf, noch immer eine ziemlich kleine Stadt, aber Architekten wie der Brite John C. Austin und John Parkinson hatten dort in den neunziger Jahren gearbeitet – ich glaube mit Zimmermannsausbildung –, als die Stadt nicht mehr als fünfzig- oder sechzigtausend Einwohner zählte. Für die Gaswerke, die Bankiers und andere Geschäftsleute am Ort baute man noch immer in der gleichen Architektur, aber siehe da, es gelang mir, wenigstens einige kleinere Aufträge, bei denen ich ganz andere Gesichtspunkte anwenden konnte, zu erhalten.

So war ich also nach Kalifornien gekommen und begann dort ein zweites Mal von neuem. Und bald dämmerte es mir, dass gewissermaßen Kalifornien eine besondere Bedeutung in der Weltgeschichte zukam. Die Architektur, die Kultur ganz allgemein, aus der die Architektur ja hervorgeht, hatten ihren Ursprung in subtropischen Ländern: im Süden.

In Griechenland, Hellas, Mesopotamien oder Ägypten hatten alle großen Lehrbuchstile der Architektur ihren Anfang. Erst später, als die beiden römischen Reiche degeneriert waren und die Barbaren vom Norden hereinpolterten, vom »südlich sanften Leben« angelockt, begannen diese den internationalen Stil, die kosmopolitische Lebensart des *savoir vivre* und des *savoir faire*, die sie vorfanden, ein bisschen zu verpfuschen, eine Lebensart, einen Stil, die von Sussex bis Syrien galten. Palmyra ähnelte architektonisch irgendeinem römischen Ort in England. Es hatte fast genau die gleichen Basiliken und die gleichen von Säulen gesäumten Straßen, die aus der Stadt hinausführten. Es war eine sehr internationale Szenerie gewesen, die ihrem Charakter nach subtropisch und den nordischen Ländern eigentlich nicht angemessen war.

Im Mittelalter gelang den nordischen Völkern ein mächtiger Durchbruch, unter anderem auch in der Architektur. Die Klöster zum Beispiel. Die Benediktiner hatten Monte Cassino geschaffen und die ganze wunderbare Mittelmeerarchitektur der frühen, nur locker organisierten Kirche, eine Architektur des warmen Klimas und des blauen Himmels. Später aber wandelte sich sogar der gleiche Orden, das gleiche Christentum, nachdem es nördlich der Berge an Stoßkraft gewonnen hatte, zu zisterziensischer Strenge, ja, zu nordischer Grimmigkeit, die in Askese mündete. Steildächer brachten den Schnee ins Gleiten, hinab auf eine Erde, bewohnt von Menschen, die geprägt und geplagt waren vom Trauma der Winterkälte.

Trotzdem wurden immer wieder die Ideen der unneurotischen, gemäßigten Antike im Gespräch mitgenommen und Jahrhunderte hindurch wurde die klassische Architektur von nordischen Geistern gemolken. Schnee häuft sich auch an Säulenbasen und kalte Regen haben die korinthischen Kapitelle der Berliner Museen, der Londoner City, der Banken der Wall Street, Manhattans, der La Salle Street in Chicago abgewaschen. Diese nordische Architektur mit ihrer südlichen Abstammung hat lange Zeit die Welt beherrscht; und als im fünfzehnten und sechzehnten Jahrhundert die Kolonisierung exotischer Länder begann, nahmen die Forschungsreisenden und Konquistadoren große Pakete nordischer Architektur mit sich, mit ein wenig Renaissance vermischt, vermengt und vermählt, die sie dann wiederum an vielen Orten im Süden auspackten. Insbesondere gilt dies für den Kolonialismus des neunzehnten Jahrhunderts.

Aber schon zu einem früheren Zeitpunkt wurden die nordischen Ideen Madrids und des wüstenähnlichen, winterkalten Hochplateaus des nördlichen Spanien im Bauen und in der Bekleidung nach tropischen Ländern wie Espaniola, Puerto Rico und die »Intra muros« von Manila eingeführt. Die dunkel gewandete Grandezza aufzugeben und kurze weiße Hosen zu tragen, ist für die zivilisierten Menschen in den Tropen eine ganz neue Idee. Ich nehme an, dass Kolumbus niemals die schwarze Höflingskleidung abgelegt hat, die er aus Madrid mitbrachte. Er stieg mit ihr ans Ufer, rettete sie durch alle Schwierigkeiten, denen er auf Santo Domingo ausgesetzt war, hindurch. Bis auf den heutigen Tag sind es die dunklen, würdigen Anzüge, die einen in San Juan zu einem »Kontinentalen« und damit zu einem Angehörigen der oberen Schicht machen. Und so war die Architektur oft konservativ nordisch. Keine Idee davon, unter einem Mangobaum zu sitzen oder unter freiem Himmel zu leben, zu lehren oder zu lernen, wie die Griechen den Wind durch Kolonnaden hindurchstreichen zu lassen, sondern Fensterlöcher in dicken Mauern, das war alles. Natürlich ging der spanische Einfluss zuweilen auch von Andalusien aus und die Spanier waren doch schließlich noch ein Volk des Mittelmeers. Nun aber stelle man sich die Briten in Neu-Delhi oder Colombo vor. Man denke an Batavia auf Indonesien, das unter Kokospalmen von den Holländern als eine vollkommene Nachbildung des nordischen Amsterdam erbaut wurde.

Unter den »Formgebern« gibt es jene, die wie Ronchampe Bildhaftigkeit und beschwingte Anmut von den hellenischen Inseln des Mittelalters entliehen haben. Aber wenn ich Griechenland – den Süden – vor mir sah, sah ich immer erst die hellenische Art von sehr sinnlicher Frömmigkeit und dann, wie schon erwähnt, das Lehren und Lernen unter freiem Himmel, das rastlose Denken beim Spaziergang unter den Olivenbäumen der Akademie, in den offenen Säulengängen der buntfarbigen Stoa, während Plato und Aristoteles ihre Philosophien darlegten. Sie folgten noch dem gefährlichen unermüdlichen Frager Sokrates, der leicht bekleidet, von einer Gruppe von Schülern umgeben, auf der sonnigen Agora stand, dem Marktplatz des Südens, und niemals vor einem Kamin saß, von nordischer Kälte gequält.

Mies van der Rohe war sozusagen im Schatten der Kapelle Karls des Großen in Aachen geboren, die vielleicht ein paar byzantinische Motive aus dem Mittelmeer aufwies, aber eine nordische Höhle oder »Einschalung« par excellence war.

Der ursprüngliche Mensch, der Südländer, war von der letzten großen Eiszeit bedrängt worden, aber er hatte sich mit einer fast neurotischen Ruhelosigkeit immer wieder seinen Weg aus dem Frösteln in die Sonne gesucht, wie eine norwegische Ärztin es mir einmal erklärte, als wir von der an Wahn grenzenden Wanderlust der alten Wikinger, der Vandalen und Westgoten sprachen. Ihr Schicksal war es, nach Afrika zu gelangen, und falls sie dort bleiben konnten, möglicherweise auch zugrunde zu gehen. Anthropologisch ist das symptomatisch.

Die Deutschen suchten – um Goethe zu zitieren – das Land, wo die Zitronen blühen. Selbst wenn sie in Preußen lebten, bauten sie griechisch, so, wie sie es verstanden, ohne die Chance zu haben, wirklich in freier Luft danach zu leben. Schinkel, der große Nachahmer griechischen Stils in der Berliner Architektur, wurde der ideale Lehrmeister für Mies van der Rohe mit seiner großartigen Ausbildung im massiven Ziegelbau in Aachen. Bei seinen Entwürfen arbeitete Mies immer mehr mit einer aufgelockerten Bauweise und mit Glas, selbst wenn er gegen die heftigen Schneestürme anbauen musste, die über den Michigansee hinwegfegten. Gropius, aus einer alten norddeutschen Familie und mit entsprechendem Empfinden fürs Klimatische, entwarf die Fagus-Fabrik mit viel Glas. Industriewerke im Ruhrgebiet wurden viel beachtet und von Mies van der Rohe und Fritz Schupp geschätzt.

Wie ich später in Kalifornien erfuhr, nannte man dies den »internationalen Stil«, von der Industrie und einer neuen, von der Maschine bestimmten Zivilisation gezeugt.

Aber ich war nun selber einem *anderen* Ruf gefolgt. »California calls you.« Ich hatte Kaliforniens Ruf vernommen und war ihm gefolgt, dem Ruf dieses Landes mit seinem milden Klima, nicht, weil ich mich aus der Entfernung nach ihm gesehnt hätte, sondern um wirklich unter den anderen dorthin verpflanzten Menschen zu leben, die ihre Ungebundenheit und die Möglichkeit, wieder im Süden zu sein, genossen.

Ich beobachtete sie mit Lust und Eifer. Wright und Gropius hatten sich über Kalifornien nicht sehr günstig ausgesprochen, aber es war das zeitgemäßeste Land des Südens, auf der Suche nach einer Lebensart, die der Forderung des Tages entsprach.

Mies van der Rohe und Le Corbusier haben es niemals besucht. Hätten sie es getan, so wäre es ihnen sicher schwergefallen, sich mit seiner kulturellen Naivität anzufreunden.

Ich sehnte mich also nicht »per Distanz« nach der Sonne oder dem Süden und baute nicht »als ob«. Ich wollte ganz im Ernst gerade dieses Potential an Ungebundenheit voll ausschöpfen, genau diese Chance ausnutzen, diese Rückkehr des Kosmopolitischen in eine Landschaft mit gemäßigtem Klima, nun jedoch unter neuen, positiven Bedingungen – man würde hier auf eine neue, südliche Art leben und in den Kindergarten oder zur Schule gehen. Nicht fürchten zu müssen, auf dem Heimweg von der Arbeit von einem Schneesturm überrascht zu werden, wird in Zukunft tatsächlich Ereignis und nicht nur ein Traum sein, sagte ich mir. Und es war klar, dass sich dieses romantisch-spanische, koloniale Land Kalifornien auf dem Gebiet der Industrie und der Forschung zu einem Prototyp entwickelte, von vielen anderen nachgeahmt, *denen schon morgen oder übermorgen auch eine Beherrschung des Klimas gelingen würde.* Später werden die wachsenden Milliarden der Erdbevölkerung Saskatchewan, Sibirien, Grönland, Patagonien füllen.

Zusammen mit meiner Familie und meinen Auftraggebern wollte ich diese zukünftige Entwicklung jetzt schon vorweg erleben, und zwar in ihrer ganzen Aktualität. Von diesem Außenposten aus wollte ich mit der ganzen übrigen, so vielfältigen Welt in Verbindung treten. Hatte nicht Archimedes gesagt: »Δῶς μοι πᾶ στῶ καὶ τὰν γᾶν κινάσω« – »Gebt mir einen festen Punkt außerhalb und ich werde einen Hebel ansetzen, um die Erde aus ihren Angeln zu heben, wie schwer sie auch sein mag.«

Sie ist so schwer aus den Angeln zu heben, weil sie in intellektuellen Fragen von äußerst gebildeten Brahmanen und Pharisäern in einigen monopolistischen Zentren der Kultur gelenkt wird. Und vom großstädtischen Jerusalem aus gesehen: »Was kann an Gutem aus dem dörflichen Nazareth kommen?« Nun, sehr viel Gutes kam von solchen entlegenen Orten, auch wenn es zunächst unwahrscheinlich schien.

Ein südliches Land, so dachte ich, war die Wiege unserer Menschheitsgeschichte. Ich war nicht gekommen, »der Menschheit Formen zu geben«, sondern ich folgte dem Ruf, die Anpassung des Menschen in seinem Tun an die Situation herbeizuführen, in der wir stehen, nachdem sich die Gletscher glücklich zurückgezogen haben.

Bei mehreren späteren Gelegenheiten, insbesondere und sehr heiter bei einem Kongress am Golf von Mexico, habe ich meine Gedanken über den »Menschen als Original-Südländer«, »Man the Southerner«, und seine Mission zum Ausdruck gebracht. Hier, in diesem Rückblick, wollte ich nur zusammenfassend sagen, dass ich plötzlich in mir spürte, das südliche Kalifornien sei ein Gottesgeschenk. Es war ein neues subtropisches Land, das sich aus einem paradiesischen Weideland zu einem Industriegebiet entwickelte, ganz anders als Manchester und das Ruhrgebiet, ein Land, das mich von Zürich aus »rief« und auch von vielen anderen Punkten im Norden und das vor Schwimmbecken und Zwergpalmengebüsch Filme drehte, die an diesen anderen weniger sonnigen Orten gezeigt wurden. Kalifornien schien mir das ersehnte Südland zu sein, die Möglichkeit eines neuen Hellas, weiß Gott nicht etwa in dem Sinn, dass nun Los Angeles eine wunderbare Akropolis hätte. Das war nicht der Fall. Die gesamten sozialen und politischen Verhältnisse waren in einem Wirbel, in dem kein Perikles auftauchte, um das richtige Planungstalent anzuwerben, völlig in Verwirrung geraten.

Jedoch war es in klimatischer Hinsicht ein günstiger Ort, um eine neue Architektur ins Leben zu rufen, die den biologischen Bedürfnissen ein wenig mehr entspräche, eine neue Art zu leben.

So versuchte ich einen Anfang damit zu machen. Die Häuser für Menschen aus Fleisch und Blut, die ich baute, wurden – unter dem Motto: »das Innere und Äußere verschmolzen« – mehr oder weniger überall bekannt und die nordischen Länder bis Dänemark und Kanada folgten uns und begannen Volksschulen als einstöckige, niedrige Gebäude zu errichten, mit viel Raum rings herum und sogar mit Klassenzimmern, die jedes in ganzer Breite auf einen Patio sich öffneten.

Vielleicht ist es uns gelungen, die Waagschale wieder zugunsten des Südens zu beschweren, und Kalifornien ist mir als ein strategisches Gebiet erschienen, auf dem ich versuchen wollte, einen Teil der Sünden zu sühnen, die gegen eine Lebensweise verstießen, wie sie der Mensch, in Wirklichkeit doch ein Südländer, entwickelt hatte. Nun sollte er wieder entsprechend seiner ursprünglichen Physiologie zu leben lernen.

Ich begann zu lehren, aber kein College wollte mich haben. In einem alten viktorianischen Haus wurde die »Akademie für Moderne Kunst« eingerichtet und ich fand vier oder fünf Studenten. Bald traten sie in dem loyalen Bestreben mir zu helfen in mein winziges Büro ein.

Ganz allgemein begannen sich Collegestudenten außerhalb ihres eigentlichen Lehrplans von ganzem Herzen für mich zu interessieren, so Raphael Soriano von Rhodos und andere aus vielen verschiedenen Orten und in immer größerer Zahl. Bald hatte ich einen unwahrscheinlich hohen Prozentsatz von Genies unter meinen Studenten. Der Kurs schien wohl gerichtet. Gegen Ende der zwanziger Jahre wurde das Museum für Moderne Kunst gegründet und bereitete 1929 mitten in dem Importhafen für Kultur, in New York, eine Ausstellung vor. Diese Ausstellung begann dann eine Tournee durch das noch erstauntere Hinterland. Während Hitler den europäischen Schauplatz für den Zweiten Weltkrieg vorbereitete, mussten damals Lehrer, große Persönlichkeiten mit der Fähigkeit Architekturschulen ins Leben zu rufen, Europa verlassen und begannen bedeutende Stellungen im Osten und Mittelwesten einzunehmen. Ich habe schon davon gesprochen, mit welcher Freude ich selbst in Vorlesungen im ganzen Land ihr Kommen vorgeschlagen und angekündigt hatte. Dafür erhielt ich dann später ihre Einladungen, um in ihren neuen Schulen Vorlesungen zu halten, aber der Schwerpunkt der praktischen Durchführung blieb eine Weile noch immer an der Westküste. Nach und nach warb die Bewegung eine weitere Generation von Talenten an und breitete sich nach Norden bis in das Gebiet der Bucht von San Francisco, bis nach Portland, Seattle aus und schließlich sogar nach Britisch-Kolumbien und dann wiederum nach Osten über die Rocky Mountains bis nach Toronto, Chicago und Dallas. Sie baute ihre ursprüngliche, schmale, aber feste Stellung im milden Klima des südlichen Kaliforniens weiter aus, wo eine bemerkenswerte Zeitschrift – »Arts and Architecture«, gegründet von John Entenza – damit angefangen hatte, ihr ständigen Raum zu gewähren, und sich ganz langsam eine Leserschaft auf der ganzen Welt gewann.

Während meine Ideen vom soziologisch gerechten Bauen und einer neuen Einstellung zur Architektur sich langsam weiter ausbreiteten, setzte ich meine Arbeit an »Rush City Reformed« fort, die ich mit großer Begeisterung einige Jahre zuvor begonnen hatte.

»Rush City Reformed« war eine Sammlung von Studien über das oft hektische Zusammenleben in einem Gemeinwesen der Innenstadt und seinen Außenbezirken, über Wohnen und Verkehr, über Erholung und Erziehung. Später hat sich vieles davon als eine richtige Vorhersage erwiesen. Dass »Urban Affairs« nicht in Ordnung waren, dass eine umfassende Erneuerung der Stadt kommen musste, war prophetisch gesehen.

Man kann wohl behaupten, dass es in den Vereinigten Staaten eine umfassende Betrachtung derartiger Probleme und eine geplante Erneuerung nur in sehr geringem Umfang gab – was das anlangt, trifft dies im Jahre 1925 fast für die ganze Welt noch zu. Und falls es etwas in dieser Richtung gab, so war ich mir dessen nicht bewusst und fühlte mich lange Zeit wie ein einsamer Rufer in der Wüste, ohne Echo und Verständnis.

Mehrgeschossige Bahnhöfe mit Landungsplätzen für Hubschrauber, Flughäfen, von einem Strom von Zubringerbahnen durchzogen, um 450 Luftabfertigungen, Ankünfte und Abflüge, zu versorgen, riesige Strandanlagen der Großstadt zur Erholung der Bevölkerung, Wohngebiete mit der Möglichkeit, sich ungestört seinem persönlichen Leben hingeben zu können, mit Kontakten wohl von Angesicht zu Angesicht, aber nicht mehr einander drängend, Ring-Plan-Schulen mit einem inneren geräumigen Hall Kern, einem Vielzweckraum, der sich aus mehreren anderen Raumeinheiten zu einem einzigen Raum ausweiten ließ, um auch der Generation der Eltern zu dienen, den Steuerzahlern, die die Schule unterhielten: Dies alles beschäftigte mein Mit-dem-Bleistift-Denken sehr. Die Verbindungen zwischen den einzelnen Wohneinheiten mit ausreichenden Fußwegen und Möglichkeiten zum Spazierengehen, mit Schulwegen, die völlig vom dahinströmenden Verkehr auf Rädern getrennt waren, Überbrückungen von halb in der Tiefe liegenden Verkehrsadern, die Entwicklung sauberer Industriegebiete im Mittelpunkt von Zubringerlinien und ein Geschäftsviertel, das oberhalb eines ebenfalls gegen jede Verstopfung sichern und dem Verkehr dienenden Autoparkgeländes liegt; dies alles waren Gedanken und graphische Darstellungen von einem damals recht ungewöhnlichen Charakter.

Etwa ein Vierteljahrhundert später empfahl Lewis Mumford zu meiner Freude diese niemals endenden, umfassenden Studien von »Rush City Reformed« jungen Städteplanern und Architekten als Einleitung zu städtebaulicher Erneuerung. Harwell Harris, Gregory Ain und später eine ganze Reihe anderer, die sich der anregenden Augenblicke erinnerten, verfolgten meine Bemühungen in Vorlesungen, hörten mir von konstruktiven Gedanken erfüllt zu, entwickelten diese Bruchstücke weiter und verschmolzen sie zu einem Gesamtbild, in dem sich die Ideen zur Reform der Stadt abzeichneten.

Derartige Gedanken sollten erst eine Generation später an offiziellen Stellen Gehör finden, als ich an Plänen für Sacramento arbeitete, nachdem ich in der Hauptstadt Kaliforniens Vorsitzender der Staatsplanungskommission war, oder in der Ölkapitale, Tulsa in Oklahoma, oder in Caracas/Venezuela, wohin mich später Präsident Perez berief. Vorerst und noch auf Jahre hinaus durfte ich nicht offiziell lehren. Nicht eine Universität gewährte mir in der Mitte der zwanziger Jahre eine Stelle, nicht einmal in der geringsten Funktion. So beruht die Dankbarkeit des älteren Mannes und die der jüngeren für die vergangene Zeit, in der wir einander wenigstens Gefährten sein konnten, auf Gegenseitigkeit. Ich lernte, während ich lehrte.

Nur sehr, sehr langsam begann sich die Praxis im Einzelnen und die wertvolle Erfahrung mit den Auftraggebern zu entwickeln. Ein Teil der frühen, tatsächlich fortschrittlichen Arbeit – so wie das bereits erwähnte Gebäude der Universal Pictures an der Ecke von Hollywood- und Vine-Street mit dem Restaurant und den Geschäften, bei dem geduldig Stück für Stück geplant wurde – ist später in amüsant umgekehrter Richtung »modernisiert« und in den Wirrwarr unserer Zeit einbezogen worden. Nur ein paar Fotos sind noch da, um mit allem anderen, was etwa an Illustrationen von Geschäftshäuserentwürfen in der Mitte der zwanziger Jahre zwischen New York und San Francisco aufgetrieben werden könnte, verglichen zu werden. Ich habe mich oft gefragt, ob solche bemerkenswerte Priorität oder eher dauerhafte Qualität einen größeren Anspruch auf ein klein wenig Anerkennung sichert.

Schließlich fand ich auch einen Auftraggeber, der für meinen Prototyp des amerikanischen kleinen Hauses Interesse zeigte. Ernest und Bert Mosk und ihre Tochter Lona, eine gute, wenn vielleicht auch ein wenig sprunghafte junge

Schriftstellerin, besaßen ein steiles Grundstück mit schöner Aussicht am Hollyridge Drive, der sich in den Zwergwald des Berglandes, der für die Hügel Kaliforniens so charakteristisch ist, hinaufwindet. Ich entwarf eine Reihe von Häusern für diese besondere Lage; das eine davon wurde gebaut und während der dreißig Jahre, die seitdem verflossen sind, hat es zu meiner Freude seinen Besitzern Glück und Zufriedenheit geschenkt.

Aber Ernest Mosk, ein stiller, freundlicher Mensch, der den Preis von dreitausend Dollar voll eingezahlt hatte, lebte und arbeitete nur eine kurze Zeit dort im Garten, etwa sechs oder sieben Monate. Er starb fast von einem Tag auf den anderen. Seine untröstlichen Frauen, Mutter und Tochter, meinten, er hätte das Haus so sehr geliebt, dass ich der richtige Mann sei, um bei seinem Begräbnis zu sprechen. Ich war kein Redner, aber ich fand einige von Herzen kommende Worte für diesen, meinen ersten Auftraggeber, den ersten kleinen Mann, der gleichsam sein Schicksal in meine Hand gelegt hatte, weil ich Architekt war und ihn verstanden hatte, wie ein Architekt verstehen sollte.

Gesundheitshaus. Gute Lese 1927

Schon früher, im Jahr 1927, hatte ich meine Arbeit am »Haus der Gesundheit« begonnen. Es war in anderer Hinsicht ein Prototyp. Ich hatte es wegen meines lebhaften Interesses für seine biologische Eignung so genannt. Dr. Philip M. Lovell, mein Auftraggeber, teilte meinen Standpunkt, dass Bauen »heilsam« sein müsse. Er zweifelte an der amerikanischen pharmazeutischen Industrie mit ihrer Tablettenerzeugung, ihrer überwältigenden Propaganda und ihrer zweckbeflissenen Forschung, um den Markt der Angst zu beherrschen. Vielleicht ging er darin zu weit. Ich gelangte zu der Ansicht, Medizin sei am wirksamsten, wenn man sie in richtigen Dosen *vorbeugend* nähme, und die Planung und der Bau von Städten sei vielleicht die geeignete Vorbeugungsmedizin. Architektur als Prophylaxe! In jeder einzelnen Minute der vierundzwanzig Stunden eines Tages wurde den Menschen eine Dosis davon durch ihre Umwelt verabfolgt, und das dreihundertundfünfundsechzig Tage eines jeden Jahres hindurch und über mindestens einen Tilgungszeitraum von dreißig Jahren hinweg, bis ein Haus endlich abgezahlt ist. Schon längst vergessen und bezahlt, blieb dennoch der Architekt selbst wie ein Geist, böser Dämon oder guter Engel, unsichtbar bei seinen Schützlingen oder Opfern. Er zerstörte Ehen durch immer mehr sich ansammelnde tägliche, teuflische Ärgernisse. Oft brachte er es schließlich dahin, dass die Jungen aus der Familie ausbrachen, weil es den Eltern an einem für zwei Generationen geeigneten Haus fehlte.

Im Jahr 1927 war spanisches Ornament für die Architekten in Hollywood das Wichtige und Übliche, in Manhattan war es der unverputzte Ziegelbau, »Cape Cod« in Connecticut oder Neuengland. Aber oft wurden alle Stilarten »in einem einzigen Block miteinander gekreuzt« oder nebeneinandergestellt. Frank Lloyd Wright blieb auch damals noch in geradezu erstaunlicher Weise verkannt und einige seiner Auftraggeber in Kalifornien ließen sehr zu Unrecht kein gutes Haar an ihm. Sie hatten sich inzwischen der Dienste seines früheren Assistenten und seines alten Freundes R. M. Schindler versichert, der auch ein neuartiges Strandhaus aus Beton für Dr. Lovell und seine Frau erbaute. Mrs. Lovell und ihre Schwester, Mrs. Freeman, hatten beide ursprünglich für das Betonblockhaus, das Wright für die Freemans gebaut hatte, einiges übrig. Eines Tages trat, für mich überraschend, Dr. Lovell an mich mit der Erklärung heran, er wolle einige »Spanische Pläne«, die er hegte, aufgeben und mich ein »Haus von heute« entwerfen lassen, bei dem Wrights Intentionen und seine Art der Durchführung aber nicht befolgt werden sollten. Ich schlug sofort eine Zusammenarbeit mit meinem Freund vor. Beide Männer aber lehnten dies entschieden ab. Es hatte sich im Lauf der Zeit zwischen ihnen einiger Konfliktstoff angehäuft. Daraufhin begann ich mich der Aufgabe zu widmen, auf dem steilen Hang ein ganz andersgeartetes »spanisches« Vorhaben durch etwas Neues zu ersetzen.

Es folgten Monate äußerst anstrengender Arbeit, aber niemals verließ mich dabei eine gehobene Stimmung. Damals stand ich für gewöhnlich um vier Uhr morgens auf. Tatsächlich hatte ich mir diese Gewohnheit schon fünf oder sechs Monate früher zugelegt, als ich meinen Freund dazu überredet hatte, an dem faszinierenden Projekt des Völkerbunds in Genf mitzuarbeiten, wo ich einen Plan verwirklichen wollte, der den See als Zugangsbasis und Hafen für Wasserflugzeuge mit einbezog. Dabei entwickelte ich die ersten Ideen einer akustischen Wandelbarkeit innerhalb des riesigen Saals, eine Erfindung, welche die Zustimmung der europäischen Autorität, Professor Oswalds, und später des großen amerikanischen Akustikers Vern Knudsen fand.

Dieses Projekt war eines von dreien – die beiden anderen waren von Le Corbusier und Hannes Mayer –, die durch ganz Europa auf eine Wanderschau geschickt wurden. Wie die »Ring-Plan-Schule« jener ersten Erntezeit fanden auch meine Ideen über die »veränderliche akustische Illuminierung« von Auditorien und Theatern – mitten im dramatischen Geschehen – erst mehr als eine Generation später ihre Verwirklichung.

Es ist fast unglaublich, dass es mir gelang, in einer so kurz bemessenen Frist das »Haus der Gesundheit« entstehen zu lassen, das als Ganzes von seiner philosophischen Grundkonzeption her und in vielen anderen Punkten äußerst unorthodox blieb. Tatsächlich war es doch gegen den Hintergrund des Jahres 1927 eine unerhörte und recht seltsame Erscheinung, besonders, aber nicht nur, in den USA. Es lag aus weiter Ferne sichtbar auf einem steilen, ja geradezu abstürzenden Hang, mit den aufragenden Bergen des Griffith-Parkes hinter sich und einem weiten Blick nach Süden hinab zum fernen Meer über Bäume im Vordergrund hinweg.

Ich habe für diese Landschaft, auf der Spitze von Mount Hollywood, später einen öffentlichen Erholungsbau zu entwickeln versucht. Ich konnte ihn nie ausführen. Was die Technik des Baus anlangt, so hatte ich damals gedacht und diesen Gedanken oft vertreten, dass eine Hängekonstruktion Material sparen würde: Ein Minimum an zurückgesetzten schlanken Walzstahlstützen trugen stählerne Dachbalken, an denen die oberen Stockwerke von weit größerem Flächenausmaß mittels schmaler Zugglieder von minimalem Querschnitt hingen. Hier wurden zum ersten Mal bei einem Wohnhaus offene Stabgitterträger verwendet; das war bis dahin fast unbekannt. Durch sie hindurch konnte ich alle Röhren und alle elektrischen Leitungen nach jeder Richtung hin, auch diagonal laufend, verlegen und dabei Geld sparen. Aus der Düse eines rund 80 Meter langen Schlauches, der über den Abgrund hinweg ausgelegt war, wurde eine dünne Schicht härtesten Betons angeblasen. Eine hier noch ganz unerprobte Idee. Die Mischmaschine stand weit entfernt auf festem Grund oben an der Bergstraße. Nach zwei Tagen umschloss der Beton den durch Bolzen verschraubten Stahlrahmen, der wie Filigranarbeit aussah und in vierzig Arbeitsstunden am Bauplatz aus vorgefertigten Teilen gleich von Lastautos herunter errichtet worden war. Alles war fast auf den Bruchteil von Millimetern genau errechnet und überprüft, denn auch die standardisierten stählernen Fensterrahmen passsten genau in das Originalstahlskelett.

Das Gebäude erhob sich über einem Schwimmbecken, ebenfalls aus einer »geschossenen«, dünnen Eisenbetonschale, innerhalb einer »Wiege« von U-Bindern oder umgekehrten Portalträgern aus Eisenbeton ruhend, die in den Hang eingelassen die große Wasserlast wohl verteilten. Einem gefährlichen Erdrutsch war dadurch vorsichtig vorgebeugt. Es war neuartig, eine Konstruktion, bei der alles ineinandergriff, eine kaum zuvor durchgeführte Bauweise, und auch im Inneren nahmen sogar die Planung der Küche, der Bäder, ebenso wie der Entwurf für die Einbaumöbel eine Menge Fortschrittliches vorweg, das erst viel später allgemein gebräuchlich werden sollte.

Aber das alles war für mich nur Mittel, Beiwerk und von geringer Bedeutung, obwohl es den Grundgedanken dieses gebauten Musters unterstrich. Das »Haus der Gesundheit« versuchte durch eine bis dahin noch seltene Verschmelzung von Äußerem und Innerem, durch die fließende Durchdringung mit der

Landschaft aus dem, was uns natürliche Umgebung seit hunderttausend Jahren gewesen war, wieder eine Heimat für den Menschen zu machen. Alles Technische diente diesem Zweck.

Es war ein herrliches landschaftliches Bild, das sich dem Inneren vermählte, sobald die zwar kontinuierlichen, aber vielfach voneinander trennbaren Vorhänge zur Seite glitten und über dem Tal und der Ebene der weite Horizont des Pazifischen Ozeans sichtbar wurde. Ich hatte geträumt vom ersten »Haus mit Textilwänden hinter Glas«, zu einer Zeit, als ein ganzer Kontinent in solchen Dingen noch recht jungfräulich war und ohne Wissen von diesen Dingen. Von Vancouver und Montreal bis hinunter nach Rio, Lima und Buenos Aires herrschten ganz andere stilistische und historisierende Ideen. Es ist seltsam sich heute vorzustellen, wie durch eine Generation diese Bewegung später solche Kraft und solche Aufnahme finden sollte, dass ein Dutzend unbekannter Freunde mich am Flugplatz dieser Orte in rührender Weise begrüßten, nur weil sie von meinen nun so lange zurückliegenden Bemühungen wussten. Wie seltsam breiten sich doch Gedanken aus und wie konnte es sein, dass ich aus diesem Zustand des Unbekanntseins und ohne irgendwelchen Geschäftssinn aus einem Hungerdasein aufstieg, mit meinen Bemühungen vollauf beschäftigt und nicht länger verspottet, ja sogar langsam ein wenig anerkannt? Worin hatten diese Bemühungen bestanden und wie könnte man sie und diesen fernen Außenposten, an dem dies alles geschah, nachträglich zumindest in Bruchstücken beschreiben? Vielleicht hätte es auch für einen Studenten von heute kaum noch Bedeutung. Ich war auf jeden Fall weit von den intellektuellen Zentren entfernt, wo Stilistisch-Modisches in künstlerischen Kreisen ausgebrütet wird; aber das wahre Leben ist überall greifbar nah und schöpferisch fruchtbare Richtlinie von breiter Gültigkeit.

Ganz allgemein wurden das Essen, Trinken, Atmen, Schlafen, Denken und Hoffen meiner Auftraggeber – in diesem besonderen Fall Vater, Mutter und drei kleine Jungen – das Ziel meiner eifrigen Beobachtungen. Ich dachte an Dr. Lovells menschliche Beziehungen außerhalb der Familie, an seine

Freunde und Anhänger, an seine humane Gastfreundschaft, an den geselligen Sinn der Kinder und Erwachsenen im Haus und außerhalb. Dies alles kristallisierte sich in meinen Plänen. Mit Mrs. Westerman, der würdevollen Köchin und Haushälterin der Lovells, studierte ich aufmerksam die Rohkostdiät auf der Grundlage von Gemüsen und Obst, die unter der Bezeichnung »Naturopathie« in Südkalifornien bekannt war. Meine Naturfanatiker aßen sie mit Appetit und sie schmeckte auch gut. Die Mahlzeiten bedurften einer langen Vorbereitung, aber es wurde nur wenig, doch gründlich gekocht. Es war ein komplizierter Vorgang, die Dämpfe aus dem Inneren abziehen zu lassen, das Wasser zu reinigen – ich baute einen ganz ungewöhnlichen Apparat ein –, Rohzucker und Pflanzensalze und alles Übrige in Reichweite unterzubringen. Alle meine späteren biochemisch gefärbten Küchenplanungen bis zu »Mensch und Wohnen« und »Welt und Wohnung«, alle meine Gedanken, die sich in Badezimmern, Schlafloggien, Luftaustausch, netzhautschonender Beleuchtung, Sportplätzen und Schwimmbecken zur Übung der Muskeln und Lungen niederschlagen, gehen im Grunde auf die geduldige Arbeit an diesem Musterhaus zurück, das in der Einsamkeit des Jahres 1927 entworfen und ins Werk gesetzt wurde.

Lange vor Sonnenaufgang begann ich damit, jedes einzelne der tausend vorgestanzten Löcher für Schraubenbolzen und die sauber vorfabrizierten Deckplatten der stählernen Stützen für die Fensterrahmen Säule für Säule zu überprüfen. Nichtsdestoweniger galt dies alles nur dem einen großen Ziel und Zweck: mit zeitgemäßen Mitteln schlanker Festigkeit organischen Lebensbedürfnissen nach besten Kräften zu dienen! Das war immer wieder der tragende Gedanke.

Als das Haus fast vollendet war, bestand es geradezu buchstäblich seine Feuerprobe. Ein entsetzlicher Sturm trug einen furchtbaren Brand des Gestrüppwaldes über den benachbarten, gebirgigen Griffith Park heran, in dem viele Dutzende von Häusern in Flammen aufgingen. Unser Bau war mit Papier vollgestopft, während die Maler in ihm mit leicht brennbaren Spirituosen und Ölen arbeiteten. Ich fühlte mich in dem dunkeln Orkan wie der Kapitän eines sinkenden Schiffs, der immer wieder mit seinem Radio um Hilfe ruft: SOS. Ich hing am Telefon und bestürmte die Feuerwehr, die von allen Seiten gleichzeitig bestürmt wurde. Ich rief alle Arbeiter an zwei lächerlich kleine Schläuche zum Sprengen, die jedoch bei dem verringerten Wasserdruck an diesem entsetzlichen Tag nur die umgebenden Büsche ein wenig anzufeuchten vermochten. Immer wilder tobte der Wind, der sich aus dem Meer der hoch emporschlagenden Flammen über den Gehölzen des Parks erhob. Von einer Minute zur anderen gerieten diese Gehölze in immer heftigere Glut, während dichter Rauch die Landschaft in nächtliche Schatten tauchte. Unaufhaltsam näherte sich das rasende Feuer mit seiner sengenden Hitze. Unsere Sache schien verloren, denn schon begannen die Büsche und Bäume am Rand zur Parkgrenze hin selbst Feuer zu fangen. Ich gab alles auf und redete mir ein, es wäre ganz lehrreich, einmal aus nächster Nähe zu beobachten, wie eine Stahlkonstruktion in hoher Temperatur nachgäbe, aber trotz allem wissenschaftlichen Interesse hörte ich nicht auf zu beten. Immerhin war noch keine der Glasscheiben geborsten, um die Berge von Zeitungspapier der Maler den Flammen preiszugeben, als plötzlich die Feuerwehr eintraf und den Kampf mit dem beißenden dunklen Rauch aufnahm. Mir rannen die Tränen. Es war nur eine Angelegenheit von ein paar Minuten, bis ihre Schläuche ausgelegt waren und unter der Macht ihres Hochdruckstrahls die Flammen ganz einfach erstickt wurden. Ich wagte kaum, meinen Augen zu trauen. Der tobende, heulende Ozean aus Feuer und Luftströmungen wurde uns ferngehalten. Wir waren gerettet. Am nächsten Morgen war das zwar ein wenig geschwärzte, alles in allem aber noch weiße Haus von einer düsteren, verbrannten und aschgrauen Wüste umgeben.

Es wurde innerhalb von zwei Wochen fertiggestellt, und der Naturarzt Dr. Lovell, der durch seine Artikel in der Sonntagsausgabe der *Los Angeles Times* eine große Anhängerschaft besaß, zeigte an, er würde jedem, der es sehen wollte, das Gesundheitshaus zeigen.

Modell- oder Musterhäuser sind im Lauf der Jahre etwas durchaus Übliches geworden, damals jedoch war eine solche Vorführung etwas ganz Unbekanntes und es kamen Stunde um Stunde Tausende von Menschen. Dr. Lovell ließ Angestellte vom Automobilklub eine Meile entfernt im Tal das Parkproblem lösen helfen. Um drei Uhr nachmittags hatte ein Wagen eine Panne und von diesem Augenblick an waren dreitausend Besucher ohne eine Möglichkeit der Rückkehr im Haus und auf dem umgebenden Gelände wie in einer Falle gefangen. – Ein Vierteljahrhundert später sah ich wiederum eine große Menschenmenge an dem gleichen Ort. Man hatte das Haus verkauft, nachdem die Kinder der Lovells herangewachsen waren und das Elternhaus verlassen hatten, und der neue Eigentümer, mir ein Unbekannter, der jedoch vom Hörensagen von mir wusste, lud mich zu einer zweiten Einweihungsfeier ein! Die Gäste beglückwünschten ihn und mich und betrachteten das Haus als etwas Neues, Interessantes; »vielleicht ein wenig radikal, aber doch sehr attraktiv«, hörte ich sie sagen. Niemand schien zu ahnen, dass es schon eine Generation alt war, und der neue Eigentümer verriet es mit keinem Wort. Das Gebäude war innen und außen kaum gealtert, nur die Landschaft ringsum hatte sich wunderbar entwickelt und das entsetzliche Feuer vor dem ersten Einweihungsfest erleuchtete nur die ferne Szenerie meiner Erinnerung. Ich erschauerte bei dem Gedanken: In einem einzigen unglückseligen Augenblick hätte es dazu kommen können, dass meine ganze aufopferungsvolle Arbeit, alle für mich so bedeutungsvollen Schritte in die Zukunft, während ich allein und ohne jeden Helfer arbeitete, vernichtet worden und für alle Zeit in Vergessenheit geraten wären.

Durch Asien, Afrika nach Europa und wieder in die USA

Nachdem ich das »Haus der Gesundheit« fertiggestellt hatte, holte ich erst einmal Atem. Ganz allein hatte ich diese Arbeit hinter mich gebracht, und ich war erschöpft. Ich sah meine Frau und unsere beiden kleinen Söhne an, Frank L., nach dem bewunderten Propheten benannt, der in seinem eigenen Land nicht geachtet wurde, und Dion, nach seiner Mutter so genannt, da wir uns, als dieser Neuankömmling erwartet wurde, tatsächlich auf einen Mädchennamen eingestellt hatten. Wir beschlossen, die Schweiz, Österreich, Europa und unsere alten Freunde und lieben Verwandten noch einmal wiederzusehen. Todesgedanken waren mir niemals fern. Da ich in Tokio zu Vorlesungen erwartet wurde, trennten wir uns. Dione sollte mit den beiden Jungen auf einem langsamen norwegischen Frachter durch den Panamakanal fahren und ich reiste als Passagier der unteren Klasse auf einem japanischen Schiff neunzehn Tage lang über den Stillen Ozean.

Einer meiner Mitreisenden war ein verarmter, abenteuerlustiger junger deutscher Adliger. Später besuchte ich sein altes Familienschloss im Thüringer Wald. Aber hier weckte er mich einmal kurz vor Mitternacht, um ein Schiff zu grüßen, dem wir auf hoher See begegneten.

Schläfrig stieg ich an Deck und betrachtete die dürftigen Lichter eines anderen Dampfers, der durch die unendliche Dunkelheit fuhr. Es war ein Samstagabend. Zehn Minuten später begann der Sonntag. Aber nach einer Viertelstunde überquerten wir die internationale Datumslinie: Nun war es Montag. Im Verlauf einer halben Stunde hatte ich drei Tage erlebt. Und nun hatte ich gewiss nicht länger das Gefühl, noch jung zu sein. Ich war von der endlosen Arbeit des vergangenen Jahres, die ich ganz auf mich allein gestellt bewältigt hatte, tief müde; vielleicht hatte ich doch das Ende meiner Bahn erreicht, dachte ich wieder.

An einem trüben Morgen gelangten wir nach Yokohama und da geschah es mir zum ersten Mal, dass ein Dutzend unbekannter neuer Freunde und erwartungsvoller junger Männer aus meinem eigenen Beruf mich dort in der Fremde sehr herzlich willkommen hießen.

Tokio und Osaka hatten damals nur ein Viertel ihrer gegenwärtigen Größe und Kyoto war in seinem altertümlichen Zustand so gut wie unberührt.

Alles war so unglaublich anders als meine eigene bisherige Umwelt und dennoch meinen Empfindungen über die Behandlung von Raum und Natur so nah.

Ich war ein wenig verwirrt, von einer solch freundlichen Gastlichkeit empfangen zu werden und so viele Zuhörer in einem riesigen Saal sich drängen zu sehen, als ich von einer neuen Architektur sprach, die wir in Zukunft gemeinsam besitzen würden. Wie weit sind unsere Kollegen in jenem Lande seitdem fortgeschritten!

Sehen und Hören, das Einatmen eines Duftes aus einem winzigen Gartenhof, die Freude an den eigenen inneren Empfindungen beim Spiel der Muskeln und dem Wenden des Körpers, während ich einem Zickzackpfad folgte und auf einer mehrfach gewundenen Brücke einen Lotusteich überquerte – dies alles schien zu einer umfassenden Kunst zu gehören, die vielen und miteinander verschmolzenen Reaktionen des Menschen zu erahnen. Sogar der Geschmack und das Trinken des Tees aus hauchfeinem Porzellan, unter dem Geflüster einiger kaum hörbarer Silben eines Gedichts, wo wir Menschen des Westens laut rezitieren und deklamieren würden: Dies alles drückte meine eigene Achtung vor dem »Wert des Kleinen« im menschlichen Leben und in unserer empfindlichen Biologie aus. Auch die sonst so impetuos rastlosen Griechen haben gerade solche Kleinigkeiten des Gestaltlichen zu ehren gewusst. Das Sensationelle und das stets Modische standen hier nicht – noch nicht – auf einem hohen Sockel.

Von Kamakura bis Nara fühlte ich mich glücklich und schrieb eine Reihe von Artikeln darüber (später in DIE FORM, Berlin, veröffentlicht), wie das japanische leichte Haus der japanischen Musik und der Eigenart zurückgezogenen Lebens der Japaner entspräche, wie die kleinen, kaum möblierten Zimmer so sorgsam und akkurat mit der japanischen Geselligkeit, mit den Essgewohnheiten und der Nahrung der Japaner übereinstimmten, ebenso wie mit allen ihren Bräuchen, die mit Musik und Tanz zusammenhingen. Die Reichen und die Armen, die Wohlhabenden in der Stadt und die Bauern, sie alle hatten das gleiche Maßelement in Raumdimensionen, das auch zugrunde lag den »Tatami-Bodenmatten«, den Schiebetürpaneelen, den »Tansu« oder eingebauten Schubladen. Die Einzelheiten, Ausfertigung und die Verarbeitung waren einfach und genormt und stellten eine bewunderungswürdig saubere Arbeit dar. Und dafür gab es offenbar einen sehr ursächlichen Zusammenhang!

Nach all dem hatte ich gestrebt und ich stand nun nicht länger allein. Ein japanischer Verleger veröffentlichte die erste kleine rot-weiße Mappe, die anmutig mit einem Bändchen zusammengebunden und mit einem Text von Kameki Tsutsura versehen war. Ein zweites großes Buch, sogar mit Farbabbildungen, ist später gefolgt.

Ich kreuzte die Chinesische See und sah Shanghai, eine moderne Metropole mit schwarzen Dschunkensegeln im Vordergrund.

Jedes Mal wenn ich später wieder in Hongkong war oder mit Studenten und Studentinnen der Universität durch die wimmelnde Menge in den steilen Straßen ging, habe ich dieser ersten einsamen Bekanntschaft mit dem seltsamen Freihafen auf der malerisch bergigen Insel gedacht. Viele meiner rasch hingeworfenen farbigen Skizzen erinnern mich an diese erste Begegnung, die sich mir fest eingeprägt hat, ebenso wie die mit Singapur, Kolombo, Aden oder Port Said, die ich nun nacheinander kennenlernen sollte. Alle Menschen, ob sie nun friedlich miteinander auskamen oder gegeneinander wetterten, hatten für mich einen gemeinsamen Nenner.

Ich bin kürzlich wieder in Macao gewesen und es sieht ganz gewiss heute anders aus. Es ist von Chinesen überlaufen, Neuankömmlingen, ebenso wie Thailand oder Singapur. Ein illegaler Umschlagplatz am Rand des Eisernen Vorhangs, so wie es Hongkong öffentlich nicht sein kann.

Als ich Macao zum ersten Mal am Ende der zwanziger Jahre besuchte, war es weit mehr eine portugiesische Stadt, als es heute der Fall ist. Wie jeder weiß, klammern sich die Portugiesen an ihre Besitzungen, und es gelang ihnen bisher, sich damit gegen alle Beschwerden Nehrus und der Antikolonialisten eines freien Asiens und Afrikas durchzusetzen. Es ist ihnen immer wieder gelungen, die Vereinten Nationen davon zu überzeugen, dass sie »die fortschrittlichen Kolonialisten« sind: Sie haben nämlich allen ihren Kolonien die Rechte von Provinzen eingeräumt. Ein Mensch, der in Goa lebt, ist ein ebenso guter Portugiese wie jeder, der in Lissabon wohnt. Es war für mich interessant, vor nicht so langer Zeit, als ich durch ihre Hauptstadt kam, diese Darstellung zu hören. Wie lange noch können sie sich, im Spiel der neuen Weltmächte gegen die alten Kolonialreiche, gegen die Flut stemmen?

Als ich Macao 1929 sah, empfand ich es, wie schon erwähnt, als eine wahrhaft lateinische Stadt, die nur einen Anhauch jenes Fernen Ostens, wie Marco Polo ihn gekannt haben mochte, hatte. Ich war damals ein junger Mann. Das Wetter war tropisch, denn es war Juli. Ich ging, wie ich es damals stets tat, um eine Stadt kennenzulernen, zu Fuß, bediente mich niemals einer Rikscha, nahm niemals irgendein Fahrzeug.

Auf der Anhöhe erblickte ich eine Kirche, deren Silhouette mich besonders interessierte, eine alte Kirche, die, wie ich nur erriet, portugiesischer Barock von 1580 oder 1600 war, früher also als die von Ouro Preto, Brasilien, die ich fünfzehn Jahre später bewunderte. Durch ein dichtes Menschengewühl suchte ich mir meinen Weg zu dieser Kirche und gelangte schließlich zu einem steil ansteigenden, gepflasterten Platz, in dessen Hintergrund das Hauptportal aufragte. Eine monumentale Freitreppe führte zur Fassade dieser Kirche hinauf. In diesem Augenblick entdeckte ich, dass überhaupt keine Kirche da war, sondern sie nur aus einer Fassade bestand. Die Kirche war, wie ich annahm, durch ein Erdbeben zerstört worden, vielleicht vor Hunderten von Jahren, aber die Vorderfront stand noch immer, das Eingangsportal zum Mittelschiff, die seitlichen kleinen Türme und die frontalen Bildhauerarbeiten. Ich ging hinauf, setzte mich, wischte mir den Schweiß von der Stirn und blickte auf den abschüssigen Platz hinab. Während ich dort saß, bemerkte ich einen anderen Mann, der sich näherte und neben mich trat. Sein

Benehmen hatte dabei fast etwas Rituelles. Bald kam noch ein anderer hinzu und auch er schien, als er seinen Platz einnahm, ein besonderes Ritual zu befolgen. Ich blickte um mich und war verwundert. Nichts deutete auf eine geheiligte Stätte hin, da war nur diese verödete Leere. Das Ganze wirkte sozusagen wie eine tote Augenhöhle, kein Auge darin, keine Fenster und keine Pforten in diesen Torbögen. Noch mehr Menschen strömten herbei. Sie alle traten zu einer Art Anbetung oder Gottesdienst heran, versammelten sich um mich und betrachteten mich ernst. Ich fragte mich, was hier wohl vor sich ginge und ob wohl Kirchenlieder oder eine Litanei angestimmt würden, um die Seele zu erheben. Aber nichts dergleichen geschah; alle blieben sie nur da stehen und verharrten feierlich in einer Haltung gespannter Aufmerksamkeit, als lauschten sie einer wundersamen Melodie, die ich selber nicht zu hören vermochte, mitten an diesem heißen Julitag. Das mochte wohl etwa 35 oder 40 Minuten gewährt haben. Niemand sprach mit mir und ich selber war natürlich nicht in der Lage, portugiesisch oder chinesisch mit ihnen zu reden. Nach Ablauf dieser Zeit setzten sich die Menschen in einem ungeordneten Zug wieder in Bewegung, wischten sich die Stirnen und gingen über das Pflaster des Platzes in die Stadt hinein. Nachdem die letzten wie ein Rinnsal versickert waren, kehrte auch ich zurück. Ich traf mit einem Chinesen zusammen, mit dem ich später ein höchst interessantes Erlebnis haben sollte, über das ich noch berichten will. Bei dieser Gelegenheit jedoch fragte ich ihn, ob er wüsste, was es mit dieser Ruine auf sich hätte.

»Oh«, antwortete er, »diese Kirche ist bekannt als kühlster Ort mittags in der heißen Jahreszeit. Die Leute gehen dort hinauf, weil alle wissen, ein Wind weht dort genau Ost-West durch das alte nun zerfallene Schiff.« Er machte mit der Hand ein Zeichen in Richtung auf das verfallene Bauwerk mit seinem noch stehenden Hauptportal.

So gingen alle diese Leute hinauf und genossen in vollen Zügen die Wohltat dieser Kühle. Etwas Rituelles hatte nicht das Geringste damit zu tun. Oder...? Etwas verwundert sah ich meinen Chinesen an. Sein recht dürftiges Englisch, obwohl er mehrere Jahre in Detroit gelebt hatte, und meine Unterhaltungen mit ihm waren stets lückenhaft. Ich machte mir über die Regelmäßigkeit dieses Ritus, die das Klima vor der zerfallenen Kirche hervorgerufen hatte, Gedanken. Auf jeden Fall war dadurch bei den Leuten eine Tradition entstanden, die sie sehr genossen. Für gewöhnlich stellt man sich vor, dass etwa das Singen oder das Sehen – das Hörbare oder Sichtbare – die Formen eines Rituals bestimmen. Aber es scheint auch noch ein »thermales Ritual« zu geben. Dort wenigstens gab es das offensichtlich schon seit vielen Jahren. Die Verdunstung auf der Haut dieser schwitzenden Menschen und diese Augenblicke mittäglicher innerer Einkehr wurden durch diese willkommene Brise sehr gefördert. Jeden von Gott geschenkten Tag gingen sie langsam und ernst die steile Anhöhe trotz der großen Hitze hinauf, um soviel wie nur möglich diese kleine Kühlung zu genießen. Das war etwas, wofür sie dankbar sein konnten. Und es geschah alles in feierlicher Stille. Hier hatte man es mit einem traditionell-rituellen Verhalten zu tun und ihm lag wieder ein elementares biologisches Bedürfnis zugrunde. Es hatte sich ein Verhalten entwickelt, das sich wiederholte, eine natürliche »Form« oder ein Muster des Handelns, das in einer sich wiederholenden Gemeinschaftsbildung aufging.

Es ist für jeden, der sich mit Menschen, mit ihren Wohnproblemen und der Gestaltung ihres Lebens befasst, von großer Bedeutung, derartige Verhaltensweisen und, wenn möglich, ihre Ursprünge und auch ihren physiologischen Hintergrund zu erkennen. Solche Verhaltensweisen kann man von allen nur künstlich aufgepfropften Gewohnheiten oder modischen Benehmen unterscheiden. Es ist gut zu wissen, was tiefer und am tiefsten sitzt. Sich der Bedeutung der inneren Beziehungen im Formungsvorgang, der unser Leben gestaltet, bewusst zu werden, wird dem Menschen, der unsere Umwelt entwirft, leichter fallen, wenn er *biologischen Realismus* anerkennt und als Grundlage des Lebens aller Geschöpfe und nicht zuletzt unser selbst bewertet.

Ein Chinese, der unter dem Portal einer verfallenen nordisch-portugiesischen Spielart einer klassischen Renaissancekirche steht, mag sich in einer seltsamen Umwelt befinden. Aber er genießt die Kühle dieses Standorts und fühlt sich organisch wohl dabei. Davor und dahinter steckt etwas, das uns eingewachsen ist. Der Mensch, für den geplant werden muss, bleibt inmitten all der krausen Runzeln der Kultur ein von der Kultur her bestimmtes Phänomen. Aber biologischer Realismus gewinnt gegen das ewig menschliche erfinderische Spiel aufgepfropfter Künstlichkeit.

Die grundlegenden »Backvorschriften für unsere naturgegebene Schichttorte« lauten so: Das Leben als Koch schichtet eine Bedingtheit über die andere, aber die Bodenschicht, das Fundament, ist und bleibt das Konstitutionell-Natürliche.

Derartige Gedanken bewegten mich während meiner Reise, als ich von einem Land zum andern der Sonne folgte, überall erschien der Mensch anders gemustert und war doch immer die Spezies Mensch. Überall gab es Individualitäten, die sich stärker voneinander unterschieden als die Rassen. Man musste nur das Auge für Individuen haben und der nationalistischen Propaganda nicht Glauben schenken. Der gesamte Fortschritt der Menschen ist der Anwendung seiner soviel höheren Gehirnfähigkeiten zuzuschreiben, die ihn auf ganz »natürliche Weise« durch sein Erfindungsvermögen in immer gefährlichere, scheinbar schrankenlose Randgebiete führen. Tiere leben nicht unter einer solchen Bedrohung, aber die Menschen tun es und in immer stärkerem Ausmaß. Weise Männer und Moralerzieher haben sich darüber Gedanken gemacht, seitdem Adam und Eva aus den grünen Gefilden des Paradieses wegen sträflicher Neugier vertrieben wurden und seitdem die Menschen aus Sodom und Gomorrha wegen ihrer Perversionen und der Sünde widernatürlichen Gebarens ausgeräuchert werden mussten.

Menschliche Erfindungen scheinen uns in künstliche Verhaltensweisen abzudrängen und hineinzuzwingen, in neue Konventionen, Rituale, Zeremonien und Spiele mit sehr komplizierten Regeln. Ob uns diese Spiele nun gefallen oder nicht, es ist doch in erster Linie notwendig, wenigstens ihre Regeln zu verstehen.

»Zum Teufel mit Bridge oder Skat«, wenn man nicht weiß, was diese Menschen da treiben, die so eifrig ihre Karten mischen. Ich habe Europäer beobachtet, die mit verständnislosen Gesichtern einem Baseballspiel zusahen, Amerikaner mit hochgezogenen Augenbrauen in einer mexikanischen Stierkampfarena, Mies van der Rohes Anhänger, die das Spiel, das Le Corbusier in Ronchamp vorführt, weder verstehen noch lieben. Ein Spiel kann großartig sein, aber es lässt sich weder richtig beurteilen noch ganz einfach verdammen, wenn wir uns nicht einmal die Mühe geben, seine Regeln und Ziele kennenzulernen.

Im Gegensatz dazu erklärt sich die Natur von selber; sie braucht andere Erklärungen und donnernde Propheten nur dann, wenn die Verhältnisse bereits pervertiert, verkrümmt sind und zurückgebogen werden müssen.

Während ich die halbe Nacht an Deck jenes japanischen Dampfers auf dem Indischen Ozean zubrachte, dachte ich über wesentliche Motive des Entwerfens nach, die nicht bloß vergängliche Spielregeln darstellten.

Natürliche Befriedigung, die Befriedigung durch eine biologisch angemessene Bedienung, hängt nicht einfach von logischem, intellektuellem »Überzeugen« ab, vom »Gebrauch des Gehirnvorderlappens«, wie ich es ausdrücken möchte. »Natürliche Befriedigung« ist ein tieferwurzelndes organisches Phänomen, das seit Millionen von Jahren durch die Umwelt geformt wurde. Solche Befriedigung ist weit mehr als etwa das Zuschauen bei einem Spiel. Tatsächlich ist sie aus uralter natürlicher Anpassung heraus gewachsen, aus ihr entsprossen. Dieses innige Befriedigtwerden ist uns Notwendigkeit, keine Willkürlichkeit.

Es ist zum Beispiel ganz anders, als wenn man 1870 einer esoterischen Gruppe von Künstlern in einem kleinen Café am Montmartre angehörte, die sich ernsthaft bemühte, »ganz Auge« vor ihren impressionistischen Gemälden zu sein und damit allein glücklich zu werden.

So etwas wäre ein gefährliches Unterspielen unserer Vollbegabung, wie das Hüpfen auf einem Bein, anstatt normal zu gehen. Es wäre nicht gut, einem Vogel das Fliegen abzugewöhnen. Es wäre auch ein verschlagenes Spiel, unser Gehirn oder unsere Organ-Totalität nur in einem willkürlichen Ausmaß zu benutzen. Das kann von einigen wenigen vorgeschlagen und vielleicht auch erlernt werden. Aber wie dauerhaft ist solche spielerische Künstlichkeit?

Eine Betrachtung unter dem Blickwinkel des organischen Ganzen und besonders auch der dazugehörigen Dauerhaftigkeit legt, so dachte ich, wieder ein *Stück Ewigkeit in den Entwurf des Architekten* und in die Unterweisung im Entwerfen, die jetzt so oft dadurch bedroht sind, dass sie nur noch Beziehung zur letzten und zur nächsten Nummer des Modejournals haben.

Mit allem Respekt für die Spezies wollen wir niemals aufhören, das individuelle Exemplar zu beobachten, das so blitzschnell Bedeutung bekommt und so viele folgenschwere Möglichkeiten der Mutation für die Art als solche in sich birgt.

Und doch: Voller Achtung blicken wir auch auf die nur langsam sich fortbewegende, fast perennierende Stetigkeit in unserer Entwicklungsgeschichte zurück. Es ist gut, den historischen Rückblick zu haben, *jene riesige Kontrollgruppe von Menschen der Vergangenheit* zu sehen und einzuschätzen. Es ist eine notwendige Forderung, auch in einer Periode des flinken, schleunigen Umsatzes. Unser Urteil wird dadurch beruhigter und verlässlicher. Wir müssen uns auf die Langsamkeit biologischer Wandlung besinnen, immer wieder.

Schon lange vor der Zeit der Höhlen von Altamira hatten die Menschen die gleichen Augen zum Sehen wie wir heute, die gleichen Ohren zum Hören, das gleiche Beschleunigungsempfinden und den nämlichen Balancesinn im Innerohr, die gleichen Nerven. Sie spannten ganz ähnlich wie heute auch die Muskeln tanzender Beine, sie rollten Augen und wendeten ihre Köpfe, erhoben sie gen Himmel und senkten sie in Demut. Im Winter frösteltenn sie mit den gleichen kalten Rücken, wischten sich die gleichen schwitzenden Stirnen in so manchem schwülen Sommer und die gleichen ahnenden, sorgenvollen und hoffenden Gedanken sind in ihnen aufgestiegen, während eine Unzahl von Drüsen Stimmungen, »hell oder dunkel«, absondern. »Tout comme chez nous«, heute wie allemal, hier und dort wie überall, wo unser Menschengeschlecht sich finden lässt.

Abgesehen von aller Rationalisierung und Differenzierung dieser oder jener Geschichtsperiode sind wir noch immer von der gleichen Art. Gewiss, wenn wir alle jene Längen- und Breitengrade von Zeit und Raum überblicken, finden wir dem Ursprünglichen »Aufgepfropftes«, Angekrustetes und Überlagertes in Hülle und Fülle und in verschiedenartiger Färbung und Ausfertigung. Und doch sitzt nichts davon so fest wie diese *von Natur gegebene unterste Schicht*. Darüber legt sich anderes, eins nach dem anderen.

Jeder von uns ist eine dieser dicken Schichttorten aus solch sekundären Bedingtheiten. Jedem von uns werden im Verlauf eines Lebens, angefangen von den vorgeburtlichen Monaten im Mutterleib, über den Schock der Geburt, über die Jahre tolpatschiger Unsicherheit, des Wachstums, des Reifens und des Alterns, diese sekundären Bedingtheiten gleichsam fest eingebacken.

Dort auf dem Liegestuhl unter den tropischen Sternen überlegte ich, wie der Menschheit durch den Entwerfer ihrer Umwelt gedient werden könnte, ohne dass das Individuum und seine Funktion innerhalb einer Gruppe annulliert würde.

Der Mensch muss aus der ihm angeborenen Konstitution und dem, was seine Natur zu adaptieren vermag, verstanden werden. Wir müssen die elementaren Dinge als die wesentlichen betrachten. Bisher haben wir sie in unseren Bauten für den Menschen, in all seinem fein ausgebildeten Reaktionsvermögen und in seinen kleinen oder viel umfassenden Tätigkeiten noch nie im bestmöglichen Ausmaß wirklich berücksichtigt. Es wartet noch eine Unmenge Arbeit auf uns.

Die Zeit verstreicht und trotz aller seiner Erfindungen hat der Mensch sich selber nur oberflächlich begriffen.

Unser emsiger, eingeschrumpfter Planet kann nun vielleicht sogar ein Dutzend Mal täglich von einem Beobachter gesehen werden, der ihn in einem künstlichen Beobachtungsmond umkreist. Diese Art des Fortschritts wurde durch keinerlei praktische, wirtschaftliche Bedürfnisse hervorgerufen. Geld ist ja wahrscheinlich schön und gut, aber wir können eine Menge Zeit damit vergeuden, es zu machen, sogar in der Raketenindustrie unseres Fortschritts.

Es lässt sich mit bloßem Auge sehen, wie organische Naturschätze ebenso vertan werden wie grüne Gefilde und Zeit zum Atemholen.

Fährt man durch das Land des größten technischen Fortschritts, kann man mit jedem Blick durch die Windschutzscheibe beides beobachten, atemraubenden Einsatz aller Kräfte und erschreckende Vergeudung von naturgegebener Möglichkeit. Was man – außerhalb von Nationalparks – zu sehen bekommt, ist für gewöhnlich schlimm.

Jedes Baugrundstück hatte einst eine Chance, bevor es von Bulldozern vergewaltigt, mit Telefonmasten der Bell Telephone Company bestückt, von der örtlichen Edison Company kreuz und quer mit Drähten überzogen und die Atmosphäre, durch die Company der Menschen ganz allgemein, verschlechtert wurde.

Immer neue Fragen bedrängten mich, als ich damals im Jahre 1929 in die Kabine Zweiter Klasse hinabstieg, und nachdem ich in meiner Koje meine Augen geschlossen hatte, um zu schlafen, gaben sie mir noch keine Ruhe.

Alles Neue – rascher Umsatz, summende, schwirrende Räder – Mythen unserer industriellen Zivilisation vermögen das Naturgesetz der Anpassung nicht aufzuheben.

Der über lange Zeiträume sich hinziehende Vorgang des Überlebens kann nur von einem planenden Architekten, der von einem solchen biologischen Realismus keine Ahnung hat, bei seinen Entwürfen außer Acht gelassen werden.

Der »lebende Mensch« ist sein ewiges Projekt und Programm und muss es auch sein. Mann, Frau und Kind und die Dinge um sie her hat es schon lange Zeit gegeben, aber man hat sie in ihren besten Verflechtungen nicht begriffen; eher hat man sie in ihnen gestört. Die Dauer der Koexistenz bedeutet noch kein Verstehen!

Elektronen hat es schon immer gegeben, aber erst jetzt wissen wir etwas von ihnen und beherrschen sie weitgehend. Auch der Mensch ist lange Zeit seines Weges gezogen, durch die Zeitalter hindurch, aber nur langsam, viel zu langsam lernen wir unter zuverlässigeren, neueren und auch objektiveren Bedingungen die Eigentümlichkeiten seiner organischen Begabung kennen und beginnen zu ahnen, dass diese als eine Einheit reagiert. Bis zu einer harmonischen Beherrschung von all dem haben wir noch einen langen, langen Weg vor uns. Wir sollten lieber anfangen – und dann war ich schließlich in jener Nacht doch eingeschlafen. Ich träumte vom großen Anfang und von einem schönen Fortgang.

Auf meiner Reise hörte ich viele Sprachen und oft fragte ich mich, in welcher Hinsicht wohl Sprache unsere Verhaltensweise zu beeinflussen vermag.

Ich dachte wie so oft und immer wieder an das englische Wort »figure«. Im Englischen bedeutet es sowohl *Gestalt* als auch *Zahl*. *In der ersten seiner beiden Bedeutungen* ist es für das menschliche Denken seit hunderttausend Jahren wirksam! *In seiner zweiten Bedeutung* ist es das vergleichsweise erst auf eine geradezu lächerliche Art seit jüngster Zeit. Sogar heute noch gibt es Primitive, die nicht weiter als bis drei zählen können, nicht wissen, wie viele Hütten in ihrem Dorf stehen. Ist jemand nicht kinderlieb, weil er nicht daran denkt, wie viele er hat?

Aber selbstverständlich befinden wir uns heute mehr unter der Einwirkung des zahlenmäßig Erfassten, da die Menschen seltsamerweise stets dazu neigen, gute praktische Erfahrungen aus früherer Zeit, wie zum Beispiel das förmlich Eindrucksvolle, ohne viel Bedenken über Bord zu werfen, schlecht zu behandeln oder einfach zugunsten des Neueren zu vergessen. *Unser Fortschritt* wird oft durch Verluste bezahlt. Indem wir eine Million Blätter am Baum im Vordergrund zählen oder uns kurzsichtig für eine endlose Reihe von Dezimalstellen entscheiden, können wir Gefahr laufen, die Gestalt der Bäume und die Form der Landschaft zu übersehen und zu vergessen, wie sehr wir sie brauchen.

Ich sah mir die Gestirne an, wir waren dem Äquator ziemlich nahe. Die Konstellationen waren an ungewohnten Plätzen. Es war etwas beunruhigend.

Form: Vielleicht leben wir durch sie und die Gefahren und das entsetzliche Chaos, das der Tod und das amorphe Nichts bedeuten, sind nicht nur naive Mythologie.

Der Raum ist für uns alle, für alle Geschöpfe, nicht euklidisch oder newtonisch. Solche Vorstellungen sind gelehrte Runzeln aus jüngster Zeit. Sind es tatsächlich die Runzeln eines Embryos, Neugeborenen oder vielleicht doch eines Greises? Seit Tausenden von Jahren und Generationen ist Raum in jedem Augenblick von jedem Lebewesen wahrgenommen worden. Die Form geht ganz allgemein und in geradezu endlosen Erfahrungen der Geometrie auf dem Papier voraus, und die physiologische Geometrie begann mit der alten Rechtwinkligkeit unseres Oben und Unten, des Vorn und des Hinten und unseres Raumes zur rechten und zur linken Hand.

Wir Menschen wenigstens orientieren uns, finden uns zurecht und existieren dank sinnlich wahrnehmbarer Formen, die uns umgeben und Reize auf uns ausüben, unsere Körper in bestimmten Lagen und unsere Lebensvorgänge stimulieren.

Was wäre denn eine gute Definition der Form? Was sind physiologischer Raum und physiologische Zeit, in denen wir sie erleben? Es ist keineswegs das spät aufgekommene künstliche Spiel mit Uhrwerken, Maßeinheiten und Rechenschiebern.

Am Anfang stehen natürliche, eingeborene Regeln und durchaus keine künstlichen; die kommen sehr viel später.

»Natürlichkeit« macht Lösungen stabil und zuverlässig, anstatt sie lediglich Eintagseinfällen und modischen Neuheiten zu unterwerfen und sie von ihnen abhängig zu machen.

Die Architektur, das gebaute Milieu, ist *so* weniger unbeständig und weit mehr gegen unsere Ermüdungserscheinungen, Gereiztheit und Überdruss gesichert. Das Entwerfen der Umwelt des Menschen, das Planen der Gemeinwesen für ihn ist kein Siebentagewunder, das in sensationellen Schlagzeilen hinausposaunt wird. Es hat eine lange Abzahlungsfrist und kann uns für viele Jahre bedrängen.

Es gibt für jede richtig *befriedigende Form* offensichtlich eine *innere, dynamische Wechselwirkung in uns selber,* die mit ihr korrespondiert. Die *Form ist* in der Art, in der sie von uns aufgenommen wird und wirkt, die *Ursache wohlabgerundeter, organischer,* insbesondere nervlicher *Energieumwandlungen in uns.* Sie stehen in scharfem Gegensatz zu jenen schädlichen Einflüssen, die durch Chaos hervorgerufen werden.

Auch hier treten Energiephänomene auf; die aber haben den Charakter gegenseitiger Interferenz, wobei sie schließlich verworren, verschwommen, unklar verebben. Innere biochemische Entladungen, in dieser Weise aktiviert, sind dementsprechend miteinander in Konflikt und gewissermaßen nicht entscheidend. Werden sie von einem Psychologen bewertet, wird das, was hier geschieht, einen negativen Akzent erhalten und als Unbehagen, Verwirrung und Gereiztheit bezeichnet werden.

Geschehen, das keine Form gefunden hat, und gestaltlose Umwelt machen uns unsicher und leidend: Darüber hinaus werden wir unfähig, etwas klar umrissen im Gedächtnis zu bewahren, wovon doch die *Kontinuität unserer bewussten Existenz,* unserer dauerhaften Identität mit uns selber so sehr abhängt. Ein Architekt füttert uns sozusagen mit verdaulichen Erinnerungsmustern, mit »mnemischem« Material; tut er es nicht, so werden wir beunruhigt und verlieren, enttäuscht, unsere Sicherheit.

Wir bewerten die Ungewissheit, das Vage und Verschwommene auf jedem Gebiet nervlicher Umwandlungen negativ. Das ist *keine Frage des Geschmacks.*

Es mag zum Beispiel ein Mangel in der Schärfe des Sehens oder Hörens sein. Es kann ein ebener, aber an einer Stelle fast unmerklich abfallender oder durchhängender Fußboden in einem alten Haus sein oder das Deck eines Bootes, das ganz, ganz sacht zu schaukeln und zu rollen beginnt. Dies alles ist für unser Positionsgefühl und unseren eingebauten Sinn für Beschleunigung ebenso wie für unsere Muskelempfindungen während wir spüren, dass wir versuchen sollten, das Gleichgewicht zu bewahren, verwirrend. Am verwirrendsten sind solche Sensationen an der Schwelle des Wahrnehmbaren, wenn wir unsicher sind, ob wir uns täuschen über ihre Existenz oder die Zuverlässigkeit unseres eigenen Aufnahmeapparates, mit dem vielleicht etwas nicht in Ordnung sein könnte. Ein schwacher Geruch, schwierig zu definieren, eine Form mit verwischten, sich verändernden oder schwer zu bestimmenden Umrissen sind zwar geringfügigste Ereignisse, in denen zu leben es aber einem Menschen schwerfällt.

Wenn wir nachts mit einem Wagen fahren und plötzlich die Dinge in unserem Scheinwerfer unklar werden, treten wir beunruhigt auf die Bremse. *Formunsicherheit ist Alarm.* Ob Wahrnehmungen klare Formen und Muster ergeben oder nicht, spielt eine bedeutsame Rolle. Das nervliche Korrelat dafür aber entzündet sich mit der Geschwindigkeit eines Blitzes. Unser lebendiger Körper ist das Spielfeld.

Raum-Zeit wird primär empfunden, nicht errechnet, sondern im Unterbewusstsein fortlaufend beobachtet. Einstein, mit dem in Diskussion und durch Korrespondenz diese Dinge zu erörtern ich mich glücklich schätzte, hat auf dem newtonischen-euklidischen Schauplatz den »Beobachter« eingeführt. Natürlich ist der Auftraggeber des Architekten, *unser* Beobachter, aus dem Fleisch und Blut, die seit so vielen Millionen Jahren auf unserem Planeten existieren.

Der gestaltende, anordnende Architekt arbeitet für lebende, aber nicht notwendig bewusste Beobachter. Sehr oft sind sie ausschließlich unbewusst.

»Fleisch und Blut« bedeuten Lebensvorgänge, die sich in einer lebenswichtigen, physiologisch bedingten Raum-Zeit abspielen. In diesem Raum und in dieser Zeit haben »Fleisch und Blut« ihre wahre Existenz, in Relation zu den Eigenschaften der Sinne, der Nerven und des Gehirns. Aktivierungen der Muskeln und aller möglichen Drüsen begleiten jede raumzeitliche Erfahrung, ob wir nun, wie schon erwähnt, unsere Augen rollen oder heben, den Kopf wenden oder auf unseren Beinen das Mittelschiff von Chartres, einer großartigen architektonischen Komposition durchschreiten. Während wir den Kopf zurücklegen und zum Gewölbe hinaufblicken, das sich so hoch über uns erhebt, registriert jener Sinn unseres inneren Ohres genau dieses Zurückneigen.

Tatsächlich wird so jede beschleunigte oder verzögerte Bewegung von uns sinnlich fortwährend verfolgt, um wesentliche innere Erfahrung zu den rein visuellen hinzuzufügen und sie mit ihnen zu verschmelzen. Wir hören das Widerhallen unserer Schritte auf den Steinplatten und dieses Gehörte *erleuchtet den Raum akustisch* in der gleichen Weise, in der das Kerzengestrahle es optisch tut. Der Temperatur-Sinn, den wir als treibende Kraft in der Brise bei jenem Ritual in Macao beobachteten, ist auch hier wirksam. Sogar die leichte Luftbewegung, die für diesen kühlen Innenraum charakteristisch ist und, als Folge davon, die leichteste Verdunstung der von uns wässerigen Wesen stets ausgeschiedenen Feuchtigkeit, die unsere Haut wie ein dünner Film bedeckt, ebenso wie auch die Wärmeverluste durch Ausstrahlungen in die feuchten Steinmauern in unserer Nähe: Dies alles wird ständig registriert.

Selbst die osmatischen, die geruchsbetonten Ausdünstungen dieser alten, hohen Steinmauern und von Mikroorganismen in ihren Poren geben dem jahrhundertealten Raum im Vergleich zu einem Kircheninneren auf einem Filmgelände in Hollywood, das aus Pressplatten und Gips rasch errichtet wurde, eine spezifische Atmosphäre.

Die Architektur ist wahrhaftig eine Angelegenheit, die alle Sinne in Anspruch nimmt und bedient. Immer und auf viele Weise spielt sie in Raum-Zeit und wächst, um die Unendlichkeit einer Seele zu füllen. Aber zunächst ist sie eindrucksvolles Phänomen einer innigsten Verschmelzung vieler Sinneseindrücke. Der hohe Kirchturm, den wir auf einer Postkarte oder in einem Reiseprospekt auf unserem Schoß betrachten, wirkt anders, wenn wir uns in Wirklichkeit beim Betrachten nach hintenüber beugen müssen und so das »Ragende« nicht durch Sehen allein in uns aufnehmen. Die Kopfstellung selbst wird Teil des Erlebens.

Das Bauwerk lädt uns durch die Tür ein und fordert uns auf, einen genau angeordneten und begrenzten Raum zu durchschreiten. Und dabei lässt uns nun die parallaxe Wirkung naher Säulen und Bögen, die sich schnell vorbeibewegen – während fernere langsam dahinziehen –, in phantastischer Weise an dem großartigen architektonischen Geschenk des dreischiffigen Innenraums der Kathedrale teilnehmen, während wir tief in unserem eigenen Inneren die Muskelregung unserer Beine, Füße, Zehen und unserer atmenden Lunge erleben. Mit einem schweren Seufzer bleiben wir am Querschiff stehen und wir werden uns stets über alle Worte hinaus dieses Augenblicks des Rundumblickens und der Umkehr erinnern.

Unser Raum ist immer Wechselwirkung zwischen unserer inneren organischen Befähigung und den stimulierenden Einflüssen unserer Umwelt. Selbst wenn wir aufgehört haben, *bewusst* zu beobachten, reagieren wir noch immer intensiv.

Werden wir mit phantastischer Beschleunigung in den Weltraum geschossen, ist es klar, dass die stimulierende Konstellation, der wir uns dabei gegenübersehen, sich ganz erheblich von der uns von unserem Leben auf der Erde gewohnten unterscheiden wird. Es werden Tests und Versuche unternommen, die uns auf solche Belastungen und Anforderungen vorbereiten sollen, auf die Auflösung der üblichen »Stereognostik«, jener normalen, automatischen, gegenseitigen Verschränkung unserer Sinne, und darüber hinaus die Auflösung vieler anderer normaler Verbindungen in unserem Organismus. So werden »Mensch und Technik« oder die Verbindung zwischen uns und der erfinderischen Handhabung technischer, anorganischer Vorrichtungen außerhalb unser selbst offensichtlich zu einer Notwendigkeit. Im sowjetischen Bereich und in dem unseren wird vielleicht diese physiologische Seite der Raumforschung schließlich die Blicke auch auf unsere alltäglichen Wohnstätten in unserer gewöhnlichen irdischen Heimat richten, an der wir oft so unverantwortlich herumbasteln. Dieser Gedanke erfüllt mich mit Freude. Dinge, auf die ich gehofft hatte, werden wahr.

Seit langem bin ich immer wieder darauf zurückgekommen, dass die gleiche Sorgfalt auch für weniger spektakuläre Situationen erforderlich ist als die im Weltraum. Die Hausfrau in der Küche hat in all den sich häufenden Ärgernissen und ermüdenden Tätigkeiten ihres Arbeitstages den gleichen Anspruch auf wissenschaftliche Neugier wie der astronautische Pilot. Immerhin sind ja vorläufig Passagiere zum Mond noch nicht so zahlreich wie die Bewohner von Mietshäusern. Geringfügige, kleine Abweichungen vom biologisch Praktischen sind, gerade *weil* sie so geringfügig sind, auch so heimtückisch. Eine Sache wird nicht dadurch weniger gefährlich, dass man sie übersieht. Es ist ja nicht das Auto, das wir gesehen haben, das uns totfährt, sondern gerade das andere, das wir nicht bemerkt hatten.

Als dreijähriges Kind, auf dem Fußboden sitzend, hatte ich bereits diese Erfahrung gemacht. Das Kleine, das Winzige ist vielleicht das Interessanteste und das Individuelle bedarf der Beobachtung.

Entwerfen von Heimen mag als eine kleine Aufgabe *erscheinen*! Das gewaltige, das »große« Projekt, so »entscheidend für die Architektur und die Nationalökonomie«, ist zwar eindrucksvoll, aber auch trügerisch. Nicht dort ist der Ort zu lernen und Erfahrungen zu sammeln.

Den künftigen Auftraggeber und seine Frau von Angesicht zu Angesicht zu sehen, ist für den Architekten ebenso wichtig wie für den Zahnarzt unerlässlich, dem Patienten in den Mund zu sehen. Das vermittelt ihm die wahre klinische Erfahrung. Dadurch gewinnt er Verständnis für die verschiedenartigen Ermüdungserscheinungen von Muskeln und Nerven, deren sich die Leute aus ihrer bisherigen Wohnstätte erinnern und über die sie zu ihm sprechen.

Ich habe beim Entwerfen eines Klassenzimmers, eines Theaters oder eines Wohnraums es mir immer wieder von neuem überlegt: Menschen leben nicht in einem *richtungslosen* Raum, wie er von einem Landvermesser, einem Geometer abstrakt beschrieben wird. Im Gegenteil, diese Menschen werden mit sehr viel sinnlich bestimmter Richtungsgebundenheit *geboren*, mit einem Gesichtsfeld vorwärts, das nach oben und unten, und wieder anders nach den Seiten hin ins weniger Wahrnehmbare verschwimmt, während der Raum hinter ihm für immer beunruhigend bleibt, nie ganz beherrscht und sehr verdächtig, da er den Augen entzogen bleibt. Dies alles sind keine »Spielregeln«, es sind einfach unsere Naturprinzipien, die so mancher Architekt zu seinem und jedermanns Schaden übersah, während er auf etwas anderes, viel weniger Grundsätzliches achtete.

Einer der Grundsätze einer lauteren technischen Einstellung liegt darin, »Materialien nicht zu quälen«, nicht sie zu misshandeln, nicht sie in Formen und Funktionen, die ihnen fremd sind, zu zwingen. Das höchste Gebot jedoch sollte lauten, Menschen nicht zu quälen, das kostbarste Material, das täglich unseren Händen anvertraut wird, und ihre kleinen Mühsale und Belastungen zu respektieren. Nur wenn der Entwurf des Architekten den Menschen ein richtiges »Funktionieren« gewährleistet, ist er auch wirklich wahrhaft funktionell, das heißt menschlich.

Während der letzten dreißig Jahre habe ich keine solch langsame, der Betrachtung günstige Seereise mehr auf große Entfernung unternommen, bei der Häfen mich in neue Gedankengänge schockartig hineintrieben. Schon lange nun geht alles nur im Flug und man kann keine Notizen zum späteren Nachlesen darüber schreiben.

Damals in der guten alten Zeit war's natürlich besser und das Reisen war fruchtbarer. Von jenem biologischen »gemeinsamen Nenner«, an den ich so gern dachte, kehrte ich immer wieder zu den Unterschieden zurück, zu ethnisch bedingten charakteristischen Merkmalen der Verhaltensweise. Die gingen auf ein verhältnismäßig kurzes Jahrtausend oder vielleicht auch auf zwei Jahrtausende zurück, aber auch oft auf wechselnde Umstände, die sich alle paar Jahre ändern.

Sogar in einer solchen vorüberziehenden Schau bemerkte ich auf Reisen voll Erstaunen, dass der Fremde nicht notwendigerweise lange Zeit Fremder bleibt. Er kann zuweilen nach kurzem größeres Einfühlungsvermögen besitzen und intuitiver sein als *der Einheimische, der sich an alles gewöhnt hat!* Das hat mir Elan und Mut gegeben, wenn ich später als beruflicher Konsulent auftreten sollte, in Ankara oder Johannesburg.

Ich sollte noch etwas über Macao sagen und erzählen, wie ich dort in einem chinesischen Hotel wohnte, das damals ein blühendes Unternehmen war. Diese Art Hotels ist heute verschwunden. Und das hat seinen Grund. Es gibt keine Kaufleute in China mehr, die Geld haben und Macao als Gäste vom Lande besuchen. Da ist der Eiserne Vorhang; die Chinesen sind entweder hier oder auf der anderen Seite und es sieht so aus, als ob die Leute auf dieser Seite des Zauns alle Flüchtlinge sind. Viele haben kein Geld, aber sie versuchen, Geld zu machen. Zu jener Zeit, vor rund dreißig Jahren, kamen die Chinesen über die Grenze herüber in die portugiesische Kolonie, Großgrundbesitzer und reiche Geschäftsleute, die sich mit Mädchen vom Tingeltangel amüsieren wollten. Sie kamen, um zu trinken und insbesondere Opium zu rauchen, und wohnten in diesen Hotels.

Mein Hotel hatte sieben Stockwerke und in den beiden oberen Stockwerken fand man jede Unterhaltung, die man sich nur vorstellen konnte, von der chinesischen Oper zu Varietéaufführungen, Tanz und dergleichen. Auf den Stockwerken weiter unten hatten die chinesischen Hotelgäste ihre Zimmer. Jedes Zimmer war rund vier Meter zwanzig hoch wie auch das meine, aber nicht jedes Zimmer hatte ein Fenster nach draußen; im Gegenteil, nur sehr wenige Zimmer besaßen solche Fenster. Sie hatten nur halbhohe Zwischenwände, die Luft strich frei durch den ganzen Gebäudeblock und blies die Schwüle weg.

Wenn man die endlosen Gänge entlangging, sah man die Chinesen beim Mah-Jongg. Die ganze Nacht hindurch spielten sie Mah-Jongg, in Gesellschaft eines Unterhaltungs-

Mädchens, das wie die Blumen in der Vase aussah. Sie saß nur da und sah zu – das war ihre Aufgabe. Die Männer rauchten sich aus dieser Welt und einige von ihnen lagen bereits auf den Kissen am Boden, halb eingeschlummert, und verbrachten in ihrem Mohnschlaf offensichtlich angenehme Stunden. Die anderen setzten noch immer ihr Mah-Jongg-Spiel fort und sie waren weniger still. Vom Akustischen, Hörbaren her beurteilt ist Mah-Jongg ein entsetzliches Spiel, vor allem, wenn die Türen offenstehen und die Trennwände nur halb hoch sind, denn man hört das Mischen der Mah-Jongg-Steine die ganze Nacht hindurch, bis man fast verrückt wird.

Von Zeit zu Zeit verließen einige Leute den dem Vergnügen dienenden Teil des Hotels und gingen hinunter. Ich sah sie auf die Straße treten, aber ich muss sagen, dass sie sich weit ordentlicher benahmen und weniger unangenehm oder lärmend auffielen, als dies bei Amerikanern, die spät nach vielen Martinis von einer Gesellschaft heimkehren, unter ähnlichen Umständen der Fall ist. Tatsächlich waren sie sehr ruhig, sie waren nicht betrunken und waren nicht laut. Alles ging sehr ordentlich zu, nur das Mischen der Mah-Jongg-Steine klapperte weiter.

Ich wohnte mit meinem chinesischen Freund, den ich auf dem Schiff, einem Dampfer der Nippon Yusen Kaisha, auf der Reise nach Japan kennengelernt hatte, in diesem Hotel. Als ich in Japan an Land ging, hatte ich ihn aus den Augen verloren. Aber zufällig trat er, als ich in Hongkong am »Great Asia Hotel« (ein chinesisches Hotel, das es heute nicht mehr gibt) vorbei den Kai entlangging, auf mich zu und sagte mir, er sei so froh mich wiederzusehen. Ich fragte ihn, wohin er von dort aus weiterreise. Er erklärte, er führe nun nach Hause. »Wo sind Sie denn zu Hause?« –»Meine Heimat ist Kuangtung«, sagte er, »und ich bin seit sieben Jahren nicht mehr dort gewesen. Aber ich fahre zuerst nach Macao.« Ich sagte: »Vielleicht sollte ich auch nach Macao reisen.« Daraufhin meinte er: »Ein sehr guter Gedanke, warum begleiten Sie mich nicht?« So schloss ich mich ihm an und aus diesem Grund fand ich mich eines Tages in diesem Hotel.

Die Vorbereitungen, die mein chinesischer Freund in Macao traf, begannen mich zu interessieren. Ich sah ihn mit verschiedenen Taxifahrern verhandeln und fragte schließlich, ob ich nicht eine Weile mitkommen dürfte. Ich hatte nicht geglaubt, dass ich jemals den Mut aufbringen würde, in das Innere Kuangtungs oder in irgendeinen anderen Teil Chinas ganz allein vorzustoßen, da ich ja kein Wort Chinesisch sprach. Denn das flache Land dort schien überhaupt kein Gebiet für Touristen. Er antwortete, er sei höchst erfreut und ich sollte bestimmt mitkommen. Er lud mich in seine Heimatstadt ein, die – wie er es schätzte – rund zwei Tagesreisen mit dem Auto entfernt war. Aber selbstverständlich mussten die Autos sehr langsam fahren. Ich hatte es nicht eilig und war begeistert, nun auch etwas vom Inneren zu sehen. So trafen wir uns also am Halteplatz der Taxis, wohin die Kulis sein Gepäck vorher geschleppt hatten. Er hatte das Gepäck aus dem Hotel dorthin bringen lassen, damit sich die beiden Taxifahrer nicht erst durch das sehr komplizierte Gewirr kleiner Straßen drängen mussten. Tatsächlich war es eine Menge Gepäck, das verstaut werden musste. Er brachte alle Schätze Amerikas heim nach China und Gott allein mochte wissen, was in all diesen Kisten und Säcken war, die er dort aufgestapelt hatte, gewiss für Chinesen hochinteressante Dinge, die er entweder als Geschenke oder für sich selber nach Hause mitnahm. Schließlich war alles in den beiden Taxis und auf ihren Dächern verstaut und bis zum Rand vollgepackt machten wir uns auf den Weg.

Die Taxis waren etwas altmodisch, etwa denen ähnlich, die es damals in Paris gab. Mir schien sogar auf den ersten Blick: Diese Taxis sahen aus, als stammten sie aus dem 16. Jahrhundert, wie die ganze portugiesische Stadt. Wir fuhren los und mochten etwa drei bis vier Meilen zurückgelegt haben, als die Straße aufhörte; es gab gar keine Straße mehr. Das war nun wirklich China, so wie es von alters her war. Wir hatten Macao hinter uns gelassen und begannen querfeldein durch China zu fahren, hügelauf und hügelab, und zuweilen schlängelten wir uns zwischen Reisfeldern hindurch. Die Taxifahrer wussten offensichtlich, wie man mit solchen Verhältnissen fertig wurde. Ich saß mit meinem Freund in einem der beiden Wagen und wir wurden wirklich kräftig durchgeschüttelt, während uns die Wasserbüffel nachstaunten. So fuhren wir lange Zeit mit sehr, sehr mäßiger Geschwindigkeit weiter.

Schließlich gelangten wir an einen Ort, wo plötzlich ein paar Frauen aus einer kleinen Lehmziegelhütte heraustraten, gefolgt von noch mehr Frauen, und auf uns einzureden begannen. Mir schien, es müsse sich bei ihnen um irgendwelche Beamte handeln. Tatsächlich ergab sich aus den Erklärungen meines Freundes, sie wären Steuereinnehmer oder Zollwächter. Ihre Aufgabe war es, das Gepäck auf der Grenze von einem Bezirk zum anderen zu überprüfen, und es erhob sich darob ein großes Palaver. Die Sonne brannte mir auf den Kopf und ich kroch ins Taxi zurück, wo es ebenfalls sehr heiß war. Das Gerede zog sich jedoch noch lange hin und sie verneigten sich hin und her und besprachen, was in dieser Angelegenheit nun zu tun sei, gelangten aber niemals dahin, die Gepäckstücke zu öffnen und festzustellen, was sie enthielten. Schließlich wechselten Münzen ihre Besitzer und wir fuhren weiter. Man war sich handelseinig geworden. Nach ein paar Stunden gelangten wir dann an eine neue Bezirksgrenze, die für gewöhnlich nicht weit von der Bezirksstadt entfernt war, und alles wiederholte sich.

Die Dörfer sahen wie kleine mittelalterliche Städte aus, Straßen mit Kopfsteinpflaster oder Gassen, die durch enge Tore in den Ort hinter der festen Umwallung führten. Das Äußere und das Innere der Befestigungsmauer war für gewöhnlich mit Schreinen besetzt oder sie bestanden überhaupt aus Schreinen zur Anbetung der Ahnen. Durch diese Kette von Schreinen am Stadtrand wirkten die Heiligen oder verehrten Ahnen für die Einwohner und das ganze Gemeinwesen wie ein Schutzwall gegen die Plünderer und Räuber draußen auf dem Land, die man offenbar jederzeit erwartete und die auch häufig genug erschienen, wie ich hörte. Hin und wieder tauchten auch Generale und Söldnerführer auf und versuchten, von diesen Gemeinwesen etwas Geld zu erpressen – Condottierestil. Die Methode ihnen gegenüber bestand darin, zunächst einmal die Tore zu versperren, von der Tempelmauer herunter zu verhandeln und zu versuchen, etwas von der geforderten Abgabe herunterzuhandeln.

Die Landschaft war eine gewellte Ebene und wir sahen immer wieder die Wasserbüffel, die zu der einen oder anderen Arbeit auf den Reisfeldern eingespannt waren. Ich habe seitdem noch andere derartige Gemeinwesen zu sehen bekommen, zum Beispiel auf dem Festlandsgebiet von Hongkong, wo sie viel regelmäßiger angelegt sind als in Kuangtung, so gut wie rechteckig, wie ein römisches Kastell oder Militärlager. Die kantonesischen Städte jedoch haben mehr den Charakter mittelalterlicher Zufälligkeit und die Schreine in den Befestigungsmauern wirken oft sehr malerisch. In all dieser Zufälligkeit aber herrschte doch eine ausgeprägte funktionelle Regelmäßigkeit. Die Gebäude hatten alle die gleiche Art von Dächern mit glasierten Ziegeln, natürlich alle den gleichen Neigungswinkel des Daches, der eben für derartige Dachziegel geeignet war, und alle Giebel waren gleichförmig ausgerichtet. Die Fenster von einheitlicher Größe blickten ebenfalls in die gleiche Richtung, da alle zu wissen schienen, woher der Wind blies und wo jeden Morgen die Sonne aufging. So gab es doch trotz aller Zufälligkeit in der Architektur eine starke Ordnung in der äußeren Form und einen Zustand gelöster Harmonie, die einer solchen Ordnung gemäß ist.

Schließlich gelangten wir nach einer langen Fahrt in das Dorf meines Freundes. Das Dorf unterschied sich nicht sehr von den anderen Dörfern, die ich gesehen hatte, aber dies war ja nun natürlich das Dorf, das wir wirklich betreten sollten. Bei allen anderen Dörfern waren wir stets Umgehungsstraßen gefolgt und diese gehörten gewiss zu den Dingen, die dort höchst bewunderungswürdig sind. Die Chinesen waren darin weit voraus, lange bevor eine solche Idee in Amerika als eine gute Sache verfochten wurde. Hier kannte man es nicht, dass mitten durch die Ortschaften gefahren wurde, wodurch das Leben der Einwohner erschwert wird, durch einen unnötigen oder vermeidbaren Verkehr von Ort zu Ort. Hier gab es kein Tohuwabohu, wie wir es so oft in unsere Mitte einladen.

Wir waren nun also in diesem Dorf eingetroffen und ließen die Wagen unter zwei riesigen Bäumen parken. Die Bäume verbreiteten einen mächtigen Schatten, den ich sehr genoss, da sogleich wieder eines dieser großen Palaver begann wie an den Grenzen der einzelnen Bezirke. Dieses Mal aber handelte es sich nicht um eine geforderte Abgabe. Hier ging es ganz einfach darum, dass alle Dorfbewohner herbeiströmten, um den zurückgekehrten Sohn der Ortschaft zu begrüßen. Alles war auf den Beinen. Wie ich später feststellte, war es tatsächlich das ganze Dorf mit Ausnahme seiner Verwandten. Seine eigenen Verwandten kamen nicht, sondern auf Grund eines altehrwürdigen Brauches mussten sie warten, um ihm den ersten Tee im Haus seiner Geburt anzubieten. Damals war ich mir über die Zusammenhänge nicht im Klaren und sah nur eine Menge Menschen, alte Spielkameraden und Mitschüler und alle anderen, die herbeikamen, um ihn zu begrüßen. Selbstverständlich verlief die lebhafte Unterhaltung in einem ländlichen Kantonesisch. Er erzählte ihnen, wie ich annehme, alles über Detroit und die Handelsschule, in der er die Buchhaltung erlernt hatte, und was dergleichen mehr war. Das musste ich mehr oder weniger erraten, denn von der Unterhaltung selber verstand ich nicht ein Wort.

Schließlich war auch das vorbei und die Männer begannen das Gepäck von den Taxis abzuladen. Die Taxis hätten unter keinen Umständen das Tor dieser Ortschaft durchfahren können, da es viel zu eng war. So wurde also alles ausgeladen und es fehlte nicht an Menschen, die bereit waren, alle die Koffer, Kisten, Vogelkäfige und was sonst noch dieser Sammler aus dem großen Detroit mitgebracht hatte, zu tragen. Wir beobachteten das Beladen und Entladen der Träger und betraten schließlich durch das Tor die Ortschaft selbst. Die Straßen waren, wie bereits erwähnt, die einer mittelalterlichen Stadt. Der Ort hatte aber auch im Ganzen nicht den Charakter eines Dorfes im europäischen Sinn. Da gab es Straßen, in denen nur die Metzger wohnten, und dann wiederum Straßen, in denen Kerzenzieher und andere Gewerbe zu Hause waren, und selbstverständlich gab es so etwas wie Geschäftsstraßen, die etwa den Charakter eines Basars hatten und die man vielleicht in sehr viel größerem Maßstab, sagen wir in Kairo, in Kanton selber oder in Istanbul, Städten orientalischer Internationalität, hätte finden können. Die meisten Straßen waren eng und durch Häuser, die in die Straße hineinragten, schön beschattet; ich dachte betrübt an die Idiotie der neuen »Stadtplanung«, die man in Kanton durchgeführt hatte. Ein paar Wochen zuvor war ich dort gewesen und hatte mir meinen Weg durch eine Stadt von ein paar Millionen Menschen in den Geburtswehen des Umbaus und der Erneuerung suchen müssen. Überall wurden breite Boulevards mit blendendem Sonnenschein auf unbarmherzig ihn reflektierender Betonpflasterung angelegt, dazu eine entsetzliche Anhäufung von dichtbesetzten Autobussen, natürlich mit unlesbaren chinesischen Aufschriften, ein Verkehr nach allen Richtungen, ein Gewimmel von Menschen und ein Gedränge von gewöhnlichen Rikschas und Fahrrad-Rikschas und was dergleichen mehr ist – all die Dinge, denen man auch in Bangkok, Singapur oder in jeder anderen südasiatischen Stadt begegnet. Diese Orte werden durch die »Modernisierung«, die in der Anlage von blendenden, staubwirbelnden Straßen besteht, unbewohnbar.

Aber dieser alte Ort lag schön im Schatten. Matten waren von den Dächern der einander gegenüberliegenden Häuser quer über die engen Straßen gespannt, so dass man sogar in ihrer Mitte Schatten fand. Wir überquerten ein paar unregelmäßig angelegte Plätze und Märkte, alle mit sauber gefugten Steinen gepflastert, einige von ihnen schräg abfallend und andere eben – überhaupt hatte die ganze Stadt ein wenig den Charakter einer leicht gewellten Hügellandschaft.

Schließlich gingen wir eine weiße, sich verengende Straße hinauf und auf eine Gruppe von Gebäuden zu, alles Wohngebäude in einem unverkennbar einheimischen Stil, alle in der gleichen Richtung angeordnet und alle Giebel parallel zueinander. Mein Freund sagte zu mir, dort sei er zu Hause. »Wohnen Sie dort? Aber das ist ja eine ganze kleine Stadt für sich.« Er erwiderte: »Das sind die Häuser meiner verschiedenen Verwandten, meiner Onkel und meiner Brüder.« Endlich näherten wir uns einem der Gebäude, es war das größte, und ich sah ein Mädchen, das aus dem Fenster des zweiten Stockwerks in größter Erregung herausblickte. Sie war offenbar eine Schwester meines Freundes. Sie kicherte ein wenig und verschwand sehr aufgeregt, ohne jedoch wieder zu erscheinen. Wir traten in das Haus und ich erfasste mit einem kurzen Blick diesen mit Fliesen bedeckten Raum, der sich auf einen Innenhof mit einer chinesischen Gartenanlage öffnete; sie unterscheidet sich von der japanischen durch große Symmetrie, zeigt jedoch die gleiche Vorliebe für Zwergbäume, phantasievolle Anhäufungen von Muscheln und dergleichen. Während ich mich noch nach einem steinernen Drachenlöwen umsah, berührte der Freund meinen Arm und deutete auf eine Frau, die neben mir stand, ihre Hände zusammenkrampfte und vor Erregung schwitzte. Er sagte: »Das ist meine Mutter.« Ich verneigte mich, und er wandte sich um und erklärte: »Nun werde ich Ihnen einen sehr interessanten Park zeigen.« Ich war verblüfft, als ich sah, dass er seiner Mutter nicht einmal einen Kuss gab oder seinen Arm um sie legte.

Er hatte nichts weiter gesagt als: »Das ist meine Mutter«; sie hatte ihn seit sieben Jahren nicht mehr gesehen und kam vor Erregung über seine Heimkehr fast um. Aber offensichtlich gehörte es nicht zu den hier üblichen Vorstellungen von gutem Benehmen in Gesellschaft, vor einem Fremden irgendwelche Erregung zu verraten, und so ergriff er mich sogleich an der Hand, und wir gingen in den von ihm erwähnten »Park«. Ich hatte nicht verstehen können, was er meinte, als er von dem Park sprach, aber wir durchquerten den kleinen Innenhof hinter dem Gebäude und begannen sogleich einen Pfad zu einem dahinter gelegenen Hügel hinaufzuklimmen. Dort war ein dicht bewachsener Garten. Auf dem Gipfel dieser Gartenanhöhe befand sich eine Art Sommerhaus, nicht eigentlich ein Sommerhaus, sondern ein kleiner Lustpavillon, den mein Freund, wie er sagte, ganz besonders liebte, und er hatte sogar einen Teil von ihm selber zusammen mit einigen Verwandten gebaut. Er war tief niedergeschlagen, als er sah, in welch schlechtem Zustand das kleine Bauwerk sich befand. Schließlich standen wir außerhalb des Gartens und betraten eine Art Wald, durch den sich ein Pfad hinzog, auf dem wir weitergingen. Es war ein herrlicher Spaziergang, nur ein wenig heiß an diesem Sommertag, und ich konnte nicht verstehen, warum er mich sogleich nach unserer Ankunft zu einem Ausflug in den Wald führte.

Plötzlich lichtete sich der Hain und ich blickte von der Höhe hinab auf breite lange Beete, von Hecken beschnittener Bäume säuberlich eingefasst, Anlagen mit perennierenden Pflanzen und großen, symmetrisch und geometrisch gruppierten Rosenbüschen. Der ganze Anblick erinnerte mich ein wenig an Versailles. Es war in der Tat ein ausgedehnter, völlig stilisierter Park, der seinen Namen voll und ganz verdiente. Aufs Neue verblüfft fragte ich: »Ja, was ist denn das?« – »Oh«, antwortete er, »das ist der Park eines meiner Verwandten, der ihn der Stadt geschenkt hat.« Mehr konnte ich nicht herausbekommen.

Wir dürfen nicht vergessen, dass sich die Unterhaltung in einem recht gebrochenen Englisch abspielte. Ich war überrascht, dass jemand an einem so kleinen Ort einen solchen Park haben konnte oder ihn der Stadt schenkte, denn es war wirklich ein phantastisches und ausgedehntes Stück kostbarer Gartenkunst. Ich gab es auf weitere Fragen zu stellen und wir gingen durch diese weite Anlage und näherten uns einem Gebäude, das inmitten dieses Wundergartens lag. Es war ein langgestrecktes Gebäude mit einem schönen Ziegeldach. Mein Freund klopfte an verschiedenen Eingangstüren an, bis schließlich ihm jemand eine Tür öffnete, der offenbar der »Majordomus« oder Hausmeister war und sogleich beim Anblick des aus Amerika zurückgekehrten verlorenen Sohnes in laute Rufe ausbrach. Natürlich kannte er ihn sehr gut und sie gerieten in eine erregte Unterhaltung, in die sich auch sofort die Frauen, die aus anderen Zimmern herbeiströmten, einmischten. Zunächst blieben wir noch stehen, aber bald saßen wir und bekamen Tee zu trinken auf einem kühlen, geschützten Altan, der tatsächlich auf allen Seiten offen war und eigentlich nichts weiter als ein überdachter Wohnraum ohne alle Wände.

Während diese Menschen ihre chinesische Unterhaltung fortsetzten, begann ich im inneren Raum umherzugehen und bemerkte plötzlich eine Fotografie, die an einem Pfeiler hing. Auf dieser Fotografie waren ein paar Chinesen zu sehen, die eine Gruppe von drei Menschen umringten. Diese drei Menschen waren ein dicker Amerikaner, eine noch dickere Amerikanerin, die neben ihm saß – sie wirkten beide in dieser Gruppenaufnahme recht plump und saßen etwas komisch da –, und neben ihnen ein wunderbar aussehender schlanker und sehr kosmopolitisch wirkender Chinese. Sobald ich ihn sah, wusste ich sofort, dass ich diesen Mann kannte. Ich zermarterte mir mein Hirn, aber zunächst hatte ich keine Ahnung, woher er mir so bekannt schien. Diese ganze Szene und das Erlebnis waren derart seltsam, dass ich einige Zeit brauchte, um meine Gedanken zu sammeln.

Plötzlich wusste ich, wo ich diesen Mann gesehen hatte. Es war in jüngster Zeit gewesen. Vor etwa anderthalb Wochen hatte ich in einem Hotel in Kanton gewohnt, auch wieder in einem rein chinesischen Hotel. Ich war in den Speisesaal hinuntergegangen, wo die Menschen beim Essen saßen, natürlich auf europäische oder amerikanische Art, und blickte auf den matt schimmernden Perlfluss hinab. Vor mir lag zwar ein weißes Tischtuch, aber es war ziemlich fleckig. Das Ganze wirkte wie ein zweitrangiges Restaurant in einer Chinatown an der Westküste, wie üblich etwas geschmacklos eingerichtet, und der ganze Betrieb ein wenig schmutzig und unordentlich. Das Essen war ausgezeichnet, aber die Architektur war ein Notbehelf, vielleicht von jemandem entworfen, der der dritte Assistent eines Bauunternehmers in San Francisco gewesen war und dann dieses zehnstöckige Hotel in Kanton baute. Da saß ich nun am Tisch und begann die Leute zu betrachten. Ich fragte mich, ob ich die geringste Fähigkeit besäße, die Eintretenden ihrer Physiognomie nach zu diagnostizieren. Die Leute, die um mich herum saßen, waren offensichtlich Besucher vom flachen Land, die nach Kanton hereinkamen, und ich fand, es sei äußerst schwierig, Menschen in einem fremden Land in ein erkennbares »Gesellschaftsbild« einzuordnen und ihre Stellung darin tatsächlich richtig zu beurteilen, insbesondere aber Menschen einer so fremdartigen Rasse.

Ich war gerade zu der Auffassung gelangt, ich würde niemals wissen, wer hier der oberen oder der unteren Schicht angehörte, es sei denn vielleicht von der Kleidung her, aber nicht einmal über die Kleidung war ich mir im Klaren, was war fein, neureich, zweifelhaft? In diesem Augenblick wurde ich in meinem Nachdenken durch das Erscheinen eines Mannes unterbrochen, der mit einem jungen, sehr gutaussehenden Mädchen den Speisesaal betrat. Er mochte etwa fünfundfünfzig Jahre alt sein und es war mir sofort klar, dass es sich bei ihm um einen ganz erlesenen Menschen von besonderer Art handelte.

Jäh wurde mir bewusst, dass ich unrecht gehabt hatte, zu glauben, ein westlicher Mensch könnte andere Menschen, weil sie Chinesen wären, nicht richtig einschätzen.

Die beiden setzten sich an einen Tisch und bestellten etwas zu essen und ich erkannte an der Unterwürfigkeit des Kellners und auch am Verhalten der anderen Menschen in diesem Raum, dass es sehr aristokratische Gäste sein mussten. Ich betrachtete sie und fragte mich, ob dieses Mädchen wohl seine Freundin sei. Er war doch eigentlich schon zu alt, um eine so junge, schöne Frau bei sich zu haben. Ich konnte mir darüber nicht klar werden, was dies für ein Paar sei, und gab es schließlich auf. Ich sah ihnen beim Essen zu und beobachtete, wie sie sich ihrer Essstäbchen bedienten, obgleich sie an einem auf europäische Art weißgedeckten Tisch saßen. Ich hatte einige Zeit damit verbracht, über beide nachzudenken, insbesondere über den Mann.

Und das war nun der Mann, den ich da vor mir auf der Fotografie sah! Ich eilte zu meinem Freund hinüber und fragte: »Kommen Sie doch bitte einen Augenblick hierher und sehen sich diese Fotografie an.« Ich zeigte ihm den Mann und er erklärte: »Das ist einer meiner Verwandten.« Ich fuhr fort:

»Aber wer ist es?« – »Es ist der Mann, der diesen Park der Stadt geschenkt hat.« – »Wollen Sie wirklich sagen, dass er diesen Park verschenkt hat? Er hat diesen riesigen Park besessen und ihn der Stadt geschenkt?« – »Ja.« Das war es, was er mir erzählte. Falls ich sein Englisch nicht falsch verstanden habe, so war es das, worauf es hinauslief. Dann berichtete er mir weiter, der Mann hätte auch noch zwei oder drei Schulen der Stadt geschenkt. Ich war verwundert. »Zwei oder drei Schulen?« Er erwiderte: »Ja, er arbeitete unter Sun Yatsen als chinesischer Kulturminister und war einer der Führer der Nationalistischen Partei, als sie noch in ihrer Blüte stand.« – »Oh«, antwortete ich, »das ist interessant. Aber sagen Sie, warum hat er diesen Park der Stadt geschenkt?« – »Er ist hier geboren und das ist seine Heimatstadt.« – »Jetzt beginne ich zu verstehen.« – »Er hat versucht die Schreine zu entfernen und war offensichtlich ein nichtreligiöser Mensch. Er war sehr fortschrittlich eingestellt und eine der großen Gestalten in Sun Yatsens China.« – »Wer sind denn die anderen Menschen, die auf diesem Bild zu sehen sind?« fragte ich. – »Es ist der amerikanische Konsul in Macao.« Und dann meinte ich nachdenklich: »So sieht er auch aus und das ist bestimmt die Frau Konsul.« Und plötzlich war mir ganz klar, dass es *doch* möglich ist, Menschen nach einer Fotografie zu beurteilen, ganz gleich, ob man in diesem oder jenem Land lebt. Aber Verallgemeinerungen sind nun einmal ungerecht und ich habe natürlich auch ganz andere amerikanische Konsuln kennengelernt. Ich versuchte meinem Freund diesen Gedanken näherzubringen, aber er war kein philosophischer Geist. Er hatte gerade eine Handelsschule in Detroit absolviert und vielleicht ist Detroit auch nicht gerade ein Nährboden für philosophische Ideen Zugereister.

Jahre später stellte ich das in Marseille fest. Da war ein Franzose, der mit Kühlschränken handelte und anderthalb Jahre in Detroit ausgebildet worden war, um Frigidaires zu verkaufen.

Mir befreundete Architekten hatten ihn ausgesucht, um eine Rede zu übersetzen, die ich in der von Le Corbusier gebauten *Unité d'habitation* in Marseille halten sollte. Es stellte sich jedoch heraus, dass der Detroit-Franzose nicht in der Lage war, meine Betrachtungen in die langue d'oc zu übersetzen. Er hatte sich wahrscheinlich als fähig erwiesen, Kühlschränke an den Mann zu bringen. Dieser Zuhörerschaft jedoch von Menschen aus verschiedensten Kreisen, darunter sogar Mönchen aus einem nahen Kloster, jungen Architekten und Studenten, vermochte er meine philosophischen Gedanken, die ihn verwirrten, nicht verständlich zu machen. Mein Englisch war für ihn so gut wie Chinesisch. Es war wie beim Turmbau von Babel.

Mein chinesischer Absolvent aus der fernen Metropole Michigans konnte es mit dem Franzosen von Marseille an Hilflosigkeit aufnehmen. Beide erwiesen sich weder als Meister einfühlsamer Sprache noch tiefschürfender vermittelnder Gedanken. Ich habe schon früher darauf hingewiesen und es verdient hier wiederholt zu werden: Zuweilen vermag ein Fremder tiefer zu dringen und sich besser einzufühlen als ein Einheimischer.

Die erste und einzige Bestattung, die ich auf See erlebte, wurde auf dem Indischen Ozean vollzogen. Es war nachts; der japanische Kapitän versuchte beim Schein einer Taschenlampe den kleinen Druck des Psalms zu lesen, während die britische Flagge über den groben Leinwandsack gebreitet wurde, in den unser Reisegefährte, der nach sieben Jahren auf Urlaub nach Europa gewollt hatte, eingenäht worden war, am Fußende beschwert mit ein paar kurzen Eisenstangen. Dann wurden die Schrauben der *Asama Maru* gestoppt; vom Heck des Schiffes, wo die Käfige des Händlers mit tropischen Vögeln standen, hörten wir das Schwirren einiger Flügel und immer wieder strichen kleine Vögel, die einzeln oder in Gruppen entkamen, über das weite Meer hin. Mit einem leisen Klatschen versank der Sack in der tiefen Finsternis dort unten. Der Mitternachtswind wehte mir das Haar in die Augen und ebenso wie die übrige kleine Gruppe von Passagieren bedeckte ich wieder meinen Kopf.

Ich saß auf Liegestühlen herum oder ging zwischen Vorschiff und Heck auf und ab und dachte über die buddhistische Architektur nach, die ich gesehen hatte, über die Hindutempel und die Gummi- und Teepflanzungen mit Arbeitern, die zehn Cent am Tag verdienten.

Ich saß mit einem jungen holländischen Ingenieur unter den Sternen, der mir ausführlich von den Baggermethoden bei der Zinngewinnung in Malaysia erzählte. Es war eine langsame, langwierige Reise.

An Aden vorbei drängten wir uns zwischen Jemen und Afrika hindurch und in einem offenen Auto verließ ich die Küste des Roten Meeres, um die kahle Wüste zu durchqueren. Meine Augen richteten sich wie gebannt auf die klaren, scharf umrissenen, felsigen Berge Ägyptens, bis sie von dem feinen, unsichtbaren Wüstensand, der mir in die Augen wehte, entzündet waren. Als ich mich gegen Abend Heliopolis näherte und schließlich in der Halle des alten Shephard Hotels landete, glaubte ich, dass inzwischen meine Frau, die ich ja in Kalifornien hinter mir gelassen hatte, nun vor mir sei. Mit den beiden kleinen Jungen musste sie den Panamakanal passiert haben und jetzt in diesem Augenblick Kurs auf das Karibische Meer nehmen.

Seltsam, wie weltumspannend meine Familienangelegenheiten geworden waren! Ich war nun achtunddreißig Jahre alt und meine Lage war alles andere als gesichert, obwohl ich mich völlig abgerackert hatte, die stählernen Fertigteile für das »Haus der Gesundheit« zu überprüfen, und über den Stillen Ozean gerufen worden war, um vor Tausenden dankbarer Kollegen in Tokio und Osaka Vorträge zu halten. Ich hatte keine Ahnung, ob ich dieses Mal vielleicht in Europa bleiben oder meinen schmalen Lebenspfad in den Vereinigten Staaten weiter verfolgen würde. In den vielen Jahren seither haben mich eilige Berufsaufgaben so oft durch vier Kontinente geführt, dass ich mir nicht ganz leicht die Gefühle jener längst vergangenen ersten Weltreise wieder vergegenwärtigen kann.

In Kairo war gerade ein wilder Aufstand im Gange, ich hörte ganz nahe Maschinengewehrfeuer und sah die Menge durch die Straßen fliehen. Bricht irgendwo eine Revolution aus und wird auf die Starkstromleitungen geschossen, tritt man am besten in den nächsten Hauseingang. Das tat ich. Die handwerkliche Leistung bei den polierten Steinen im Dunkel der Pyramiden beeindruckte mich ebenso sehr wie die in der Sonne schimmernden Moscheen und Minaretts gegen den blauen ägyptischen Himmel.

Zum ersten Mal sah ich Neapel, Pompeji, sah den Stromboli im Ausbruch. Ich nahm einen Nachtzug von Marseille nach Paris. Inzwischen musste meine kleine Familie auf ihrer Reise etwa die Mitte des Atlantiks erreicht haben.

Der Bahnhof in Paris, eine neue Wohnung am Faubourg St. Denis, welche ich besuchte, die Untergrundbahn, das Palais Royal, die Boulevards und die Straßencafés, vom Benzingestank der Busse durchweht, hafteten noch in meiner Erinnerung, während mich der Zug nach Brüssel führte, wo sich alle Delegierten zum Internationalen Kongress der modernen Architekten (CIAM) trafen.

Ich, der Weitgereiste, sollte Amerika vertreten, war das nicht wunderbar? Damals begegnete ich Van der Velde, mit dem ich mich durch die Hilfe unseres Freundes Alfred Roth dreißig Jahre später in der Schweiz noch einmal freundschaftlich treffen sollte. Ich denke gern an mein letztes, langes Zusammensein mit dem alten, weisen Mann am Ägerisee zurück, einige Monate, bevor sein langes, fruchtbares Leben endete. Er arbeitete an seinem letzten Buch, das Hans Curtel postum herausgab.

Mit Le Corbusier zusammen besuchte ich, wir beide mit erstaunten Augen, das Stocklet-Haus, das Joseph Hofmann und Gustav Klimt zwanzig Jahre früher in Brüssel erbaut und ausgestattet hatten. Ich habe auch diesen bemerkenswerten Bau dreißig Jahre später nochmals gesehen, als ich die Ergebnisse eines Wettbewerbs für die Schaffung eines Kulturzentrums im Belgischen Kongo 1959 zu beurteilen hatte. Es versetzt mich immer wieder in endlose Verwunderung, wie Erinnerungen mit ihrer Last von Gefühlsregungen, die an einem Ort einmal aufklingen, Jahrzehnte hindurch nachhallen.

Zurück nach Paris und von dort nach London. In einer kleinen Pension wartete ich auf das Anlegen des norwegischen Dampfers am Victoria und Albert Dock. Dort trafen wir uns wieder. Es war ein Bankfeiertag. Eine Droschke mit einem Pferd brachte uns über das Kopfsteinpflaster zu der alten Herberge, wo wir die Kinder zu Bett brachten. Dann schlenderten wir durch die Straßen Londons und sahen ein hundertstel Prozent der Riesenstadt. Am nächsten Tag fuhren wir zum Victoria-Bahnhof und verstauten die Kinder und unser Gepäck im Zug. Ich ging noch einmal weg, um ein kurzes Telefongespräch zu führen, und meine Frau wartete draußen auf mich, und als wir dorthin zurückkehrten, wo wir den Zug vorzufinden glaubten, war er verschwunden. Er war verschwunden und mit ihm unsere kleinen Kinder. Zunächst erbleichten wir, aber dann trösteten wir uns mit dem Gedanken, dass ja Dover nicht außerhalb der Welt läge. Tatsächlich fühlten wir uns plötzlich wie neuverheiratet und frei wie die Vögel ohne Familie und ohne Gepäck.

Später fanden wir unsere Jungen in guter Obhut an der Kanalküste wieder und fuhren dann über das Wasser zum Festland hinüber, zunächst nach Paris und dann kreuz und quer durch Europa. In Zürich, wo ich Jahre vorher als Stellungsuchender ohne Aussichten eingereist war, war ich nun wie an manchen anderen Orten bereits bekannt und wurde eingeladen, meine Gedanken vorzutragen. Bei meiner Rückkehr aus dem Vortragssaal fand ich ein Telegramm vor, das verkappte Schicksalswendung sein sollte. Es war von einem Mann in Rotterdam unterzeichnet, den ich nicht kannte: *C. H. van der Leeuw*. Er schlug eine Begegnung in Basel am nächsten Tag vor. Ich sagte telegrafisch zu und traf ihn in Basel auf einem großen Platz der Stadt. Ich trat aus dem Haus, wo ich eben einen alten Arzt und Freund meiner Frau besucht hatte, und am Bürgersteig stand ein eleganter neuer Lincoln von riesigen Ausmaßen mit einem reizenden, recht jung aussehenden Mann und einer Dame, einer Vertreterin der Russel Sage Foundation in New York. Sie befanden sich unterwegs zu einer Konferenz für Internationale Industrielle Beziehungen.

Van der Leeuw war Präsident dieser einflussreichen Körperschaft. Er war Industrieller und Hauptaktionär des riesigen Van Nelle-Unternehmens, das Tabak- und Teeinteressen besaß – und ich hatte geglaubt, er sei möglicherweise ein Reporter oder armer Schriftsteller! Dann dämmerte es mir, dass mein Buch »Wie baut Amerika«, das vor ein paar Jahren erschienen war, mich vielleicht bekannt gemacht hatte. Meine sehr freundlich aufgenommenen Vorträge in Basel und Zürich und dieser Besuch eines fremden Magnaten ließen kaum eine andere Erklärung zu. Als ich vor einem Jahrzehnt Europa verließ, hatte kein Hahn danach gekräht.

Herr van der Leeuw lud mich und meine Frau in sein Haus in Rotterdam ein und ein paar Wochen später befanden wir uns tatsächlich dort in der »Kralingse Plaslaan«. Es war das modernste Haus, das ich mir jemals erträumt hatte: ein Aufgebot technischer Neuheiten, von englischem Gummibelag für die Fußböden und gewundenen Metalltreppen bis zu Mikrofonverbindungen am Eingang und von Zimmer zu Zimmer und zu Luftabzügen für Zigarettenrauch, sobald dieser den Mund verlassen hatte; die Durchorganisierung des Lebens ging bis zu einer komplizierten Schalttafel über unseren Gastbetten, um alle möglichen Beleuchtungseffekte herbeizuführen, die Vorhänge an den Fenstern zurückzuziehen und auf elektrischem Weg heißes und kaltes Wasser im Badezimmer anzudrehen, alles während man im Bett lag. Wir brauchten nur eine halbe Stunde, um Van der Leeuws Erklärungen für all die Schaltknöpfe zu verstehen und uns heimisch zu fühlen. Unser Gastgeber wollte Holland mit uns bereisen. Er sagte, ihm gefielen meine Arbeiten und meine Ideen, und er sorgte dafür, dass ich vor holländischen Zuhörern sprach. Dann begaben wir uns vergnügt auf die Reise, um uns die Niederlande anzusehen.

In Amsterdam und Rotterdam hielt ich die gewünschten Vorträge und traf alle führenden Männer der modernen Architektur. Wir schliefen in Rietvelds bahnbrechendem Haus in Utrecht, sahen Zonnestraal und Hilversum und erhielten nun einen gründlichen Eindruck des Modernen in Europa.

Aus irgendeinem Grund war Wrights aufgeblühter Ruf wieder ein wenig zurückgegangen und der »internationale Stil«, den ich schon früher in anderer Weise erwähnt habe, wurde nun unter den Namen von Gropius und Le Corbusier propagiert. Wie immer und überall war ich auch hier mit meinem genetischen Interesse für die zugrunde liegenden Umstände und mit meinen physiologischen Neigungen, wie ich sie im »Haus der Gesundheit« ausgedrückt hatte, ein wenig ein Außenseiter. Ich schenkte meist dem meine Aufmerksamkeit, was immerhin Leonardo und viele andere kleinere Künstler der Renaissance der Beobachtung für wert hielten, nämlich den Menschen zu kennen, um ihm zu dienen. Aber »das Buch«, das alle von mir zu kennen schienen, hatte man eher aus Interesse für technologisches Verfahren und für die darin gesammelten Erfahrungen in Amerika gelesen. Aalto, damals noch ein junger Mann, kam mich in Frankfurt begrüßen, wo wir ein Zusammenkommen der Architekturpioniere hatten, und erzählte mir lächelnd, wie er »Wie baut Amerika« benutzt hatte, um einflussreiche und wohlhabende Finnen zu überseeischer Fortschrittlichkeit zu bekehren. Idealisierte Amerikaner wurden in der gleichen Weise zu Vorbildern wie die von dem schlauen Titus Tacitus idealisierten Germanen, die er dazu benutzt hatte, Rom zu reformieren.

Nach einer kurzen Vortragsreise nach Köln beschloss ich, in die Vereinigten Staaten zurückzukehren. Wie bei meiner ersten Reise musste ich meine Frau und meine Söhne zurücklassen. Sie blieb mit meinem ältesten Jungen, der bei der Geburt verhängnisvoll verletzt worden war, in der Nähe von Sigmund Freud und seiner Tochter in Wien, während ich den Atlantik ein zweites Mal überquerte.

In New York wohnte ich, von wirtschaftlicher Not bedrängt, in einer der alten unverputzten Ziegelhauszeilen. Aber die Zeitungen brachten wiederum lange Berichte mit Bildern von der Reise, die mich durch so viele Länder geführt hatte, und ich hatte Mühe, Besuche von Reportern in dieser allzu schäbigen Umgebung, in der ich doch niemand empfangen konnte, zu vermeiden. Glücklicherweise war gerade die »New School of Social Research« von Josef Urban fertiggestellt worden, und Dr. Alvin Johnson, der Präsident, lud mich ein, in dem Hauptsaal drei Vorträge zu halten, um die neuartige Akustik auszuprobieren. Das interessierte ihn und mich am meisten. Unter meinen geduldigen Zuhörern saß auch ein kleiner Mann, der sich später als Joseph Hudnut vorstellte, damals Dekan der Schule für Architektur an der Columbia-Universität. Er wohnte allen drei Vorträgen bei, betrachtete alle Lichtbilder, machte sich Gedanken, diskutierte nachher persönlich und ließ sich bekehren. Dass er Jahre später eine Einladung an Gropius unterstützte, mag sehr wohl seinen Ursprung in jenen Abenden haben. Alles in allem fand ich eine günstige Aufnahme, die Zeitungen begannen der modernen Architektur ihre Aufmerksamkeit zu schenken, und die erste Ausstellung derartiger Bauentwürfe wurde damals im Museum für Moderne Kunst vorbereitet. Die Einsamkeit schwand ein wenig.

Während ich Europa bereiste, hatte ich wiederholt erfahren: »Gerade vorgestern kam ein großer amerikanischer Wagen hier durch, mit einem Mann mit rotem Bart und einem jungen Mann mit lockigem Haar. Diese Leute sagten, Sie würden das neue Museum in New York bauen!« In der nächsten Stadt hatte jemand anders mit den beiden in dem großen Wagen gesprochen und auch diese Geschichte gehört. Ich wunderte mich sehr. Philip Johnson und Russel Hitchcock waren nun eben von ihrer großen Reise durch Europa zurückgekehrt und hatten offenbar fälschlicherweise angenommen, Richard Neutra würde das neue Gebäude für das Museum für Moderne Kunst entwerfen. Dazu kam es aber ganz und gar nicht. Doch ich bin diesen Männern dafür dankbar, dass meine Ringplan-Schule in einem reizenden Modell auf der ersten Architektur-Ausstellung des neuen Museums, die Amerika von Küste zu Küste bereiste, gezeigt wurde.

Diese Schule ist erst dreißig Jahre später gebaut worden! Ich hatte in der Tat keine stürmischen Fortschritte zu verzeichnen und konnte niemals mit dem Klischee einer schwindelnden Erfolgsgeschichte aufwarten.

Das Museum für Naturwissenschaft und Industrie bat mich um ein verkleinertes, aber tatsächlich aus Stahl gebautes Modell des »Hauses der Gesundheit« und zahlte 600 Dollar an Harwell Hamilton Harris, meinen getreuen Schüler, Assistenten und jungen Freund, der einige Monate hindurch das komplizierte Modell in einer Garage in Pasadena in mühseliger Arbeit baute. Ganz gewiss war es harte Arbeit. Als ich das letzte Mal diese kleine unzerstörbare und saubere Arbeit sah, stand sie im Museum im Rockefeller Center.

In dieser Ausstellung für Naturwissenschaft und Industrie galt ich, ebenso wie an anderen Orten, als eine Art technologischer Hexenmeister; künstlerische Fähigkeiten wurden mit meinen Bemühungen nicht so sehr in Zusammenhang gebracht. Und meine Interessen für »Gesundheit« und biologische Fragen gehörten überhaupt nicht auf das Regal der Bibliothek in der Abteilung für »Architektur«.

Eines Tages wurde mir durch den Hauswirt gesagt, ich würde am Telefon verlangt. Ich stürzte aus meinem Zimmer mit den schäbigen abgegriffenen Möbeln und es folgte eine für mich denkwürdige Unterhaltung. Der Mann am anderen Ende der Leitung war Homer H. Johnson, der mich fragte, ob ich vielleicht die Zeit erübrigen könnte, mit ihm im Klub der Bankiers in der Stadt zu essen. Er war beklemmend höflich. Er sagte mir auch, wer seine Freunde seien, mit denen ich lunchen sollte: Mr. Davis, Präsident der Aluminium Corporation of America, und Mr. Shurman, der amerikanische Botschafter in Deutschland. Ich holte tief Atem und antwortete, ich könnte mir vielleicht etwas Zeit am nächsten Tag erübrigen, obwohl mein Terminkalender völlig besetzt sei.

Am Tag darauf schritt ich über die dicken Teppiche des gesellschaftlichen Hauptquartiers der Wall Street und der Geschäftsführer des Klubs führte mich zu meinem kahlköpfigen, äußerst liebenswürdigen Gastgeber, der mich seinerseits seinen Freunden vorstellte. Das Essen war ausgezeichnet. Aber meine wachsende Neugier, wohin das Ganze eigentlich führen sollte, beunruhigte mich. Natürlich sprachen wir sehr viel von meiner die Welt umspannenden Reise, die in der Presse ein so gutes Echo gefunden hatte, und von meinen Begegnungen in Europa. Im Übrigen ereignete sich sonst gar nichts, bis seine Freunde aufgebrochen waren. Dann erklärte mir H. H. J. bei einer Tasse schwarzen Kaffees und einer dicken Zigarre, dass die Alcoa, die Aluminium Corporation of America, damals noch ein junges Unternehmen, vielleicht an einer Neukonstruktion der »Pulmans of the Highway«, Pulmans der Landstraße, beteiligt würde, wobei im Chassis dieses neuartige Metall verwendet werden sollte. Es erhöbe sich nun die Frage, ob ich nach Cleveland kommen und mir die Sache einmal ansehen könnte; ich erhielte alle Spesen bezahlt und 150 Dollar am Tag. Er schlug dies recht zögernd vor, offensichtlich in der Besorgnis, ich könnte seinen Vorschlag kühl ablehnen. Tatsächlich jedoch war dies zur damaligen Zeit ein phantastisches Honorar und noch dazu für einen Menschen, der von kargen Vortragshonoraren gelebt hatte, keine Aufträge für den nächsten Tag hatte und in einem billigen Zimmer in der Nähe der 3. Avenue wohnte. Um mich von dem Schock zu erholen, antwortete ich vorsichtig, ich müsste in der »New School of Research«, dem Institut für Gesellschaftsforschung, noch einen Vortrag halten und er schlug vor, ich sollte doch auf jeden Fall vorerst beim Verwaltungsrat der Gesellschaft in Cleveland zu einem Besuch vorsprechen.

Und so schlief ich zum ersten Mal in einem Pulman-Abteil ganz für mich allein, wurde in dem eleganten, vornehmen, dick mit Teppichen ausgelegten Union Club untergebracht und mein Erscheinen vor den Direktoren der »White Motors« war ein voller Erfolg. Gegen ihren verblüfften technischen Leiter hatte der Präsident der Aluminiumgesellschaft den Sieg davongetragen, indem er mich als leichte Kavallerie in den Kampf geworfen hatte. Wie so oft zuvor hatte der tapfere Reiter, der ich war, nicht einmal den Schlachtplan begriffen. Mit einem schnell ausgefertigten Vertrag fast wie dem eines Filmregisseurs kehrte ich später ein zweites Mal nach Cleveland zurück und machte mich emsig an die Arbeit, von einem Stab von Ingenieuren unterstützt, den »Pulman der Landstraße« neu zu entwerfen. Ich studierte auch den dazugehörigen neuen Entwurf für die Werkanlage selbst und eine Prozedur, um den Übergang von einem Hartholzrahmen aus altmodischen Einzelheiten auf ein Chassis ganz aus Aluminium vorzubereiten.

An den Abenden stolzierte ich in einem Smoking umher, den ich mir von einem Leihgeschäft rasch hatte besorgen müssen, um vor der Gesellschaft von Cleveland bestehen zu können, aber zuweilen fiel ich, wenn ich unbeobachtet war, in eine alte, liebe Gewohnheit zurück, schlich hinaus und in ein »American Diner« – das ist ein billiges Miniaturwirtshaus, das man am Rand amerikanischer Städte in einem alten, romantischen Eisenbahnwagen findet, der von den Rädern gehoben, irgendwo auf ein vernachlässigtes, leeres Grundstück gestellt ist –, um da einen Klops, einen »Hamburger«, wie es hier heißt, zu essen.

Die Johnson-Familie war außerordentlich nett zu mir. Homer Johnson war der Vater Philips, der als ganz junger Mann Förderer der neuen Architektur in der New Yorker Gesellschaft wurde und sehr viel später selber ein führender Architekt.

Nach 6 Wochen nahm ich nach Ausführung meines Auftrags einen Zug nach Chicago. Dort setzte sich gerade eine gewisse Mrs. Steele für die Förderung einer geplanten industriellen Kunstschule ein. 150 000 Dollar lagen bereits auf der Bank, für die damalige Zeit eine Menge Geld. Aber wie es schien, stieß sich das Kunstinstitut an dem »praktischen« Lehrprogramm, das man in Aussicht genommen hatte.

Ich sollte durch einen Vortrag über meine Erfahrungen in Asien und Europa einspringen und im Blackstone Hotel mussten die Besucher, alle im Abendanzug, an einem Bankett teilnehmen und, wie ich glaube, fünf Dollar dafür zahlen, mich in Anwesenheit der Würdenträger der Stadt über Dinge wie das Bauhaus reden zu hören.

Es zündete, und Mrs. Steele und die anderen Förderer dieser Idee, einschließlich der leitenden Architekten der Stadt, betrachteten mein Auftreten als einen großen Schritt weiter auf ihr Ziel hin. Ich sprach so viel wie möglich über Mies van der Rohe, dessen Gast ich kürzlich in Dessau gewesen war, und gewiss wurde sein Name zum ersten Mal hier in dieser Stadt seines späteren Schicksals vernommen, ebenso wie ich in New York zu Hudnut höchst lobend von Walter Gropius gesprochen hatte, der mich 1928, ich glaube auf seiner ersten kurzen Amerikareise, im Westen besuchte. Stets werde ich mich seines ersten Telefonanrufs erinnern, als er mich fragte, ob ich mich denn seines Namens entsänne. Ich war entzückt, ihn und seine liebe Frau in meiner so weitläufigen Stadt herumzufahren.

Es ist merkwürdig sich vorzustellen, wie die Architekturgeschichte von solchen persönlichen Zufällen und ein paar öffentlich geäußerten Überzeugungen her bedeutende Wendungen nehmen kann inmitten dieser überpersönlichen, unpersönlichen Welt, in der wir zu leben glauben.

Die praktische Kunstschule in Chicago schien gesichert und ihre Verfechter boten mir sogar ihre Leitung an. Ich zog mich höflich dankend zurück, hatte aber dabei keine Ahnung, was in aller Welt ich unternehmen sollte, wenn ich wieder nach Kalifornien käme. Einige Jahre später empfing ich Mies, als er in New York ankam, und nahm ihn gleich nach dem Broadway in ein Theater zu einer Premiere. Getreulich flüsterte ich während der Aufführung deutsche Momentan-Übersetzungen in sein Ohr, bis alle Leute um uns herum mich erbost anzischten.

Für mich selbst war es ein zweiter Start im Westen, sieben Jahre nach dem ersten, und wiederum herrschte in meinem Kopf ziemliche Leere, und wenn ich doch anderswo schon etwas galt, so jedenfalls am wenigsten in Kalifornien.

Van der Leeuw

Ich war froh, als etwa zwei Jahre später C. H. van der Leeuw, der holländische Magnat, mir unversehens von New York aus mitteilte, er flöge nach Los Angeles, um mich zu sprechen. Er käme nur auf einen Tag und mein »Haus der Gesundheit« wäre sein Anliegen. Er sah es leibhaftig und es gefiel ihm sehr. Er war voller Lob darüber, als er von mir in meinem alten Chevrolet aus dritter Hand umhergefahren wurde.

Als ich vor seinem Hotel am Rinnstein stand und wir einander die Hand zum Abschied gaben, sah er mich kurz an und fragte: »Warum bauen Sie eigentlich nicht ein Haus für sich selber?« Überrumpelt antwortete ich: »Oh – tja, dafür habe ich nicht die Mittel.« Er zog ein Scheckbuch hervor und fragte: »Wieviel brauchen Sie?« Noch mehr verwirrt spielte ich mit einer Hand am Steuer meines Chevrolets herum, während ich mit der anderen ein Taschentuch hervorholte, um mir die Stirn abzuwischen. »Ich könnte ein solches Geschenk nicht annehmen«, stotterte ich. – »Na gut«, sagte er, »ich leihe es Ihnen zinslos. Nein? Also – Sie zahlen mir 3 % und bauen sich Ihr Haus. Wie wäre es damit?«

Schließlich hörte ich meine Stimme den Vorschlag annehmen und ich nannte eine lächerlich geringe Summe. Er unterschrieb den Scheck, ich schloss die Tür des Chevrolets und dachte nach, während ich ihn die Halle des Hotels betreten sah. Die Erscheinung hatte sich aufgelöst, aber ich betrachtete den etwas zerknüllten Scheck in meinen zitternden Händen. Mit meinen eigenen Augen hatte ich wieder einmal ein Fabelwesen erblickt – ein Einhorn. Es hatte das Füllhorn des Glücks auf seiner Stirn getragen und hatte nun ein Vermögen in meiner Hand gelassen. War es das, was man einen Märchenonkel nennt? Die Amerikaner nennen es charakteristischerweise »Dutch uncle« – Onkel aus Holland. Meine Metaphern und meine Mythologie begannen sich zu verwirren. Wieder tastete ich den Scheck ab, steckte ihn mir vorsichtig in die Brusttasche und nahm ihn nochmals heraus. Da war er, kein Zweifel. Zweimal parkte ich den Wagen auf der Heimfahrt. Jedes Mal fand sich der Scheck noch immer in der Brusttasche und ich war völlig nüchtern. Ich gelangte zu dem Schluss, es müsste sich ganz einfach um eine konkretisierte Fata Morgana handeln. Anscheinend gab es das und etwas anderes war es nicht. Der dichte Wald schien sich vor meinen Augen zu lichten. Man konnte in die Ferne sehen.

Ein Jahr lang fragte ich mich, was ich tun sollte. Herr van der Leeuw drängte mich in Briefen zu bauen und obgleich ich doch unbekannt war, fand ich bei einer ganzen Reihe im

Land weithin bekannter Fabrikanten bereitwillig Unterstützung für ein Experiment, einmal ein Haus für die Gesundheit und das organische Wohlbefinden des Menschen zu bauen. Wenn eine Taube aufsteigt, scheint es, gesellen sich ihr auch andere zu. Und, wenn man so sagen darf, ein Schwarm von Schwalben machte einen langen Sommer von kühnen Versuchsflügen.

Dieser Gedanke eines Experimentalhauses stellte im Jahre 1931 etwas Neues dar. Niemand schien von etwas Derartigem auch nur geträumt zu haben. Man braucht nur einen Blick in die Architekturzeitschriften jener Jahre zu werfen, um sich davon zu überzeugen.

Eines der Hauptziele bei diesem Haus bestand darin zu beweisen, dass der Mensch ein stetiges Wesen ist, eine neue Architektur durchaus keine Modesache und daher ohne Veränderungen auch eine Generation später noch gut, falls sie, nur einmal recht durchdacht, menschlichen Erfordernissen wirklich entspräche. Meine These war, es ist möglich einen Plan zu entwerfen, dem Dauerhaftigkeit beschieden wäre, wenn man mit Liebe und klinischem Wissen unsere Sinne, die in Millionen von Jahren erschaffen wurden, unsere Augen zu sehen, Ohren zu hören, Fingerspitzen zu tasten, unsere Art zu frösteln in der Kälte oder zu schwitzen in der Schwüle und im Gefolge davon eine Menge anderer organischer Beziehungen, die sich in unserem innersten Wesen immer wieder abspielen, sorgsam und mit liebevollem Interesse beobachtete. Genau auswerten, das war alles.

Kenne den Menschen, um ihm gerecht zu werden, war ein alter humanistischer Gedanke, nur dass wir von Jahr zu Jahr soviel mehr über dieses, unser immer dynamisch bewegtes organisches Wesen wussten. Das war also eine Rekapitulation der Grundsätze, von denen ich ausgehen wollte. Dabei und oft auch gerade aus diesen Überlegungen heraus konnte ich verschiedene verdienstliche Dinge moderner Technik, nützlich und handlich Vorfabriziertes, Montagestücke und Zubehör aller Art gut verwenden und dennoch ein individuelles Ganzes schaffen. Denn gerade das Individuelle wird vom Biologen und Entwicklungsforscher keineswegs übersehen. Es wird einsichtiger beobachtet als je. Die Methoden der amerikanischen Bauindustrie, die ich in meinem früheren Buch beschrieben hatte, auch ihre Wirkung auf künftige Planungen, wurden mit Überlegung benutzt und in der Praxis angewandt, so zum Beispiel bei der Verwendung von Standardgrößen bei Fensterrahmen aus Metall und neuartigen Harmonikatüren aus Glas in Stahlfassung, die das Haus breit auf die freie Natur öffneten.

Die Grundstruktur des Hauses bestand aus Holz in einem sogenannten »Ballonrahmen«, der im Fall von Erdbeben eine größere Elastizität gewährleistete. »Pochen wir auf Holz«, – wie man in Amerika abergläubisch sagt, um Böses zu meiden –, dreißig Jahre kalifornischer Erdbeben haben noch keine Sprünge oder Risse gebracht! Libby-Owens lieferte eine Doppelplatte aus Spiegelglas und Aluminium, die ich in zweifacher Hinsicht verwendete, als leicht waschbare Wandverkleidung und als Material, um die Wärmestrahlen widerzuspiegeln und durch die Wärme der Brause ein Badezimmer erstaunlich rasch zu temperieren. Andere Arten neuer, doppelseitiger Hitzespiegel wurden in alle Wände zur Ersparung von Heizungskosten im Winter und zur Kühlung im Sommer eingebaut. Die Art des Isolierungsmaterials war entsprechend der Orientierung auf jeder Seite des Hauses verschieden und die ganze Sache sehr neuartig. Außen angebrachte Soffittenbeleuchtungen weiteten die Zimmer in einen sanft erhellten, grünlaubigen Außenraum mit photoskopischen farbigen Effekten, die sich allmählich in der Dunkelheit verloren, wo sich sonst nur Schwarz und Grau der Nacht den Blicken geboten hätte. Das Fürsichsein hinter der großen Glasfront wurde abends durch Reflektion dieser Außenbeleuchtung und daher Undurchsichtigkeit gewährleistet. Niemand konnte von draußen hereingucken durch diesen »optischen Vorhang«. Ich verwendete auch sehr viel indirekte Lichtquellen, die dem Raum nicht nur eine größere Ruhe für das Auge gaben, sondern noch dazu beitrugen, die Grenze zwischen Innen und Außen zu verwischen, wenn nachts Raumlicht aus unsichtbarer Quelle von den großen Fensterflächen nach innen reflektiert wird, aber sich in geheimnisvoller Weise mit dem Licht unter dem äußeren Dachüberhang vermischt. Die Zeitung zu lesen bei dieser Beleuchtung war nicht meine wichtigste Sorge. Vielmehr sah ich in dieser Beleuchtung einen vorwiegend emotionellen Reiz. Es war offenbar eines der vielen Mittel, endokrine Entladungen auszulösen und die Biochemie des Körpers glücklich zu ändern. Seele und Körper hängen so innig zusammen und der Architekt spricht beide in *Einem* an.

Auf Metall aufgebrannte Emailschichten und gepresste Faserplatten waren zu der Zeit noch etwas ganz Neues für den Tastsinn und elastisch federnde Korkfußböden wurden ein seltenes Erlebnis. Blühende Dachgärten mit dem Blick über See und Berge waren in einer Stadt mit nachgemachten roten »spanischen« Ziegeldächern noch etwas Ungewöhnliches. Das Haus sah viel geräumiger aus, als es in »Wirklichkeit« war, und es hatte auf dem ganz ungewöhnlich kleinen Grundstück sehr viel scharfsinnige Planungsarbeit dazu gehört. Ein Abschirmen durch Laubbäume gewährte ein ungestörtes Dasein auf dem Bauplatz von rund neunzehn auf zweiundzwanzig Metern – tatsächlich hat das bescheidenste Haus in irgendeiner amerikanischen Stadt mehr realen Raum zur Verfügung. Wenn alle das Land in einem solchen Innenhof- oder Atriumhaus sparsam verwendeten, würde Los Angeles nur zwei Fünftel seiner jetzigen Größe haben, aber auch nur die Hälfte seines Verkehrs und der Auspuffgase, die Nerven und Lungen angreifen.

Es hatte mich lange gelockt, dem Problem unserer schnell wachsenden Erdbevölkerung direkt ins Gesicht zu sehen und doch Naturnähe und persönlich abgesondertes Leben mit allen Mitteln des Entwurfs zu stützen.

Das Van der Leeuw-Versuchshaus war zwischen altmodischen kleinen Nachbarhäusern eingeklemmt, die noch dazu unterhalb des Niveaus des Bürgersteigs und der am Seeufer entlangführenden Straße lagen. Unser Haus war das erste, das sich zwischen und über Laubwerk so hoch erhob, dass es freien Blick auf die schöne Wasserfläche genoss. Von den in einer elektrischen Vibrationsmethode vorfabrizierten Betonträgern über dem Untergeschoss, die ich nach einem neuen Verfahren herstellte, bis zu dem Flachdach mit Strahlungswärme zurückwerfender Aluminiumoberfläche und der Dachterrasse mit dem Blick auf die hohen Berge im Norden wurde dieses Haus zu einem neuen Muster für Einsparung an Material, laufenden Unterhaltskosten und Raum, und war dennoch ausreichend geräumig. Die Geräumigkeit und die Sicht auf den See waren an manchen Punkten durch Spiegelwirkungen verdoppelt.

Verdoppelung auf Minimalraum wurde Prinzip. Alles musste in irgendeiner Hinsicht doppelten Zwecken dienen, um eine Steigerung und sozusagen eine Biegsamkeit im Gebrauch hervorzubringen. Der Tisch in der Frühstücksnische war über einem Waschzuber mit Heißwasserbelieferung heruntergeklappt; die Küche wies Schiebefächer auf, die erwärmt oder gekühlt werden konnten, aus denen man Erfrischungen oder vollständige Mahlzeiten in drei Gängen unmittelbar nach dem Gesellschaftsraum hin entnehmen konnte. Später kamen noch elektrisch betriebene doppelte Schiebetüren hinzu, neun Stationen einer Sprechanlage in Reichweite unserer Betten und aus Radio-Grammophon-Anlagen klassische Musik über ihren Kopfenden. Vivaldi und Bach sind diesen Abend so gut wie vor zweihundert Jahren, aber mit geborgter Akustik zugänglicher im kleinsten Raum.

Noch später, als mein eigenes Herz schwach wurde, wie das schon so kommt, fügte ich auch einen Eingänger-Aufzug zu meinem bescheiden bemessenen Schlafzimmer, wobei ich von der Theorie ausging, es sei besser, einen Fahrstuhl im Schrank zu haben als ein Skelett – »a skeleton in the closet«, wie man in Amerika von versteckten Unannehmlichkeiten sagt.

Alles andere, sogar die meisten Möbel eingeschlossen, ist dreißig Jahre hindurch unverändert und durchaus brauchbar geblieben, ein Exempel gegen das »Jahresmodell«, die Modeschau und die Zivilisation des schnellen Umsatzes. Eine große Wandlungsfähigkeit des Hauses hat sogar erlaubt, verheiratete Mitarbeiter und verschiedene Volontäre in diesem anpassungsfähigen Bau unterzubringen, wobei für alle ein Eigenleben gesichert war und zuweilen haben mir mehr als ein Dutzend Menschen von meinem Stab geholfen und mich in meinem Schlafzimmer aufgesucht, wo ein Reißbrett sich über meine Brust handlich in Position bringen lässt und drei Telefone die übrigen Hausverbindungen ergänzen. Über Land und Ozean habe ich oft in die weite Ferne von meinem Bett aus gesprochen und gehört und manchmal im Dunkeln, wenn auf der anderen Erdballseite die Sonne auf meinen Gesprächspartner schien.

Unsere Bäume sind unterdessen zu schönen Gehölzen herangewachsen und überragen dieses »Van der Leeuw-Versuchshaus« gleich einem Schirm über meinem Seeblick, dessen weder wir noch unsere Freunde während all der Zeit jemals müde geworden sind. Gewisser Dinge wird man nicht müde. Das Haus hat während dieser drei Jahrzehnte keine Anzeichen der Entwertung oder des Alterns verraten. Im Gegenteil, es scheint anderen, wie auch uns, jung, während andere Wohn- und Geschäftsbauten in diesen und in späteren Jahren viele Geschmackswandlungen durchmachten, nur um schließlich zu ähnlichen Lösungen zu gelangen. Endlich schienen nüchterne, praktische Menschen davon überzeugt; die Kapitalanlage in zeitgemäßen Entwürfen hatte sich als sicher erwiesen. Es war sogar eine ausgesprochen gute Investition, die sich leicht veräußern ließ, bemerkten die Immobilienfachleute. Die Preise beim Verkauf ähnlicher Bauten hatten nach zehn, fünfzehn oder zwanzig Jahren ein Vielfaches der ursprünglichen Kosten erreicht. Gebäude mit dieser »Sorgfalt für den Menschen« entworfen erwiesen sich in einer Zeit rascher Wandlungen als ein so viel sicherer Wert als die gefeiertsten Automobilmodelle, die sich in ihrem ganzseitigen Reklameruhm sonnten. Banken, Bausparkassen und Versicherungsgesellschaften – anfangs äußerst widerstrebend – begannen allmählich Hypotheken auf Gebäude dieser Art zu geben und nach und nach sogar ihre eigenen Büros in zeitgemäßer Weise zu bauen. Ich schien an amerikanischer Kulturgeschichte ein bisschen mitzuarbeiten! Die vor langer Zeit in »Wie baut Amerika« ausgesprochene Prophezeiung, dass ein industriell fortschrittliches Land gar nicht anders könnte, als sich zeitgemäß einzustellen, hatte sich schließlich als richtig erwiesen. Dabei blieben noch lange die Fragen bestehen, obgleich ich hoffte sie zu beantworten: Kann oder muss das Zeitgemäße eine Parade vergänglicher Modetorheiten sein? Sind saisonbedingte Moden nicht den Verpflichtungen des Beraters für langfristige Kapitalanlagen – denn das ist ja ein Architekt – gerade entgegengesetzt? Ihm muss man doch seine einsichtigen, besonnenen Voraussagen und die glückliche Zukunft glauben, die von nun ab herrschen soll, wenn der Auftraggeber alle seine Ersparnisse zusammenkratzt oder seinen Kredit aufs äußerste angespannt hat; die lange Zeit des Sparens und des Hoffens und des endlichen Durchlebens des Erhofften kommt mir immer wieder in den Sinn.

Die berühmte Architektur vergangener Zeiten war oft der Ewigkeit zugewandt oder doch von ihrem Hauch berührt.

Immerhin entwickelte sich die Menschheit doch nur sehr langsam. Unser organisches System befindet sich naturgemäß in einem stetigen, sich nur sehr allmählich verändernden Gleichgewicht. Wir müssen es erhalten und dürfen nicht der Unbeständigkeit verfallen, wenn wir für uns bauen, noch kreuz und quer nach sensationellen Schlagern suchen, wenn wir mit dem Leben spielen.

Ein Haus ist in gewisser Weise der Nachfolger des Mutterleibes. Aber nach dem Verlassen des Mutterleibes beginnt auch eine neue Einbettung in gesellschaftliche Wechselwirkung. Wir sind nicht allein im Käfig. Der »Sachverständige für Zuflucht nach der Geburt in diese äußere Welt« tut mehr, als dass er nur einem *Individuum* zu seinem eigenen Gehege verhilft.

In der vorangehenden Geschichte der erfolgreichen Dauerhaftigkeit des »Versuchshauses« werden vielleicht zu stark neuartige Materialien, ungewöhnliche Anlagen und besondere Einrichtungen betont. Würde man die Bedeutung dieser

Schilderung darin sehen, so wäre dies nicht nur ungenau, sondern geradezu irreführend. Nicht die technische Montage oder die neu angepriesenen, modernen Installationen haben für sich allein das Haus immun gegen Altern gemacht, sondern ihre dem Leben angepasste Verwendung, eingebaut in einen umfassenden Entwurf. Eine willkürliche Auswahl von Neuheiten, die einem Entwurf aufgepfropft werden, damit er hinter dem Modischen nicht zurücksteht, wird ebenso schnell veralten wie jene besondere Tagesströmung im allgemeinen Geschmack, die sie bestimmte. Werden diese neuen Erfindungen auf dem technischen Markt jedoch mit einem Verständnis für die uralte, biologisch lang überkommene Natur des Menschen angewandt und seinen organischen Bedürfnissen liebevoll angepasst, dann wird das Haus nicht nur die gerade laufenden Tendenzen auf dem Immobilienmarkt überdauern, sondern – was weit wichtiger ist – es wird das Leben seiner Bewohner und Besucher dauerhaft günstig beeinflussen.

Der Architekt und Planer hat als Störer, ja Zerstörer ebenso wie als Wohltäter eine weitreichende Macht, die oft kaum vermutet wird. Da er sich mit der Unterbringung anderer Menschen in ihrem Gehäuse befasst und dadurch mit der Gestaltung des Lebens einzelner, mit dem Leben der Gruppe, der Gesamtheit und ihrer Kultur, umgibt er uns unentrinnbar und unvermeidlich von allen Seiten mit seinem Einfluss oder seiner Nachlässigkeit: in raucherfüllten vorstädtischen Bahnhöfen, in Wartesälen, die den Pendler bereits in der Morgenstunde deprimieren, in verstopften Verkehrsstraßen, in Bürotürmen mit kurzerhand errechnetem Pauschal-Klima und heimkehrend in Reihen von Häusern, die sich manchmal nur durch verschiedenfarbige Eingangstüren voneinander unterscheiden. Aber sein Einfluss geht weit über unser unmittelbares tägliches Leben hinaus. Vom Morgen bis zum Abend stehen wir ihm gegenüber, bleibt er mit uns. Er wirkt sich verhängnisvoll auf uns aus »von der Wiege bis zur Bahre«, vom Entbindungsheim bis zum Bestattungsinstitut. Es gibt kein Entrinnen.

Neun Monate lang vor der Geburt sind wir in einer idealen, wunderbar und speziell dafür hergerichteten, in einer formenden, zukunftsschwangeren Umgebung eingebettet, in dem Platz, auf den die Natur so unsägliches Geschick verwandt hat.

Unter seinen ersten, uranfänglichen Bedingungen wird das menschliche Individuum sanft und sicher vorgebildet, so dass es für sein schnelles Hineinwachsen in Kindheit und Jugend und für den etwas langsameren Reifeprozess bis zum Erwachsensein gut ausgestattet sei. Am Ende muss es dann schließlich zum Greis verwelken, aber der Beginn verspricht das Beste.

Biologisches Schicksal wird durch wesentliche genetische Umstände geformt; dort im tiefen Frieden, im Vorplatz des Lebens, nimmt es Form an, um während seiner mehr oder weniger zahlreichen Jahrzehnte sich auszuspielen. Spiel der Natur; Spiel der Götter hätten die alten Griechen gesagt.

Jene dunkle ursprüngliche Umwelt ist und bleibt mit dem biologischen Individuum eng verschmolzen. Das Embryo schwebt in einer Umwelt wohlausgewogenen Gleichgewichts auf die Geburt zu. Das Exerzieren für den kommenden Ernstfall fängt äußerst behutsam an. Es gibt zunächst keine Temperaturschocks und der Druck der das Embryo umgebenden Flüssigkeit ist so gleichmäßig verteilt, dass der Innenohr-Sinn, die Empfindsamkeit für Beschleunigung und veränderte Körperlage, nur ganz sacht gereizt wird. Die Auseinandersetzung mit der Schwerkraft wird in jeder Sekunde unseres Erdenwandels mit uns bleiben, wir werden von ihr bestimmt. Von der Fußsohle, durch unser ganzes Gerüst und eine ewig balancierende Muskulatur. Kein Bett, kein Stuhl, kein Fußboden wird uns je wieder so sanft sein wie dieses anfängliche Schweben. Oft kehrt unsere Sehnsucht im Traum dahin zurück.

Auch das Gehör-Erlebnis beginnt sachte und beschränkt sich auf sehr gedämpfte Geräusche aus der Außenwelt. Selbst wenn die Mutter in das Stadtinnere fährt, dringen das Kreischen der Bremsen und das wildeste Dröhnen des Verkehrs nur geschwächt zu den Ohren durch, die später so oft und so sehr gepeinigt werden sollen. Schmecken und Riechen werden noch nicht stimuliert, und die Augen sind geschlossen. Bei der Geburt werden sie sich jedoch pünktlich öffnen. Dann wird der dem Gehirn wachstumsmäßig am nächsten liegende Sinn des Menschen, der komplizierte visuelle Sinn, wenigstens in einigen seiner Komponenten sofort von gieriger Aktivität ergriffen.

Kleine Kätzchen können warten, bis sie ihre Augen öffnen, aber das weit mehr auf Gehirnfunktionen eingestellte Menschenkind darf keine Minute verlieren, bis Tageslicht, Schatten und Farben es anzusprechen beginnen.

Ob die Geburt selber wirklich einen Schock darstellt – wie Rank behauptet, ein »Trauma« –, mag biologisch zweifelhaft sein, aber plötzlich einer völlig andersartigen Umwelt mit einem jungen Organismus, der sich ihr noch nicht angepasst hat, ausgesetzt zu sein, ist zumindest ein gewaltiges Ereignis, das Leben einzuleiten.

Was geschieht nach der Entbindung? Vor einigen Minuten noch befand sich der Säugling in seiner schützenden, dunklen Umgebung und nun liegt er im Entbindungsheim, die Augen weit offen, und starrt in den hellen Schein einer Patentleuchte, die im Annoncenteil und in Werbeliteratur für Verwendung in Krankenhäusern angepriesen wird. Er ist durch die Atemmaske der Schwester gegen Bakterien geschützt. Aber 45 Säuglingskollegen brüllen sich in einem Raum, der für Säuglingsohren den Schall und seine hohen Frequenzen zu laut wiedergibt, die Lunge aus dem Hals. Warum schreien sie denn so jämmerlich? Kein anderes höheres Tier setzt einen Wurf von 40 in ein Nest, das nach Medikamenten riecht, füttert sie nach der Uhr, nicht nach dem Magen, und vor allem kein Tier nimmt seine Jungen und hebt sie aus nassen Windeln, um sie Temperaturschocks auszusetzen, die in scharfem Gegensatz stehen zum monatelangen embryonalen Genuss gleichmäßiger, niemals gestörter Mutterwärme. Aber von nun ab spielt sich das ganze Leben in einem vom Kesselhaus her geheizten, mit »Frischluft« versorgten und von Menschen gebauten Raum ab.

Der menschliche Säugling wird in dem Augenblick seiner Geburt zusammen mit Schwester und Geburtshelfer in die Hände des Krankenhausarchitekten geliefert. Der Architekt bleibt mächtig, so ahnungslos er auch sein mag, in seiner schicksalhaft einflussreichen Arbeit.

Er muss nun die unendlich zarte Sorgfalt der Natur ersetzen, jene Sorgfalt, mit der sie einen Vogel lenkt, sein Nest zu bauen und es mit seinen Federn auszupolstern, sich in der besonderen Wahl der Nestlage jedem Erfordernis des Mikroklimas anzupassen, in der richtig beschatteten und richtig besonnten Gabelung zweier Baumäste, wo die Luft in einer im Voraus richtig geahnten Strömung über dieses Wunderwerk eines winzigen Hausstandes hinstreicht, der instinktmäßig gebaut wurde, ohne Reifediplom. Bakterien und Bienen, Fische und Federvieh überleben dank der »Automation« der Natur sicherer als der große, mit Verstand begabte und vom Verstand geplagte Mensch, der von einem Angehörigen unserer Bruderschaft der Planer geschützt oder zermürbt, geschädigt oder gefördert wird. Wir müssen noch lange lernen, in unseren Auftrag, unsere Aufgabe hineinzuwachsen. Und es wird uns eines Tages gelingen, wenn wir, aller Sensationslust ein wenig müde, uns von den feinen Schattierungen und Abstufungen faszinieren lassen, die zwischen der Natur und ihrer Entstellung, zwischen Aufblühen und Hinwelken der Vitalität liegen. Dies schließt alle sogenannten ästhetischen Forderungen mit ein. Form ist von jeher Zweckmäßigkeit.

Zu Beginn seines Lebens bekommt es das menschliche Individuum sofort mit dem Architekten zu tun, der den Empfangsraum unserer äußeren Existenz und auch die ganze weitere Szenerie für diese Existenz errichtet. Es ist eine langwährende Wechselwirkung, und zwar eine, die weit über und unter die »materialistisch-mechanistische« und vom »Stil« bestimmte Schwelle reicht, bis auf den tiefsten, allermenschlichsten Grund hinab, bis zur »wahlverwandtschaftlichen«, emotional bewegten Beziehung zu unserer Umwelt.

Einfühlendes Verständnis wird zur Grundlage für die Arbeit des Architekten und nicht nur in seinem Einfühlungsvermögen gegenüber seinem Auftraggeber, sondern auch, wie wir noch sehen sollen, im Umgang mit seinen Mitarbeitern. Tatsächlich ist ja heute der sogenannte »Architekt«, der Bauverantwortliche, fast stets eine *Gruppe* und wird es wohl auch in Zukunft sein, oft ein ganzes Team von Fachleuten, Menschen nicht nur mit unterschiedlichen Fähigkeiten, sondern auch mit all ihren emotionalen Eigenheiten eingewurzelter Individualität und verschiedenartiger Schaffensrhythmen. Jeder von ihnen hat Milliarden und Milliarden von Gehirnzellen, die in unterschiedlichen Ordnungssystemen funken, in Bruchteilen einer Sekunde. Das »Team« ist der notwendige Kern für einen umfassenden Entwurf und seine glückliche Lösung, es ist der Kern unserer gesamten kulturellen Entwicklung und unserer Zukunft und am besten wird es durch gemeinsame Begeisterung, die über das bloß Vernünftige hinausgeht, zusammengehalten. Man könnte es auch als eine biochemische Harmonie bezeichnen. Unsere heutige Gehirnkunde und allgemein-physiologischen Erkenntnisse lassen uns auf das »Zeitalter des Rationalismus« und der mechanistisch numerischen Triumphe zurückblicken. Ein junger Architekt, der nur räsonablen Klienten dienen will und über Unvernünftigkeit der Frau des Besitzers wütend wird, lässt den Zuschauer zweifeln, wer eigentlich hier weniger räsonabel ist, die Frau des Besitzers oder der ärgerliche Architekt.

Autobiographische Fragmente mögen schließlich in der Frage gipfeln: Gibt es eine zeitgemäße Art der Erkenntnis, die besser als jemals zuvor *das Individuum und seinen biologischen Wert erfasst?* Das geht auf jeden Fall weit über alle nur vernunftgemäße Aussage hinaus und tief unter alle »harten« ökonomischen und fiskalischen Fakten an der Oberfläche. Wird das Individuum durch den Gestalter seines Hauses, seiner Stadt gefördert oder geschädigt, der doch das emotional Unbestimmbare hinter allen Bauprogrammen kennen sollte? Eines scheint festzustehen: Das Individuum ist und bleibt stets das Potential für künftige Abwandlungen, wie es auch in Milliarden von Jahren der organischen Vergangenheit folgenschwere Mutationen eingeleitet haben mag.

Das menschliche Individuum im Besonderen, Träger eines wunderbaren Supergehirns, stellt auch einen Faktor endloser, sich kreuzender Reizeinflüsse in unserer immer breiter werdenden Gesellschaft dar. Seine Impulse, die seinen Verbindungen dienen, haben Tragweite genug, um alle irdischen oder vielleicht auch planetarischen Räume und Zeiten der Geschichte zu durchqueren. Eine neue Darlegung der gegenseitigen Abhängigkeit der Individuen dürfte sich nun in unser Zeitalter der alle Gebiete umfassenden Wissenschaft einfügen. Eine Naturwissenschaft, die einem psychosomatisch beflissenen Architekten ihre Hilfe leiht, schließt ganz natürlich die »Humaniora« ein, trennt sie nicht ab von den »Naturalia«. Und unsere »Verstrickung im Universum« ist dabei so wahr wie eh und je.

Ein Töpfer kann über Ton, Töpferbank und Töpferscheibe zum Philosophen werden. Benedictus de Spinoza meditierte, während er Linsen für Brillen und Teleskope schliff.

Der Architekt lernt zuerst die Welt durch eine Linse mit engem Winkel sehen, die sich hierhin und dorthin wendet und durch die er einen langen Zug vertrauensvoller Auftraggeber ganz nahe erblickt. Aus Nahaufnahmen von Angesicht zu Angesicht mag er schließlich ein wenig allgemeine Weisheit gewinnen.

Damit ist er noch weit davon entfernt, ein ganz vollendetes Haus zu bauen, aber dennoch werden dadurch einige der Gefühle zum Klingen gebracht, die sein eigenes Herz beherbergt haben mag, in der Hoffnung auf eine glücklichere Zukunft, wie es jeder tut, der baut. Nicht um kalte Pracht handelt es sich heute.

Der Beruf des Architekten hatte seine großen Zeiten, als Paläste für Moguls und Könige gebaut wurden, die in ihrem Gefolge Architekten-Sklaven hatten. Diese waren damals auf Lebenszeit angestellt. Es war auch gewiss erhebend, die berufliche Laufbahn dadurch zu krönen, dass man für einen solchen Potentaten eine Pyramide oder einen Grabmalbau für die Ewigkeit schuf. Hin und wieder ließ ein König einen dieser Architekten um einen Kopf kürzer machen, eine Sicherheitsmaßnahme, damit nicht ein mit ihm rivalisierender anderer König sich seine Ideen aneignete.

Der Lohn für einen solchen Architekten mit einem einzigen Auftraggeber bestand darin, dass der König ihm im Verlauf einer langen Zeit verschiedentlich huldvoll zunickte, während die Ausgaben anonym aus dem Schweiß der sich hart abrackernden Untertanen des Reiches bestritten wurden oder vielleicht aus Kontributionen nach gewonnenen Raubkriegen.

Im Gegensatz dazu wird die Zukunft möglicherweise »das Beste den Meisten« bieten, eine halbe Milliarde Quadratmeter Wohnraum im Jahr, auf vielen Stockwerken, übereinander getürmt, und vielleicht werden jede »quadra« in Brasilien oder jeder vervierfachte Superblock in Stalingrad oder im rasch wachsenden Johannesburg ihre »eigens ausgedachte Individualität« aufweisen, bei einheitlicher Preislage.

Vielleicht wird man auch aus dem obersten Stockwerk oder von einem Dachgarten aus die von einem Sonnenuntergang gefärbten Wolken ziehen sehen auf jeder Seite jenes politischen Vorhangs, der quer durch diese Welt von Massentransaktionen geht.

Aber was ist mit der Individualität der vielen Millionen, von denen jeder einzelne auf diesem oder jenem der halben Milliarde Quadratmeter im Jahr lebt?

Zwischen dem Versailles eines Königs und der notwendigen Massenunterbringung der Zukunft, wo ein kleines Versehen möglicherweise genügt, »um jenes Beste für die Majorität« zu verderben, ist mir das vielleicht niemals wiederkehrende Glück zuteil geworden, in einer Zwischenperiode des Halbschattens, der Penumbra zu leben.

In Wien, der Stadt, in der ich aufwuchs, bestand möglicherweise nur ein Zehntel eines Prozents der Bevölkerung aus Familien, die ihr eigenes »Heim« besaßen. Sie alle waren, wie auch meine Eltern, nomadisierende Bewohner von Mietshäusern, die keineswegs immer wirklich »schöner oder besser« waren als die anderen, die man etwa vor ihnen gebaut hatte. Die »liberale Ära« nach der Revolution um die Mitte des 19. Jahrhunderts hatte dazu geführt, dass riesige Massen von Arbeitsuchenden in die industrialisierten Städte drängten. Nun kratzt bereits ein Wohnbauprojekt in meiner Heimatstadt bescheiden an den Wolken. Ich nehme jedoch an, dass das Gedränge nicht abnehmen wird, weder so noch so. Tokio: zehn Millionen; Buenos Aires: sechs. Es bleibt auch dabei kaum.

Ich ahnte nicht, dass ich jemals für so viele individuelle Familien bauen, ihnen jemals leibhaftig begegnen oder ihre Seelen liebevoll ausloten würde. Ihre Reaktion auf meine Diagnosen und tastenden Vorschläge, aber auch auf die Begeisterung, mit der ich ihnen zu dienen suchte, verwandelte sich in schöpferische Impulse. Diese Menge von Auftraggebern, die in allen ihren Tätigkeiten individuell untergebracht wurden, die Wachstumsprozesse ihrer Familien und individuelle, oft eigentümliche Grundstücke, die zu immer wieder andersgearteten Ankerplätzen in der Landschaft wurden – dies alles hat mir Kenntnisse von einer riesigen Vergleichsgruppe zumeist nur mittelmäßig oder sogar sehr wenig begüterter Bauherren vermittelt. Eine auf Kredit hin bauende Mittelschicht – sogar abenteuerlustige Amerikaner der unteren Mittelschicht – ist zumindest in einer kurzen Periode der Geschichte als höchst persönliche Verbraucher von Architektur aufgetreten. Ich habe so eine tiefere Kenntnis von Menschen aller Schattierungen gewonnen, als dies dem Architekten des Pharao und des römischen Kaisers vergangener Zeiten möglich gewesen wäre oder dem Architekten der Massen von morgen vergönnt sein wird, bis auch der Stehplatz auf Erden schließlich ausgeht.

Gerade in Anbetracht der Bevölkerungsdichte der Zukunft werden wir vor allem vieles über die winzigsten menschlichen

Reaktionen lernen und etwas feiner umreißen müssen, was biologisch noch tragbar ist.

Auch ich habe mich zu einer Zeit in beachtlichem Umfang dem Entwerfen von Gebäuden zum Dienst an der großen Gruppe, ja Masse gewidmet, oft auf dem Gebiet der Erziehung, vom Säuglingsheim bis zur Universität. Oft handelte es sich auch um große Wohnbausiedlungen, Gemeinschaftshäuser, Theater und Versammlungsräume zu geistiger Erbauung oder Sportanlagen, medizinische Zentren, prophylaktische Kliniken, Geschäftskerne von Städten oder um ganz allgemeine, breit basierte Planungsaufgaben. Verglichen mit all diesen, vielleicht gesellschaftlich wertvolleren Lebensaufgaben, mag mein Bemühen für das Individuum sehr wohl nur wie eine bald vorübergehende Phase scheinen. Nehmen wir an, es wäre so. Auch das Zeitalter der Saurier ist ja schließlich vorbeigegangen und mein kleiner Beitrag wird gewiss weniger lange währen als die Zeitläufe, mit denen die Paläontologie rechnet. Vielleicht werden in Zukunft noch mehr »wirtschaftliche Tatsachen« das erzwingen, was als unsere »Optimum en gros«-Lösung bezeichnet wird (oder vielleicht auch nur als zweitbestes darunter bleibt). Und Bulldozer werden ganz allgemein eine noch größere Rolle spielen als heute. Ich habe all das sehr oft überdacht.

Und doch, was ich versucht habe zu hinterlassen, sind nicht nur ein paar herzerquickte Bauherren, die so freundlich waren, mich am Wochenende mit offenen Armen zu empfangen oder mir zu meiner tiefen Freude Blumen und fast richtige Liebesbriefe zu schicken. Dagegen bin ich aus den besten Mietshäusern oder Massenwohnstätten aller Art, die ich entwarf, in dieser Hinsicht kaum verwöhnt worden. Es ist eine andere Rasse von Konsumenten oder, richtiger, es ist ein etwas weniger ansprechendes Verhältnis von Person zu Person.

Ich war beim Einzelhaus sehr glücklich über ein solches Zusammenwachsen mit wirklichen Menschen. Außerdem hoffte ich, Studien über die Landschaft im Verhältnis zum Menschen zu hinterlassen, über die Bewertung von »Psychotopen«, von Orten zur Seelenbefriedigung, Studien über

Menschen, deren Physiologie innerhalb ihrer kleineren und größeren Gruppen in ihren wechselseitigen Beziehungen erkannt wurde. Diese Erkenntnisse durften nicht bloß für den Augenblick gelten, sondern für die ausgedehnte Lebenszeit ihrer Gruppe. Die Tatsachen der Finanzierung, der bankmäßigen Behandlung, der Steuern und des ganzen fiskalischen Getues weisen von Ort zu Ort erhebliche Unterschiede auf. Sie mögen bald vergessen sein und lange Zeit vergessen bleiben, während das Individuum in dem greifbar Geschaffenen, das so bestimmend für das soziale Gefüge ist, weiterleben muss.

Ein illustriertes Buch, das von solchen Bemühungen um das Einzelhaus, die Individualbehausung handelt, mag bald so aussehen, als ginge es darin um Fossilien aus einer seltsamen, vergangenen Welt. Und doch, das Individuelle, dem hier gedient wurde, ist immer ein bedeutsamer Minderheitsbereich. Hier liegt das Potential, ja sogar die Wahrscheinlichkeit zur Mutation, die für immer das endlose biologische Drama der Evolution beeinflusst.

Hier waren Versuche, in denen *Natur als Umgebung* der Menschen und Natur im Innern der Menschen, von denen jeder sein individuelles Eigenleben führt, abgeschätzt und bewertet wird. Was mich anlangt, so kann ich nur sagen, dass ich in allen meinen großen Projekten viel von dem verwenden konnte, was mich meine individuellen Auftraggeber gelehrt haben. Es ist eine unerschöpfliche Lehre.

Auftraggeber und ihre Nöte

Ein Haus, gebaut auf schwankendem Budget

MEINE BAUHERREN haben mich durch ihre Eigenheiten stark inspiriert. Der größte Teil meiner Vertrautheit mit dem Menschen ist auf sie zurückzuführen und dafür bin ich dankbar.

Ein Geschäftsmann, der mit beiden Füßen auf der Erde steht, unterscheidet sich natürlich stark von einem großen Filmproduzenten oder einem weiblichen Star. Bau-Auftraggeber sind in erster Linie Individuen, aber sie könnten vielleicht ein wenig übertrieben und dennoch für alle Beteiligten nützlich als faszinierend buntfarbige Typen begriffen werden.

Charakterisieren wir sie also, zumindest versuchsweise, als:
der Phantasievolle;
der Ängstliche und Konformist;
der Rebell, der seine Befriedigung darin findet, sich gegen Nachbarn und Nachbarschaft oder die Gruppe, in der er lebt, aufzulehnen;
der Nüchterne;
der Nörgelnde;
der Kleinliche, der gar nicht ein echter Geizhals zu sein braucht, sondern sich nur ökonomisch gebärdet; der Schwierigkeitenprophezeier;
der vorsichtige Spezialist in vorausgeahnten Unterhaltungskosten mit seinen düsteren Befürchtungen;
der Mann, der alles nach allgemeinen Grundsätzen behandelt und den speziellen Fall nicht sehen will;
der fidele Bruder, der Grundsätze überhaupt lästig findet und sich dabei selber so tollkühn und draufgängerisch vorkommt.

Die Frauen aller dieser Männer wurden offenbar sehr häufig nach dem Prinzip des Gegensatzes ausgewählt. Sie sind ein Teil des Bauherrn, der als eine Gruppenpersönlichkeit anzusehen ist. Das gilt ebenso für eine Ehe wie für ein Kuratorium.

Da gibt es unter den Heimbau-Erhoffenden auch den Menschen, der sich in Skrupeln zernagt und ganz einfach nicht »Besitz zu ergreifen« vermag, ohne dass er sich bis zum Sättigungsgrad Sorgen gemacht hat. Das Haus oder alles andere, was er zu erwerben wünscht, kann niemals wirklich das Seine werden, falls er nicht durch genügende Selbstfolterung teuer dafür bezahlt hat.

Dann haben wir den Fanatiker der Technik, der sich nicht als Eigentümer fühlt, wenn er nicht ständig an allen technischen Dingen leidenschaftlich teilnehmen kann. Ohne viel Ahnung mischt er sich in die kleinen und großen Einzelheiten, oft auch ohne jede angeborene Fähigkeit, aber stets von starker und echter Freude erfüllt, von rührender, kindlicher Teilnahme, um nicht sozusagen »aus der Gesellschaft der Erwachsenen ausgeschlossen« zu sein.

Da ist der sich brüstende Spieler, fast hätte ich gesagt Vabanque-Spieler. Für ihn ist das Leben, jedenfalls so wie er sich selber sieht, kein Spiel mit vernünftigen Regeln, sondern eine tolle und amüsante Chance gegen eine Million Verlustmöglichkeiten. Alles verdankt er nur einem Zufall. Es ist ein Außenseiterpferd, auf das er setzt, und es gewinnt beim Rennen. Zu gern erzählt er die Geschichte, wie es dazu kam, dass er durch reinen Zufall gerade *den* Pferdenamen im Gedächtnis hatte. Sein Cadillac oder Lancia ist tatsächlich so gut wie neu und er hat den Wagen, der nur 500 Meilen gefahren war, spottbillig bekommen. Ein fabelhafter Wagen, den ihm nur das holdselig lächelnde Glück zufällig vermittelt hat. Er sieht sich selber als einen unbeschwerten Glückspilz, ein wahres Sonntagskind und »hoppla, hier bin ich«. Das ist es wahrhaftig, worum ihn alle anderen beneiden.

Um dieses Haus hat er sich niemals Gedanken gemacht. Der Besucher ist bestürzt; er glaubt sich in Bruce Goffs Fordhaus in Aurora versetzt. Eine Halbkugel mit einem ein halbes Stockwerk tiefer versenkten Kamin und einem freischwebenden Balkon in der Mitte, mit zwei weiteren Halbkugeln für die Wohntrakte des Herrn und der Gäste, zum Teil mit Glasdächern, an jedem Ende verankert, und die Wände massiv aus schwarzer Steinkohle gemauert. Ganz gewiss erscheint es auch dem kopfschüttelnden Besucher als etwas phantastisch Gewagtes. Mr. Ford freut sich über dieses Hochziehen der Augenbrauen und erklärt mit betont beiläufigem Lächeln: »Ich habe unserem Architekten, Mr. Goff, gesagt, wir brauchten einen Wohnraum und ein Gästezimmer außer unserem eigenen Schlafzimmer. Da ist er nach Hause gegangen in sein Atelier und das ist dann daraus geworden. Uns gefällt es. ›Life‹ hat einen Fotografen geschickt, der eine ganze Woche blieb und 112 Farbaufnahmen machte.« Er lacht laut und zuckt die Achseln, während er uns beiläufig und sorglos über die Schulter ansieht.

Im Gegensatz dazu gibt es dann wieder den Mann, der, ach so gerissen, Verträge abschließt, um alle Handwerker ein bisschen in die Zange zu nehmen, den Schreiner, den Stukkateur, den Dachdecker, und dies alles dank seiner von ihm selber so sehr bewunderten Gewitztheit. Er lässt sich niemals hinters Licht führen und das gilt natürlich nicht nur für den Hausbau. Sogar seine reizenden Abenteuer mit Frauen, diesen wunderbaren Geschöpfen – falls sie nur richtig angefasst werden –, sind erstaunlich billig und das verdankt er nicht etwa seinem Glück, sondern seiner klugen Voraussicht. Er kennt ganz genau den Tipp und den Typ, mit dem man gewinnt. Lasst doch die anderen herumstümpern. Er schafft alles ganz glatt, während diese Dummköpfe dort ordentlich blechen müssen.

Es sind schließlich alles nur Rollen in der Lebenskomödie, nicht so bitter ernst zu nehmen. Honoré de Balzac wusste, dass es eine »Comédie Humaine« gab. Ein Architekt steht während ihrer Aufführung in den Kulissen und am Schaltbrett.

Wir versuchen hier nur, wenn auch übertreibend, eine Reihe von Einstellungen zu skizzieren. Merkwürdig, alle diese Menschen haben uns vertraut, und alle kann man gern haben, wenn man sich von ihren Absonderlichkeiten nicht abschrecken lässt, vom blaublütigsten Aristokraten aus Neuengland, der über ein immenses Vermögen verfügt, bis zum letzten Einwanderer, dessen Kreditwürdigkeit nur minimal ist.

Sie repräsentieren eine wunderbare Vielfalt des Menschlichen und verdienen, sobald sie sich doch im Grunde uns anvertraut haben, unsere ganze Willigkeit, je intensiver, desto erfolgversprechender auf lange Sicht. Ihre eigene Zuneigung wird durch ernsthaftes, freudiges Eingehen auf ihre Probleme und Verständnis für ihre Aspirationen und Eigentümlichkeiten geweckt, die dann sanft gezügelt und auf ihre den Tatsachen entsprechende Vernünftigkeit *plus* Gemütsbalance, in eins zusammengerollt, erörtert werden müssen. Eine solche gegenseitige Zusicherung von Wohlwollen wächst zu schöpferischem Kapital an.

Das Bauen ist im Leben eines jeden Menschen ein wesentliches Ereignis. Kein einziger dieser Menschen lässt sich durch die Verkörperung einer Idee befriedigen, die nicht auf ihn zugeschnitten wäre. Die Menschen sind so verschieden und ganz gewiss verwirklichen sie ihre Verschiedenheiten, wenn sie ein Haus bauen. Der Architekt soll ein Seelenkenner sein, falls er ihnen dienen und sie vor Enttäuschungen und Verzweiflung bewahren will, die sich ihrer bemächtigen werden, wenn sie sich in der falschen Umgebung niederlassen oder sogar in der Erinnerung sich eine falsche Vorstellung davon machen, wie diese Umgebung zu der ihren wurde.

Und jeder Typ verrät in seiner Physiognomie dem aufmerksamen, arzt-gleichen Berater sehr viel von seinen besonderen Eigenheiten. Gesicht und Geste werden zum sprechenden Ausdruck des Ermüdungs- oder Begeisterungs-Potentials und die unscheinbaren, aber bedeutungsvollen und unauslöschlichen Züge eines Gesichts werden durch Gewohnheiten seines Ausdrucks bleibend geformt. Die Bewegung von Augenbrauen, Augenlidern, von Fingern, Händen und Armen sagen viel. Da zeigt sich Zögern oder initiative Kraft, Stetigkeit oder ihr Gegenteil in kleinen Modulationen des Tonfalls, entspannt geruhsamem Sitzen oder Rastlosigkeit auf dem Stuhl. Ohne sich je ganz zu entschleiern, offenbaren sich Menschenwesen.

Es gibt aktivierte Sinne und Muskeln und viel inneres Geschehen. So manches davon wird sichtbar und bedeutsam, wenn man nur bereit ist zu sehen und zu hören. Ein Sich-Überziehen des Augapfels mit schimmernder Feuchtigkeit, ein zögerndes Hüsteln ist oft unausgesprochene Antwort auf eine Frage. Sogar die Wahl der Kleidung und die Art, sie zu tragen, ist höchst aufschlussreich. Der Mensch, der anderen für künftige Jahrzehnte zu helfen wünscht – vielleicht für den Rest ihres Lebens –, darf den Wind oder sogar die leichteste Brise, die sich bei der Unterhaltung über ein Bauprojekt erhebt, nicht unbeobachtet lassen. Dahintreibende Strohhalme zeigen, woher es bläst, und manchmal ist es gut, sich an sie zu klammern, mehr als an Worte.

Der Architekt muss, gewiss ebenso wie der Ingenieur, der mit ihm zusammenarbeitet, etwas von angewandter Physik verstehen, er sollte auch, ebenso wie die Immobilienmakler, die Bankiers und Taxatoren, sich in wirtschaftlichen Dingen auskennen. Aber in erster Linie ist er doch ein praktischer Physiologe und ein Sachverständiger für Nerven, Drüsen und Muskeln, *jene psychosomatische Ganzheit*, die ja der Ratsuchende ist. Er dient organischen, menschlichen Individuen und darüber hinaus den Gruppen, zu denen sie sich zusammengeschlossen haben. Darin liegt seine große und wichtigste Funktion.

Es hat mir Freude gemacht, die ganze Skala der amerikanischen Gesellschaft beruflich so intim kennenzulernen, von Menschen ohne viele Mittel, Schullehrern, Arbeitern und Sekretärinnen – gerade sie waren es, die sich auf meine Gewissenhaftigkeit zuerst so rührend verließen – bis zu leitenden Politikern, Leuten, die für Marine und Heer das Wort führen, den mächtigen Magnaten, die erst spät in meinem Leben von mir gehört und etwa erfahren hatten, dass ich in meiner Aufgabe aufginge.

Alle amerikanischen Bauvorhaben, sogar verhältnismäßig bescheidene, sehen für Leute im Ausland, die sie von Abbildungen her kennen, luxuriös aus. Viele Jahre hindurch konnten Menschen in Dänemark, in Venezuela und in Indien nur mit skeptisch hochgezogenen Brauen unseren Bauausführungen und unserer seltsamen Prosperität folgen. Häufig wird dieser Eindruck verallgemeinert. Aber häufig genug ist eine gewisse Extravaganz fraglos nicht zu leugnen und sie verführt dazu, dass man die amerikanische Szenerie in einer teils komischen und teils unheilvollen Beleuchtung sieht, von Menschen bevölkert, die sich infolge des schwankenden Wirtschaftsbarometers in einem Zustand ständiger Unausgeglichenheit und Ruhelosigkeit befinden.

Der gewaltige Filmproduzent sprach mir wiederholt höchst interessant und doch wieder recht verschwommen von dem Haus, das er bauen wollte – eines Tages! Viel später rief er mich plötzlich in größter Eile an. Ich ging zu ihm und setzte mich in einen großartigen Clubfauteuil seines großartigen Büros, in dem großartigen und von emsigem Leben durchpulsten Cinema Studio. Er erklärte mir, nun sei es ihm ernst. Seine Filme hingen ihm zum Hals heraus. Dieses kolossale Studio auch. Nun wollte er seine ganze Zeit dem Bau eines kleinen eigenen Hauses widmen.
Er schlug eine Bausumme von 7500 Dollar vor. »Zurzeit verdiene ich 11 000 Dollar in der Woche«, sagte er beiläufig, »und ich will diese verfluchte Hetzjagd aufgeben, um völlig frei zu sein und die Zeit zu haben, mit Ihnen zu arbeiten und selber den Hausbau zu überwachen.«
Vorsichtig legte ich ihm nahe, er solle doch lieber seine Arbeit im Studio noch mindestens zwei weitere Wochen behalten, da mir die erwähnte Bausumme recht klein erschien, insbesondere angesichts der Tatsache, dass er sogleich von einem angrenzenden, raffiniert ausgestatteten Atelier zu reden begann, in dem er malen wollte. Auch deutete ich an, einen Mann zu kennen, der möglicherweise bereit wäre, die Aufsicht über den Bau des kleinen Hauses für weniger als 11 000 Dollar in der Woche zu übernehmen. Davon aber wollte er nun ganz und gar nichts wissen. Wir schlossen also einen Bau-

vertrag mit einem Budget von 7500 Dollar ab und ich habe mir diesen Vertrag als Kuriosität aufbewahrt.

Wir gingen mit äußerster Sparsamkeit vor, gaben an der Außenseite nur einen Anstrich, verzichteten auf eine Isolierung im Wert von 75 Dollar und dergleichen. Alles war für die Verhältnisse eines Mannes berechnet, der seine Stellung aufgegeben und keine Einnahmen mehr hatte – tatsächlich der Welt müde, wie der Heilige Antonius von Ägypten. Dieser launische Einfall und alles, was sich daraus ergab, gefielen mir, mit allen ihren menschlichen Verwicklungen und Widersprüchen.

Vier Wochen später schloss der Produzent ganz persönlich einen Vertrag über die Verfilmung einer berühmten Detektivgeschichte, die im modernen Spanien spielte, mit einem großartig temperamentvollen Schauspieler in der Hauptrolle und einem ungewöhnlichen Regisseur als seine rechte Hand, ab. Sogleich sah er, der nun unbehindert selbständig arbeiten konnte, riesige Kassenerfolge auf der ganzen Welt vor sich und überlegte sich die Sache noch einmal, mit dem Ergebnis, dass die Bausumme vervielfacht wurde.

Während der nächsten Wochen ging die Verfilmung vor sich, und zur gleichen Zeit erfolgte eine stürmische Ausweitung des Bauprojektes. Der Tag kam, an dem die Rohfilmfragmente, die »Rushes«, versuchsweise projiziert wurden und in der Dunkelheit des Zuschauerraums saßen ein paar säuerliche Fachleute, die sich das Ganze auf den geschäftlichen Erfolg hin ansahen. Als das Licht wieder anging, waren ihre Gesichter ernst und ihr Urteil vernichtend. Ihrer Ansicht nach würde der Film ein Reinfall sein und zu meinem Entsetzen mussten die meisten Erweiterungen in unseren Plänen wieder gestrichen werden. Ich war verwirrt und dennoch arbeitete ich emsig wie eine Biene. Aber nun füllte ich die Wabe nicht, sondern leerte sie.

Am nächsten Tag jedoch kam einem der Sachverständigen, nachdem ich alle Veränderungen schon die Nacht hindurch ausgearbeitet hatte, eine Menge glänzender Ideen. Er war plötzlich fast ebenso begeistert wie der Produzent selber. Nachdem man sich darüber geeinigt hatte, wie der Held die

Tür zum Treppenhaus öffnen sollte, wo gerade das junge Mädchen mit der Hutschachtel, darin eine Million Papiergeld, vorbeiging, und nachdem gleich darauf die zarte, rührende Liebesszene eingesetzt wurde, über die man sich nun schon im Voraus mit der Zensur verständigt hatte, war alles in Ordnung und alle waren sich darüber einig, der Schauspieler sei doch das Genie, das man für diese Rolle ausgesucht hatte. Sogleich wurde ein tropischer Fischteich mit einer bunten Voliere auf dem Dach des ersten Geschosses kombiniert und einschließlich einer weiten Außenhalle mit einer schwungvollen Treppe hinzugefügt sowie

Wasser, das von der unregelmäßig geformten Atriummauer über den rosigen afrikanischen Marmorboden des weiten Hofes mit seiner bezaubernden Reihe von Seerosenteichen gewissermaßen als künstlicher Regen hinwegströmte.

Das Atrium sollte von einer die Wärme spiegelnden Aluminiumwand in normierter Rahmenkonstruktion und von einem breiten schlossgrabenartigen Gewässer umgeben sein. Das Wasser in diesem weiten Graben ließ sich durch den Druck auf einen Knopf elektrisch laden. Keine Frage, wir hatten uns allerhand vorgenommen, und ein Mann mit einem Einkommen aus einem erfolgreichen Film wie dem, der nun gedreht wurde, konnte leicht von Kidnappern belästigt werden, die bei Nacht den Graben zu überqueren versuchen würden. Es schien klar, dass diese Art mittelalterlichen Schutzes in gewisser Weise überholt war; sie musste also noch durch zeitgemäßere elektrische Vorrichtungen ergänzt werden, um diese Eindringlinge mit ihren finsteren Gelüsten, sobald sie nur die Füße benetzten, zu erledigen. Man hatte es sich etwa folgendermaßen gedacht: Während der Produzent, der nun zu seiner Gewohnheit eines langen Arbeitstages zurückgekehrt war, bis spät in den Vormittag hinein schlief, sollte sein persischer Chauffeur noch vor dem Frühstück die Körper entfernen, die sich im Verlauf der Nacht im Graben angesammelt hatten, damit in dem heißen Klima dieses weiten Gebirgsplateaus, wo man große Flächen als Gartenschutzland bereits erworben hatte, die Luft miasmenfrei und wohlduftend blieb.

Als der Produzent einmal mit seinem neuen Wagen abfuhr, drehte er das Fenster herunter und gab mir die Anweisung, alle Decken raffiniert abzuschrägen und mit Spiegelglas zu versehen, nicht so sehr, um sich selber vervielfältigt zu betrachten, wenn er im Bett läge, sondern um die Illusion zu gewinnen, von tropischen Fischen und Vögeln völlig umgeben zu sein, die sich ja tatsächlich in dem Voliere-Aquarium jenseits der Glaswände befanden. Mit großem Mut machten wir uns an die

Lösung dieses Problems. Sie kostete uns etwas mehr als das ursprüngliche Haus. Ein Detail überraschte mich zunächst, als ich dem Bauherrn die Pläne für das Badezimmer, das er sich möglichst großartig gewünscht hatte, brachte, aber es steht vielleicht einem Architekten ebensowenig zu wie einem feudalen Kammerdiener, sich jemals über irgendetwas Menschliches zu wundern. Als er erklärte: »Entfernen Sie alle Schlösser aus den Badezimmertüren«, freute ich mich sofort über die Einsparung. Bekümmert fügte er hinzu: »Ich habe die Erfahrung gemacht, dass ständig jemand im Badezimmer ist, der damit droht, Selbstmord zu begehen, und einen damit erpresst, falls man nicht ungehindert hinein kann.« Ich stellte mich sogleich auf diese Besorgnis eines reichen Mannes aus Hollywood ein. Ich verstand auch, dass man auf kugelfeste Glasscheiben für alle Fenster nicht leichthin verzichten konnte. Es brauchte ein Mann mit einem erheblichen Einkommen unauffällige Maschinengewehrnester, so angelegt, dass er alle Fronten des Hauses von innen her bestreichen konnte, wobei die Projektile nicht von irgendwelchen Säulen oder Pfeilern, deren Platz man unbedacht gewählt hatte, zurückprallen durften. Zum Glück half mir in diesen Dingen meine artilleristische Vergangenheit.

Indem ich so in Gestaltung und Planung getreu auf die Funktionen achtete, hatte ich mich schon wieder an den Gedanken eines reichlicheren Budgets gewöhnt, als der Film in einer kleinen Stadt in Iowa zum ersten Mal zur Probe gezeigt wurde. Nach den Berichten, die ich erhielt, hatten zu meinem Entsetzen alle Zuschauer gegähnt. Ich sah den Produzenten in seiner privaten Limousine vom Flugplatz zurückkehren. (Ich möchte hier noch erwähnen, dass er ein Abonnement für Verkehrspolizeistrafen besaß und sich gerade dieses Grundstück ausgesucht hatte, um in kürzester Zeit an der Place de l'Opéra in Paris sein zu können; er rechnete dabei mit fünfundzwanzig Minuten in rasender Fahrt zum Flugplatz mit seinem persischen Chauffeur, um ein Flugzeug nach dem alten Le Bourget, damals noch der Flughafen von Paris, zu nehmen, wo ihn sein Pariser Chauffeur erwartete, der ihn nach vierzig Minuten vor dem Café de la Paix absetzte.) Wir befanden uns also in einer recht verkehrsgünstigen Lage.

Nun jedoch, nach dem Fiasko in Iowa, dachte mein Klient nicht an Paris. Er sah müde, abgehetzt und niedergeschlagen aus. Wir riefen »Mississippi Glass« an, um die Bestellung des kugelsicheren Glases wenigstens vorläufig hinauszuschieben.

Während der ganzen Bauzeit gab es beim Budget ein ständiges Auf und Ab. Gegen Ende der Bauzeit begann der Produzent mit einem leichten Lustspiel, in dem ein Musical-Clown auftrat. Er war so komisch, dass wir im letzten Augenblick zwei Flugzeugladungen von anodisch behandelten, plattierten Aluminium-Paneelen aus Chicago kommen ließen. Das Geld dafür war ja durch den bevorstehenden Schlager so gut wie gesichert und das blanke Metall hob noch die Wirkung der seltenen, pornographischen Portfolios in der Bibliothek, die geheimnisvoll davor schwebend von dem Junggesellenschlafzimmer sichtbar waren.

Balzac hat wie jeder große Romancier den Menschen in seinen Hoffnungen und seinen Stimmungen der Niedergeschlagenheit geliebt, als er jene »Comédie Humaine« schrieb. Ich habe meine Auftraggeber genauso geliebt, wie sie von den Wogen emporgetragen wurden, in tiefe Wellentäler verschwanden, manche von ihnen in ihrer Armut erfinderisch genug, um zu einem Leben in Wohlstand zu kommen, andere wieder vom Reichtum in einer buntfarbigen Landschaft beglückt, nur um in frühen Enttäuschungen abzurutschen; die alte Fortuna spielt ihr farbiges Durcheinander überall, mit kapitalistischen oder kommunistischen Stars, mit Bedächtigen und Tollkühnen.

Erfüllte Wünsche – unerfüllter Traum

Von Anfang an war das Leben gut zu mir. Es hat mir erst nur milde Lehren erteilt und mich vor die Lösung nicht allzu schwieriger Fragen menschlicher Beziehungen gestellt. Die Angehörigen meines engeren Familienkreises lagen nicht im Kampf miteinander.

Ein Architekt, der mit seinen Auftraggebern nicht übereinstimmt und unfähig ist oder sich für zu gut hält, ein einfühlsames Verhältnis zu ihnen herzustellen, wird leicht scheitern und sollte sich resigniert zurückziehen. Ebenso wie ein Arzt, ein Psychiater, darf sich auch der Architekt von seinen Bauherren, von ihren Klagen und Problemen niemals ermüden lassen. Er sollte viel eher über sein technisches Sachwissen hinaus verstehend und helfend eingreifen können, wenn nicht überhaupt diese Probleme lösen. Falls ein Mann und eine Frau in seiner Gegenwart nicht völlig einig sind und im alten Haus in ständiger Reibung miteinander leben, sollte er sie durch ein neues wieder miteinander verheiraten können. Und die Zahl der Ehescheidungen herabzusetzen ist seine große Aufgabe.

Aber die Ehe ist nur einer der Fälle wertvoller Gruppenbildung, deren Zerstörung durch eine deprimierende und zu Reibungen führende Umwelt beschleunigt werden kann. Nicht einmal ein Hagestolz ist ein einzelnes Menschenwesen.

Babys wachsen auf während der Amortisationsperiode. Sie verlassen das Haus, formen ihre eigenen Familien und nehmen mit sich Wohltaten oder Wunden aus ihrem frühesten Heim. Eine zarte Balance im Lauschen auf Eloquenz und auf das leichteste Herzgeräusch des Einsilbigen werden dem Architekten helfen, den Fall zwischen Frau und Mann oder Mann und Frau zu diagnostizieren. Gesellschaftlicher Brauch mag einen deutschen oder spanischen Ehemann sagen lassen, was ein Amerikaner nie sagen würde: »Meine Frau wird nicht mitkommen zur Besprechung, sie stimmt mit mir überein!« Ich würde dem nicht Glauben schenken.

Ich wünsche mir nur, ich wäre immer erfolgreich gewesen. Aber ich bin froh bei dem Gedanken, dass dies tatsächlich eine Unterbewertung meines Glücks darstellt. Ich möchte dennoch als Beispiel von der Geschichte eines Fehlschlags sprechen, der mir das Herz schwermachte. Ohne besondere technische Erklärungen lässt sich die Geschichte eines Bauvorhabens in allen jenen Zusammenhängen wiedergeben, die mir als die wirklich wesentlichen erscheinen.

Mr. und Mrs. Z., er ein Kaufmann und sie die Mutter seiner fünf Kinder, kauften eine Obstplantage von rund drei Hektar an einem Berghang in Kalifornien, von dem aus sie einen wunderbaren Blick auf die Landschaft eines weiten Tales hatten. Er war offensichtlich davon überzeugt, dass es für alle Beteiligten eine herrliche Idee sein müsste, nun Obstbauern zu werden.

Während unserer ganzen Unterhaltung über die Planung war er äußerst optimistisch, insbesondere in der Frage der Geldmittel. Das Haus, das er an diesen sehr weiträumigen Hügelgipfel setzen wollte, war auch entsprechend weiträumig und es waren kostspielige Materialien vorgesehen.

Ich verwandte viel Zeit darauf, ihn wegen der Kosten zu warnen, wobei ich ganz besonders auf die Abgelegenheit des ländlichen Ortes und die Entfernung von den nächsten Materialquellen und Firmen, vom Klempner bis zum Stuckateur, hinwies. Mr. Z., keineswegs ein reicher Mann, blieb weiterhin optimistisch, während sich Mrs. Z. nicht recht entscheiden konnte und dazu neigte, ihren Sinn zu ändern.

Meine Sorgen jedoch wuchsen sich fast zu einer fixen Idee aus, dass diese Pläne sich mit dem vorgesehenen oder zur Verfügung stehenden Geld nicht würden verwirklichen lassen. Sogar während der letzten Phasen der Planzeichnungen, als alle Einzelheiten schon hätten festgelegt und bei den Vorbesprechungen gebilligt sein sollen, wurden noch sehr wesentliche Veränderungen vorgenommen und zusätzliche Wünsche berücksichtigt, was uns dreifache und vierfache Arbeit machte.

Noch schlimmer: Die meisten Veränderungen schienen auch die Kosten zu erhöhen, aber da wurden alle Warnungen in den Wind geschlagen. Als schließlich das Haus auf dem Grundstück am Berg mit den hohen Bäumen abgesteckt wurde, leugnete Mrs. Z. plötzlich, den so oft erklärten Plan überhaupt verstanden zu haben. Man hatte den Eindruck, als ob sie Angst hätte und instinktiv den Beginn der Bauarbeiten unterbinden wollte. Wiederum aber verlangte ihr Mann, dass beider Wünsche für eine drastische Änderung berücksichtigt werden sollten.

Mrs. Z. war keineswegs eine herrschsüchtige, sondern eher eine reizende Frau, wenn auch, wie mir schien, von Natur zum Klagen neigend. Ihr Mann liebte sie trotz gelegentlicher heftiger Worte und die Ehe schien glücklich zu sein. Trotz ihrer weinerlichen Stimme und ihrer ständig spürbaren Enttäuschung hatte ich alle Sympathie für sie. Ohne diese Charaktereigenschaften hätte sie sehr anziehend sein können, obwohl sie in ihrer Vitalität ein wenig vorzeitig zu welken schien.

Als wir uns schließlich auf einen Bauunternehmer einigen wollten, erklärte Mr. Z., er hätte einen Mann an der Hand, der nicht für eine vertraglich festgelegte Pauschalsumme, sondern unter Berechnung der Arbeitsstunden den Bau übernehmen würde. Das klang gefährlich. Ich bat, den Menschen kennenlernen zu dürfen, um ihm die Pläne zu erklären und mich zu vergewissern, dass er alles verstanden hatte, bevor man ein so loses Verhältnis eingänge, das mir zuweilen geradezu unheilschwanger erschien. Mr. Z. verhinderte es ganz bewusst, dass ich den mit ihm befreundeten Bauunternehmer kennenlernte. Trotz aller meiner Vorstellungen war bei Gesprächen keine Klärung herbeizuführen. Unsere sehr gründlich ausgearbeiteten und mit allen zusätzlichen Unterlagen versehenen Pläne wurden in die Hände des mir völlig unbekannten Mannes gelegt, was mir grenzenlose Sorge bereitete und meine Gedanken völlig in Anspruch nahm.

Die Bauzeit schien endlos lang und obwohl wir für die Überwachung keine Vergütung erhielten, fuhr ich sehr oft abends auf den weit entfernten Bauplatz. Fast heimlich und mit dem Gefühl eines Verschwörers gelang es mir, den Mann kennenzulernen, der dort arbeitete. Ohne Erlaubnis des Bauherrn weihte er mich in alle Veränderungen ein, die sogar jetzt während des eigentlichen Bauens vorgenommen wurden und die Sache verzögerten.

Wieder war es Mrs. Z., die die Bremsen anzog und alle möglichen Forderungen stellte. Diese beruhen oft auf ihren recht rätselhaft widerspruchsvollen persönlichen Vorstellungen von Ästhetik und jedes Mal kostete es mich außerordentliche Mühe, diese Veränderungen »zu verdauen«; ständig versuchte ich, alle angrenzenden Teile des Baus den nun wieder veränderten anzupassen.

Da man von mir kein Eingreifen verlangte, versuchte ich, mir die Hilfe des Bauunternehmers zu sichern, dass soviel wie nur möglich von der ursprünglich erreichten, kostbaren Harmonie der Teile gerettet werde. Ich wollte für die Bauherren, die, natürlich selbst ahnungslos, auf ein Flickwerk von nachträglichen Einfällen zutrieben, das ursprünglich Gute bewahren.

Ich weiß, dass man im Nachhinein immer klüger ist, wenn man von vornherein nicht klar gesehen hat. Vielleicht gibt es überhaupt keine Gedanken, sondern nur Nachgedanken. Diesmal hatten alle meine Assistenten das Interesse an der ewig neu gestellten Aufgabe verloren, die sich chamäleonhaft an veränderliche, innere, psychologische Szenerien anzupassen schien, und ich versuchte, ganz auf mich gestellt, die Sache durchzustehen. Meine Angst vor den Kosten, heraufbeschworen durch die Frau des Bauherrn, durch ihn selber und vielleicht nun auch durch mich – da ich einen Teil des ursprünglichen Gesamtbildes zu bewahren suchte, gewiss im Interesse jener, die mir anfangs ihr Vertrauen geschenkt hatten –, plagte mich sehr. Wieder begann ich den Bauherrn telefonisch zu bestürmen, dieses unvernünftige Vorgehen einzustellen. Tief in meinem Inneren versuchte ich mir dabei vor Augen zu halten, dass wir alle sehr dazu neigen, nicht etwa nur »vernünftig« zu sein.

Er persönlich war mir eigentlich für meine Bemühungen, die ich ihm nicht schuldete, recht dankbar und hörte wenigstens meinen Erklärungen darüber, was schon verloren war und was vielleicht gerettet werden könnte, zu. Ohne bösen Willen kommt es doch leicht dazu, dass die Begeisterung eines Mannes, der sich seinem Beruf verschrieben hat und eher dem Bewusstsein einer Sendung gehorcht als einem Vertrag, ausgenutzt wird. Mrs. Z. sah und sprach ich kaum einmal und was mir selten anderwärts geschehen ist, sie schien alle meine Bemühungen, das Projekt zu einem Erfolg zu führen, abzulehnen und sie keineswegs gutzuheißen. Ja, sie schien manchmal alles daranzusetzen, die Ausführung des Projekts zu behindern.

Nachdem sich etwa ein Jahr lang die Bauarbeiten hingezogen hatten und man frühere Entschlüsse immer wieder umgeworfen hatte, in einem Ausmaß, wie ich es noch niemals erlebt hatte, war denn doch ein Punkt erreicht, an dem Mrs. und Mr. Z. nun endlich einziehen konnten, obwohl ein wirklicher Abschluss nie erreicht schien.

Zu meiner großen, freudigen Überraschung hatte der Bauleiter, der für mich zunächst eine unbekannte Größe gewesen war, die Arbeiten geradezu hervorragend ausgeführt und alle meine Befürchtungen in dieser Hinsicht stellten sich als tatsächlich unbegründet heraus. Ich hatte kaum jemals eine so mustergültige Schreinerarbeit gesehen, ob es sich dabei um Rohbau oder Feinausführung handelte, und unter der Aufsicht des Baumeisters war an der Vorderfront des Hauses und zum Beispiel am Kamin eine kostspielige Steinsetzarbeit ausgeführt, die jeder Kritik standhielt.

Inzwischen war auch der Ehemann infolge aller Verzögerungen am Rande seiner Kräfte angelangt, aber mit zusammengebissenen Zähnen hielt er durch.

Zu diesem Zeitpunkt traf ich zufällig eines Tages Mrs. Z. auf dem Grundstück und erörterte mit ihr ganz freundlich die Malerarbeiten und die Farben. Sie konnte an meinem aufrichtigen Interesse nicht zweifeln, wurde auch recht zugänglich und schien glücklicher, als ich sie jemals zuvor gesehen hatte. Ich selber war gehobener Stimmung und auch zufrieden, nun Früchte so vieler Opfer und hingebungsvoller Arbeit endlich reifen zu sehen. Wir einigten uns auch ohne weiteres auf die letzten Farbtöne, die angelegt werden sollten. In einer Stunde seelischer Übereinstimmung waren wir beide vom gleichen Eifer erfüllt. Ich drückte ihre Hand aus Dankbarkeit für dieses Erlebnis, das für mich so viel Erleichterung bedeutete, und mit einem tiefen Aufseufzen fuhr ich von dem schönen Berg hinab, der schon so lange mein Kalvarienberg gewesen war.

Nach etwa sechs Wochen rief ich, als ich hoffte, nun hätten alle glücklich ihren Platz gefunden, Mrs. Z. an und schlug ihr vor, sie in ihrem neuen Heim zu besuchen. Die Antwort am Telefon traf mich wie ein Schlag, vernichtend und unerwartet. Sie, die in endlosen, langwierigen Gesprächen mit dem Baumeister und ihrem Mann die Entwicklung des Hauses bestimmt hatte, wobei sie mich bis zu jenem letzten Zusammentreffen stets übersah, erklärte mir plötzlich, abgesehen von Farben sei ihr Haus ein völliger Fehlschlag und sie bereue, es jemals begonnen zu haben.

Auf meine Bitte, mir doch durch eine Erklärung behilflich zu sein, nannte sie die Veränderungen, die sie selber im Plan verschuldet hatte. Sie erklärte, sie sei mit ihnen nun tief unzufrieden und sie quälten sie sehr, wie auch alle Veränderungen, die sie in späteren Phasen des Baus mir aufgezwungen, und mit denen ich mich abzufinden gehabt hatte. Zunächst sprachlos, versuchte ich ihr auseinanderzusetzen, ich hätte mich ja doch bemüht, ihr einen Gefallen zu tun, als ich alle diese Veränderungen vornahm, die sie verlangte und die mir so teuer zu stehen kamen.

Sie erwiderte erbost, wenn ich als Architekt nur annähernd so gut sei wie mein Ruf, wäre sie niemals in die Lage gekommen mir sagen zu müssen, was zu tun sei. Im Gegenteil, ich hätte ihr mit einem überzeugenderen und bündigen Vorschlag beispringen sollen. Ihre ganze Unentschlossenheit schob sie darauf, dass ich sie einfach hilflos sich selber überlassen hätte. Das schien mir nun sehr ungerecht und ich war über dieses Telefongespräch ganz verzweifelt. Selbstverständlich sollte ein Arzt es nicht dulden, dass sich sein Patient selber die Rezepte schreibt. Ich hatte so oft und so vergeblich diesem

Krankheitsverlauf meinen Rat anzupassen versucht. Ich zweifelte fast an meinem Glauben, dass ich mich bei meiner Inspiration stets von meinem Klienten als Leitstern führen lassen sollte, oder eher von einer in meinem Inneren gespiegelten Konstellation ihrer selbst, für die ich auf viele Jahre hinaus ihre Umwelt schuf. Im gegenwärtigen Fall aber war es klar, dass ich diese Konstellation falsch beurteilt hatte.

Ich rätselte daran herum, was eigentlich geschehen sein mochte, seitdem ich sie vor den Farbmustern im fast vollendeten Haus so zufrieden angetroffen hatte. Während des Baujahres hatte sie es in allen seinen Phasen Hunderte von Malen genau gesehen. Und nun erklärte sie, darin nicht leben zu können. Die wichtigsten Räume mussten an ganz andere Stellen im Haus verlegt werden. Die voll eingerichtete Küche mit ihren Wasserinstallationen etc. sollte auf der anderen Seite liegen, wo das Zimmer des Hausherrn gelegen hatte, und alle diese beängstigenden Veränderungen mussten tatsächlich jetzt durchgeführt werden. Es sah nach einem verzweifelten letzten Versuch aus, alles über den Haufen zu werfen und die Uhr zurückzudrehen. Alle tragenden Wände und sämtliche Rohrleitungen, die unter Putz lagen, herauszureißen, war eine phantastische Vorstellung. Damit drohte nochmals eine Bauzeit von einem Jahr. Diese arme Frau schien wie ein Patient in einer psychiatrischen Abteilung zu toben und sich dagegen aufzulehnen, in den Behandlungsraum gezwungen zu werden. Ich dachte daran, wie freundlich sie das letzte Mal gewesen war, als ich sie auf ihrem Berg traf, nur mit visuellen Harmonien beschäftigt. Mir kam je der Gedanke, dass unmittelbare visuelle, und insbesondere farbvisuelle Eindrücke sinnesempfindliche Personen so gefangen zu nehmen vermögen, dass für einen Augenblick alle anderen verborgenen seelischen Konflikte überwunden werden. Ich fasste mir ein Herz und bat sie um eine Unterredung, um mit ihr friedlich alles zu besprechen.

Obwohl sie behauptete, mich niemals wiedersehen zu wollen, nachdem ich sie mit Farben bestochen hatte, beschloss ich doch hinzugehen und an Ort und Stelle zu einem Schluss über mein eigenes Versagen zu gelangen. Immerhin war dieses Haus doch tatsächlich sehr sauber gebaut und hatte die schönste Lage, die sich ein Mensch überhaupt nur wünschen konnte, davon war ich überzeugt.

Inzwischen sprach ich mit dem Baumeister, mit dem ich seit vielen Wochen keine Berührung mehr gehabt hatte. Er erzählte mir, er sei gerade aus einem Sanatorium zurückgekehrt, wo er sich von einem Nervenzusammenbruch erholt hätte. Er erklärte, er würde unter gar keinen Umständen diese Veränderungen vornehmen und sie wären völlig verrückt. Seit mehr als einem Jahr sei er mit den Z.'s zusammen, er hätte genug und zuviel und auch Mr. Z. sei sehr verzweifelt. Seine Verzweiflung und Unwilligkeit verstörte mich noch mehr.

Ich vermutete immer ein starkes Überschreiten der Kosten. Aber ich war verblüfft. Die Kosten waren trotz des unvernünftigen Verhaltens der Bauherren hinter den Voranschlägen zurückgeblieben. Dieser Mann war als Bauunternehmer ein seltenes Juwel, nun jedoch war er ein nervöses Wrack.

Wieder ging ich durch die Obstplantage hinauf und traf Mrs. Z. allein in ihrem Haus an. Sie schloss sozusagen Augen und Ohren und war von tiefstem Groll erfüllt. Sie warf mir vor, dass dieses Haus und ich, durch mein Nachgeben, sie an den Rand des Zusammenbruchs gebracht hätten. Fast von Selbstmordgedanken erfüllt, hörte ich ihr zu. Sie fuhr fort sich zu ereifern, wie unmöglich es für sie sei, dieses Haus und den Garten, beides in gewaltiger Größe, allein zu bewältigen. Nicht auf einer Farm aufgewachsen, sei sie von Hilfe im Haus abhängig. Eines ihrer Kinder war noch so klein, dass sie es auf den Armen trug. Wie könnte sie dieses Haus sauber halten, auf einem Berg, auf dem es von noch nicht beendeten Erd- und Pflanzungsarbeiten so staubte, während ein Mädchen nach dem anderen sie trotz bester Bezahlung verließe, weil die Kinos und die Treffpunkte mit ihren Kavalieren so weit entfernt lagen. Hier säße sie nun mit ihren kleinen Kindern in der Einsamkeit und machte den hoffnungslosen Versuch, ein Haus zu führen, das am Ende der Welt läge. Ich hätte sie dazu überredet und verlockt, wie im Märchen ein kleines

Mädchen im Wald. Dieses Haus wäre nicht für eine Frau wie sie entworfen, unfähig wie sie wäre, sich in einer so neuen und schwierigen Lage zurechtzufinden.

Ich wies darauf hin, dass doch ihr Mann das alles gewollt und mich verschiedentlich des Entwurfes wegen gelobt habe. Da aber brach erst der richtige Sturm los.

»Ja, so sind die Männer! Er lobt Sie wegen Ihres Entwurfes, aber er fährt am Morgen in sein Geschäft und lässt mich in der Patsche sitzen, jeden Tag allein – jeden Tag –« und sie wandte sich ab, um mir nicht ihr geängstigtes, verhärmtes, verzweifeltes Gesicht zu zeigen.

Nun redete sie wie eine Frau, die unter der Verständnislosigkeit der Männer litt, zu denen auch ich gehörte, der mit ihrem Mann zusammen die Verantwortung für ihre elende Lage trug. Trotz meines eigenen Elends erwachte doch in mir tiefes Mitleid, denn auch sie gehörte ja zu jenen gequälten Menschen, die, schlecht oder überhaupt nicht beraten, in Leid geraten. Plötzlich traf es mich wie ein Schlag. Ich sah, dass sie in gewisser Weise recht hatte und fraglos tief unglücklich war.

Das war nicht der gespielte Zorn eines Menschen, der vielleicht einfach nicht bereit ist, die Arbeit anderer gelten zu lassen oder sie anzuerkennen. Ich hatte einen der wirklich unglücklichsten Menschen vor mir, die ich je an einem schönen Platz gesehen hatte. Und ganz bestimmt hatte ich zu ihrem Unglück beigetragen, indem ich mir am falschen Ende Sorgen gemacht hatte, zum Beispiel über die Frage der Kosten, wobei ich das tatsächliche Problem übersah und mich dann wieder die ganze Zeit über damit tröstete, ich täte ihr einen Gefallen, indem ich ihren Anweisungen und vermeintlichen Launen folgte.

In diesem Augenblick vermochte ich alles in einem ganz anderen Licht zu sehen. Ein Jahr lang hatte sie versucht, ihr Schicksal aufzuhalten. Sie vermochte es nicht. Ihr Mann hatte sie durch seinen kurzsichtigen Ehrgeiz, wie ein Landedelmann früherer Zeiten auf einer Bergkuppe von drei Hektar in einem anspruchsvollen, luxuriösen Haus, lächerlich geräumig und für Hausangestellte und hilfreiche Nachbarn gleichermaßen unzugänglich, zu leben, zu Unerträglichem verurteilt. Tatsächlich hatte er sein unvernünftiges Vorhaben mit Hilfe eines Baumeisters, der sich als ein wirklich erstklassiger Handwerker entpuppte, merkwürdig erfolgreich durchgeführt. Dieser war allerdings dann selber im Wartezimmer eines Psychiaters gelandet. Der Unternehmer hatte ein großes Haus fertiggestellt zu sehr räsonablem Preis und mit exquisitem Geschick. All das war eine Überraschung für mich und ließ meine Warnungen lächerlich erscheinen. Dieser Fehlschlag im Prophezeien hatte mein eigenes Gehirn ganz in Anspruch genommen.

Die Ehe dieses Mannes wurde zerrüttet, nicht weil er bei seinen technischen und finanziellen Plänen versagt hätte, *sondern weil sie ihm gelungen waren!* Ich hatte meinerseits nicht erkannt, wo die wirklichen Abgründe lagen, hatte mich in erster Linie mit möglichen Fehlern in der Ausführung und mit Befürchtungen herumgeschlagen, die sich niemals verwirklichten. So in Anspruch genommen, verlor ich das Menschliche völlig aus den Augen und sprach niemals die wirklich notwendigen Warnungen aus. Die unbewussten, aber ganz offensichtlich sich steigernden Befürchtungen der Frau, die sich am Ende als richtig erwiesen, hätten mir nicht entgehen sollen. Ja, viel zu sehr mit finanziellen und »praktischen« Fragen des Baus beschäftigt übersah ich, wie wenig sie als Mensch zu diesem ganzen Plan passte und was, wie ich es heute erkenne, alle ihre Entschluss- und Rastlosigkeit verursacht hatte. Wir alle befassten uns mit einem von Grund auf falschen Vorhaben, das jedoch in verhängnisvoller Weise gelang. Ihre bisher glückliche Ehe steuerte nun tatsächlich auf einen beängstigenden Zusammenbruch hin. Ich sprach ein Stoßgebet, dass die Zeit helfend wirken möge. Alle Hoffnungen waren rettungslos mit diesem großen Haus verknüpft gewesen, in dem ihre Wünsche zur Genüge verwirklicht waren, um es zu lieben, und dennoch ihr Selbstvertrauen so stark bedroht, um es bitter zu hassen. Und das ganze Geld war nun hier hineingesteckt; die Habe und der Kredit dieser Leute.

Die Sache ging mir wie ein Mühlrad im Kopf herum. Wie ich es jetzt rückblickend sah, hatte diese Frau eine Besorgnis offenbart, die richtig zu deuten ich niemals auch nur versucht hatte. Auch hatte ich mich nie bemüht, diese ihre berechtigte Besorgnis durch Ratschläge ihrem Mann gegenüber zu beheben, der seinerseits möglicherweise dann das Richtige hätte tun können.

Ich blickte ganz gebrochen in die schöne Landschaft. Mrs. Z. wurde milder gestimmt, als sie sah, wie unglücklich ich selber war, und weinte. Mir ging es fast ebenso. Dieser schöne Wunschtraum eines Mannes hatte sich zum Alptraum einer Frau entwickelt.

Ich konnte zwar nachweisen, dass ich weit mehr getan hatte, als ich dem Buchstaben nach verpflichtet war, aber das hat mich niemals getröstet. Es war nicht schwierig, sich vorzustellen, wie die Kinder nun unter solchen Reibungen zwischen den Eltern litten, in einem Haushalt, der über die Kräfte einer hysterischen Hausfrau ging. Nun gab sie sich in ihrer Verzweiflung Tag für Tag nutzlosem Klagen und Nörgeln hin. Diese Menschen waren wohl »zur Natur zurückgekehrt«, aber sie wurden darum nicht zu romantischen Primitiven oder fanden ihr seelisches Gleichgewicht. Wir lebten nicht in der Zeit von Jean Jacques Rousseau, Paul et Virginie oder Chateaubriand. Ein »Carport« für drei Automobile war notwendig, um hier zu existieren.

Mir kam die verschwommene Erinnerung an die ländliche Wohnsiedlung, die ich vierzig Jahre früher in Europa entworfen hatte, und an die zornigen Städter, die sich nur zu höchst unvollkommenen Dorfbewohnern gewandelt hatten. Wie sehr die Architektur doch die Ursache von Verzweiflung werden kann und Ehen und Familien zu zerstören vermag!

Menschliche Beziehungen sind von der Umwelt, die sie sich bauen, in so hohem Maße abhängig. Dabei geben die Menschen einander die ganze Schuld, aber viel weniger klar dieser Umwelt, die doch oft genug Mitursache ihrer quälenden Spannungen, täglicher Ermüdung ist.

Kein individueller Bauherr, keine Gruppe als Auftraggeber und kein Gemeinwesen, wie etwa die Stadt Athen, die ihr Heiligtum, den Parthenon, errichtete, oder die Meiers, die höchst persönlich ein Heim wollen, vermögen *verstandesmäßig* oder in »klaren Begriffen« die notwendigen Forderungen auszudrücken, die das geplante Werk erfüllen soll, und der Entwerfer-Gestalter muss über alles in Worten Fassbare hinaus oft in noch tiefere Gründe tauchen.

Ein Architekt erfüllt keine »bestimmten« Bedürfnisse. Ist er ein schöpferischer Geist, so werden durch ihn Programme zu echtem Leben erweckt. Für den, der ihm vertraut, blickt er auf ein weites Feld menschlich-klinischer Erfahrung, um das Richtige und Nützliche für die Nöte dieses Falles zu finden.

Um ganz sicher sich zu bilden, sollte er zuerst und immer wieder voller Hingabe an kleinen individuellen Aufgaben arbeiten, so wie es auch ein Hausarzt tut. Dort lernt er die besondere Einsicht, um sich weiter gesteckten menschlichen Aufgaben hinzugeben, zu immer größeren Einheiten und damit zu großen Zusammenfassungen fortzuschreiten. Vielleicht vermag er schließlich einer ganzen Nation zu dienen oder der Menschheit selber. Über alle ihre oft eingebildeten und doch so gefahrvollen Spaltungen hinweg gibt es einen gemeinsamen Nenner. Was wir miteinander gemein haben, können wir vielleicht besser *erfühlen*. Was für kleine Züge und Runzeln uns unterscheiden, macht unserer kritischen Begabung Spaß. Ich sage Spaß, weil menschliche Gehirne sich an Kritik erfreuen.

Wir alle haben die Tendenz, stolz zu sein und Vergnügen an unseren eigenen Absonderlichkeiten zu finden. Wir befassen uns gern mit unseren ethnischen Unterschieden, unseren Glaubensbekenntnissen und unseren geographischen Abständen zur nächsten Insel oder zu den »Leuten auf der anderen Seite des Eisenbahnstrangs«, wie amerikanische Kleinstädter sagen. Es ist ein angeborener und anerzogener Zug, auf diese Weise seinen Selbstrespekt zu füttern. Das hindert die Chance für den Weltfrieden und erschwert die große Sache, die Kontinuität der wachsenden Menschheit auf unserem kleinen Planeten im Auge zu behalten. Anstatt nun der größeren Union Aufmerksamkeit zu schenken, ziehen wir vor, uns Sorgen zu machen beispielsweise über staatliche Sonderrechte.

Menschenrechte haben eine viel stärkere biologische Basis. Vielleicht könnte der Architekt es sich angelegen sein lassen, Monumente des Schlachtfeldes und Konflikts in bleibende Symbole des Zusammenhalts umzuwandeln.

Ein Monument soll in die Zukunft weisen

Seltsame Pfade führen zu unerwarteten Projekten und zu Programmen, die sich wandeln und sich über ihren ursprünglichen Inhalt weit und erstaunlich hinwegentwickeln. Ein Programm ist die vielleicht noch farblose Puppe, aus der sich wie ein Schmetterling die Idee eines Baus entfalten kann.

Einmal – es war Jahre später – wurde ich von der Universität aufgefordert, in Tucson an einem Spätsommertag die einleitende Ansprache zu einem Kongress zu halten, der die industrielle Entwicklung von Arizona fördern sollte. Es schien mir als Planer eine interessante Aufgabe im Großen. Bürgermeister und der Gouverneur des Staates waren anwesend und meine Darlegungen fanden eine günstige Aufnahme. Einer der Journalisten unter den Zuhörern, John Riddick vom »Tucson Daily Citizen«, lud meine Frau und mich nach dem Schlussbankett ein, am nächsten Tag durch die Wüste zur mexikanischen Grenze zu fahren.

Es war ein Sonntag. Zufällig war es mir nicht gelungen, an diesem Morgen einen frühen Anruf aus Washington zu beantworten.

Während wir an den Saguaro-Kakteen vorbeifuhren, erzählte mir Mr. Riddick, ein intelligenter junger Mensch, er hätte an der Universität von Virginia in Zeitungswissenschaften seine Examen gemacht und später noch in einem Seminar an der Columbia Universität gearbeitet. Ich unterbrach die interessante Unterhaltung und erwähnte, ich müsste das Telefongespräch von der Ostküste beantworten und dort anrufen, falls es hier mitten in diesem trockenen Ödland unter der Wüstensonne überhaupt eine solche Möglichkeit gäbe. Mr. Riddick entsann sich eines Cowboys aus Texas, der in diesem Teil Arizonas sich vor Jahren niedergelassen hatte, nur einige Meilen von unserer Straße entfernt. Dort hätte er eine Ranch aufgebaut und bis zu ihr führte auch ein einsamer Telefondraht. Er hieße Kingsley und so hatte auch die Bell-Telefongesellschaft seinen weltfernen Telefonanschluss benannt.

Wir bogen von der Straße ab und fanden auch bald den Rancher unter seinem riesigen breitkrempigen Texas-Hut. Tabakkauend führte mich Mr. Kingsley zum Telefon und kippte dann draußen mit Mr. Riddick einen Gin. Ich sprach über 5000 Kilometer mit Washington und erfuhr nach wenigen Worten, staunend und nach Luft schnappend, dass man mir die Aufgabe zugedacht hätte, das »Lincoln Memorial Museum« am »Cemetery Ridge« auf dem Schlachtfeld in Gettysburg zu bauen. Blitzartig fiel mir ein: Das war dort, wo der große Staatsmann jene wundervolle, kurze, ernste und prophetische Rede gehalten hatte. Und in meiner Erinnerung tauchte die große Menschlichkeit jenes Mannes, der bald nachher durch Mord sterben musste, auf. Es sollte – dieser Gedanke kam mir – nicht ein Schlachtmonument, sondern ein Heiligtum der amerikanischen Nation werden.

Als ich hinausging, legte ich meinen Arm um Riddicks Schulter und konnte nur stammeln: »Was sagen Sie dazu? Man hat mich gerade aus Washington wissen lassen, ich solle auf dem Schlachtfeld von Gettysburg bauen. Und hier stehe ich nun, aus Los Angeles – eigentlich ja doch aus Wien, das wäre richtiger – inmitten der Saguaro-Kakteen von Arizona. Stellen Sie sich nur vor, das ›Lincoln Memorial‹ in Gettysburg! Welch eine Aufgabe für irgendeinen Baumeister im weiten Amerika.«

Ich erwartete, Mr. Riddick und möglicherweise auch Mr. Kingsley würden mich auf beide Wangen küssen, aber der Mann vom »Daily Citizen« betrachtete mich von Kopf bis Fuß und sagte dann langsam und verhalten: »Wollen Sie damit etwa sagen, dass wir das Geld der Steuerzahler dazu verwenden sollen, die Niederlage der Südstaaten zu feiern?«

Einen Augenblick lang glaubte ich, er scherzte, aber ihm war es bitter ernst, und dann kam mir jäh in den Sinn, dass er ja aus Virginia sei. Ich hatte gehört, dass die »Southerners« noch immer den Krieg führten, den »Krieg zwischen den Staaten«. Aber hier hatte ich es ja mit einem glattrasierten jungen Mann von der Columbia Universität zu tun und nicht mit der Karikatur von einem Obersten der Südarmee, einem pittoresken »Old Timer« mit weißem Schnauzbart.

»Die Niederlage der Konföderation.« Davon hatte man mir nichts gesagt. Am Telefon hatte man mir davon gesprochen, ich sollte an einer Gedächtnisstätte bauen in einem ehrwürdigen Hain alter Bäume, ein Museum und einen Anziehungspunkt für die vielen Besucher unserer Nationalparks. Ich hatte nicht geahnt, dass dieses Projekt Dynamit enthielt, und hatte Lincoln als eine über allem erhabene Gestalt in diesem, seinem Land angesehen. Urplötzlich sah ich wieder andere Hintergründe dieses Planes. Ein Viertel der Nation mochte dagegen sein und war wahrscheinlich weniger abgeklärt und kosmopolitisch als dieser betrübte junge Mann. Merkwürdig, unter welchen verschiedenen Aspekten ich in den letzten fünf Minuten diesen Telefonauftrag angesehen hatte.

Mr. Riddick fragte mich mürrisch, wie ich mir denn eigentlich den Gedenkbau vorstellte. Für ihn war der große Mann Robert Lee, der General der Konföderierten. Und der Virginier erzählte mir von dem militärischen Genie und – mehr als das – dem Gentleman-Charakter dieses Helden und von allem, was er in der Volksschule über seine Tapferkeit und seine glänzende Laufbahn gelernt hatte. *Ihm* sollte man ein Denkmal errichten.

Ich hörte zu und dachte daran, dass ein Architekt dynamische Vorgänge im Gemüt seines Klienten beachten und sich darauf verstehen sollte, die seltsamen Spuren, die »Engramme« und Zeichen innerhalb des Hirns zu deuten. Der Klient war hier eine ganze Nation, die seit langem das Wort »Vereinigt« in ihrem Namen trägt. Aber da ich an das »Vereinigt« geglaubt hatte, stolperte ich gleich im Anfang, Minuten, nachdem mir der Auftrag zuging.

Inzwischen kaute Mr. Kingsley seinen Tabak weiter und betrachtete, als Mann aus Texas, sich selber wohl als neutral, während er Mr. Riddick beobachtete, der düster dreinsah. Er tat mir leid und ich legte meinen Arm um die Schultern des Menschen, dem meine Freudennachricht eine Hiobspost zu sein schien. Ich sagte: »Steigen wir in den Wagen und fahren wir weiter.«

Und das taten wir. Wir fuhren durch die schweigende Wüste. Sie war schon lange da gewesen, lange vor irgendeinem Bürgerkrieg und weit weg vom Schlachtgetöse in Pennsylvania auf der anderen Seite des Kontinents. Wie doch alles zusammenstößt in einem menschlichen Gehirn.

Ich dachte hin und her, wie Mr. Riddick zu besänftigen wäre, der niedergeschlagen den Wagen lenkte; wie ein Viertel der Nation zu besänftigen sei. Ich fühlte mich selber plötzlich traurig werden beim Gedanken, dass meine hundertachtzig Millionen Klienten uneins waren.

Ich überlegte, dass Gettysburg nicht gerade ein überzeugendes Beispiel großartiger Strategie sei. Ich erinnerte mich meiner eigenen Zeiten als Soldat und versuchte mir vorzustellen, wie schwer doch eine Kampfausrüstung sei, die man an einem frühen Julinachmittag bergauf tragen musste, während dreihundert Geschütze von einem hohen Bergrücken aus ihre Geschosse spien. Und ich dachte auch daran, dass eine Invasionsarmee stets erheblich unter Ruhr und Bauchschmerzen zu leiden hätte, nachdem sie Wasser aus nicht einwandfreien Brunnen getrunken und sich an Land selbst mit ungewohnter Nahrung verpflegt hatte. Ich hatte gehört, dass Strategen wie Eisenhower und Montgomery, die einmal zusammen dies Schlachtfeld besichtigten, selber daran zweifelten, ob alle kommandierenden Generäle, als jener schicksalhafte Tag heraufdämmerte, wirklich klug gehandelt hätten. Heldentum hatte ich dabei weniger im Sinn als die vielen, die dazu verdammt waren, blutig und unheilvoll zu enden. Was war von all dem Kummer noch übrig? Alte zerfallene Soldatenschuhe und Pistolen waren aus dem Schlachtfeld ausgegraben für ein Museum der Tapferkeit.

Aber ich erwähnte nichts Derartiges vor Mr. Riddick. Die Südstaatler mögen »wie Löwen« gekämpft haben. Man hatte ihnen diese Rolle nun schon lange und großmütig zuerkannt, damit sie eine ritterliche Niederlage doch mit Anstand ertragen konnten. Dies alles erschien mir als ein vergilbtes und etwas scheinheiliges Klischee und ich wollte an anderes denken, das im Licht von heute zu ihren Gunsten sprechen und den mir erteilten Auftrag rechtfertigen mochte.

Ich sagte zu Mr. Riddick: »Vielleicht kenne ich den Süden. Ich meine, jedenfalls das, was einem ins Auge fällt. Ich habe ihn mit Südstaatlern zusammen bereist. Ich habe dort auch Reden gehalten: zum Beispiel in Biloxi, Mississippi, nur einen Steinwurf vom letzten Wohnsitz von Jefferson Davis, dem Präsidenten der Süd-Konföderation, entfernt. Ich habe vor Leuten, die am mexikanischen Golf leben, auf einem ihrer Kongresse gesprochen. Und sie haben mir gegenüber nicht mit Beifall gespart.

Reden wir nicht von Helden. Ich bin kein Militarist und ganz bestimmt betrübt mich ein Bürgerkrieg sehr, wie er auch ausgefochten wird. In Zukunft müssen alle Kriege unter der dicken Decke einer einzigen Zivilisation – wenn auch mit ungleichen Bettgenossen – erstickt werden. Betrachtet man es näher, ist alles ein Bruderkrieg.

Wissen Sie, meiner Ansicht nach ging den Vereinigten Staaten etwas sehr Wertvolles verloren, als General Sherman quer durchs ›Rebellenland‹ zum Meer marschierte und dabei das Gegenwärtige und das Geschichtliche niedertrampelte. Wollen mal sehen, wie ich es ihnen auseinanderzusetzen vermag. Das alles sollte mir ja eigentlich fremd sein, denn ich bin im fernen Wien geboren.

Andererseits bedeutet ja in Wien geboren sein, dass man von einem Ort kommt, der einst die Hauptstadt einer ganzen Welt war, in der die Sonne nicht unterging, und ich fühle mich daher heimisch, wenn mich mein Beruf, Menschen zu verstehen, nach Mexiko, Manila, Lima, Brüssel oder Madrid führt. Sehen Sie, wir Wiener sind eigentlich Kosmopoliten, und ich glaube, wir sind auch für eine gewisse warmherzige Lebensart bekannt, die uns eine gute Akklimatisierung und schnelle Assimilierung erlaubt. Es gehörten zahlreiche Nationalitäten dazu, um den Wiener entstehen zu lassen. Ich weiß nicht, ob Sie mir darin folgen, aber ich glaube, dass diese alten Südstaatler eine ungewöhnliche Urbanität besaßen und eine ungewöhnliche Fähigkeit, bei Fremden und sogar bei Sklaven, die abgehärmt und in Ketten eintrafen, den Assimilierungsprozess zu beschleunigen.

Ich habe vor kurzem La Goree gesehen, die der Küste Senegals vorgelagerte Insel. Und dort habe ich das Haus eines Sklavenhändlers, wo die Yankee-Kapitäne ihre elende schwarze Fracht in die Laderäume verstauten, vom Wasser her gezeichnet.«

Mr. Riddick hielt seine Augen auf die Straße gerichtet und trat auf das Gaspedal.

Nach einer Pause fuhr ich fort. »Ich will Ihnen etwas erzählen, was mir gerade einfällt. Als ich sechs Jahre alt war, las mir meine Mutter eine Geschichte aus einem Bilderbuch vor. Sie hieß ›Onkel Toms Hütte‹ und es war eine Ausgabe für Kinder. Diese Geschichte machte auf mich einen tiefen Eindruck und alle Gestalten in ihr fesselten mich sehr. Es schien tatsächlich nur sehr wenige wirklich böse Menschen unter ihnen zu geben. Natürlich gab es Böse und Gute, wie in jedem anderen Land. Viele dieser Szenen, so die fliehende schwarze Eliza, wie sie mit wunden, nackten Füßen den vereisten Fluss überquert, prägten sich meinem Gedächtnis ein, ebenso wie das wunderbare kleine weiße Mädchen, das starb zum Jammer der Negersklaven ihres Vaters. Ich weinte, als meine Mutter mir das vorlas.

Vor einigen Monaten nun bin ich durch die Wüste von Colorado gefahren, ein wenig wie diese hier, und als ich am Abend in einem Motel abstieg und gähnend anfing mich auszukleiden, sah ich ein paar Bücher auf einem Regal. Eines von ihnen schlug ich auf und da war es wieder: ›Onkel Toms Hütte‹. Diesmal war es das Original auf Englisch. Sechzig Jahre waren vergangen, seitdem meine Mutter mir aus dem Kinderbilderbuch vorgelesen hatte. Ich begann auf der ersten Seite, neugierig, wieviel mir wohl im Gedächtnis haften geblieben wäre, aber plötzlich musste ich mich darüber wundern, wie sehr ich ganz Grundsätzliches missverstanden hatte.

Die Geschichte beginnt mit einem Mr. Shelby, einem Plantagenbesitzer in finanziellen Schwierigkeiten. Er ist im Gespräch mit einem Sklavenhändler. Shelby muss einen Teil seiner Sklaven verkaufen, um sich über Wasser halten zu können. Er erzählte dem Sklavenhändler von einem Schwarzen, den alle ›Onkel Tom‹ nennen, einem ergebenen, pflichteifrigen Arbeiter, zuverlässig, ein Mensch, den jeder gern um sich hat. Darüber hinaus ist er auch schon ein guter Christ, obwohl er erst seit drei Jahren aus dem afrikanischen Busch heraus ist.

Hier brach ich meine Lektüre ab. Drei Jahre aus dem Busch! Diese ganzen Jahre hindurch in Amerika hatte ich unbewusst meine eigene Traumerinnerung an ›Onkel Tom‹ genährt. Als ich zum ersten Mal einen freundlichen Schlafwagenschaffner auf dem Pennsylvania-Bahnhof sah, dachte ich gleich an ihn. Und dieses Bild blieb mir im Sinn. Ich hatte völlig übersehen, dass Onkel Tom nicht ein Pulman Porter, sondern eben noch ein ›Wilder‹ gewesen war, jedenfalls ein Mensch aus einem fernen Erdteil, den nur drei Jahre von den ursprünglichen Tom-Toms trennten. Und dennoch war er bereits und unglaublich schnell zu einem guten Südstaatler und in gewisser Weise zu einem westlichen Menschen geworden.

Auf einmal sah ich vor mir das Wunder dieser überraschenden Assimilierung, die dieser Süden der Herrenhäuser auf den Baumwollpflanzungen an den Ufern des Mississippi in Louisiana und an den Tabakplantagen des James River in Virginia vollbracht hatte – wie sogar kritische Schriftsteller des Nordens zugeben mussten. Onkel Toms Hütte war ja eine Propaganda gegen den Süden, im Norden verfasst.

Als Architekt und ganz gewiss ohne besondere Neigungen für den altmodischen Klassizismus hatte ich sofort die überzeugende Macht, den Magnetismus, den unmittelbaren

Charme, die Assimilierungskraft jener Szenen in Alt Savanna, Georgia, oder dem reizenden ›Vieux Carré‹, dem alten Viertel von New Orleans empfunden, Szenen, die so ganz anders sind als etwa die im gestaltlosen Detroit, wo die nun schon seit langem freien ›Farbigen‹ wohl einwandern können, aber doch, Männer wie Frauen, niemals wirklich ›Detroiter‹ zu werden scheinen.

Warum gab es diese Unterschiede zwischen den Schwarzen, die aus dem ›Bush‹ an Bord eines Schiffes verfrachtet wurden, um im fremden Land Sklaven einer fernen Zivilisation zu werden? Wieso schlugen diese Fremden im Süden soviel leichter Wurzeln als im ›freien‹ Norden? Wieso, wieso?

Ja, wir haben in diesem Bürgerkrieg einiges verloren, der Süden und mit ihm auch der Norden«, sagte ich zu Mr. Riddick. »Gerade jetzt sollten wir es merken, wenn wir es am meisten brauchen könnten, wo wir die freie Welt führen wollen. Die Kraft der Assimilierung, durch die sich Fremde von uns angezogen fühlen, eben die brauchten wir jetzt sehr und mehr denn je. Aber es sind mehr unsere Dollars, die die Herzen gewinnen, als wir. Und in Wirklichkeit ist nicht viel gewonnen.

Sogar ein großer Nordstaatler, ein empfindsamer Denker wie David Thoreau, fühlte sich schon vor hundert Jahren in seiner eigenen Yankee-Zivilisation keineswegs warm gebettet, sondern versuchte es lieber mit einer Flucht nach ›Walden Pond‹. Ist diese harte, gehetzte, gestaltfremde Zivilisation seitdem besser geworden oder nur luxuriöser in dem Ratensystem des ›Groß-Konsums‹? Jeder ist frei und zahlt ab, aber wo findet er einen Parkplatz für die Seele? Dafür gab es einmal eine Überlieferung in USA. Aber eben im Süden.«

Wir fuhren noch immer zwischen den Saguaro-Kakteen dahin, und Mr. Riddick schwieg. Ich sagte: »Nun würden wir sie am dringendsten brauchen, menschliche Wärme, genug davon, um assimilieren zu können, etwa wie jene alte Hauptstadt der Welt sie hatte, meine Heimat Wien, in der Italiener, Tschechen, Slowenen Polen, Kroaten, Rumänen mit deutschsprachigen Tirolern oder Steirern nicht fremd, sondern heimisch waren, die um unseren Stephansdom herum, in Gässchen und auf Plätzen inmitten *einer* Szene, *eines* Stadtbildes, *einer* ›menschlichen‹ Architektur lebten.

Wir hier in diesem Land haben das Geld und versuchen eine ganze freie Welt zu beeinflussen und irgendwie zu führen. Mit Gewalt oder Dollars allein geht das nicht.

Wir sollten doch die Möglichkeit haben, viele Menschen, aus Entwicklungsländern ebenso wie aus hochkultivierten Gegenden der Welt, zu assimilieren. Was für eine Welt bieten wir selbst? Wie sieht sie aus?

Wissen Sie, wie die Leute uns überall betrachten? Ich bin um die ganze Erde gefahren und habe viele reden gehört. *Sie sehen uns an, uns Amerikaner, genau mit den Augen, wie die Südstaatler die Yankees ansehen!* Für die meisten von ihnen sind wir die stets fremden, lächerlichen, ungebildeten Händler. Es zieht sich alles in mir zusammen, wenn ich daran denke. Die Leute haben keine Ahnung davon, wie viele ungemein gebildete, empfindsame und kultivierte Amerikaner es wirklich gibt. Sie sehen nur unsere Füße bequem auf dem Schreibtisch, ein dollarkluges, brutales Unwissen und einen Mangel an Gefühl für kulturelle Dinge. Vielleicht dürfen wir ihnen etwas Geld leihen und Traveller Schecks da lassen, aber im Übrigen – Yankee, geh nach Hause. Ich weiß und Sie wissen es, dass die Leute dort draußen uns nicht ganz richtig sehen.

Aber wir reden hier nicht von unerkannten Fähigkeiten. Wir reden hier ganz einfach davon, wie die Anderen uns sehen und wie gerne sie die plumpe Karikatur von uns noch simpler zu machen versuchen. Es ist ein Jammer, von Caracas bis Kopenhagen und Korea mehr Zweifler als Freunde zu finden.«

Mr. Riddick blickte von seinem Steuer auf und nickte mir ernst zu, als ich wiederholte: »Ja, wir haben etwas verloren, als Sherman zum Meer marschierte. In den Augen der Außenwelt wurden wir alle – Sie inbegriffen – ganz einfach nur Yankees.

Es hätte doch etwas versöhnlicher, weltbürgerlicher ausgehen können.

Der Ausgang des Bürgerkrieges und Gettysburg scheint hundert Jahre später in doppelter Hinsicht ein Wendepunkt der Weltgeschichte und ein Gefahrenpunkt zu sein, wenn zu Unrecht vom gesamten Yankee-Amerika behauptet wird, es wolle die Welt beherrschen, und wenn die wärmere, urbanere südliche Beimischung von einst daraus verflogen ist. Der südliche Regionalismus ist nun auf eine verlegen-trotzige Eigenbrötlerei zusammengeschmolzen, der Rassenhass züchtet, welcher sich mit den wirklichen Erinnerungen des Südens gar nicht verträgt. Im Übrigen führt, mitten in allem möglichen industriellen Fortschritt, das ›Südbewusstsein‹ heute nur noch ein kümmerliches Dasein im Antiquitätenladen. Aber hier ist etwas, das der Welt wieder einmal vor Augen geführt werden muss: Dass nämlich die Vereinigten Staaten so wunderbar vielfältig sind; sie weisen viele Facetten auf und verfügen über ganz erheblich mehr Möglichkeiten, als man es sich im Ausland vorstellt.

Unser Land, dessen Bevölkerung aus so vielen Quellen zusammengeströmt ist, sollte zu Verständnis und Einfühlungsvermögen fähig sein.

Was meinen *Sie?*

Aber ich sollte vielleicht nicht mitreden; was weiß denn ich; ich bin ja selber Ausländer.«

»Ja«, antwortete Mr. Riddick, »aber Sie sind kein Yankee.« Er holte tief Atem. »Wenn überhaupt jemand, sollten Sie die Gedenkstätte der Wiedervereinigung und das Mahnmal dafür bauen.« Er sah mich ganz ernst und doch froh an. – »Ich danke Ihnen von Herzen, dass Sie mir nun auch den Auftrag geben oder gönnen«, sagte ich. »Tatsächlich weiß ich ja wenig von all diesen historischen Ereignissen. Vielleicht irre ich in meinem Urteil«, fügte ich leise hinzu. »Aber Lincoln hatte den Krieg gewonnen und fühlte sich, meines Wissens, gar nicht als stolzer Sieger. Niemand wird in der Geschichte der Zukunft jemals wieder ein vollkommener Sieger sein. Vielleicht kann ein Architekt helfen, die welthistorischen Notwendigkeiten auf einem klein gewordenen Globus zu versinnbildlichen.

Ich möchte, dass die Anlage der Gedenkstätte ihren Höhepunkt in einer matt und doch feierlich beleuchteten, stählernen ›Kanzel der prophetischen Stimme‹ findet, die man vom Zuhörerraum ebenso gut wie von dem riesigen, sanft ansteigenden äußeren Versammlungsplatz aus sehen kann, im Schatten der Eichen des ›Zieglers Hain‹, dem historischen Waldstück auf ›Cemetery Ridge‹. Unser Gebäude sollte mit dem Hintergrund hinter einem Teich verschmelzen, der den einen, immerwährenden Himmel über uns allen spiegelt – und soll nichts Neuartiges oder Zeitbedingtes hinausschreien. Jedes Jahr soll einer der großen Staatsmänner einer anderen Nation hierher eingeladen werden. Auch die ›feindlichen‹ Nationen aus dem ›Kalten Kriegsgelände‹ ›müssen‹ hörenswerte Männer haben, solange Spannungen der Milderung bedürfen, und der Gast von irgendwo sollte dort, wo sich Brüder erschlugen, vor 30.000 Menschen von dem Thema reden, was ›von dieser Erde nicht vergehen soll‹. Lincolns eigene Worte waren nicht leerer Schall. Das wird im Verlauf der Jahrhunderte eine lange Reihe von Reden und Rednern geben. Es könnte erst Nehru sein oder ein Mann wie Theodor Heuss. Und dann noch viele kommende Denker, heute noch nicht geborene Redner. Die Zukunft ist lang und ich fürchte, wir brauchen sie, um die Menschen miteinander in harmonische Beziehung zu bringen.

Mit einer Portion Schizophrenie sind wir wohl die am stärksten mit Gehirnmasse begabte, mit Gehirn belastete und zu schwer vereinbaren Vorurteilen neigende Horde, die jemals den Boden dieser Erde betrat und unsicher macht. Wir bedürfen dringend feierlicher Kundgebungen der Einigkeit. Auch ein Architekt kann dafür wirken und werben.

Wir haben nicht genügend Geld, um allzu viele Menschen in Plüschsesseln der ›American Seating Company‹ sitzen zu lassen, aber sie können auf einem herrlichen, in die Natur eingebetteten Versammlungsplatz stehen. Es wird ein Ort sein, der dem feierlichen Vorhof eines Tempels ähnelt, wie etwa der von Ise in Japan. Sie können dort stehen, eine Minute vierzig Sekunden; Lincoln sprach nicht länger. Sie können eine Botschaft in dreizehn Sätzen, wie die seine, stehend anhören über die Ideale der Menschheit, die erhalten werden muss. Die Menschheit ist die größere Einheit, die über die Souveränität jedes anderen politischen Gebildes hinaus bewahrt werden soll, sei es nun Indien oder Katanga, wie es damals Maine war oder Virginia. Keines von ihnen darf sich abspalten, ein weltweites Unheil auslösen und die Ursache dafür werden, dass die Menschheit untergeht und von der Erde verschwindet.

Wenn wir wirklich weiterleben wollen, muss die Menschheit das Ende einer neuartigen, immer furchtbareren Waffengewalt herbeiführen, welche die Zukunft mit Schrecken erfüllt.

Die Große Einheit, Unifikation, ist auf dieser eingeschrumpften Welt nun von noch größerer Bedeutung geworden. Wir haben noch immer dieses Problem zu lösen und es wird auch für künftige Generationen die Aufgabe sein.

Lincoln war kein Sieger – kein Mann, der nur eine Schlussrede hielt. Er war ein Prophet und seine Worte hallen noch immer nach.«

Ich hatte mir selbst rote Ohren geredet und mein Gastfreund aus dem Süden gab mir einen freundlichen Seitenblick, während wir die mexikanischen Grenzwächter sichteten.

Die Architektur ist von zu langer Dauer, um grimmiger Feindschaft ein Denkmal zu setzen und unser Wissen davon einzuengen, dass wir alle im gleichen Boot sitzen, in schwerer See, bis wir einen festen, gemeinsamen Boden unter die Füße bekommen.

Architektur gehört auf Terra ferma, ist dazu bestimmt und befähigt beizutragen, dass in einer vitalen Umgebung Menschen ein dauerhaftes Gleichgewicht finden, mögen es nun einzelne, Gruppen oder Massen sein.

Vielleicht wird man einmal Bauprogramme durch Erforschung ihrer künftigen Funktion vorbereiten, wird Variable von soundsoviel Kategorien in Gleichungsform bringen und einen elektronischen Computer damit füttern. Dann wird es außerordentlich wichtig sein, eine Fülle von Bestimmungsstücken aus der Gehirndynamik und der endokrinen Biochemie des »Subjektiven« in die objektive Anfrage einzubeziehen, wenn man eine förderliche und stichhaltige Antwort erwartet.

Etwa eine Woche später schrieb mir Mr. Riddick. Ich habe den aufschlussreichen Brief des südlichen Patrioten meinen staatlichen Auftraggebern und dem Minister in Washington gezeigt, denen ich bei aller Schätzung, die ich für ihr Bauvorhaben hege, doch noch tiefer und im Sinne einer noch weiteren kosmopolitischen Zuhörerschaft dienen möchte.

Die traurige Erinnerung an eine innere, noch immer schmerzende Zersplitterung könnte durch die Errichtung eines Denkmals auf einem Schlachtfeld und seine neue Weihung an das gemahnen, was sich die Menschheit selbst als gemeinsames Ziel der Einigung bewahren muss. Ich empfand dies nun fast wie eine heilige Aufgabe, und es machte auf alle Fälle mehr Freude, für sie zu arbeiten, als für ein bloßes Kriegsmonument.

Zusammenfassung

Menschliche Städte

JAHRE HINDURCH WAR AMERIKA sprichwörtlich das Land des industriellen und technologischen Wissens, von dem sich so vieles auf die Verwaltung von Gemeinwesen anwenden lässt. Bürgermeister, ernannte Stadtadministratoren und erwählte Stadträte sind sich zumindest dieses gewaltigen Wissens bewusst geworden und lesen wahrscheinlich mit einigem Gewinn die belehrenden Abhandlungen über so viele Fragen der öffentlichen Versorgung, die Monat um Monat in *The American City* und anderen Fachzeitschriften fortgeschrittener Länder erscheinen. Die Befriedigung allgemeiner Bedürfnisse, wobei die Wirtschaftlichkeit an erster Stelle steht, wird im Anzeigenteil veranschaulicht. Zuweilen wird auch die Schönheit einer Straßenlampe, einer Brücke, einer Kläranlage und die gärtnerische Gestaltung eines Spielplatzes erwähnt.

Im Großen und Ganzen aber sind unsere Städte kein Vorbild. Was sie zu bieten haben, ist verwirrend. Seelische Befriedigung wird manchmal, gleichsam am Rande berücksichtigt, durchdringt jedoch höchst selten das große Ganze.

Ich habe schon seit langem vorgeschlagen, dass das, was als biologisch erträglich befunden wird, uns auch inmitten unserer großen Städte leiten sollte. Beherrschte Form, Muster und Musterung des Mannigfachen, die menschenmöglich sind, gehören einfach zu derartigen biologischen Notwendigkeiten.

Die Natur ist der Ausgangspunkt für den Menschen und über Zehntausende von Jahren hinweg hat sie durch Anpas-

Zusammenfassung

sung, Mutation und immer neue Anpassung seine wesentliche Existenzform geschaffen. Insbesondere während der letzten Generationen wurde dieser Naturvorgang bewusst und systematisch von geduldigen Spezialisten erforscht. Eine städtische »einmalige Darbietung« wie Le Corbusiers Chandigarh oder Costa-Niemeyers Brasilia entstehen ebenso wie die Entschlüsse der Staatsmänner, die sie heraufbeschworen, außerhalb irgendwelcher Wahrscheinlichkeitsberechnung. Sie sind als plötzliche Kolossalformspiele den unvorhersehbaren Einzelwendepunkten verwandt, von denen der Mathematiker Clark Maxwell spricht.

Aber die Natur hat – wir können es kaum übersehen und wir begreifen es schwerlich in vollem Ausmaß – eine überraschend selbstwirksame Gestalthaftigkeit in ihren Phänomenen. Von Infusorien unter dem Mikroskop zu den Schmetterlingen über der Wiese gibt es endlos *Form*. Wir wissen auf jeden Fall sehr viel mehr über die Natur, als die Menschen der Antike oder sogar unsere unmittelbaren Vorväter wussten, und wir sollten diese Kenntnis besser nutzen. Dass wir in einer Ära der Wissenschaftlichkeit leben, ist eine übertreibende Falschmeldung, wenn wir den Prozentsatz des *konkret angewandten* Wissens ins Auge fassen. Vielleicht ist er heute kleiner als vor 10.000 Jahren. Ein Boot von Malaien, die über den prähistorischen Pazifik hinweg von Insel zu Insel segelten – alle verstanden sie erstaunlich, von dem Geruch des Seewassers her zu navigieren. Ein Düsenflugzeug mit einer Fracht von Lufttouristen hat nur Connaisseure des Menüs an Bord. Sie haben keine Vorstellung davon, was das riesige Schaltbrett vorne anzeigt. Nicht einmal der Pilot weiß alles, was dahinter steckt.

Der Fortschritt unserer Technik im Ausheben, im Durchtunneln und im Bau von Abzugskanälen mag eindrucksvoll groß sein und setzt eine Kenntnis der physikalischen Naturgesetze voraus. Und doch ist er nicht so überwältigend wie unsere Fortschritte der jüngsten Zeit auf allen Gebieten der Physiologie und unser Wissen davon, was das Leben des Menschen bewirkt und was ihm langsam oder geschwind ein Ende setzt. Vor allem aber haben wir gelernt, dass die Erklärungen durch zweckbedingte »Mechanismen« schlecht ausreichen. Form, Rhythmus, sinnliche Ordnung ist nicht nur »Folge«. Form scheint auch biologisch sehr »nützlich«.

Die Zunahme zum Beispiel von Herzkrankheiten und von durch sie bedingten Zusammenbrüchen wurde durch nervliche Überlastung erklärt. Manche Gehirnphysiologen aber bezeichnen diese Belastung zuweilen mehr spezifisch als »arhythmische Innervation« und nehmen biochemische Rückwirkungen des Formunbestimmten, Chaotischen an. Sie halten solche für kontraindiziert und pathogen. Dr. Ischlondski, aus der Pawloff-Tradition, veröffentlicht genaue Tabellen bezüglich Schäden und Unheil, die die täglichen Reizeinflüsse des amorphen, formwirren, gestaltlich undeutbaren städtischen Lebens für uns bereithalten. Die Verengung und Verschließung der Herzkranzgefäße und damit des inneren Kreislaufs scheint in unmittelbarer Beziehung zu der Verstopfung und der Verwirrung im Straßenverkehr zu stehen.

Schon seit mythischer Urzeit hat der Mensch das Chaos als seinen konkreten Feind erkannt und ihm den »Kosmos« gegenübergestellt, das griechische Wort für Ordnung und das wohlgeordnete Weltall. Was wir als nervliche Überbelastung bezeichnet haben, ist nicht zum wenigsten Ergebnis des Mangels an Gestalt und Gestaltung, ganz allgemein in unserem städtischen Leben. Amerika, aber durchaus nicht nur das Leben hier und in der großen Stadt, bringt diese Überbelastung hervor. Unsere Zivilisation der Geringschätzung der Form überwältigt das flache Land, das Gebirge, die Küste.

Wir unternehmen wenig dagegen, aus dem »guten« Grund, dass Kommunalobligationen dadurch Gefahr laufen, an Kurswert zu verlieren. Das Organische wird hier aufs Spiel gesetzt, weil man haushälterisch sein will. Ich habe mich in einem Leben von Gesundheit und Krankheit, in dem Auf und Ab seiner Vitalität und durch die Beobachtungen des beruflich Interessierten ein halbes Jahrhundert hindurch davon überzeugt, dass da in unserem Gemeinwesen etwas nicht in Ordnung ist.

Zusammenfassung 349

Ja, unsere Überlegungen müssen in erster Linie auf das »Praktische« gerichtet sein, wenn wir den Wähler überzeugen wollen. Aber es gibt wirklich nichts Praktischeres als das Leben selber, möchte ich behaupten. Es gibt nichts Unpraktischeres und Kostspieligeres als geschädigte Gesundheit; und nervöse Störungen sind die heimtückischsten und oft irgendwie am besten getarnten Gefahren, die der Gesundheit drohen. Vielleicht gibt es viele Gründe dafür, dass zwölf Millionen Amerikaner oder mehr jährlich sich ihre heißgelaufenen Absätze in den Wartezimmern von Psychiatern abkühlen. Man fragt sich, wo sie ihre Wagen geparkt haben. Vielleicht liegt aber gerade hier der Hund begraben – sie haben weder für ihren Wagen noch für ihre Seele einen Parkplatz gefunden.

Die »Verstadtung« der Welt von heute trägt zweifellos ihren Teil der Schuld an diesen Zuständen; kannibalisch lädt sie täglich mehr Gäste zum Essen. Menschen werden verbraucht von Hast, von Lärm und Getöse und von synthetischen, rücksichtslos anorganischen Farbkollisionen ihrer Neonlichter, die das heilsame Dunkel der Nacht überkritzeln, bei Tag von dem beirrenden Netzwerk von Drähten, über uns im fahlen Rauch und Dunst, da, wo früher einmal blauer Himmel war.

Ich schreibe dies in Los Angeles, aber es könnte ebensogut in Sao Paulo sein oder einem Industrieviertel des Ruhrgebiets. Sogar von dem einst gemütlichen Straßencafé an der Bushaltestelle in Paris bis zur Einzelhausvorstadt mit ihren Ölheizungen setzen sich gefährliche Molekülgrößen der Abgase und der nur halbsicher erfundenen »Klima-Kontrollanlagen« im Gewebe unserer Atmungsorgane fest und lassen die Lungenkrebsstatistik ansteigen. Professor Vogler von der Humboldt-Universität weiß weitgehend die Daten, aber die Praktiker haben oft andere Interessen, als sie zu beachten.

Statistiken, die gellend den Fortschritt anpreisen, betäuben und umnebeln unser Denken mit der Abnahme der Säuglingssterblichkeit, der Steigerung der Lebensdauer, dem eindrucksvollen Bevölkerungsaufschwung und der immer dichteren Zusammenballung der Menschheit in Städten und auf dem ganzen Planeten.

Aber worin bestehen die echten veränderlichen »Parameter«, die Hilfsgrößen der Vitalität? Was bewahrt der Menschheit ihre Frische, was hält sie am Leben, was schützt sie davor, in Wesentlichkeiten zu welken oder überhaupt mit der Zeit fossil zu werden?

Was lässt solche Orte wie das industrialisierte Kalkutta oder einige der so wunderbar schnell wieder aufgebauten europäischen Städte oder das neue Tokio mit seinen neun oder zehn Millionen dem Auge so offensichtlich gestaltlos erscheinen, so amorph – es ist der beste Ausdruck –, wenn einen die Limousine vom Flugplatz in die Stadt hineinbringt? Warum erzeugt dies amorphe Gebilde ein solches Gefühl der Hoffnungslosigkeit? Immer wieder haben wir diese Botschaft in Worte gefasst: Der Mensch hat stets zwischen geordneten, geklärten oder gewachsenen Formen gelebt, hat sich der Gestalt und der Bilder bedient, um sich selber Ausdruck zu verleihen und Botschaften zu verkünden, alles lange bevor er bis drei zählen konnte. Wir müssen uns daran erinnern: Auch heute noch haben manche Bewohner der melanesischen Inselwelt Schwierigkeiten mit Zahlen und Zählen, aber nicht die geringsten mit Bildern. Imago steht am Beginn. Ihre Dörfer sind gestaltet, obwohl sie keine Bevölkerungsstatistik besitzen und ihre »sieben Sachen« nicht einmal recht zu zählen vermögen.

Es scheint unser Schicksal: Alle zehn Jahre wird das städtische Leben mehr Millionen lebender Menschen aufsaugen, wenn man so etwas noch immer als Leben bezeichnen kann. Es gibt dann die entsprechenden Mengen an Kilowattstunden, Tonnagen, Pferdestärken und Wärmeeinheiten zum Heizen und Kühlen. Eine Unmenge stolzer Zahlen charakterisiert unsere großstädtische Zivilisation der Vervielfachung – eine Menge harter »Tatsachen und Zahlen«, die von einem Steuerjahr zum anderen immer eindrucksvoller werden. Auf Amerikaner und Russen wie auf deutsche und andere Wirtschaftswunderkinder wirken große Zahlen gleichermaßen inspirierend wie niederdrückend. Im Grunde entziehen sie sich dem Begriffsvermögen des Individuums. Anstatt sich quälender und unergründlicher Mengen zu bedienen, erfreut das

Biologische dagegen durch Gestalten und Gestaltfülle und weist denkwürdige Ereignisse der Morphologie und morphogenetischer Formen und Funktionen auf, die wir oft auf den ersten Blick begreifen und in uns aufnehmen.

Sie aktivieren zuerst Teile unseres Gehirns, die vielleicht nicht ganz »vorne« liegen, in den Vorderlappen oder den Sektoren des Gehirns, wo, nach heutiger wissenschaftlicher Erkenntnis, Vorstellungen und zahlenmäßige »Begriffe« und ihre Strategie zustande kommen. Aber natürlich gibt es hier gar keine »Teile« dieses Gehirns, außer zum Zweck anatomischer Beschreibung. Alle Teile und Milliarden Teilchen wirken zusammen.

Eine Glocke mag, wie es erwiesen ist, aus einer Billion Molekülen bestehen und doch klingt sie als Ganzes, wo immer sie angeschlagen wird. Und so ist es mit uns, während sich in uns etwas ereignet; Geist und Gefühlsleben haben letzten Endes keinen »Sitz«, sondern sind stets *eins*. Gerade das verleiht unserem Klingen in seiner persönlichen Ganzheit den richtigen Ton und den wahren Schmelz.

Darüber hinaus aber ist das Gleichnis einer Glocke unzureichend; was in uns vorgeht, ist viel reicher. Unübersehbare, organische Dynamik beteiligt sich fluktuierend an allen diesen Zerebral-Vorgängen. Dass Gestalt für sie ein Stimulans erster Ordnung ist, darf nicht bezweifelt bleiben.

Überschätzte »harte Fakten« der Nützlichkeit oder Wirtschaftlichkeit sind, biologisch gesehen, nicht wirklich wichtiger als Form.

Vielleicht wird und muss besonders *Gestalt* und *Form um uns herum* als Grundlage menschlichen Lebens überprüft und *aufgewertet* werden. Die Planung der »man-made«, der vom Menschen geschaffenen Umwelt kann und darf nicht auf einer übermäßig vereinfachten Formel beruhen, die aus falscher, oberflächlicher Interpretation des Nützlichen destilliert ist; etwa wie: »Die Form folgt der Funktion.« Form und Gestalt sind durch Jahrtausende nicht als *Folge*erscheinungen angesehen worden. Sie sind nicht Anhängsel, etwas Statisches – ein starrer Karren mit einem dynamisch ziehenden, funktionskräftigen Pferd davor. Nichts dergleichen. Wir sollten diese übermäßige Vereinfachung immer wieder ablehnen, sonst gleiten wir, wie in unseren amerikanischen Städten, unversehens in ein Chaos unserer eigenen Mache.

Praktisch ist nur, was noch mit unserer Biologie zusammenstimmt. Sehr praktisch ist, was ihr wohltut. Unpraktisch ist, was uns langsam oder schnell umbringt.

Was geht denn in der Natur dem anderen voran, Form oder Funktion? Das ist keine »lineare« Ursächlichkeit, da kommt nicht das eine vom anderen oder vor dem ändern. Was hier nun zum Klischee geworden ist, steht sogar hinter jeder alltäglichen Beobachtung zurück – nicht zu reden von der systematischen Beobachtung des Forschers. Die Form hat die ihr eigene Dynamik; jeder kann das mit bloßem Auge sehen. Ein Leuchtkäfer, der im Zickzack über eine nächtliche Wiese fliegt, macht Bewegung zu einer *Gestalt*. Sie ist alles andere als statisch. Sie ist wie ein Tanz, wirksame lokomotorische Gestalt, bereichert noch durch aufblitzenden Schimmer und mit diesem ganz innig in ihrer Wirkung verschmolzen. Das ist keine auf »Nützlichkeit« angelegte Beleuchtung wie die Kraftwagenscheinwerfer, die eine Straße erhellen. Es handelt sich hier vielmehr um eine der Art eigene, erregende Botschaft, die von »ihr«, dem Leuchtkäferweibchen aufgefangen wird. Er und sie begegnen einander und kommen ganz intim zusammen und es ist charakteristisch, dass in diesem Augenblick das Leuchten erlischt. *Die Gestalt* ist es, die eine für die Leuchtkäfer so lebensentscheidende *Funktion* hervorgerufen hat – nämlich Paarung, Zeugung und das Weiterleben der Leuchtkäfer.

Dennoch sind nur auf dem Prinzip geschlechtlicher Nützlichkeit beruhende Erklärungen der Vogelrufe mit ihren hörbaren Gestalten oder der Schmetterlingsflügel, von visuellem Charme auch für uns, nichts weiter als nur überholtes Geistesgut des neunzehnten Jahrhunderts. Damals behaupteten Nützlichkeitsfanatiker, für alles eine »nützliche« Erklärung zu kennen. Heute wissen wir, dass wir in eine ferne Zukunft hinaus noch andere Erklärungen finden müssen für Form und

Ausdruck. Wir dürfen auf keinen Fall in unseren Städten eine solche offensichtlich widernatürliche Abkehr von der Natur und vom Natürlichen dulden.

Die von der Maschine geschaffene Umwelt, das »technisch Durchführbare« oder »wirtschaftlich Einträgliche« birgt nicht automatisch die Gewähr in sich, in seiner Gestalt auch biologisch erträglich zu sein. Träte das hier und da einmal ein, so wäre es nur zufällig. Zumeist geschieht es nicht. Dass der Mensch in einer nichtgestalteten Umwelt kaum lange bestehen kann, lässt sich leicht nachweisen. Man könnte im Laboratorium entsprechende Versuche über Funktionsstörungen anstellen, wobei eine arrangierte Umgebung graduell mehr und mehr disharmonisiert wird. Aber darüber hinaus gibt es eine überwältigende Menge historischen Beweismaterials.

Die menschlich geschaffene Umwelt war stets eine Komposition, die alle Teile seiner geistigen Existenz berührt, aber auch ein weit gespanntes krönendes Dach über sein Ganzes setzt. Die Geschichte ist hier Probe und soll uns Warnung sein.

Die Gestalt in der organischen Natur eilt ja dem Menschen selber um Milliarden Jahre voraus; dabei handelt es sich nicht etwa um eine spitzenbesetzte Torheit aus einem Modesalon.

Um den »praktischen Menschen« zu überzeugen, ist es besser, dass wir uns nicht erst auf ein so verschwommenes Thema wie die »Schönheit« einlassen. Auch der Jurist wird die Achsel zucken, wenn es sich darum handeln sollte, Gesetze auszuarbeiten oder durchzuführen, um die Schönheit in der Gesellschaft zum Leben zu erwecken oder zu schützen. Nicht das Gesetz, auch nicht der Gesetzgeber, der Geschäftsmann, der Zensor oder das Politbüro werden uns retten, wenn sie nicht auf den hören, der die natürlichen Aspekte berücksichtigt.

Früher einmal war der Mensch mit »fünf Sinnen« begabt. Die moderne Physiologie hat in den letzten Jahrzehnten ständig neue Fähigkeiten, Sinneseindrücke zu vermitteln oder aufzunehmen, entdeckt. Jetzt sind zahllose bekannt, aber einen »Schönheitssinn« hat man bisher noch niemals gefunden.

Es handelt sich dabei lediglich um eine Façon de parler. Der Ausdruck »Schönheitssinn« ist zu verschwommen und vermag die auf das Praktische eingestellten, kurzsichtigen Gegner nicht zu überzeugen, jene Gegner, die einen Wald von nackten Telegraphenstangen an Stelle von belaubten Bäumen setzen oder einen größeren Ertrag aus einem Quadratmeter Mietfläche herausholen.

Die im allgemeinen Sprachgebrauch übliche Unterteilung der Menschheit in »geschmackvolle« und »geschmacklose« Leute hat, physiologisch gesprochen, wenig Sinn. Gesundheit ist bedroht.

Unsere innere Natur ist eine Einheit und nicht zerschlitzt; in ihr gibt es keine Departements, keine »Abteilungen«. Und das Gleiche gilt für unsere natürliche Umgebung. Es wäre schwierig zu sagen, wo eigentlich ein Baum aufhört, »nützlich« oder »funktional«, und wo er anfängt, schön zu sein.

Wenn wir endlos und bis zum Überdruss davon hören, *die Schönheit gegen die Nützlichkeit* abwägen zu müssen oder umgekehrt, legen wir etwas auf die Waagschale, das es nicht gibt. Und wenn wir diese beiden abstrakten Vorstellungen, Ausgeburten des »vorderen Gehirnlappens«, einander gegenüberstellen, tun wir nichts weiter, als dass wir uns von biologischem Realismus fernhalten. Jeder derartige unnatürliche Dualismus führt uns lediglich in eine Sackgasse langweiliger und schädlicher Klischees. Davon sollten wir uns entfernen, um zu uns selber zu gelangen.

Eine besondere Schönheitskommission, wie üblich vom Bürgermeister ernannt, ein Kunstkomitee, dem so gut wie kein Budget zur Verfügung steht, wird in den Augen der anderen wichtigen Abteilungen einer Stadtverwaltung, die sozusagen »greifbare«, vorgeschriebene Dinge zu liefern haben, gar nichts bedeuten. Diese sind durch ihren Auftrag dagegen verpflichtet, das Geld des Steuerzahlers nicht für irgendwelche wildschöngeistige, unausgegorene Ideen zu vergeuden, und vor allem haben sie gar niemanden auf ihrer Gehaltsliste, der qualifiziert wäre, derartige Gedanken anzuregen oder sie mit einiger Aussicht auf überzeugende Gewinne durchzuführen.

Wenn es zum Beispiel in einer Hafenstadt wie Hamburg, San Pedro, Vancouver oder Athen eine Hafenkommission gibt, so besteht ihre Aufgabe darin, Anlagen für die Schifffahrt zu schaffen, die aus wirtschaftlichen Gründen notwendig sind, wodurch alljährlich eine große Tonnage ausgeschifft, herangeführt und umschlagen wird; dadurch werden die Schauerleute und die Schiffseigner so weit zufriedengestellt, dass sie sich in zu scharfer Konkurrenz ihr Geschäft nicht durch Streitereien gegenseitig zerschlagen und dass sie den Warenverkehr vom Schiff zum Land und umgekehrt mit Erfolg bewältigen.

Wenn jemand von der Kommission verlangen würde, doch einmal einen Hafen als das Tor einer Stadt oder eines Landes zu betrachten oder sinnbildlich darzustellen – oder wie in dem neuen Kapstadt als vorgelagerten Landungsplatz für ein riesiges junges Kontinentalgebiet – und Geld für seine »Verschönerung« aufzubringen, dann würden die Mitglieder dieses Gremiums und der Hafendirektor ihn nur erstaunt ansehen. Und schließlich würden die Steuerzahler ganz zu Recht in Zorn geraten, wenn sich die Hafeningenieure in kostspieligen Verschönerungen ergingen, von welchen sie sehr wahrscheinlich ohnehin nichts verstünden. Denn nicht dafür wurden sie ausgebildet. Sie sind Spezialisten und stolz darauf.

Wenn eine Stadt ihre Werke für Stromerzeugung und Wasser besitzt, so liegt ganz offensichtlich ihr Zweck darin, Strom und Wasser zu einem erschwinglichen Preis zu liefern. Die Abteilung wird über einen Stab von Ingenieuren verfügen, die ihre Staatsexamen bestanden haben, um sachkundig Leitungen und Wasserreservoire anzulegen. Wie könnte es sich eine solche Abteilung erlauben, die Masten für die Stromleitungen anders als nur zweckentsprechend auszuführen oder in Transformatorkästen vor den Fenstern eines Schlaf- oder Wohnzimmers etwas anderes als eine technisch gut durchdachte und praktische Einrichtung zu sehen?

Dass eine große freie Wasserfläche eines Reservoirs in einer dicht besiedelten Stadt einen unbezahlbaren Schatz freien Luftraums von Millionen Wert bedeutet, in der sich Wolken, Berge und Bäume spiegeln, ist für manche nichts weiter als reiner Unsinn. Das Amt für städtische Wasserwirtschaft ist nach den gesetzlichen Bestimmungen dazu verpflichtet, auch einen Baumschulaufseher und Pflanzungsfachmann anzustellen, dessen einzige Aufgabe es ist, an Hängen für entsprechenden Baumbestand mit niedrigem Kostenaufwand zu sorgen, um den Boden durch Wurzelung zu befestigen und damit die Unterhaltskosten von Böschungen herabzusetzen. Eine Million Autofahrer kommen an dem »See«, dem Wasser des großen Frei-Speichers, vorbei und erfreuen sich ein paar Sekunden lang auf ihrer täglichen, mühseligen und die Nerven aufreibenden Pendlerstunde an seinem Anblick. Die Pendler würden sich gern etwas länger an diesem Anblick erfrischen. Das wäre für ein Kommunalamt eine seltsame, ja ausgefallene Überlegung, während es doch selbstverständlich ist, dass ein einfallsreicher Industriestilgestalter, ein »industrial designer«, jede Autoform auf dieser Seestraße geplant und entworfen und bereits für dieses Jahr mit einer neuen Variante von Heckflossen versehen hat.

Die Ingenieure der Wasser- und Energiewirtschaft haben kein Budget für ästhetische Aufgaben zur Verfügung. Solche Lösungen kommen ihnen auch nicht in den Sinn. Und wenn »dieser Speichersee lediglich eine sanitäre Anlage« mitten im Herzen der Stadt oder inmitten einer Wohnsiedlung darstellt, wird ein nur winziger Bruchteil an Honoraren für das hier investierte Planungstalent bezahlt, vergleicht man es mit dem, was unsere Fabrikanten für die »schöne« Form eines Waschbeckens mit entsprechenden Zubehörteilen den Spezialisten zahlen. Die Kosten einer ganzseitigen bunten Reklame für uns als Käufer übersteigen bei Weitem das, was für uns als Wähler getan werden kann. Und nun können wir uns ja kaum auf Könige, Zaren oder auch nur Diktatoren verlassen, um Städte aus dem Boden zu stampfen, in denen es sich angenehmer wohnen lässt. Wir müssen um diese Heilsamkeit und ins Tiefe wirkende Annehmlichkeit selbst zu werben lernen.

Wir könnten die städtischen Ämter und Behörden von den Versorgungsbetrieben aller Art bis zur Schulaufsichtsbehörde abklappern, wir würden keines finden, in dem man sich mehr als einen Farbtopf für ein wenig Abwechslung im Anstrich leistete oder wo man etwas für die Erhaltung der Bäume täte. Ich selbst habe bitter erfahren müssen, dass man Bäume einfach absägte, weil die Vögel, die darauf saßen, die untenstehenden parkenden Autos der Lehrer beschmutzten. Erst als ich damit drohte, Selbstmord zu begehen und durch hinterlassene Erklärungen einen öffentlichen Skandal heraufzubeschwören, ließ man die Bäume stehen. Sie leben noch und die Vögel obendrauf auch.

Falls es wirklich einen solchen Dualismus von »Nützlichkeit« und »Schönheit« gäbe, wird die Schönheit gewiss immer den Kürzeren ziehen, und daran vermag kein Kunstausschuss etwas zu ändern. Aber Kinder in psychologisch befriedigenden Verhältnissen aufwachsen zu lassen, ohne dass sie, wie ich es ausdrücken möchte, durch Unterernährung der Sinne und ihrer natürlichen Formempfänglichkeit geschädigt werden, durch Verwirrung, Überreizung und Beleidigung von Auge oder Ohr, der Nase und, wenn sie auf der Schulbank sitzen, der inneren Körperempfindungen und den damit eng verbundenen organischen Funktionen, ist vielleicht doch eine fruchtbare Idee. Eine ebenso glückliche Idee wäre es, man ließe die Kinder auf große Rasenflächen oder in grünes Laub hinausblicken oder im Schatten von Bäumen sitzen, anstatt das Geld für durch Reklame angepriesene Aluminiumjalousien oder Markisen oder elektronisch kontrollierte Rollvorhänge auszugeben, nachdem man die Bäume losgeworden ist und eine Teerung vorgenommen hat, wo früher Rasen war, der jedoch vielleicht jeden Abend gesprengt werden musste. Praktisch mag das alles sein, doch es in meinem Sinn zu *beweisen*, darin liegt das Problem. Aber die Wissenschaft hat ja schon phantastisch schwierige Beweise erbracht, so lange nur die Überzeugung bestand, dass sich völlig neue Ausblicke eröffnen.

Anstatt das Praktische und das Ästhetische zu erörtern, müssen wir auf dem Natürlichen und daher verlässlich Dauerhaften bestehen. Ist die Kunst für den Menschen als etwas

Ganzem, als einer »Entität« – den Menschen, der nicht nur noch eine Nummer ist – etwas Gutes, Wünschenswertes, Berechtigtes? Stärkt sie uns und ist sie für uns sogar vielleicht etwas Natürliches – auch inmitten des Geklingels von tausend Registrierkassen –, lässt sich der Ruf der Natur noch immer vernehmen. Er bleibt notwendig und darf nicht überhört werden.

Seit einer Million von Jahren hat die konsequent gestaltende Natur den Menschen auf eine bestimmte Formenwelt zugerichtet. Die Stadtverwaltungen haben, wenn man die Sache richtig ansieht, die gleiche Aufgabe, nämlich ihren Einwohnern – den jungen wie den alten – biologisch erträgliche Verhältnisse zu schaffen. Auch dies ist wiederum für sich genommen eine außerordentlich praktische Art, die Dinge zu betrachten. Es könnte gar nicht praktischer sein. Wir dürfen nicht müde werden, es immer wieder uns vorzusagen – uns und anderen. Ich habe dies oft als biologischen Realismus bezeichnet oder kurz: »Biorealismus«. Es ist vernünftig und, um es noch einmal festzuhalten, notwendig, bei den Planungen alle vorhandenen und neu hinzukommenden wissenschaftlichen Erkenntnisse zu benutzen und danach zu streben, sie in der Praxis anzuwenden. Darf sich dann noch ein Sparprogramm gegen ein Programm unserer natürlichen »*Form-Notwendigkeiten*«, für die auch die Wissenschaft sich verbürgt, stellen?

Jeder Spaziergang durch einen Wald oder jede Beobachtung des Lebens in der Natur erbringt den Beweis für zahlreiche Beispiele des förmlich Fassbaren.

Die wirkliche »Wildnis« ist durchaus nicht dort in der Natur zu finden, sondern gerade inmitten unserer übervölkerten, technisch perfektionierten und überdrängten Städte, in denen eine chaotische Unordnung herrscht. Nachdem ich, geboren im »fin de siècle«, am Ende des neunzehnten Jahrhunderts, inmitten des amerikanischen Großfortschritts gelebt habe, bin ich zu diesen Schlussfolgerungen gelangt. Das Wilde, die Wildnis, das Reale und die Realität sind Worte, die nach begrifflicher Revision schreien.

Erstens, wir müssen bereit sein und uns dazu erziehen, zuzugeben, dass es nichts Praktischeres oder Realistischeres gibt als ein gesundes Leben, und zu seiner vollständigen Verwirklichung müssen unsere laufenden Belastungen der Sinne und Nerven in erheblichem Ausmaß behoben werden. Kein Preis ist dafür zu hoch. Unsere Aufnahmeorgane müssen ausreichend geschützt werden. Gesetze über Drogen und Lebensmittel sichern uns ja nur gegen die Gefahren, die uns von dem drohen, was wir in unseren Mund stecken und schlucken. Aber schleichendes Verderben wirkt auf uns ein und wird durch unerhört viele Kanäle in uns hineingefiltert. Wir besitzen in unseren Millionen von Sinnesrezeptoren eine große Menge von Einlassöffnungen. Substanzen und sich wandelnde Energien dringen durch unsere Haut ein, die nicht nur eine Barriere zum Schutz, sondern auch ebenso sehr eine durchlässige Membrane darstellt. Offenkundig gibt es die Möglichkeit des Eindringens in uns durch unsere Augen! Jeder kann das sehen! Alle Bollwerke, die die Natur im zentralen Areal unseres Körpers hat entstehen lassen, geben unter dem Druck der künstlichen Lawinen von schauerlichen optischen Eindrücken, dem wir ausgesetzt sind, nach.

Zweitens dürfen wir, als stimmberechtigt, wesentlichen Problemen nicht einfach aus dem Weg gehen und alles etwa einem ohnmächtigen »Kunstausschuss« überlassen oder irgendeinem beliebigen Manager freie Hand geben, der nur eine oberflächliche Kenntnis von den Wirklichkeiten unseres Lebens besitzt. Es bedurfte einer gewaltigen Anstrengung, bis es so weit war, dass man Senkgruben nicht mehr in die nächste Nachbarschaft von Brunnen platzierte, vor allem dann, wenn sich die Ausschachtung höchst praktisch hätte kombinieren lassen. Oh und ach über so manche wunderliche Wirtschaftlichkeit!

Drittens kann und soll jede städtische Behörde die Unterstützung der Einwohner für die Manifestationen ihrer Tätigkeit gewinnen. Die Bürgerschaft muss überzeugt und gewonnen werden und zwar nicht nur durch die Bilanz, sondern durch spürbare Dienste, die den Sinnen und Nerven zugutekommen. Die Beziehungen zur Öffentlichkeit werden auf einem solchen internen Weg tatsächlich oft besser gefördert als durch eine technische Glanzleistung, die leider nur wenigen Fachleuten verständlich ist.

Hinter allen demokratischen Leistungen steht der dynamische Gehirnvorgang, das Notwendige mitzuteilen und ihm am Empfangsort Aufnahme zu sichern.

Auch wird das nationale und kosmopolitische Prestige über die Grenzen der Stadt hinaus, das dabei zu gewinnen ist, und der damit verbundene emotionale Auftrieb einer Stadt Vorteile bringen, wie zum Beispiel der kürzlich fertiggestellte und in großartiger Weise künstlerisch gestaltete Schlussbau der Aquädukte in Manila und in Mexiko, Gemeinwesen, die auf die Einwohnerzahl umgerechnet sehr viel weniger reich sind als vergleichbare Städte in den Vereinigten Staaten. Nichtsdestoweniger, das zu Schaffende muss auch förmlich eindrucksvoll sein. Der amerikanische Geschäftsmann ist übervoll von diesem Glauben; dem Bürger fehlt er oft erbarmungswürdig.

Viertens müssen wir nach vorausgegangener Verständigung mit dem Bürgermeister und dem Stadtrat eine ins Einzelne gehende Unterredung mit dem Rechtsberater der Stadt haben und feststellen, wie sich die legalen Verpflichtungen, die Befugnisse und Aufgabenbereiche aller städtischen Behörden so in Einklang bringen lassen, dass sie vor den Augen des Juristen bestehen können. Die Legislative muss helfen, den Wähler dazu zu erziehen, selber zu erkennen, was für ihn wirklich »gut« und wirklich »schlecht« ist, und den Steuerzahler darüber auf neue Weise aufzuklären. Oder vielleicht soll der Wähler seine erwählten Gesetzmacher erziehen? Was kommt erst? Huhn oder Ei, Ei oder Huhn?

Auf jeden Fall, das Erwecken neuen Lebens in den Städten wird auch eine organische psychologische Befriedigung herbeiführen müssen, die sich aus den gewonnenen physischen »Verbesserungen« als klar erkanntes Ziel destillieren lässt. Dabei wird dann die menschliche Natur nicht wie ein völlig vergessenes Stiefkind dem Verhungern überlassen. Sie ist im Gegenteil unser höchst legitimes Lieblingskind. Die Darlegung der Probleme, wenn es um städtische Satzungen geht, muss durchschaubar sein und nicht nur einigen wenigen, sondern allen verständlich.

Vielleicht entwickeln wir späterhin noch genauere Verfahren, um die komplizierteren, inneren Rückwirkungen aller Planung für die äußere Szene um uns herum zu überprüfen. Eine interessante Reihe eindrucksvoller physiologischer Faktoren und das Bewerten veränderlicher Bestimmungsstücke liegen vor uns, um einen etwa nur intuitiven, einfühlsamen Entwurf in Zukunft zu kontrollieren und zu ergänzen. Die variablen Vorgänge innerhalb unserer Haut scheinen bei den meisten Bauplanern weniger Aufmerksamkeit zu finden als die äußeren. Das muss sich ändern.

Man kann einen Mann am Steuer seines Autos sogar quantitativ von der Atmung und der Schnelligkeit des Pulsschlages bis zum Blutdruck, dem Prozentual-Anteil des Blutzuckers und einer Unzahl endokrin-bedingter Absonderungen von Sekunde zu Sekunde überprüfen, während er sich einer, wie er weiß, notwendigen Linkswendung nähert und sie im Verkehrsgedränge bewältigt. Auf einer Einkaufsfahrt inmitten des Stadtverkehrs sucht ein Mann nach einem Parkplatz oder er verpasst voller Ungeduld und Enttäuschung auch nur den »Lichtwechsel« bei der Verkehrsampel: Alles das ist biochemisches, biophysisches Forschungsgebiet. Manchmal hängen Leben an diesem Faden. Vergleichsweise haben unsere Vorfahren die Zufälligkeit des Dschungellebens mit der ruhigen, gelassenen Behutsamkeit auf sich genommen, die sich aus Zehntausenden von Jahren der »Mneme« entwickelt hatte, eine durch lange

Zeiten hindurch sich tief eingravierende Erfahrung, die inneres Gleichgewicht herbeiführt. Was wir brauchen, ist Gleichgewicht und Gelassenheit. Alle Gegebenheiten unserer Umwelt ändern sich kaleidoskopisch und unsere Anpassungsfähigkeit schleppt sich langsam nach.

Mission und Bekehrung klingt moralisch akzentuiert, hat aber seine klare physiologische Unterschicht, die genau gekannt zu werden verdient, wo immer Kulturelles, besonders Bauliches und Planliches von unseren Zivilisationszentren in Neuland draußen überpflanzt wird. Es wird immer in Menschen überpflanzt. Ihr Mutterboden muss ganz vorsichtig und ohne Hast umgegraben werden. Sonst geht es nicht.

Um ein Beispiel späterer Jahre zu geben, denke ich an Bau- und Vorgangsplan von Siedlungen für viele Hunderte von Familien, an Siedlungen, an denen ich gearbeitet habe, indem ich Gedanken späterer Entwicklungen vorwegnahm. Ich denke zum Beispiel an vier Projekte in Spanien von Sevilla bis Zaragossa; andere in Idaho; in Mittel- und Südkalifornien; in Arizona; in Italien und Deutschland. Manche zielten geradezu aufs Ansässigmachen. Es gab andererseits solche, wie für Flotte, Luftwaffe und andere Spezialfälle, die nicht Eigentum und bodenständige Verwurzelung bezweckten, sondern nur zeitweilige Heimat für langfristig Durchziehende.

Sogar in solchen Fällen handelt es sich aber immer um Seelenverankerung. Kinderseelen wachsen ein ganzes Stück während der zwei oder drei Jahre, für die ihr Vater – ein Marineunteroffizier – zu einer Flottenstation kommandiert ist und mit seiner Familie nahe der Elementarschule lebt. Einer dieser Schulen hat man sogar kürzlich meinen Namen gegeben.

Wenn ich auch als Erzieher und Namenspatron bescheiden sein muss, so gibt es hier also, das musste ich erkennen, in näherer und weiterer Umgebung doch tiefe Verpflichtung. Die Schule stellt die Verbindung zu den Altsiedlern her und wird zum Kettenglied zwischen Militär und Zivil. Das ist nötig oder es gibt Ressentiments.

Das Flottenpersonal ist »kommandiert«, an einen Punkt der Weltkarte hinbefohlen. Der Mann muss hin, die Frau muss mit. Sie hat ihn in schmucker Uniform geheiratet, ohne zu wissen, wohin es in Gottes Namen ging. Sie lieben den Platz nicht besonders, es ist eben eine Militärstation. Der

Mann fliegt dienstlich in einem Bomber nach Tokio, und zu Hause fliegt der Staub in den Wohnraum. Die Umgebung ist ein kahles Hochplateau.

Die Armeeingenieure bestanden auf ihrem schlichten geometrischen Nivellement und auf euklidischer Ausrichtung des Straßennetzes mit seinen zweckbestimmten unterirdischen Einrichtungen. Gehorsam haben die Bulldozer die obere Humusschicht für das Organische ruiniert. Es wird Jahre brauchen, bis etwas schön grünt und wächst. Inzwischen plagt sich die Frau tagtäglich mit dem Reinemachen der guten Stube, wird verzweifelt, gemütskrank, und die Flotte hat die größte Scheidungsrate. Das ist, was ich bekämpfen will, die Scheidungsrate im Allgemeinen. Und dann, ein Mann ist während solcher Spannungen schon Monate vorher nicht ganz er selbst. Man sollte ihm keinen millionenteuren Aeroplan anvertrauen in diesem Zustand. Unterdes fahren die uniformierten Ingenieure fort, die Erdbaggermaschinen über Ehegräber zu dirigieren.

Eine ganz andere Sorte von Durchzugsbevölkerung wurde von mir studiert, als ich mich in Nordarizona mit einer Siedlung für in den Nationalparks Angestellte beschäftigte, und zwar für den Zwillingspark der »Farbigen Wüste« und des »Versteinerten Waldes«.

Wie immer machte ich mich mit Frauen und Kindern bekannt, die in dieser Einöde am Naturpark zu leben haben.

Sie lieben es, da die Männer ihren Beruf und das Leben in unversehrter Natur zu verbringen ganz freiwillig gewählt haben. Ihr Gehalt ist sicher nicht groß genug, um Mann oder Frau zu verlocken. Sie sind also Idealklienten eines naturgesinnten Architekten und ihre Kinder, jung oder halberwachsen, sind es auch.

Über diese interessante Wüstenei bläst gewöhnlich ein Wind mit einer Geschwindigkeit von 30 bis 35 Stundenkilometern und ich war froh, eine archäologische Sehenswürdigkeit nahebei zu finden, nämlich ein prähistorisches Dorf lang verschwundener Eingeborener, die dieses Klima tausend Jahre früher erlebt und gemeistert hatten.

Diese Puerto-Indianer hatten erst, offenbar wegen des Windes, ganz unterirdisch gelebt. Aber ich nehme an, als Mais eingeführt wurde und Agrarkultur, fingen sie an, aus der Erde heraufzukommen und bauten schließlich ringförmig angeordnet ihre rohen Steinhäuser. So wurde die Maispflanzung davor geschützt, *vom Wind, überblasen alles Sprengwasser im Nu einzubüßen*. Im Windschatten konnte rascher Luftzug die kostbare Feuchtigkeit nicht einfach wegfegen.

Nur der Ratsraum der Alten, die »Kiwa«, war noch unterirdisch geblieben und gemahnte daran, wie einst die Vorfahren gelebt hatten. Aber vielleicht ist es auch so, dass vollste Windstille sich am besten eignet für das Denken und Rathalten!

Nun, diese gedrängte, einander schützende Siedlungsweise mit solch »neuen«, umzogenen Bauhöfen, in denen man das Wasser zum Pflanzen »halten« kann, wurde zum Prototyp meines Entwurfs. Es wurde eine Siedlung, die zeigte, wie Menschen über ein Jahrtausend durch das Klima zu gleichen Ideen und ähnlichen Wohn- und Lebensweisen geführt wurden, ein schlagendes Beispiel für menschliche Beständigkeit.

Es war sehr verschieden von der Landspekulationspsychologie, die in diesen Tagen der Überbevölkerung überall in der Welt die überfließende Menschheit auch immer mehr in die Wüste führt: Nord-Peru, Mesopotamien, Nordwest-Indien, Kalahari. Immer und besonders in den westamerikanischen Wüsten ist es »das große Grundstück«, das zum billigen Köder benutzt wird, das aber weder bewässert noch als Garten benutzt werden kann. Aus Landgier gekauft bleibt es dreiviertel ungenutzt. Das wieder bedeutet, dass die Chance verpasst wird, durch Grünwirtschaft mit vereinten Kräften das Wüstenklima langsam zu ändern.

Als ich zuerst nach Kalifornien kam, war nur der grüne Küstenstreifen am Stillen Ozean besiedelt, die Wüste landeinwärts war des Teufels Spielplatz.

Nun ist dieses ganze aride Land von Industrieanlagen und Militär-Raketen-Versuchsstationen übersät und Hausfrauen haben sich damit abgefunden, ihren dort beschäftigten Männern in dieses wüste Trockenland zu folgen.

Jede Familie hat zwei Wagen in der Sonne herumstehen und eine Telefonstange, um sich von ihrem »Großgrundstück« mit anderen Großgrundbesitzern eines halben Hektars im Ferngespräch zu unterhalten.

Unsere Steinwaldsiedlung in Arizona war nun ganz anders aufgezogen und begründet. Eine windgeschützte Plaza, umgeben von Schule, »Vielzweckhalle«, Besucherzentrum und Wirtshaus war so windstill gemacht, dass ich sogar seichtes Wasser den Grund teilweise bedecken ließ, wie es einst vor sechzig Millionen Jahren war.

Kleine Verwandte der Riesenschachtelhalme, die einmal hier zu ragender Höhe wucherten und nun versteinert sind, wurden zusammen mit gewissen Moosarten, die es auch einmal hier gab, angepflanzt, und in einem Wasserbecken sollte sogar ein lebender »Lungenfisch« sich tummeln, um den Besuchern aus der Stadt anschaulich »etwas von einst« zu erzählen. Draußen um die Gebäude herum ließ ich die heutige trockenbeständige, windwiderstehende Wüstenflora verstärken und ergänzen. So war das Klima vor und dann nach den Eiszeiten schließlich der gemeinsame Nenner für alle Überlegungen, nach denen der Naturpark ausgestaltet wurde.

Wie hat sich das organische Leben diesem Klimawandel angepasst? Wie stimmt alles in der Natur zusammen? Ökologie oder Ekologie, wie es im Amerikanischen heißt, die Balance, das Equilibrium der natürlichen Szene, ist belehrend und fremdartig beglückend für den, der aus den Städten unserer Zivilisation auf Besuch kommt und das Chaotische schon als ein Fatum hinnimmt.

Immer ist Neusiedlung, irgendwo draußen, ein Versuch, das Natürliche wiederzugewinnen, das Perverse zu überwältigen, das jene in der Weltliteratur zuerst erwähnten Sündenstädte erstehen ließ und an dem sie zugrunde gehen mussten mit allen ihren Einwohnern, ohne Schonung, trotz aller Verhandlung zwischen Noah und Gott. Nun wurden sie kürzlich wieder entdeckt, mit so und soviel Fuß Salzwasser über ihren höchsten Türmen. Sogar Manhattan würde mit zehn Fuß

Salzwasser über dem Empire State Building ein ruhiger Platz sein. –

Meine Siedlung für Hessen, von Kalifornien aus entworfen, für den Kiefern-Buchenforst, zehn Autominuten südlich des größten Luftverkehrsknotenpunkts Europas – den Frankfurter Rhein-Main-Flughafen –, hat mit allen diesen Elementen zu tun: im Guten und Bösen mit dem Beschäftigungsmarkt der großen Stadt, der Sucht und Flucht aus ihr heraus, dem Massendrang nach Natur und gleichzeitig nach ihrer Vernichtung und mit der Übervölkerung, die in Zukunft unvermeidlich scheint.

Am Bahnstrang von Frankfurt nach Darmstadt gelegen, wo Hunderte von Zügen morgens und abends die Pendler zu und von der Stadt hin und her bewegen, fand ich, die Waldsiedlung müsse des sozialpolitischen Friedens halber an ein altes Städtchen mit menschlichen Schicksalen angeschlossen werden.

Walldorf, eine Gemeinde von fast elftausend Einwohnern, selbst schnell wachsend, an einer alten Eisenbahnstation gelegen, deren müdes kleines Gebäude am Morgen und Abend von Zigarettenrauch und Menschen erfüllt ist, wurde genau im letzten Jahr des siebzehnten Jahrhunderts von fünfzehn Waldenser Familien gegründet, die ein Minister des Vierzehnten Ludwig des Landes verwies. Human, wie man schon um 1700 war, ließ sie der Landgraf von Hessen südlich von Frankfurt, der großen Handelsstadt, im Forst ein neues Leben anfangen. Der Forst ist noch heute da und ist von seinen Darmstädter Forstverwaltungsbeamten, Gott sei Dank, wohl verteidigt, sonst wäre er nicht da.

»Bewobau«, Bau- und Betreuungsgesellschaft in Hamburg, erwarb mehrere Hunderttausende von Quadratmetern dieses Forstlandes zwischen Schnellfahrstraße und Vorortzügen und sandte ihre Direktoren zum auffordernden Besuch zu mir nach Los Angeles, um den zusammengewürfelten Deutschen des schnell wachsenden Nachkriegs-Rhein-Main-Industriedreiecks an Wohnankerplatz etwas Besseres zu bieten; Land und Haus zusammen für etwa 25 000 Dollar.

Zusammenfassung

Von Brandenburg bis Schleswig-Holstein und Hessen habe ich die Deutschen weder mehr noch weniger »konservativ« gefunden als andere Menschen auch. Mnemische Bedingtheit kennzeichnet überall menschliche Gehirne; ebenso wie ihre Neugier, die schon im Paradies ausbrach und die dann durch einen Engel, der ihnen mit einem feurigen Schwert den Ausgang in eine harte Welt draußen wies, bestraft wurde.

Die Stadt Frankfurt dehnt sich bis auf die Taunushöhen aus, wo ich, als Fremder von der anderen Seite des Globus, auch zu planen Gelegenheit hatte.

Aber südlich von Frankfurt war kein ferner Ausblick in Täler, sondern nur aufwärts in einen grünen »Umbrella«, einen Schirm gegen den zischenden Lärm der Düsenmaschinen, wie sie vom Flughafen in den Wind und in alle Welt hinein aufschwirren. Aber es war auch ein Schirm, der die seltene Sonne im Südwesten oder irgendwo abfiltert und die »Südlage« des Hauses zu kaum mehr als zu einer Illusion, gewissermaßen zu einem »Vorurteil« macht.

Und hier sind wir beim Hauptthema: Jeder ist organisch zu seinem »Urteil im Vorhinein« berechtigt. Es ist nicht »Urteil«, das vorne im Hirndach auf dem Kutschersitz sitzt, sondern »Vor*liebe*«, die die Wissenschaftler unten in den »subkortikalen Zentren« lokalisieren müssen. Sie muss sachte, ganz langsam »disloziert« und umgewandelt werden, wann immer ein Plan »das Alte durch Neues« ersetzen soll.

Die Zeitungen brachten breit die Neuigkeit, als hätte ich die Absicht, den modernen Segen und Zauber, die amerikanischen technischen Weisheiten, Einsparungen, Vereinfachungen, kurzerhand nach Deutschland zu importieren. Das war gewiss wohlgemeint und schmeichelhaft. Und doch liegt es anders. Ich kam nicht her, weil die Amerikaner anders und etwa besser sind als die Deutschen, die durch mich von ihnen zu lernen bereit waren. Ganz im Gegenteil, ich kam her, weil die Deutschen ziemlich so sind, ja, in manchem genau so sind wie die Amerikaner und andere Menschen auch und ich hier »drüben« in langsamer Anstrengung gelernt hatte, mit diesen gleichen Vorlieben fertig zu werden und sie in etwas Neues umzuwandeln.

Als ich vor vierzig Jahren in Südkalifornien und später in so vielen verschiedenen anderen Teilen der Staaten immer wieder missionierte, sprachen besorgte Immobilienhändler ganz dieselbe Sprache wie in Wiesbaden oder in Walldorf, wo es ein Vierteljahrtausend nach den Waldenser Verfolgungen noch immer annähernd hundertachtzig Cézannes und zweihundertfünfzehn Jourdans gibt, obgleich sie nicht mehr Französisch sprechen. Sollten sie nicht die Neusiedler von ihrer früheren eigenen Erfahrung her verständnisvoll aufnehmen? Neuankömmlinge aufnehmen ist ein uraltes Problem, wie die Schwierigkeit sich umzustellen und das Verflossene fahren zu lassen. Was ich an wertvoller Erfahrung nach Hessen, Südafrika, Pakistan, Brasilia oder irgendwohin sonst bringen mag, ist, dass ich in der USA Menschen in langsamer Umwandlung auch vorher kennengelernt habe. Diese Kenntnis lässt sich auch südlich vom Frankfurter Rhein-Main-Flughafen anwenden.

Ohne Keller können wir nicht leben, sagten mir die Kalifornier vor vierzig Jahren. Und nun hier wieder: Man hat so viel altes Zeug und man muss Nahrungsmittel, Kartoffeln, eingemachte Früchte unterbringen, Kohle, Koks. »Ja, haben Sie denn keine Ölheizung?« – »Doch, aber sehen Sie, wenn plötzlich eine Notlage eintritt! Ich sagte Ihnen doch, wir wollen sogar in der Küche wenigstens einen Platz für einen Holzkochherd! Nicht den Herd selbst vielleicht, aber wenigstens Raum dafür, man weiß niemals!« Kein Kopfschütteln, sondern liebevolles Verständnis half mir mit den alten Kaliforniern, die ein »Basement« haben wollten. Ich besuchte alle Untergeschosse, die Basements, wie später die Keller Hessens – manche vernachlässigt, manche sauber, alle halb oder dreiviertel leer oder voll staubigen Gerümpels.

Also, Keller angenommen, unvermeidlich, obwohl es nun Heizvorkehrung im Erdgeschoss gibt. Aber niemals würde ich den Keller-Wünschenden zugeben, dass Keller »ohnehin nichts kosten«. Ich rechnete ihnen das Gegenteil vor. In Kalifornien und in Hessen, natürlich vergeblich.

Wir öffnen die Eingangstür und ein Windfang, mit einer anderen Tür dahinter, ist »bestimmt nötig hier«. Aber nun habe ich im kalten Montana und nördlichen Iowa so gebaut, dass selbst Kanadier, die es sahen, den Windfang wegließen.

Hier, im milden Frankfurt, würde es wohl nicht gehen, sagt der Immobilienmann kopfschüttelnd. Es sitzt im Kopf, nicht im Klima. Gehen wir nachsichtig weiter und sehen eine Eingangshalle vor, klein und kleiner, weil die umschlossene Kellertreppe so viel Platz wegnimmt. Und dann ist da natürlich gegen den Wohnraum eine Wand und eine Tür. Erstens, wissen Sie, zieht es im frühen Kalifornien und späten Hessen wie in Schleswig-Holstein, ja, sogar im Tessin, wo es »im Winter doch recht kalt wird« – wenn auch nicht wie in Montana oder Spokane, wo ich langsam anders bauen durfte, denke ich im Stillen, ohne es zu sagen oder Zweifel an meinem guten Willen zu erwecken.

Aber dann – man will doch im Wohnraum für sich sein; dass nicht jeder, der zur Eingangstür hereinkommt – sagen wir der Milchjunge oder irgendein Lieferant –, gleich alles hört, was Sie im Wohnraum sprechen, nicht?

Mit dem Kopf nicken ist richtiger als ihn schütteln, wenn man die Ambition hat, ein guter Psychologe zu sein. »Tout comme chez nous« ist ein besserer Ausdruck als der des Befremdetseins.

Wie also kommt es bei den Menschen zum Fortschritt? Er muss geplant sein auf Grund von Zerebralforschung, Information dieses Gefildes tut not; wie ein Stratege sein Kriegsgefilde kennen muss und ein Gehirnchirurg weiß, wie und wo er zunächst schneiden kann, ohne bösen Schaden anzurichten, und wo nicht.

Ich beschreibe dem Immobilienmann und seinen Assistenten den Vorgang. Lassen wir im »basischen Bau« zunächst alles aus, was des Auslassens würdig ist, und geben anderwärts so dem Auslassen nach, bis endlich, schließlich und glücklich alles erprobt und akzeptierbar ist.

Lassen wir den Windfang mal aus, nachdem wir die Eingangstür auf die Leeseite oder in eine windschattige Innenecke der Außenmauer gesetzt haben. Versuchen wir es mal, aber lassen Sie uns für den Herrn Realitätenmann eine Windfang-

Innentürgarnitur so vorfabrizieren, dass sie hier, in unserem Magazin, als beruhigendes Muster für den Käufer zu sehen ist, natürlich mit einer deutlich lesbaren Preisangabe. Es wird eine Alternative: »Wenn Sie es wollen«, ein »Akzessorium«, auch dem Preis nach; aber bitte, es ist immerhin erhältlich auf kurze Order. Durchaus kein Kaufhindernis!

Diese Eintrittshalle im Modellhaus öffnet sich nun direkt in den Wohnraum. Wenn der Assistent des Bauunternehmers einen schön gewobenen, warm anmutenden Vorhang beiseite zieht, hat man einen weiträumigen Blick in die Wohnräume und durch sie und eine weite Glasschiebetür in einen grün umpflanzten Gartenhof mit lieblich blühenden Perennien, die in Farbe mit dem Vorhang harmonieren. »Wirklich schön, aber wissen Sie, wir wollen etwas für uns sein.« – »Gut, hier sehen Sie eine vorfabrizierte Paneelwand mit Tür. Sie können sie sogleich mitbestellen, Lieferfrist vier Tage, 1600 DM.«

Den Keller kann man offenbar nicht nachliefern und den Verkauf des Hauses darf man nicht gefährden durch Dinge, die man nachher nicht mehr hinzufügen kann. Also der Keller ist da. Aber die Kellertreppe ist nicht eine versteckte, kalte, sich windende, »nützliche« Betontreppe, sondern eine offene, ansprechende, repräsentable Eichentreppe, die nicht versteckt werden muss und in ein Kinderspielzimmer oder eine Bar hinunter zu führen scheint. Eine Spiegelwand verdoppelt sie sogar, im Musterhaus wenigstens, sie und die weite Eingangshalle. Es ist alles Bekehrungsversuch, auf Sinn *und* Gehirn kalkuliert.

»Sehr hübsch, aber es wird ziehen, glaube ich.« – »Ja, wir haben für Sie vorgefertigte Wände einschließlich Tür, 1400 DM; Sie können die Treppe aus dem Eingangsraum herausnehmen, herausschälen sozusagen. Ich empfehle es nicht gerade, aber Sie können es sehr leicht, wie Sie hier sehen, wenn Sie daran gewöhnt sind, eine hässliche Kellertreppe zu verstecken. Wie gesagt, 1400 DM extra; drei Tage Lieferzeit – jederzeit!«

»Und den Hauptkellerraum können wir wunderbar behaglich machen; sehen Sie sich diese indirekte Beleuchtung und diese Tannenholzverkleidung an. Sie können dies alles auch später bestellen. Es macht wirklich etwas Nützliches aus dem Keller, den wir für ihre späteren Erweiterungen vorgesehen haben. Man lebt ja lange in so einem Haus. Der Hauptraum da unten kann ganz schön ausgebaut werden, sehen Sie, mit indirekter Illumination, keine Heizrohre sichtbar, und direkt an der Treppe von oben herunter gelegen. Aber die Treppe selbst sieht gut aus. Wollen Sie sie wirklich verstecken? Und die 1400 DM?«

Hier ist also der Unterstellplatz für den Wagen.

»O nein, wir haben einen neuen Wagen; den möchte ich doch lieber mehr geschützt sehen. Deutsche sind noch nicht so lange motorisiert wie Amerikaner.« – »Aber die Leute drüben in Amerika –« – »Nein, ich möchte wirklich eine richtige Garage, wissen Sie.«

»Bitte sehr, sehen Sie diese Front- und Rückwand mit Überkopfaufschwingtür, alles sogleich erhältlich –, natürlich für einen zusätzlichen Preis hier in unserem Katalog. Auf solche Spezialwünsche sind wir ganz prinzipiell vorbereitet.«

Und so wird der »subkortikale Abschnitt« des alten Hessen oder zugewanderten Schlesiers ganz ähnlich reagieren wie der irgendeines anderen Menschen auf der Erde.

Die Bereitschaft, seinen individuellen Wünschen und Ängsten zu dienen, gibt ihm, wie »verständnisvolles Eingehen« auf seine Persönlichkeit, tiefe Genugtuung.

Sagen wir, siebzig Prozent der Kauflustigen werden diese Ängste beim ersten Anschauen des Neuen nicht kurzerhand los. Eher zahlen sie an dieser oder jener Stelle mehr. Aber die Mehrkosten beginnen bei einer oder der anderen Gelegenheit »erziehend«, gewohnheitsbekämpfend zu wirken.

Diese Mehrkosten für »Extras« sind im amerikanischen Autoverkauf gang und gäbe. Der Grundpreis des Wagens, der vorgeführt wird, wird gesprächsweise zunächst niedrig gehalten, im Laufe einer halben Stunde hat er sich wesentlich erhöht.

Es werden nach dem Portemonnaie des Käufers die »Zusatzartikelchen«, eins nach dem anderen (mit Zusatzpreis natürlich) erklärt, vorgeführt und angepriesen, um den Gewinn zu steigern.

Hier versuchte ich dieselbe Methode der Spezialergänzung, *aber gerade im entgegengesetzten Sinn!* Alles Zusätzliche wird vorgeführt, aber nicht angepriesen und mit einem Pluspreis angeboten, um den Käufer möglichst abzuschrecken.

Nehmen wir nun an, dreißig Prozent können der früheren Gewohnheit des strikt vom Eingang abgetrennten Wohnraums zunächst nicht widerstehen. Das ist durchaus menschlich verständlich. Aber es ist auch menschlich, dass sie während der dreißig Jahre der Tilgungsperiode nicht unbedingt auf dieser Gewohnheit beharren. Während sie abzahlen, werden sie mit den Nachbarn bekannt, die Weiträumigkeit von vornherein akzeptiert haben. »Das Nachbarhaus sieht soviel größer aus als unseres.« Einige Jahre später bemerkt man auch, dass die Nachbarn zur Linken die vorgefertigte Scheidewand ohne Schwierigkeit herausgenommen haben und auch die Kellertreppe freilegten. Noch einige Jahre später versuchen wir es selbst. Eines der fortgenommenen Paneele haben die Schulzes als Spieltisch im Kellerraum benutzt. Dort können die Kinder für sich sein. Oder als niedrigen Tisch in einer gemütlichen Ecke drunten, wo man etwas in Ruhe plaudern kann. Es ist erstaunlich, was die Nachbarn aus ihrem Keller gemacht haben. Ob wir das nicht auch können?

Es ist ein »nach und nach«, ein ganz natürliches Verhalten von Gehirnen und ganzen organischen Systemen, die sich an Neues nur langsam anschmiegen und einer jähen Umformung sich zunächst widersetzen. Das habe ich in meinem *Metier als nimmermüder Berater* gelernt. Es ist immer gut, so zu planen, dass noch Platz bleibt für die späteren Ideen der Bewohner, ja, diese Ideen sozusagen unauffällig einzuplanen, wie ein rechter Gärtner das »Pattern«, das prästabilierte Muster und die künftige Entwicklung eines Baumes voraussieht, den er in ein neues Ensemble verpflanzt.

Das »Flexible« des Baukonzepts erlaubt, sich verständnisvoll dem Tempo des Individuums in seinen langsamen Umstellungen anzupassen. Die Musik »folgt« hier »vorsichtig« dem Tänzer. Jede Chance der allmählichen Veränderung wird wahrgenommen, im Haus wie im Garten, wo nach und nach – mag es auch zuerst auf gewohnheitsmäßige oder auch auf ökonomische Schwierigkeiten stoßen – vorgefertigte und in Textur, Farbe und Material variierte Schirmpaneele als äußere Scheidungs- und raumbildende Wände verkauft werden, um Abgeschlossenheit und Abwechslung und, zusammen mit Pflanzung und Pflanzen, sogar auf kleinstem Raum den Ausdruck der Persönlichkeit ins Spiel zu bringen. So behandelt wird der *kleinere* Raum für unsere Seele *größer*. Über die zwei Meter hohen Wände der Gartenhöfchen kann man auch noch überall schräg aufwärts auf das »grüne Dach« der dichten, hohen Kiefern sehen. Dies ist ohnehin der einzige Fernblick dieses Flachlandforstes, wo geradeaus vom Auge nur die Fahrwege und parkenden Autos zu bewundern wären. Wer Bäume nicht ehrt, kann nie ein Architekt werden. Sie sind so verlässlich, so beständig, so überdauernd. Ihr Ende schmerzt.

Als junger Mensch schrieb ich in mein Tagebuch von 1917, das ich kürzlich unter alten Papieren fand, diese schnell hingekritzelten Zeilen:

»Heute sah ich abends am Rand unseres Holzschlages eine Fichte von fünfzig Jahren. Die sieht selbst heute Nacht den Mond das letzte Mal hinter den Sattel der Hügel drüben sinken; denn sie ist bereits allseits hart angeschlagen und fällt morgen wohl in aller Frühe. Sie ist dreißig Meter hoch und ist eine der letzten. Die Kameradinnen liegen gehäutet und bleich wie Riesenspargel auf dem Hang. *Diese* Fichte stand lange an *diesem* Fleck und heute Nacht zieht sie schon vergebens den Saft. Rinde, Bast und ein Gutteil des Kernholzes sogar sind schon vom Beil unterschnitten. Mir schien es, als könnte ein Windstoß den riesigen Baum auf mich niederbrechen. Ich kann sagen, das Mitleid mit diesem Baum in seiner Galgenfrist zerschmilzt mir das Herz oder macht es mir doch weich. Am Morgen kommen die Fäller und der Koloss bricht nieder, Wipfel und Zweige pfeifen durch die Luft, die Äste knicken und krachen wohl, als wie die Rahen eines gekappten Schiffsmastes es müssen; und während man erstarrt noch ins Leere blickt, wo bisher – wo fünfzig Jahre dieser Grünkegel stand, dringt der Schall des Sturzes heran als ein leichter Haubitzenknall.«

Haubitzen knallten damals häufig und veränderten, endeten Szenerie und Leben. Aber diese scharf beobachtende Notiz, für die ich am Sterbebett des gemordeten Organischen inmitten des Mordens Zeit fand, ist zweifellos charakteristisch für mich, schon vierzig Jahre bevor ich auf Englisch mein Büchlein über die »Mysterie und Realität« des jungfräulichen Bauplatzes schreiben sollte.

Raum und Zeit ist auch von der Natur dem Individuum genau bemessen. Mit Euklid kam dann der Landmesser, eine Armbanduhr hat er erst seit kurzem. Mit dem Raum auf lange Sicht hauszuhalten und das Persönliche auch in der Enge und in der Masse zu erhalten – das ist der dringende Auftrag für die Zukunft. Es ist merkwürdig, wie Gedanken über das Vorbildliche der geliebten Natur mich durch ein langes Berufsleben begleitet haben, mich, dem nach allgemeiner Auffassung Künstlichkeit gewissermaßen als Spezialität täglich zugewiesen schien.

Aber um Lebendes anzusiedeln, muss man übers Künstliche weit hinaus- und zurückgehen, ins Einzelne und Ganze.

Menschen, die sich in eine Untergrundbahn, einen Bus oder einen bis zum letzten Platz besetzten Aufzug zur Zeit des Büroschlusses drängen, entspannen sich unverkennbar sogar inmitten des durch Gedränge und gehemmter Atmung hervorgerufenen Unbehagens. Einige Augenblicke lang, vom rein Mechanischen erlöst, werden sie allein durch die natürliche Umgebung menschlicher Wesen zu kontemplativen Geschöpfen und beginnen, sich für die Gesichter und den Ausdruck ihrer Mitfahrer zu interessieren. Es ist etwas Wunderbares, sich all diesem physischen Gedränge dadurch zu entziehen, dass man ein menschliches Gesicht in die Seele aufnimmt.

»Von Angesicht zu Angesicht« einem Menschen gegenüberzustehen, unterscheidet sich doch ganz erheblich von dem Zustand, Stoßstange an Stoßstange zu fahren. Die zuerst genannte Beziehung hat anthropologisch eine Vorbereitungszeit von einigen hunderttausend Jahren hinter sich und »ontogenetisch« ist es die erste gesellschaftliche Erfahrung, die ein Säugling gewinnt, wenn seine Mutter ihn anlächelt.

Nach elementaren Umweltfaktoren zu suchen (mit den sozialen verkettet), denen sich der menschliche Organismus bereits seit langem angepasst hat, und sie in unsere Planung einzubeziehen, ist für uns das sicherste Verfahren, dieses Problem anzufassen. Die Einsicht des Biologen tut not, gerade in der immer größeren Enge, in der die Menschheit lebt.

Auch dieses Buch hat sich zu einer Autobiographie einer Idee entwickelt, oder eher zu einer Traube von zusammengewachsenen Ideen. Die Geschichte begann mit dem Kind auf dem Fußboden einer Wohnung, das sich seinen ersten Erfahrungen hingibt. Es sind unmittelbare Erfahrungen, die in der menschlichen Lebenssymphonie immer wieder thematisch aufklingen werden.

Insbesondere dann, wenn wir vor komplexen und neuartigen Situationen stehen, wie sie immer zahlreicher und immer schneller auf uns eindringen, dürfen wir nicht aus Begeisterung für das technische Neue oder auch wiederum für das »logisch Konsequente« den Schatz elementarer »Spuren« in unserem Gedächtnis und in unseren Anpassungserlebnissen übersehen, die, richtig bewertet und benutzt, neue Planung besser zu unterstützen vermögen. Modeneuheiten zählen da nicht. Im Vergleich zu ihnen ist jede Stadt eine ewige Stadt. Und wiederum – wir können es nicht oft genug unterstreichen –, Form und Gestalt sind mehr als Flitter und Beiwerk, sie werden vielmehr von dem, der die Kräfte des Natürlichen bejaht, als wesentliche Hilfe zum Weiterleben anerkannt.

Es gibt heute keinen Forscher auf dem Gebiet animalischer Verhaltensweise, der sie in Frage stellt. Es wäre Wahnsinn, Raketenpiloten auf den Mond zu schießen oder eine kreisende Plattform im Weltenraum zu bemannen, ohne Wirkungen auf die Sinne und die neuen Probleme organischer

Anpassung an die Bedingungen, denen man begegnen wird, zu prüfen. Ein sowjetischer Ingenieur hat in der *Iswestija* ausführlich die Notwendigkeit aufgezeigt, dass die Besatzung einen Fliederzweig auf der Raumplattform oder in der Raketenkapsel bei sich hätte. Er hat auch das Problem gelöst, die Säftezirkulation unter diesen fremdartigen Schwerkraftbedingungen aufrecht zu erhalten, die kosmischen Strahlen abzuwehren usw., so dass das Welken auf lange Zeit hinausgeschoben würde.

Es besteht jedoch Grund zur Annahme, dass Gefühle der Befriedigung, tiefer Genugtuung, der Überanstrengung und der Abgespanntheit, die in einem Menschenwesen hervorgerufen werden, nach außen hin nicht besonders in Erscheinung zu treten brauchen und dennoch sogar in schwacher Dosierung die größte Wirkung zu haben vermögen. Sie sind »kumulativ«.

Die Leiden der tagtäglich durchgeschüttelten Menschen in den Omnibussen, die in ihrer Fahrt dahinsausen und unter scharfem Bremsen auf den Rinnstein zudrehen, sind zu der organischen Gesamtreaktion in Beziehung, die vom inneren Ohr unserer Beschleunigungsempfindung ausgelöst wird, auch bekannt als der Vorhofsnerv oder der Gleichgewichtssinn.

Die gleichen Empfindungsorgane der Fahrgäste, die in einer überfüllten Untergrundbahn zu ihrer anstrengenden Tagesarbeit fahren, werden in ganz anderer Weise und in manchem weniger stark durch die sehr viel gelindere Verlangsamung und Beschleunigung und die damit verbundene Minderung der Zentrifugalkraft in einem elektrischen Zug auf sorgfältig angelegten Gleisen mit weit ausgebauten Kurven in Mitleidenschaft gezogen.

Der Aufzug im Geschäftshaus mit sechzig Stockwerken bietet, vorausgesetzt, dass er nicht in jedem Stockwerk hält, mit dem, was hier dem Innenohr zugemutet wird, eine noch sanftere Behandlung. Unser uns instinktiv so vertrautes Gewicht schwillt bei jeder Anfahrt. Es wird federleicht, wenn der Lift plötzlich stoppt.

Die visuellen Einwirkungen aus unserer Umwelt, von früh bis spät, sind gewiss nicht weniger bedeutsam, gemütsbewegend oder pathogen bedrohlich. Sie füllen jeden Augenblick.

Es gibt vorläufig nur wenige Menschen, die sich früh am Morgen auf eine Fahrt zum Mond begeben, aber viele Millionen sind auf ihrem Weg zu ihrer Arbeitsstätte. Es wäre gewiss kein Missgriff, die Gefahren für ihr organisches Gesamtwesen einmal systematisch zu untersuchen. Sogar vom Standpunkt des mit Dollars und Cents rechnenden Realismus würde es sich schließlich auszahlen, darüber klar zu werden, dass man es hier mit geradezu phantastischen Verlustziffern durch Überreizung und vorzeitige Ermüdungserscheinungen zu tun hat.

Und doch lässt sich jene akkumulative Wirkung von in aller Unwissenheit verherrlichten Errungenschaften des Fortschritts, die aufeinanderprallen und das organische Leben Tag für Tag einengen und beeinträchtigen, nicht leicht in Geld ausdrücken. Nichtsdestoweniger, die biologische Abnutzung und Ermüdung, die Abwertung der produktiven Kraft und die dadurch bedingten Kosten sind erschreckend in diesen unseren von ihrer technischen Perfektion so überzeugten Metropolen und »modernisierten« Altstädten, deren Planungen dennoch so oft wesentliche Gefährdung der Vitalität ahnungslos übersehen. Dies ließe sich an vielen Beispielen beweisen. Von den elementaren Dingen ausgehend müsste man zu einer Erforschung komplizierterer Zusammenhänge vordringen.

Gewiss, Neigungen und Abneigungen der Stadtväter, die Besitzverhältnisse oder die Steuerinteressen der Wähler bilden nur einen Teil der beeinflussenden Faktoren, die ein Stadtplaner zu berücksichtigen hat. Er muss lernen, selbst zu beeinflussen.

Wir haben es bereits angedeutet: Die Mikroben hatten erst einmal entdeckt werden müssen, so dass man sich aus Angst mit der Frage der Kloaken und großzügiger Kläranlagen befasste. Heute werden Milliarden für diese Wunderanlagen ausgegeben, die ich in der Hoffnung betrachte, dass Furcht dazu bringt, wissenschaftlich erkannte Notwendigkeiten durchzusetzen, selbst wenn sie Geld kosten. Wir brauchen eine weitere Verbreitung solcher Befürchtungen, damit biologische Gesichtspunkte im Zusammenprall mit Finanz- und Steuerpolitik den Sieg davontragen. Selbstgefällige, zuversichtliche Statistiken vermögen die Vitalität nicht wirklich zu stärken. Sie bewirken bedrohliche Passivität in Dingen, die dringend nach Aktion verlangen. »Künstlerische« Gesichtspunkte der Form haben keinen Kurswert. Aber Planung der Umwelt kann und muss im Brennpunkt unseres Zivilisationstumultes und seiner städtischen Szene stehen und fortschreitende biologische Einsicht kann den Bürger überzeugen, der stimmt und zu wählen versteht.

Ich habe ein bisschen Leben beschrieben, das im Wilhelminischen seinen Anfang nimmt. Es ist ein langer Kampf, ein Angriff gegen eine steile Stellung, den wir inmitten einer altmodischen, beschränkten Mentalität auf uns nehmen müssen. Lange überholt steht uns der »materialistische Eifer« des neunzehnten Jahrhunderts im Wege. Materialismus von 1840 sah Materie als etwas anderes als das rätselvoll dynamische Phänomen, das sie für uns heute ist. Die Wissenschaft dieser Tage hat viele lebenswichtige Bedürfnisse erkannt, die außerhalb des Begriffsvermögens der mechanistischen Auffassung des »Materialismus« liegen, der einmal die Fahne der Avantgarde war. Heute haben wir eine weniger feste, selbstgefällige Vorstellung von dem, was einst so klipp und klar Materie hieß.

Übernimmt man die Führung in dem Kampf und die Initiative, dieses Problem des menschgeformten Milieus mit aller heute notwendigen sachkundigen Umsicht anzupacken, so wäre jede kleinste Stufe des Erfolges großes Verdienst. Einzelne Schritte vorwärts haben ihre Konsequenz; ein Individuum im rechten Augenblick, am rechten Platz, vermag vieles über alle geschätzte Probabilität hinaus. Wie schon erwähnt, ein großer Mathematiker hat dies interessant aufgezeigt.

Der Bürgermeister und die Leiter der städtischen Behörden müssen sich allmählich dazu bequemen, mit beiden Beinen im Heute, in unserem Zeitalter zu stehen und gestriges Denken hinter sich zu lassen.

In unserem Kampf ist es von entscheidender Bedeutung, in der breiten Masse Verständnis zu finden. Widerhall in der Öffentlichkeit und die Unterstützung durch die Allgemeinheit sind stets notwendig und stehen in engem Zusammenhang mit einer seelischen Befriedigung der Wähler, die doch alle Bedürfnis nach Gestalt und Farbe haben. Mohammed, ein erfolgreicher Realpolitiker, wenn es jemals einen gab, sagte: »Hätte ich zwei Mäntel« (und wir haben in Amerika mehr davon als in Mekka), »verkaufte ich einen und kaufte mir dafür weiße Hyazinthen für meine Seele.« Mohammeds Kinn war von langen Haaren umwuchert. Es heißt, sein Bart sei rötlichnussbraun gewesen, was zu weißen Blüten gut gepasst haben muss. Aber dieser Mann mit seinem praktischen Sinn wird wohl noch an etwas anderes als nur an ein Farbenspiel gedacht haben. Er hat zu seiner Zeit zur Genüge bewiesen, dass er wusste, was eine menschliche Gemeinschaft vor Begeisterung erbeben lässt. Er wusste, nach einem festen Plan, wieder eine Sturmflut konstruktiver, kultureller Aktion zu entfesseln gegen hergebrachte, etwas schäbig werdende kommerzielle Interessen und gegen einen Status quo, der sogar diesen Interessen unzuträglich geworden ist.

Im alten Mekka und anderswo werden die aufs Praktische eingestellten Menschen immer wieder eines zugeben müssen: Ein toter Kunde ist ein schlechter Kunde; der Beste ist ein lebender Kunde, der mit etwas Vitalität geladen weiterlebt.

Das Leben im leeren Raum ist von tödlicher Einsamkeit, aber auch inmitten unseres Gedränges mag es, organisch gesprochen, ein Vakuum geben. *Es gibt keine Automation*, welche die Menschen inmitten eines immer erfinderischeren, tumultuösen, zügellosen »Fortschritts« überleben lässt, der organisch verwaist und verarmt ist, dem Form, Gestalt und Harmonie gleichgültig sind.

Physiologie ist ein Terminus, den der Renaissancemann Jean Fernel, Arzt Heinrichs II. von Frankreich, zuerst benutzt hat vor nun vierhundert Jahren! Man muss sie verstehen, sagte er, in ihrer Normalität, wenn man Morbidität in ihren kleinsten Anfängen abwehren will.

Ich glaube, dass Paris um 1550 A. D., als Dr. Fernel da lebte, geruhsam war und in manchem weniger pathogen als Manhattan heute.

Man bedarf, um sich auf 1970 vorzubereiten, endlich einer von Grundsätzen geleiteten, auf die gefahrreichen Verhältnisse abgestimmten Einstellung und entsprechenden Könnens, um das Leben inmitten von einander immer weiter steigernden Faktoren der Künstlichkeit zu erhalten. *Psychosomatische Planung*, ein hingebendes, umfassendes Verständnis für die subtilen organischen Vorgänge in uns, aus dem kalt-geschäftigen, technischen Arsenal um uns her wohl unterstützt – *anstatt von ihm überrannt* – darin liegt unsere Hoffnung.

Epilog zu einem Vorspiel

Das große Thema unserer Zukunft lautet: Das Individuum – nicht liquidiert, nicht im allgemeinen Durcheinander verloren und auch nicht einfach reglementiert.

Biologen wissen nun eine Menge darüber, was alles ein Individuum bestimmt, es zu dem Individuum macht, das so und so handelt und respondiert. Sie nennen es die »Erscheinungsform«, den »Phänotyp«.

Was nun uns Menschen anlangt, so kann man in dem Maße, in dem Verständnis zunimmt, menschliche Individuen möglicherweise zusammenbringen und in physiologisch passenden, besonders aus innerem Antrieb sich entwickelnde Gruppen aufeinander abstimmen – Team ist ein primitives Wort dafür. Seelisch-geistige Kräfte sollen nicht durch Reibung und Interferenz eingebüßt werden. Wir haben eben nicht die Einfachheit nervlicher Ausrüstung von Bienen. Es ist sogar nutzlos für uns, Bienen zu beneiden oder als moralisches Beispiel zu besingen. Das ist Romantik, die besonders der Architekt vermeiden muss, wenn er Menschen, nicht Bienen, behaust. Die Natur von Individuen innerhalb von Gruppe und Umgebung muss uns, auf neue Weise erkannt, zu einer besseren gegenseitigen Stimulierung bringen. Und hier kann der Architekt entscheidend mithelfen.

Was für eine Aufgabe auf weite Sicht, für eine Zukunft, die auch ganz gewiss mehr als jedes andere Zeitalter einer solchen Lösung bedarf! Wir stehen ja fraglos immer massiveren Unternehmungen gegenüber, in die immer mehr Menschen mitschaffend, sympathetisch mitduldend, aber doch irgendwie mitstimmberechtigt einbezogen werden.

Freude am »Sich-Einfühlen« ist in jeder persönlichen Lösung wahrhaftig vielversprechend. Solche Freude braucht es auch für eine Gruppenleistung. Neben der Summe von Gemütsbewegungen hat »klare Logik« nach heutiger physiologischer Auffassung durchaus kein Monopol. Überzeugt werden ist ein Gemütsvorgang und Aristoteles' »de anima« votierte für das Herz als seinen Sitz. Er widersprach hierin seinen Zeitgenossen und Vorgängern, die die Sache im Hirn lokalisierten. Wahrscheinlich werden beide schließlich recht behalten. Lokalisieren allein löst das Problem nicht.

Aber jedes Individuum sorgfältig dabei zu beobachten, wie es seine gehirn-dynamische, ja, seine total-organische Ordnung findet, seinen Platz und seine Aufgabe und damit auch die ihm gemäße seelische Erfüllung, kann schließlich dazu beitragen, jeden an den ihm genehmen Ort zu führen, damit er am Zusammenspiel, auch zu seinem eigenen Erfolg, teilnimmt. Ohne Freude daran wird kein Spiel – und überhaupt nichts in der Menschenwelt – jemals gut ausgehen.

Es wird uns allen viel helfen und unserer Einsicht großen Gewinn bringen, wenn wir das Individuum mit Wohlwollen beobachten, so wie die ärztliche Wissenschaft es tut, in dem Bemühen sich klinisch einzufühlen. Der Einzelfall im Zusammenhang breiter Erfahrung!

Das ist es, was der Architekt braucht, um Besseres zu leisten. Schon seit langem blicke ich voller Erwartung einer solchen Wissenschaft für die friedliche Pflege gemeinschaftlicher Gehirnarbeit entgegen, bei der es mehr gegenseitige

Befruchtung als Reibungen gibt. Die Grundlage dafür ist das Mittelhirn, die »subkortikalen Zentren«. Es liegt im Zuge der Zeit, das alles sorgfältig zu studieren. Das alles ohne systematischen Versuch von vornherein abzulehnen, wäre in der Tat nihilistisch. Lebensfremde, abstrakte Spekulationen tun es nicht länger.

Die Umwelt, die der Planer und Architekt – ein erfahrener »Biorealist« – für das organische menschliche Leben in der Stadt und in allen sonstigen Lebensräumen schaffen muss, darf nicht von hochgestochenen abstrakten Denkern gehandhabt werden, noch allein von Bauwirtschaftlern, die nur mit Dollar und Cent rechnen, oder allein von manipulierenden Finanziers – Genies der Haute Finance, wie vor der Juli-Revolution von 1830.

Die menschliche Lebensszene muss vom Architekten mit Einfühlungsvermögen in die Natur eingefügt werden und darf nicht von unserer ursprünglichen Erbschaft, unserer organischen Urausrüstung geschieden sein. Die darf nicht verfälscht werden, denn sie ist das Naturgegebene innerhalb und außerhalb unserer Haut. Wir dürfen diese Erbschaft nicht untergehen lassen, oder wir gehen selber unter. Dabei ist das Individuum die winzige Angel, um die sich vieles zu drehen scheint. Aber es befindet sich keinesfalls und nie in einem Vakuum. Ohne vitale Wechselwirkung ist es ein Nichts.

Das »starke Individuum«, das allein und nobel seinen Weg macht, ist ein allgemein überliefertes Klischee und ein sehr falsches dazu, betrachtet man es vom Gesichtspunkt der Naturwissenschaft aus. Ich kann es nur immer meinen jungen Freunden im Studio und auf akademischem Boden wiederholen: Das vitalste Individuum ist jenes, das der Anregung fähig ist, fähig, sie zu geben und zu nehmen. Das kränkliche und schwache Individuum wird dabei und darin in zunehmendem Maße gehemmt. Am Ende hört beides, jede stimulierende Beeinflussung auf. Dann ist man tot.

Wo und wie kann dieses Individuum auf einem Erdball, der immer dichter bevölkert und bearbeitet wird, untergebracht werden? Architekten und Planer sollten sich mit Antworten darauf beschäftigen, worin sonst auch immer ihre Pflichten gegenüber der großen Ansammlung bestehen mögen. Das Auditorium, das Theater, die Kirche, das Universitätsgelände, der menschliche Bienenkorb, der Kindergarten oder das Einkaufszentrum über der Riesengarage, die Großsiedlung, die ganze Stadt – mit all dem habe auch ich mich befasst. Aber die Wohnstätte der individuellen Familie, an einem besonderen Ort in der Landschaft, bewahrte für mich immer das erstaunlich und faszinierend Belehrende, das ihr besonders eigen ist. Architektur, nur von Statistik ernährt, verhungert.

Zuweilen hatte ich den Eindruck, als ob ich als Planer menschlicher Umwelt in einer Zeit des »Halbschattens«, der Penumbra, gelebt hätte; ich und alle übrigen hier in dieser meiner Gegend. Werden wir etwa Zeuge, wie die Nacht hereinbricht, und sehen wir die rasch schwindende Beleuchtung, die alles scharf in Relief abhebt, das Erlöschen der Weiterlebenschance des Individuums? Seine Situation ist vielleicht auf eine neue Art gefährdet? Strecken wir die Waffen?

Architektensorgen sind durch die Weltgeschichte hindurch sehr verschieden gewesen.

Vom Kaiser Diokletian, der in Syrien und Dalmatien die gleichen kostspieligen Projekte genehmigte und baute und dessen Architekt ein Sklave war, wie sie in Palästen von Kaisern und Kalifen tätig waren, bis zum König Ludwig von Frankreich, der behauptete, selber Frankreich zu sein, und dem sein Architekt 35 Jahre diente, bis zu einem sich bereits jetzt abzeichnenden Zustand: mit einer halben Milliarde Quadratmeter jährlich gebauten Wohnraums für Millionen von Bewohnern, eine Produktions-Zahl, die im nächsten Jahr auf eine drei Fünftel Milliarde Quadratmeter, wie errechnet zu 8 % niedrigeren Gestehungskosten für die Wohneinheit, gebracht wird, trotz zweier zusätzlicher, elektrischer Anschlüsse pro Küche. – Welch gewaltige Veränderung in meinem Beruf! Durch die Standardisierung hat sich auch die Einstellung zum Bauen geändert und die statistische Zahlenkurve gewinnt die Oberhand, scheinbar.

Abgesehen von Aufträgen für die Wohnungsbehörde, die Marine, Arbeitergewerkschaften, die Nationalparks, die Universitäten und die Luftwaffe im Pentagon hatte ich das Glück, es mit jener breiten bescheidenen Menschengruppe zu tun zu haben, die sich aus Lehrern, Sekretärinnen, Kinderärzten, Jazzspielern, amerikanisierten chinesischen Kaufleuten, kleinen Unternehmern, aus allen möglichen Arbeitnehmern und Kleinbürgern zusammensetzt – dazwischen eingestreut, ein paar reiche Unabhängige, ich meine, unabhängig von Krediten und vom Finanzierungsplan –, Leute, die alle zusammen unsere gemischte Gesellschaft in den Vereinigten Staaten und wohl anderwärts, in verschiedener Mischung, ausmachen. Sie waren die Auftraggeber meiner Lebensgeschichte und eines Architekturarztes während dieses nun vielleicht dem Sonnenuntergang sich neigenden Arbeitstages. Vor allem war es ein buntscheckiger Zug, der sehr verschiedenartige Erfahrungen bot, mit vielen Individuen aus Montana, Connecticut, der Schweiz, Ohio und München. Jeder hatte gerechten Anspruch darauf, dass man ihm Aufmerksamkeit schenkte, nicht ganz in der Art, wie ein Architekt der Antike es tat, der ein Grabmal für den Pharao oder den Polykrates baute; Papst Julius war vielleicht schon ein bisschen anders und persönlicher. Wo wird der Praktiker der wahrscheinlich ganz zu Recht sozialisierten Architektur der Zukunft individuell solche Erfahrungen gewinnen? Ich hatte das merkwürdige Glück, dass mir das in der bereits erwähnten kleinen Spanne einer »Zwischenzeit«, eines Interregnums, vergönnt war. Vielleicht habe ich eine interessante Atempause der Geschichte genützt und genossen, selbst wenn es nicht das goldene Zeitalter des *einen* Perikles war. Aber so lange es währte, konnte ich gewiss eine Menge klinischer Erfahrungen sammeln, die mir etwas ungeordnet über den Weg kamen. Ich konnte sie aus dem Gemisch von Bauherren, die ich individuell diagnostizierte, deren Zukunft ich zu erkennen trachtete, gewinnen. Ich wiederhole es, nach Art des alten Hippokrates, der geschworen hatte, zu heilen, dem jedoch noch keine medizinischen Laboratorien, Kardiogramme oder Röntgenstrahlen zur Verfügung standen. Dennoch war er ein guter Arzt.

Eine Psychologie des Individuums, der Familie und später jeder größeren Gruppe, aber stets in Beziehung zum einflussprallen physischen Milieu, ließ sich zuerst in kleinem Maßstab aus der Geschichte einzelner Fälle, nach Art eines Hausarztes, gewinnen. Inzwischen erhoben sich die unpersönlichen großen Stahlkäfige mit ihren gläsernen Vorhangwänden in der Geschäftsstadt, die dazu beitrugen, den Verkehr eindrucksvoll schimmernder Detroit-Autos zu verdichten, wenn diese smarten Kunstwerke auf Pneus, die aus den Vororten mit ihren etwas billigeren Grundstückspreisen und ihren doch ein wenig individuelleren Häusern her, im Stadtkern zusammenströmen: draußen je ein Standort für das individuelle Schneckenhaus.

In meinem altmodischen, heimatlichen Wien hatte es kaum etwas wie ein Einzelhaus gegeben. Im Moskau der Ära nach Chruschtschow wird es vielleicht in Zukunft ebenfalls nichts dergleichen geben, mit Ausnahme einiger »Datschas« der einen oder anderen Ballerina vom Bolschoi-Theater.

Abgesehen von einem sentimentalen Interesse ergibt sich hier, so glaube ich, durch die Bemühungen meines Lebens auch eine eindrucksvolle dokumentarische Sammlung von Individuen oder individuellen Familien, die sich auf individuell gewählten Grundstücken einer oft noch in manchen Zügen individuell erkennbaren Landschaft verankert hatten, wo sie ihre tröstlich anziehenden »Psychotope« fanden. Ich habe schon früher verschiedentlich diesen zoo-psychologischen Ausdruck für eine *Ankerstelle der Seele* verwendet. Ein Tier sucht sich solche Orte – mit einem »Plus« jenseits aller utilitären Gründe – zum Nestbau, zum Brüten, Nahrungsspeichern und sogar schon zum Spielen.

Nicht oft passiert es, glaube ich, dass ein Tier dadurch jemals zugrunde gerichtet wird, wie durch eine »schlechte Kapitalanlage«.

Wahrscheinlich stellt die Unterbringung immer größerer Massen in Zukunft eine wachsende Notwendigkeit dar. Vielleicht wird künstliche Befruchtung, bei der alle genetischen Hilfsgrößen unter sauberer Kontrolle gehalten werden, die Probleme der Fortpflanzung der Bevölkerung in einer klar konzipierten neuen Welt meistern. Jedenfalls hoffe ich, werden die Liebesgeschichten einer vergangenen Literatur und das intuitiv verliebte Planen individueller Wohnstätten – hier in einem Tal, dort auf der Höhe einer hügeligen Landschaft – zumindest einiges historisches Interesse behalten. Und ich will mir einbilden, mehr als das. Sie sind eine Inspiration, weil sie noch ein bisschen an den ursprünglichen biologischen Zustand Persönlichkeitsbeziehungen und Ortsankettung erinnern.

Individualität ist vormenschlich. Aber die Menschen sind durch sie zweifellos mehr beglückt und noch mehr beunruhigt worden. Die Ausgleichsvorgänge und die auf besondere Art bewahrten Gleichgewichtszustände des Gehirns erhalten sie in ihrem eigenen undurchdringlichen, ganz besonders menschlichen, magischen Kreise.

Der Mensch wird besonders in kritischen Augenblicken, sowohl der Schwäche wie der Schöpferkraft, isoliert. Überlegenheit des Gehirns, von persönlicher Eigenart gezeichnet, bringt natürlich die berühmtesten Vorbilder und geschichtlich verbürgten Beispiele des menschlichen Individuums hervor mit seinen ebenso wohl verbürgten Nöten. Nicht einmal eine Bienenkönigin hat eine so eigenartig prekäre Bedeutung und Leidensgeschichte wie jeder einzelne Mensch.

Archimedes wollte nicht, dass seine Kreise gestört würden, als ein römischer ungebildeter Legionär, der von der so wunderbar im Sand aufgezeichneten Geometrie und Wissenschaft nichts ahnte, vortrat, um kurzerhand einen der besten Köpfe, den die Welt jemals ihr eigen nannte, einzuschlagen.

Diese traurige Geschichte veranschaulicht das Problem der Einsamkeit und die Störungen, die ein »geistesabwesendes« Genie, dessen Arbeit lange unverständlich und immer etwas rätselhaft bleibt, zu gewärtigen hat. Dieser Mensch kann sie nicht unterbrechen, er ist mit sich selber und mit seinen, über jedes Wort der Mitteilung hinaus, viel zu schnellen, inneren Vorgängen zu stark beschäftigt. Seine Feinde und Freunde begreifen nicht und nur eine günstige Publizität, die sich aus irgendeinem äußeren Grund ergibt, vermag manchmal den Mann so weit zu legitimieren, dass er außerhalb eines Narrenhauses, außerhalb der Gesellschaft – oder außerhalb des Grabes geduldet wird. Spätere gute Nachrede ist nicht ausgeschlossen.

Eigentlich hat er ja nirgendwo eine echte Feindseligkeit hervorgerufen, außer der oft beobachteten reflexiven Feindseligkeit des Schwarms, der ihn sich vielleicht zurück einverleiben oder ihn annullieren will. Er hat gegen sich den wohlbegründeten Instinkt des Rudels, der ökologisch gesicherten Herde gegenüber einem, der anders ist, sei es durch einen Mangel oder aber durch jenen schicksalhaften außerordentlichen Vorsprung. Der Akzent soll hier übrigens ganz und gar auf der etwas unheimlichen Unterschiedlichkeit liegen und nicht auf der Überlegenheit.

Frank Lloyd Wright erzählte mir – meiner Ansicht nach recht bezeichnend tat er es zweimal – die Geschichte eines Affen in Malaysia, den ein Pflanzer gefangen, gefesselt und an einen Pfeiler seines mit Moskitogeflecht geschlossenen Altans band. Im Verlauf der Nacht biss der Affe den Strick am Verandapfosten durch, biss sich auch durch das feine Drahtgeflecht und entfloh zu seinen Gefährten in den Dschungel. Aber sie waren nun nicht mehr die Gefährten dieses Affen mit dem Strick um den Bauch. Sie betrachteten ihn feindselig, weil er *anders* war, und rissen ihn in Stücke, Glied um Glied. Ich erinnere mich noch immer Mr. Wrights bebender, fast zitternder Stimme, als er dies erzählte, und seines rauen Lachens, das in einem bitteren Lächeln endete.

Frank Lloyd Wright hatte nicht einfach einen seltsamen Strick um den Bauch. Warum bezog er diese Geschichte auf sich selber? Was ist es, das die Beziehungen des hervorragenden Mannes zu anderen charakterisiert, wenn man ihn lediglich als einen extremen Fall eines vitalen Individuums betrachtet? Kein Individuum, gerade das lebendigste nicht, sagte ich, ist wirklich leistungsfähig oder vital *in einem Vakuum*, sondern es wird sich früher oder später stets mit anderen einlassen. »Führt« etwa tatsächlich das große Individuum, das mit der höchsten Intelligenzquote, das andere mit der niedrigen?

Dr. Köstner, Direktor des bescheidenen Museums für Naturgeschichte, das wir für Dayton, Ohio, entwarfen, wo es auch für die Kinder lebende Eichhörnchen und Waschbären zu sehen gibt und altertümliche Reptilien, fuhr mich einmal zum riesenhaften Museum der amerikanischen Air Force, wo jede Woche kollektiv erfundenes, neues und schon veraltetes Blechwerk abgelagert wird. Auf der Fahrt sprach er ganz beiläufig von einem Laboratoriumsexperiment mit drei Ratten und den folgenden Versuchsreihen. Um ein Stück Futter auszulösen, musste eine Ratte auf eine Schalterfalle treten. Dieser Fußhebel war gleichzeitig mit der verlockend nahen Fressportion zu sehen. Alle drei Ratten lernten nacheinander, auf den Hebel zu springen, um zu ihrem Futter zu gelangen. So wie ich die Sache deutete, waren und blieben sie drei voneinander getrennte Individuen auf engem Raum, der sie als solcher nicht zu einer *Gruppe* mit etwas wie einer gemeinsamen Funktion verwandelt hatte. Physische Nähe allein bringt das nicht zustande, ist kein echter Gruppenbildner. Kollektivfortschritt fällt Ratten schwer.

Dann jedoch wurden die Bedingungen des Experimentes geändert. Das Fressen wurde auf die eine Seite und der auslösende Hebel auf die diametral gegenüberliegende Seite des Käfigs gestellt. Zwei hatten nicht genug Verstand, um jemals auf diesen Zusammenhang voneinander örtlich entfernter Umstände zu kommen – hier zu treten, um dort drüben das Futter zu bekommen. Die dritte Ratte besaß diese Intelligenz und gewann so etwas. War es geistige »Führerschaft«? Sie trat auf den Hebel, aber die beiden anderen waren natürlich dem daraufhin erscheinenden Stück Futter am anderen Ende des Käfigs näher. Sie schnappten es weg, bevor der »kluge Führer« der Ratten hinübereilen konnte, um auch einen Vorteil von der Bemühung und Frucht seines Verstandes zu haben. Diese Ratte wurde dann durch Not sogar noch klüger.

Sie musste erst zweimal treten, in rascher Folge, und wenn die anderen beiden Mitglieder dieser Gruppe damit beschäftigt waren, ihre Stücke zu kauen und zu schlucken, sprang sie ein drittes Mal auf den Hebel und konnte nun selber den Lohn einstecken.

Diese Geschichte hat keine »Moral« und da ist nichts, was sie mit bedeutsamen Lächeln rechtfertigen will. Sie ist nur eine experimentelle Demonstration dafür, dass der von der Natur Überlegene den weniger Klugen nicht notwendig überwältigt, sondern ihn oft sogar füttert. Dabei mag er selbst in eine Situation geraten, in der er für seinen eigenen Unterhalt und sein Weiterleben schwerer arbeiten muss als irgendein anderer.

Aber auf seltsame Weise sind nun diese drei Individuen dank innerer und äußerer Umstände fast automatisch zu einer Art von Gruppenhandlung miteinander verbunden worden. Intelligenz bringt auch gegenseitige Abhängigkeit hervor. Oft tut sie es in merkwürdiger Verkettung. Das ist vielleicht der wichtige Punkt.

Anders als bei Ratten wird bei den »intelligenteren« Menschen die ganze Sache noch durch besondere Gemütsbewegungen kompliziert. Die Schwierigkeit in einer menschlichen Gruppe könnte aus gegenseitiger Abneigung, aus Ressentiments, die sich hier entwickeln, kommen. *Abneigung mag aufsteigen, sobald die Anlagen, die Zusammenwirken sollen, ungleich sind.* Und sie können kaum »gleich« sein, denn sie müssen unterschiedlich sein, um in einer Verbindung wirklich sich zu ergänzen und fruchtbar zu werden.

Das hat Bedeutung für ein Arbeitsteam, ein Architekturbüro und eine Stadtverordneten-Sitzung, wo ein Regionalplan zur Diskussion steht.

Dennoch möchte ich, durch Einblick in die echten Wunder des »Potentials einer Gruppe« dazu befähigt, behaupten, dass Erfolg und individueller Lohn der ganzen Gruppe zuteilwerden kann. »Ich« kann mit den anderen verschmelzen und jeden einzelnen glücklich machen. Man mag dabei was Brauchbares zustande bringen. Darum habe ich mich ein ganzes Leben hindurch bemüht. Und für eine Zeitdauer, hier oder da, waren Menschen, die zur Zusammenarbeit bereit waren, glücklich.

Ein Architekt hat die Aufgabe, viele Seelen zu koordinieren, und so lebt er in Verflechtung mit anderen und niemals als ein einsamer Mensch, der Monologe hält.

In unserem Zeitalter immer intensiverer und größerer Transaktionen ist der Einzelne in der Masse aller, die einen Beitrag leisten, zu einem Wesen geworden, das selten völlig einsam Befriedigung für sich erzeugt oder empfängt. Aber ganz ohne eine solche Empfindung würde unsere menschliche Welt zu einem Ende kommen. Es ist keine Welt elektronischer Rechenmaschinen. Befriedigung ist notwendig, sie ist auch erregend, sie bleibt Ziel des Lebens.

Denken wir an eine künftige Welt, so sollten wir, um eine allzu große Vereinfachung zu vermeiden und um vor ihr zu warnen, noch einen Gedankengang hier anfügen, um die emotionellen Schwierigkeiten für die menschliche Individualität – sei sie nun »groß« oder klein – zu veranschaulichen. Das Genie mag hier nur Spezialfall sein.

Kein Individuum *ist*, sondern es *wird*. Es oszilliert, während man es noch betrachtet und versucht, sich seinen ständig verändernden Phasen und Positionen anzupassen. Die Zukunft wird hier vielleicht so viele Fähigkeiten ausbilden müssen wie bei der interplanetaren Navigation. Der immer dichtere Verkehr der Individuen bedarf der Vorschriften und Fahrprüfungen, die auf einer vertieften Einsicht beruhen. Abweichende, sonderbare, fortschrittliche oder besonders wertvolle Individuen sind oft durch ihr spezifisch ausgeprägtes Operationsdiagramm und den geschwinden Wechsel der Vitalitätsschwankungen charakterisiert. Das ist der Preis für das Außerordentliche.

Durch diese seltsamen und ungewöhnlich expressiven Beschleunigungen und Veränderungen von dunkel zu hell und von einer Rätselhaftigkeit in die andere wird es schwierig, ihrem System der Entladungen zu folgen, sie zu verstehen.

Zusammenfassung

Es ist schwer mit ihnen auszukommen, ob sie nun den anderen Insassen einer psychiatrischen Abteilung gegenüberstehen, oder ob sie im Wirbel der äußeren Welt bei ihren Zeitgenossen wegen ihrer erstaunlichen Leistungen auf dem einen oder anderen Gebiet sogar anerkannt werden mögen. Bei Ratten kommt dies alles kaum vor, oder doch nur rudimentär. Kurz und gut, man pflegte immer zu sagen, der Mensch habe eine Seele. Das bezeichnet sehr wohl seine spezifische Schwierigkeit.

Bei uns komplizierten Menschen wird das »Leiden innerhalb der Gruppe« für »überbegabte« Individuen zuweilen durch wechselseitige Reaktionen emotioneller Indifferenz oder solche der Verblüffung oder sogar recht furchterfüllter Reibungen verschärft und verstärkt.

Wenn man eines Tages einen Mann »im siebenten Himmel« sieht und dann am nächsten Tag – da man ihn in den gleichen Traumhöhen wähnt und auch auf der Höhe seiner wahren Leistungsfähigkeit – ihn plötzlich in tiefster Niedergeschlagenheit vor sich hat, in fruchtloser Depression, unfähig zu jedem Handeln, so ist dies von der Gesellschaft her ganz einfach kaum zu verdauen – nicht mal für seine liebende Frau, sollte er fähig sein, eine in seiner Nähe zu halten.

Schon ein »milder Fall von Mozart«, wie ich dies scherzhaft genannt habe, kann durchaus ein solches Sozialproblem hervorrufen. Das Leben ist ein großes Bündel rhythmischer und anderer verschränkt sich entfaltender Vorgänge, in die alle möglichen Überraschungen für Mann, Frau und Kind eingefügt sind – um gar nicht von dem zu reden, was ihrem Architekten begegnet.

Aus sicherer heilsamer Entfernung, geographisch und historisch, mag sich alles, auch Architektur recht ruhig, gerichtet und geebnet ausnehmen.

Das Vergangene bedarf keiner ständigen Anpassungen mehr, das Leben der Einzelnen – groß oder klein – präsentiert sich dann im Rückblick als abgerundet und auf ein überzeugendes, annehmbares Maß reduziert.

Die Wissenschaft, die das dahinfließende Leben aufmerksam beobachtet, die das Leben in Aktion und insbesondere in den Wechselwirkungen zwischen biologischen Individualitäten sieht, kann noch immer weitere Wunder für uns entdecken. Sie kann vielleicht zur künftigen Rettung von uns mit zuviel Gehirn begabten Geschöpfen werden, zur Rettung dieser faszinierenden Gattung Mensch. Seit so langer Zeit geformt, wird sie wahrscheinlich noch immer geformt.

Mit dem vielfältig blendenden Feuerwerk seiner Gehirnganglien wird er, das wollen wir hoffen, seinen Weg fortsetzen, nicht ohne zunehmendes Verständnis für eigene *natürliche* Bedürfnisse.

Weiterleben durch Planung bedeutet Planung, um zu leben und leben zu lassen, in Häusern und Städten mit anderen in harmonischem Zusammenspiel untergebracht; ein Auftrag für morgen und auf faszinierend lange Sicht.

Um nicht unterzugehen und von dieser Erde zu verschwinden, wird alles ohne Verkrüppelung, ohne Schrumpfung der individuellen Vitalität vor sich gehen müssen und ohne tragische Zerstörung der organischen Landschaft – außerhalb wie innerhalb unserer selbst.

Bibliografie

BÜCHER VON RICHARD NEUTRA:

Amerika: Die Stilbildung des neuen Bauens in den Vereinigte Staaten. Anton Schroll Verlag (Wien), 1930.
Architecture of Social Concern in Regions of Mild Climate. Gerth Todtmann (São Paulo), 1948.
Bauen und die Sinneswelt. Verlag der Kunst (Dresden), 1977.
Bauen und die Sinneswelt. Richard und Dion Neutra. Parey Verlag (Berlin), 1980.
Life and Human Habitat. Alexander Koch Verlag (Stuttgart), 1956; deutsche Übersetzung: *Mensch und Wohnen.* Alexander Koch Verlag (Stuttgart), 1956.
Life and Shape: An Autobiography. Appleton-Century-Crofts (New York), 1962; deutsche Übersetzung: *Auftrag für morgen.* Claassen Verlag (Hamburg), 1962; spanische Übersetzung: *Vida y forma.* Marymar (Buenos Aires), 1972.
Mystery and Realities of the Site. Willard Morgan (Scarsdale), 1951.
Nature Near: The Late Essays of Richard Neutra. Capra Press (Santa Barbara), 1989.
Naturnahes Bauen. Alexander Koch Verlag (Stuttgart), 1970; englische Übersetzung: *Building With Nature.* Universe Books (New York), 1971.
Pflanzen Wasser Steine Licht. Richard und Dion Neutra. Parey Verlag (Berlin), 1974.
Realismo Biológico: Un Nuevo Renacimiento humanístico en arquitectura. Nueva Visión (Buenos Aires), 1958.
Survival Through Design. Oxford University Press (New York), 1954; französische Übersetzung: *Construire pour survivre.* Casterman (Paris), 1971; deutsche Übersetzung: *Wenn wir weiterleben wollen.* Claassen Verlag (Hamburg), 1956; italienische Über-

setzung: *Progettare per sopravvivere.* Edizioni di Communita (Milan), 1956; spanische Übersetzung: *Planificar para sobrevivir.* Fondo de Cultura (Mexiko-Stadt), 1957.
Welt und Wohnung. Alexander Koch Verlag (Stuttgart), 1961.
Wie Baut Amerika? Hoffman Verlag (Stuttgart), 1926; russische Übersetzung: *Kak stroit Amerika?* Makiz (Moskau), 1929.
World and Dwelling. Universe Books (New York), 1962.

BÜCHER ÜBER RICHARD NEUTRA:

BOESIGER, WILLY. *Richard Neutra: Buildings and Projects.* Girsberger Verlag (Zürich), 1950.
—. *Richard Neutra: Buildings and Projects, 1950–1960.* Girsberger Verlag (Zürich), 1959.
—. *Richard Neutra: Buildings and Projects, 1961–1966.* Girsberger Verlag (Zürich), 1966.
DREXLER, ARTHUR, AND THOMAS S. HINES. *The Architecture of Richard Neutra. From International Style to California Modern.* The Museum of Modern Art (New York), 1982.
FORD, EDWARD R. *The Details of Modern Architecture, Vol. 2, 1928–1988.* MIT Press (Cambridge MA), 1996.
HINES, THOMAS S. *Richard Neutra and the Search for Modern Architecture: A Biography and History.* Oxford University Press (New York), 1982.
—. Rizzoli (New York), 2006.
KOEPER, FREDERICK. *The Richard and Dion Neutra VDL Research House I and II.* California State Polytechnic University (Pomona), 1985.
KOKUSAI-KENTIKU. *Richard Neutra.* Bijutsu Shuppansha (Tokio), 1953.
LAMPRECHT, BARBARA. *Richard Neutra: Complete Works.* Taschen (Köln), 2000.
—. *Neutra.* Taschen (Köln), 2009.
LAVIN, SYLVIA. *Form Follows Libido: Architecture and Richard Neutra in a Psychoanalytic Culture.* MIT Press (Cambridge MA), 2004.
LEET, STEPHEN. *Richard Neutra's Miller House.* Princeton Architectural Press (New York), 2004.
LEUSCHEL, KLAUS UND MARTA HERFORD. *Richard Neutra in Europa: Bauten und Projekte 1960–1970.* DuMont Buchverlag (Köln), 2010.

McCoy, Esther. *Richard Neutra*, "Masters of World Architecture." George Braziller (New York), 1960; italienische Übersetzung: Mondadori (Mailand), 1961; deutsche Übersetzung: Otto Mayer Verlag (Ravensburg), 1962.

McCoy, Esther. *Vienna to Los Angeles: Two Journeys: Letters between R.M. Schindler and Richard Neutra*. Arts + Architecture Press (Santa Monica), 1979.

Neumann, Dietrich (Hrsg.) *Richard Neutra's Windshield House*. Yale University Press (New Haven), 2001.

Neutra, Dion. *The Neutras, Then & Later, Vol. 1*. Triton Publishing (Barcelona), 2012.

Neutra, Dione. *Richard Neutra: Promise and Fulfillment, 1919–1932*. Southern Illinois University Press (Carbondale), 1986.

Sack, Manfred. *Richard Neutra*. Vorwort von Dion Neutra. Artemis Verlag (Zürich), 1992.

Vela Castillo, José. *Richard Neutra: Un lugar para el orden*. Universidad de Sevilla/Junta de Andalucía (Sevilla), 2003.

Warschavchik, Gregory. *Neutra*. Museu de Arte (São Paulo), 1950.

Wight, Frederick Stallknecht. *Richard Neutra: Is Planning Possible?* University of California (Los Angeles), 1958.

Zevi, Bruno. *Richard Neutra*. Il Balcone (Mailand), 1954.

www.ingramcontent.com/pod-product-compliance
Lightning Source LLC
Chambersburg PA
CBHW032014230426
43671CB00005B/82